客运索道企业
安全生产标准化管理应用指南

李书清 张 强 主编

应急管理出版社

·北 京·

图书在版编目（CIP）数据

客运索道企业安全生产标准化管理应用指南/李书清，张强主编.
--北京：应急管理出版社，2020（2020.10 重印）
ISBN 978-7-5020-8270-3

Ⅰ.①客…　Ⅱ.①李…②张…　Ⅲ.①旅客运输—索道运输—企业安全—安全生产—标准化管理—指南　Ⅳ.①U18-62

中国版本图书馆 CIP 数据核字（2020）第 154426 号

客运索道企业安全生产标准化管理应用指南

主　　编	李书清　张　强
责任编辑	赵金园
责任校对	邢蕾严
封面设计	于春颖
出版发行	应急管理出版社（北京市朝阳区芍药居 35 号　100029）
电　　话	010-84657898（总编室）　010-84657880（读者服务部）
网　　址	www.cciph.com.cn
印　　刷	北京玥实印刷有限公司
经　　销	全国新华书店
开　　本	787mm×1092mm$^1/_{16}$　印张　32$^1/_4$　字数　723 千字
版　　次	2020 年 9 月第 1 版　2020 年 10 月第 2 次印刷
社内编号	20200836　　　　　　　定价　129.00 元

版权所有　违者必究

本书如有缺页、倒页、脱页等质量问题，本社负责调换，电话：010-84657880

《客运索道企业安全生产标准化管理应用指南》

编 委 会

主任　闪淳昌　王树鹤

主编　李书清　张　强

委员　刘京本　甄正义　吕海燕　邹宏君　黄鹏智
　　　杨小庆　刘安平　和学乾　陈　旭　秦绪坤

前　　言

　　安全生产是关乎人民群众生命财产安全的大事，推进企业安全生产标准化建设，是党中央、国务院高度重视和大力加强安全生产工作的一项战略举措。2014年修订的《中华人民共和国安全生产法》首次将推进企业安全生产标准化建设写入法律条文，成为企业的法定职责。强化企业安全生产标准化和安全管理是一项基础性、长期性、前瞻性、战略性、根本性的工作，需要持之以恒、始终坚持、常抓不懈。

　　2003年8月中国索道协会成立以来，高度重视客运索道运营企业的安全管理。2004年初认真贯彻落实国务院印发的《关于进一步加强安全生产工作的决定》（国发〔2004〕2号）文件精神，在原国家安全监管总局和原国家质检总局的重视支持下，中国索道协会理事长闪淳昌同志站在为政府、为企业、为会员服务的高度，以前瞻性、开拓性的思维，引领索道行业学习借鉴国家旅游部门景区评A的标准和办法，在广泛征求全国客运索道运营企业意见和建议的基础上，把安全管理作为协会为企业服务工作发展的宗旨，组织制定了《客运索道安全服务质量评定》，得到了客运索道企业的积极配合和大力支持。2008年，中国索道协会组织制定的《客运索道安全服务质量评定》上升为国家标准。2009年，原国家质检总局、国家标准化管理委员会发布《客运索道安全服务质量》（GB/T 24728—2009）标准，直到今天仍在应用，为客运索道运营企业安全生产标准化创建评审奠定了坚实的基础。

　　2013年，在客运索道运营企业安全服务质量标准化创建达标体系运行多年的基础上，原国家安全监管总局、原国家质检总局对中国索道协会开展的客运索道企业安全服务质量工作给予了充分肯定，两局联合印发了《关于开展客运索道运营企业安全生产标准化建设的通知》（安监总管二〔2013〕74号），授权中国索道协会继续组织实施客运索道运营企业的安全生产标准化创建达标评审工作。依据原国家安全监管总局印发的《企业安全生产标准规范化基本规范》（AQ/T 9006—2010）行业标准，中国索道协会组织制定了《客运索道企业安全生产标准化评定标准》，明确客运索道企业的安全服务质量和安全生产标准化创建达标可以同时申请、同时评审。2017年底行业标准不再使用，但《客运索道安全服务质量》（GB/T 24728—2009）继续使用。

2016年，根据《中华人民共和国安全生产法》关于推进企业安全生产标准化建设的要求，原国家质检总局、国家标准委制定印发了新版《企业安全生产标准化基本规范》（GB/T 33000—2016），并于2017年4月1日起正式实施。中国索道协会依据新版《企业安全生产标准化基本规范》，在国家客运架空索道安全监督检验中心的大力支持下，在广泛征求客运索道运营企业意见和建议的基础上，在中国索道协会安全生产标准化评审专家的辛苦努力下，2017年至2018年8月，投入一年多的时间，组织制定了《客运索道企业安全生产标准化基本规范》《客运索道企业安全生产标准化评定标准》和《客运索道企业安全生产标准化评审实施办法》等索道行业标准。为指导规范客运索道企业安全生产标准化创建，协会评审专家团队又组织编写了《客运索道企业安全标准化管理手册》（范本）。十五年来，客运索道运营企业普遍实施了安全服务质量和安全标准化管理，新建和运行中的客运索道都将安全标准化纳入客运索道企业安全管理体系，客运索道企业安全生产标准化管理已形成常态化、规范化、科学化的长效管理机制。

2018年中国索道协会组织制定实施的行业标准《客运索道企业安全生产标准化基本规范》《客运索道企业安全生产标准化评定标准》，是指导当前和今后一个时期客运索道企业安全生产标准化建设的管理指南和行动纲领。为全面解读和帮助、方便企业及相关人员准确把握客运索道企业安全生产标准化管理的政策原则、实施要求，进一步提高客运索道企业安全生产标准化管理水平，我们编写了《客运索道企业安全生产标准化管理应用指南》一书，本书对《客运索道企业安全生产标准化基本规范》《客运索道企业安全生产标准化评定标准》制定的依据背景、主要特点、内容以及对企业的作用意义做了说明，回顾了客运索道企业安全服务质量和安全生产标准化工作创建和发展历程，并提供了客运索道运营企业安全标准化创建程序。同时，本书提供了客运索道企业安全生产标准化创建实施操作管理范本（2020年版）、客运索道企业安全生产标准化评审的工作指南。对指导实施操作管理具有较强的实用性，是全面深化客运索道企业安全生产标准化创建和日常管理的实用工具书。希望客运索道运营企业学习掌握本书核心内涵，作为安全标准化创建管理的重要资料，并结合行业特点和企业实际，在安全标准化建设实践中取得新的进步和更好的成绩。

本书由李书清、张强主编，在本书的编写过程中得到了国家客运架空索道安全监督检验中心，黄山旅游发展股份有限公司，丽江玉龙雪山旅游索道有限公司，陕旅集团华山西峰、骏景索道有限公司等企业的支持。参与相关工作的还有协会安全生产标准化评审专家团队。任凯、周毅、李向成、曹天才、刘艳军、张晓阳同志在疫情期间为本书的出版付出了不懈的努力。本书的缺失和不足在所难免，恳请各位读者批评指正。

李书清　张强

2020 年春夏疫情期间

目　　录

第1篇　客运索道企业安全生产标准化基本规范

关于印发《客运索道企业安全生产标准化基本规范》的通知 …… 3
 1　范围 …… 4
 2　规范性引用文件 …… 4
 3　术语与定义 …… 5
 4　一般要求 …… 6
 5　核心要求 …… 8

第2篇　客运索道企业安全生产标准化评定标准

关于印发《客运索道企业安全生产标准化评定标准》及做好创建评审工作的通知 …… 27
 1　范围 …… 30
 2　规范性引用文件 …… 30
 3　术语与定义 …… 31
 4　一般要求 …… 33
 5　评分项目内容细则（核心要求） …… 34

第3篇　客运索道企业安全生产标准化管理工作概述

1　《基本规范》《评定标准》制定依据、主要特点、作用意义 …… 77
 1.1　《基本规范》《评定标准》制定依据 …… 77
 1.2　《基本规范》《评定标准》主要特点和内容 …… 78
 1.3　《基本规范》《评定标准》作用意义 …… 79
2　客运索道企业安全标准化工作发展历程 …… 82
 2.1　第一阶段（2006—2013年） …… 82

2.2 第二阶段（2014—2017年） ……………………………… 84
2.3 第三阶段（2018—2020年） ……………………………… 86

第4篇　客运索道企业安全生产标准化创建实施操作管理范本（2020年版）

1 目标职责 …………………………………………………………… 105
　1.1 目标 …………………………………………………………… 105
　1.2 机构与职责 …………………………………………………… 116
　1.3 全员参与 ……………………………………………………… 123
　1.4 安全生产投入 ………………………………………………… 134
　1.5 安全文化建设（客运索道安全文化建设基本要求） ……… 137
　1.6 安全生产信息化建设（客运索道安全生产信息化建设基本要求） …… 137

2 制度化管理 ………………………………………………………… 138
　2.1 法规标准识别（安全生产与职业卫生法律法规管理制度） …… 138
　2.2 规章制度 ……………………………………………………… 141
　2.3 操作规程（设备检修操作规程与各岗位服务规范） ……… 146
　2.4 文档管理（文件和档案管理制度） ………………………… 159

3 教育培训 …………………………………………………………… 161
　3.1 教育培训管理（安全教育与职业卫生培训考核制度） …… 161
　3.2 人员教育培训（客运索道人员教育培训基本要求） ……… 166

4 现场管理 …………………………………………………………… 168
　4.1 设备设施管理 ………………………………………………… 168
　4.2 作业安全 ……………………………………………………… 187
　4.3 职业健康（职业健康管理制度） …………………………… 207
　4.4 警示标志 ……………………………………………………… 210

5 安全风险管控及隐患排查治理 …………………………………… 213
　5.1 安全风险管理（安全风险辨识、评估和控制措施管理制度） …… 213
　5.2 重大危险源辨识与管理（重大危险源管理制度） ………… 254
　5.3 隐患排查治理 ………………………………………………… 258
　5.4 预测预警（客运索道预测预警基本要求） ………………… 269

目　录

6　应急管理 ... 270
6.1　应急准备（应急预案管理制度） ... 270
6.2　应急处置（客运索道应急处置基本要求） ... 279
6.3　应急评估（客运索道应急评估基本要求） ... 279

7　事故管理 ... 280
7.1　报告 ... 280
7.2　调查和处理（事故报告和调查处理制度） ... 280
7.3　管理（客运索道事故管理基本要求） ... 283

8　持续改进 ... 284
8.1　绩效评定（安全生产标准化绩效评定管理制度） ... 284
8.2　持续改进（客运索道持续改进基本要求） ... 287

9　服务质量 ... 288
9.1　服务质量目标 ... 288
9.2　服务组织 ... 294
9.3　服务设施管理（服务设施维护管理制度） ... 297
9.4　乘坐形式（客运索道乘坐形式要求） ... 299
9.5　索道运行速度和运量（客运索道运行速度和运量要求） ... 299
9.6　环保责任（环境保护制度） ... 299
9.7　公共卫生（卫生保洁制度） ... 300
9.8　服务信息指示（公共信息、安全标志管理制度） ... 301
9.9　票务服务（票务服务管理制度） ... 303
9.10　候车与乘坐服务 ... 304
9.11　服务人员基本要求 ... 305
9.12　服务态度（客运索道服务态度基本要求） ... 306
9.13　职业道德（客运索道职业道德基本要求） ... 306
9.14　服务监督与纠纷处理 ... 306
9.15　服务质量改进（服务质量自评及持续改进办法） ... 315

10　客运索道安全运营管理相关范本 ... 317
10.1　脱挂抱索器索道安全运营日常记录范本 ... 317
10.2　固定抱索器索道安全运营日常记录范本 ... 328
10.3　往复式索道安全运营日常记录范本 ... 334

- 10.4 地轨缆车安全运营日常记录范本 ······ 347
- 10.5 脱挂抱索器索道检维修日常记录范本 ······ 364
- 10.6 固定抱索器索道检维修日常记录范本 ······ 372
- 10.7 往复式索道检维修日常记录范本 ······ 382
- 10.8 地轨缆车索道检维修日常记录范本 ······ 390
- 10.9 5S管理图文示例 ······ 400

第5篇 客运索道企业安全生产标准化评审工作手册（2020年版）

- 评审专家工作守则 ······ 419
- 评审工作程序 ······ 420
  - 1 目标职责（100分） ······ 421
  - 2 制度化管理（105分） ······ 428
  - 3 教育培训（60分） ······ 432
  - 4 现场管理（445分） ······ 434
  - 5 安全风险管控及隐患排查治理（120分） ······ 447
  - 6 应急管理（100分） ······ 452
  - 7 事故管理（30分） ······ 457
  - 8 持续改进（40分） ······ 459
  - 9 服务质量（400分） ······ 460

附录 客运索道企业安全生产标准化管理相关文件

- 附录一 关于印发《客运索道企业安全生产标准化评审实施办法（试行）》的通知（中索协〔2018〕18号） ······ 471
- 附录二 关于开展客运索道企业安全生产标准化和安全服务质量三年期满复评工作的通知（中索协〔2017〕12号） ······ 480
- 附录三 国家安全监管总局关于印发企业安全生产标准化评审工作管理办法（试行）的通知（安监总办〔2014〕49号） ······ 482
- 附录四 国家安全监管总局 国家质检总局关于开展客运索道运营企业安全生产标准化建设的通知（安监总管二〔2013〕74号） ······ 499

第1篇　客运索道企业安全生产标准化基本规范

中国索道协会文件

中索协〔2018〕16号

关于印发《客运索道企业安全生产标准化基本规范》的通知

各索道运营企业：

现将中国索道协会组织制定的行业标准《客运索道企业安全生产标准化基本规范》印发给你们，请认真组织学习，遵照执行。

附件：《客运索道企业安全生产标准化基本规范》

抄送：国家市场监管总局特种设备局

中国索道协会   2018 年 7 月 31 日

经办人：李书清   联系电话：010－64464283

1　范围

本标准规定了客运索道企业安全生产标准化管理体系的建立、保持与评定要求，以及目标职责、制度化管理、教育培训、现场管理、安全风险管控及隐患排查治理、应急管理、事故管理、持续改进、服务质量共九个方面的核心技术要求，以适应当前客运索道行业发展的客观需要。

本标准适用于中华人民共和国境内客运架空索道和客运地面缆车的运营单位。

2　规范性引用文件

下列文件对于本标准的应用是必不可少的。凡是标注日期的引用文件，其随后所有的修改单（不包括刊误内容）或修订版均不适用于本标准。凡是未标注日期的引用文件，其最新版本适用于本标准。

中华人民共和国主席令第 4 号	《中华人民共和国特种设备安全法》
中华人民共和国主席令第 70 号	《中华人民共和国安全生产法》
中华人民共和国主席令第 3 号	《中华人民共和国旅游法》
中华人民共和国主席令第 69 号	《中华人民共和国突发事件应对法》
中华人民共和国主席令第 81 号	《中华人民共和国职业病防治法》
中华人民共和国主席令第 6 号	《中华人民共和国消防法》
中华人民共和国国务院令第 493 号	《生产安全事故报告和调查处理条例》
中华人民共和国国务院令第 549 号	《特种设备安全监察条例》
国家安全生产监督管理总局令第 16 号	《安全生产事故隐患排查治理暂行规定》
国家安全生产监督管理总局令第 47 号	《工作场所职业卫生监督管理规定》
国家安全生产监督管理总局令第 49 号	《用人单位职业健康监护监督管理办法》
国家安全生产监督管理总局令第 88 号	《生产安全事故应急预案管理办法》
安监总厅安监〔2018〕3 号	《用人单位劳动防护用品管理规范》
国家质量监督检验检疫总局〔2015〕5 号	《特种设备现场安全监督检查规则》
国家质量监督检验检疫总局〔2016〕179 号	《客运索道安全监督管理规定》
国家质量监督检验检疫总局〔2011〕140 号	《特种设备作业人员监督管理办法》
TSG 08—2017	《特种设备使用管理规则》
TSG S7001—2013	《客运索道监督检验及定期检验规则》
TSG Z6001—2013	《特种设备作业人员考核规则》
TSG S6001—2008	《客运索道安全管理人员和作业人员考核大纲》
GB/T 33000—2016	《企业安全生产标准化基本规范》

GB/T 24728—2009	《客运索道安全服务质量》
GB/T 34024—2017	《客运架空索道风险评价方法》
GB/T 34368—2017	《客运索道重大修理的技术要求》
GB/T 19402—2012	《客运地面缆车安全要求》
GB/T 12738	《索道术语》
GB/T 9075	《索道用钢丝绳检验和报废规范》
GB/T 24729	《客运索道固定抱索器通用技术条件》
GB/T 24730	《客运索道脱挂抱索器通用技术条件》
GB/T 24731	《客运索道驱动装置通用技术条件》
GB/T 24732	《客运索道托（压）索轮通用技术条件》
GB 12352—2018	《客运架空索道安全规范》
GB 2894	《安全标志及其使用导则》
GB 13495	《消防安全标志》
GB/T 10001.1	《标志用公共信息图形符号 第1部分》
GB/T 10001.2	《标志用公共信息图形符号 第2部分》

3 术语与定义

下列术语和定义适用于本标准。

3.1 企业安全生产标准化（Enterprise safety production standardization）

企业通过落实安全生产主体责任、全员全过程参与、建立并保持安全生产管理体系以及全面管控生产经营活动各环节的安全生产和职业卫生工作，实现安全健康管理系统化、岗位操作行为规范化、设备设施本质安全化以及作业环境器具定置化，并持续改进。

3.2 安全生产绩效（Safety production performance）

根据安全生产目标和职业卫生目标，在安全生产、职业卫生等工作方面取得的可测量结果。

3.3 企业主要负责人（Main person in charge of the enterprise）

有限责任公司、股份有限公司的董事长、总经理，其他生产经营单位的厂长、经理以及对生产经营活动有决策权的实际控制人。

3.4 相关方（Related parties）

工作场所内外与企业安全生产绩效有关或受其影响的个人或单位，如承包商、供应商等。

3.5 承包商（Contractor）

在企业的工作场所按照双方协定的要求向企业提供服务的个人或单位。

3.6 供应商（Supplier）

为企业提供材料、设备或设施及服务的外部个人或单位。

3.7 变更管理（Management of change）

对机构、人员、管理、工艺、技术、设备设施、作业环境等永久性或暂时性的变化进行有计划的控制，以避免或减轻对安全生产产生影响。

3.8 安全风险（Security risks）

发生危险事件或有害暴露的可能性，与随之引发的人身伤害、健康损害或财产损失的严重性的组合。

3.9 安全生产风险评估（Safety production risk assessment）

运用定性或定量的统计分析方法对安全风险进行分析、确定其严重程度，对现有控制措施的充分性、可靠性加以考虑，以及对其是否可接受予以确认的过程。

3.10 安全风险管理（Security risk management）

根据安全风险评估的结果，确定安全风险控制的优先顺序和安全风险控制措施，以达到改善安全生产条件、减少和避免生产安全事故的目的。

3.11 工作场所（Workplace）

从业人员进行职业活动，并由企业直接或间接控制的所有工作地点。

3.12 作业环境（Working environment）

从业人员进行生产经营活动的场所以及相关联的场所，对从业人员的安全、健康、工作能力以及对设备（设施）的安全运行产生影响的所有自然和人为因素。

3.13 持续改进（Continuous improvement）

为了实现对整体安全生产绩效的改进，根据企业的安全生产和职业卫生目标，不断地对安全生产和职业卫生工作进行强化的过程。

3.14 客运索道（Passenger ropeway）

索道是指由动力驱动，利用柔性绳索牵引运载工具运送人员或物料的运输系统，包括架空索道、缆车和拖牵索道等。其中，客运索道是指输送人员的索道。

3.15 架空索道（Aerial ropeway）

以架空的柔性绳索承载，用来输送物料或人员的索道。

3.16 地面缆车（Funicular）

运载工具沿地面轨道或由固定结构支撑的轨道运行的索道。

3.17 站房（Station building）

线路起止站和分段相衔接的设施。

3.18 运载工具（Vehicle）

在架空索道或缆车上用于承载人员或物料的部件。

4 一般要求

4.1 原则

客运索道企业开展安全生产标准化工作，应遵循"安全第一、预防为主、综合治理"的方针，落实企业主体责任；以安全风险管控、隐患排查治理、职业病危害防治为基础，以安全生产责任制为核心，建立安全生产标准化管理体系，实现全员参与，全面提升安全生产管理水平，持续改进安全生产工作，不断提升安全生产绩效，预防和减少事故的发生，保障人身安全健康，保证生产经营活动的有序进行。

4.2 建立和保持

客运索道企业应采用"策划、实施、检查、改进"的"PDCA"动态循环模式，按照本标准的规定，结合企业自身特点，自主建立并保持安全生产标准化管理体系，并通过自我检查、自我纠正和自我完善，构建安全生产长效机制，持续提升安全生产绩效。

4.3 评定和监督

客运索道企业安全生产标准化工作实行企业自主评定和协会组织评审专家评审的方式，自主评定应每年至少进行1次，协会组织评审专家评审每3年进行1次；企业应当根据本标准，对安全生产标准化工作进行自主评定，自主评定后申请协会组织评审专家评审定级；安全生产标准化评审分为一级、二级、三级。其中，一级为最高等级，三级为符合客运索道基本运营要求的最低等级；客运索道安全服务质量等级分为5S、4S、3S三个等级。其中，5S为最高等级，3S为符合客运索道安全服务质量要求的最低等级；企业在申请协会评审前必须通过法定的客运索道监督检验、定期检验并取得运营合格标志。评审时，如发现索道运营单位出现重大隐患和风险，应中止评审并立即整改，整改完成后重新评审；首次申请协会评审时，企业应在一年内没有发生生产安全责任的死亡事故、半年内没有发生高空滞留人员超过3.5小时以上的责任事故；已取得安全生产标准化等级的企业，如发生人员死亡或高空滞留人员超过3.5小时以上的责任事故，应根据有关部门出具的事故调查报告，整改完善并进行自主评定后，重新申请评审；安全生产标准化评审与客运索道安全服务质量评审采取"同时评审、分别授牌"的方式，中国索道协会负责授牌；安全生产标准化评审项目为本标准前八项（即5.1至5.8）的评分项目，共计1000分，各项目的分项最低分数为0分；安全生产标准化评定所对应的等级须同时满足评审得分和安全绩效等要求，取最低的等级来确定标准化等级（见表1）。

表1 安全生产标准化评定等级划分及标准

评定等级	评审得分	安 全 绩 效
一级	≥900	申请评审之日前一年内，企业无生产安全责任的死亡事故，且半年内未发生高空滞留人员超过3.5小时以上责任事故
二级	≥750	申请评审之日前一年内，企业生产安全责任事故的死亡人员未超过1人
三级	≥600	申请评审之日前一年内，企业生产安全责任事故累计死亡人员未超过2人

客运索道安全服务质量评审项目为本标准全部九项评分项目，共计1400分，其中服务质量400分。在安全生产标准化评审得分的基础上，再根据本标准评分项目第九项进行

评分，两者相加即为客运索道安全服务质量评审得分，即客运索道安全服务质量评审得分＝安全生产标准化评审得分＋服务质量评审得分；客运索道安全服务质量各等级需达到以下（如下）分值（见表2）。

表2 客运索道安全服务质量评定等级划分及标准

客运索道安全服务质量评定等级	评审得分
5S	≥1288
4S	≥1176
3S	≥1064

5 核心要求

5.1 目标职责

5.1.1 目标

企业应根据自身安全生产实际，制定总体和年度安全生产目标与职业卫生目标，并纳入到企业总体生产经营目标。年度安全生产与职业卫生目标应分解落实到部门、班组和岗位。

明确目标的制定、分解、实施、检查、考核等环节，制定分级评估和考核办法。

5.1.2 机构和职责

5.1.2.1 机构设置

企业应落实安全生产与职业卫生组织领导机构，成立以企业主要负责人和部门负责人为领导的安全生产与职业卫生管理机构，明确机构的组成和职责。配备专职或兼职的安全生产和职业卫生管理人员。

安全管理机构应每月组织召开安全会议，总结分析本单位的安全生产情况，部署安全生产工作，研究解决安全生产工作中的重大问题，决策企业安全生产的重大事项。

5.1.2.2 主要负责人及管理层职责

企业主要负责人应全面负责安全生产和职业卫生工作，并履行相应责任和义务。分管负责人应对各自范围内的安全生产和职业卫生工作负责。各级管理人员应按照安全生产和职业卫生责任制相关要求，履行安全生产和职业卫生职责。

5.1.3 全员参与

企业应建立健全安全生产和职业卫生责任制，明确各部门和从业人员职责，对履职情况进行定期评估和监督考核。

企业应建立激励约束机制，鼓励员工积极建言献策，不断改进和提升安全生产和职业卫生管理水平。

5.1.4 安全生产投入

企业应制定满足安全生产需要的投入保障制度，有计划、按规定提取使用，建立安全生产费用使用台账。安全生产费用主要用于以下方面：

——安全技术和劳动保护措施：安全标志、安全工器具、安全设备设施、安全防护装置、安全培训、职业病防护和劳动保护，以及重大安全生产课题研究和预防事故采取的安全技术措施及相关工程建设等。

——安全风险管控和预防措施：设备重大缺陷和隐患排查、治理、针对隐患的防范措施、落实技术标准及规范进行的设备设施改造、保障安全运行的技术改造等。

——应急管理：预案编制、应急物资、应急演练、应急救援和处置评估等。

——安全科技创新：新技术、新材料、新工艺、新设备产品的研发与投入。

——保险投入：企业应按照有关规定，为从业人员缴纳工伤、意外伤害保险，企业宜投保财产保险或客运索道安全生产责任险。

——其他：安全检测、安全评价、重大危险源监控整改、安全保卫、安全法律法规收集管理、安全生产标准化建设、安全检查、安全技术技能竞赛、安全文化建设等。

5.1.5 安全文化建设

企业应开展安全文化建设，确立本企业的安全生产和职业病危害防治理念及行为准则，并教育、引导全体从业人员贯彻执行。

企业开展安全文化建设活动应包括但不限于以下活动：安全生产月、安全生产知识竞赛、安全生产教育培训、安全文化宣传活动等。

5.1.6 安全生产信息化建设

企业应根据自身实际情况，利用信息化手段加强索道安全运营管理工作，建立监测监控系统、重大危险源监控、安全风险管控和隐患自查自报、应急管理、预测预警及职业病危害防治等信息系统。

5.2 制度化管理

5.2.1 法规标准识别

企业应建立安全生产和职业卫生法律法规、标准规范的管理制度，及时识别和获取适用、有效的法律法规、标准规范清单和文本数据库。

企业应将适用的安全生产和职业卫生法律法规、标准规范的相关要求及时转化为本单位的规章制度、操作规程，并及时传达给相关从业人员，确保落实到位。跟踪掌握有关法律法规、标准规范的修订情况。客运索道运营单位适用的安全生产法律法规、标准规范至少包括：

——《中华人民共和国安全生产法》

——《中华人民共和国特种设备安全法》

——《中华人民共和国旅游法》

——《中华人民共和国突发事件应对法》

——《中华人民共和国职业病防治法》

——《中华人民共和国消防法》

——《特种设备安全监察条例》

—《生产安全事故报告和调查处理条例》
—《用人单位劳动防护用品管理规范》
—《安全生产事故隐患排查治理暂行规定》
—《工作场所职业卫生监督管理规定》
—《用人单位职业健康监护监督管理办法》
—《生产安全事故应急预案管理办法》
—《特种设备现场安全监督检查规则》
—《客运索道安全监督管理规定》
—《特种设备作业人员监督管理办法》
—《特种设备作业人员考核规则》
—《客运索道安全管理人员和作业人员考核大纲》
—《客运索道监督检验及定期检验规则》
—《企业安全生产标准化基本规范》
—《客运索道安全服务质量》
—《客运架空索道安全规范》
—《客运地面缆车安全要求》
—《特种设备使用管理规则》
—《客运架空索道风险评价方法》
—《客运索道重大修理的技术要求》

企业应及时将安全生产和职业卫生法律法规、标准规范及其他要求传达给从业人员，使从业人员在工作环境中可获取有效版本。

5.2.2 规章制度

企业应建立健全安全生产和职业卫生规章制度，并征求工会及从业人员意见和建议，规范安全生产和职业卫生管理工作，确保从业人员及时获取制度文本。

企业安全生产和职业卫生规章制度包括但不限于下列内容：
—目标管理
—安全生产和职业卫生责任制
—安全生产承诺书
—安全生产投入管理制度
—安全生产信息化管理制度
—技术档案管理制度
—日常安全检查制度
—维护保养制度
—定期报检制度
—安全风险管理、隐患排查治理
—教育培训管理制度

—特种作业和服务人员管理制度

—设备设施管理制度

—检维修安全管理制度

—危险作业安全管理制度

—安全警示标志管理制度

—作业和服务人员守则

—作业人员及相关服务人员安全培训考核制度

—意外事件和事故报告、分析和处置管理制度

—安全生产奖惩管理制度

—相关方安全管理制度

—变更管理制度

—安全防护用品管理制度

—应急管理制度

—安全生产报告

—绩效评定管理制度

—安全操作规程管理制度

5.2.3 操作规程

企业应结合实际,编制岗位安全生产和职业卫生操作规程,并发放到相关岗位员工,督促严格执行；企业应及时组织修订完善相应的安全生产和职业卫生操作规程,确保其适宜性和有效性。

5.2.4 文档管理

5.2.4.1 记录管理

企业应建立文件和记录管理制度,明确安全生产和职业卫生规章制度、操作规程的编制、评审、发布、使用、修订、作废以及文件和记录管理的职责、程序和要求,保存有关记录的电子档案,便于查询和检索。

客运索道应建立技术档案,至少包括：

—安装技术资料。

—监督检验报告。

—使用登记表。

—更新、维修技术文件。

—年度自行检验和定期检验的记录。

—应急救援演练记录。

—运行、维护保养、设备故障、故障停车记录。

—作业人员培训、考核和证书管理记录。

—安全记录。至少包括：日常检查记录、巡线记录、故障停车记录、安全活动记录、安全会议记录、计量装置检验检测记录等。

11

5.2.4.2 评估

企业应每年至少评估一次安全生产和职业卫生法律法规、标准规范、规章制度、操作规程的适宜性、有效性和执行情况，并应有评估记录。

5.2.4.3 修订

企业应根据评估结果对安全检查、自评结果、评审情况等，及时修订相关制度和规程。

5.3 教育培训

5.3.1 教育培训管理

企业应建立健全安全教育培训制度和安全教育培训计划，按照有关规定进行培训，培训大纲、内容、时间应满足有关标准的规定，企业安全教育培训应包括安全生产和职业卫生的内容。

应明确本单位安全教育培训主管部门或负责人，按规定及岗位需要，定期识别安全教育培训需求，制定、实施安全教育培训计划，提供相应的资源保证。

企业应如实记录全体从业人员的安全教育和培训情况。建立安全教育培训档案和从业人员个人安全教育培训档案，并对培训效果进行评估和改进。

5.3.2 人员教育培训

5.3.2.1 主要负责人和管理人员

企业的主要负责人和安全生产管理人员应当具备与本单位所从事的生产经营活动相适应的安全生产知识和职业卫生知识与能力。

企业应对各级管理人员进行教育培训，确保其具备正确履行岗位安全生产和职业卫生职责的知识与能力。从事法律法规要求考核其安全生产和职业卫生知识与能力的人员，应按照有关规定，通过资质考核。

5.3.2.2 从业人员

企业应对从业人员进行安全生产和职业卫生教育培训，保证从业人员具备满足岗位要求的安全生产和职业卫生知识，熟悉有关的安全生产和职业卫生法律法规、规章制度、操作规程，掌握本岗位的安全操作技能，安全风险辨识和管控方法，了解事故现场应急处置措施，并根据实际需要，定期进行复训考核。

在新技术、新设备设施投入使用前，应对有关从业人员进行专门安全教育和培训；未经安全教育培训合格人员，不应上岗作业。

新员工在上岗前必须进行安全教育培训，时间不少于24学时。从业人员在企业内部调整工作岗位或离岗一年以上重新上岗时，应重新进行部门和班组级的安全教育培训。

从事特种作业、特种设备作业的人员应按照有关规定，经专门安全作业培训，考核合格，取得相应资格后，方可上岗作业，并定期接受复审。

企业专职应急救援人员应按照有关规定，经专门应急救援培训，考核合格后，方可上岗，并定期参加复训。

5.3.2.3 外来人员

企业应对进入企业从事服务和作业活动的承包商、供应商的从业人员和接收的中等职业学校、高等学校实习生及外单位委托实习培训人员,进行安全教育培训,并保存记录。

外来人员进入作业现场前,应由作业现场所在单位对其进行安全教育培训,并保存记录。

应对相关方作业人员及外来参观、学习等人员进行有关安全教育告知记录,主要内容包括:安全规定、可能接触的危险有害因素、应急知识等。

5.4 现场管理

5.4.1 设备设施管理

5.4.1.1 设备设施建设

客运索道建设应符合有关法律法规、安全技术规范和标准要求;现场建筑设计防火和建筑灭火器配置应分别符合 GB 50016 和 GB 50140 的规定;客运索道验收应按照有关规定,严格履行索道建设项目中对设计、审查、施工、试运行、验收等程序规定。

企业应配备无线和有线两种专用通讯设施。控制室、机房、上、下站房、支架等重点区域应设置视频监控设施,并运行正常。

售票窗口应设置安全隔离栏杆等设施,方便乘客购票,保障购票安全秩序。在售票处附近设置醒目的《乘坐索道安全须知》。

候车区除配备正常通风、采光设施外,还应配置应急疏散标志及足够数量的应急照明设施。候车区设置适应乘客不同流量的安全隔离栏杆。隔离栏杆设计与建设应符合 GB 8408、GB 12352 相关标准要求。隔离栏杆应在适当位置设置活动门栏,方便乘客应急,满足快速疏散乘客的安全需要。道路、站台地面应采用防滑设计或采用防滑替代措施。

索道设备变更应执行变更管理制度,履行变更程序,并对全过程进行质量控制。

5.4.1.2 设备设施验收

客运索道企业应执行设备设施采购、到货验收制度,购置、使用设计符合要求、质量合格的设备设施。设备设施安装后企业应进行验收,并对相关过程及结果进行记录。应通过有相关资格特种设备检验机构的定期检验。

5.4.1.3 设备设施运行

企业应对索道设备设施进行规范化管理,建立设备设施管理制度及台账。应有专人负责管理各种安全设施以及检测与监测设备,定期检查维护并做好记录。作业人员应遵守客运索道运营工作程序和操作规程,做好运行记录。安全防护设备设施不得随意拆除、挪用或弃置不用;确因维修拆除的应采取临时、有效的安全措施,维修完毕后立即复原。安全保护装置应建立台账。

5.4.1.4 设备设施检维修

客运索道应建立设备设施检维修管理制度,制定综合检维修计划,加强日常检维修和定期检维修管理,落实"五定"原则,即定检维修方案、定检维修人员、定安全措施、定检维修质量、定检维修进度,并做好记录。

应开展定期自检工作，自检工作至少包括日检、月检、年检。客运索道应制定定期自检计划，并按照计划进行，同时做好记录。

客运索道的重大维修应当按照 GB/T 34368－2017 及安全技术规范、标准、使用维护说明书和维修方案要求进行，其中维修方案应包含作业行为分析和控制措施。

重大维修过程，必须经特种设备检验检测机构进行监督检验；重大维修后，索道运营企业应将重大维修过程中所有文件，如：自检报告、监督检验报告和无损检测报告等存档。

检维修方案应包含作业安全风险分析、控制措施、应急处置措施及安全验收标准。检维修过程中应执行安全控制措施，并进行监督检查，检维修后应进行安全确认。

客运索道维修应符合以下要求：

——应保持维修工具、计量装置、照明装备完好，计量装置应根据相关规定进行检验检测。

——应提前对公众发布停运公告。

——更换的主要部件（电机、减速机、钢结构、轮组、钢丝绳、电控系统等）应执行内部验收和报废管理制度，进行记录。

——设备维修后，应及时清理维修现场。机架和支架上不应遗留有坠落危险的维修工具、零部件和杂物。

——应按维修作业指导书要求，规范作业，控制维修质量，设备维修后应进行验收。

——维修过程应执行隐患控制措施并进行监督检查。

客运索道的维护保养应当制定维护保养计划，并按照计划进行，同时做好记录。

客运索道维护保养应符合以下要求：

——应保持维护保养工具、计量装置、照明装备完好。

——应提前对公众发布停运公告。

——设备润滑工作后，应采取措施保障润滑油（脂）不会污损乘客身体和衣物。

——更换的废弃油品应按规定由相关单位回收。

——建立备品备件台账。

5.4.1.5 检测检验

特种设备应按照有关规定，通过具有专业资质的检测、检验机构进行定期检测、检验，并取得安全合格使用证。

5.4.1.6 设备设施拆除、报废

企业应建立设备设施报废管理制度。设备设施的报废应办理审批手续，在报废设备设施拆除前应制定方案，在现场对报废设备设施设置明显的标志，并在作业前对相关作业人员进行培训和安全技术交底；报废、拆除应按方案和许可内容组织落实。

5.4.2 作业安全

5.4.2.1 作业环境和作业条件

企业应事先分析和控制设备设施、器材、通道、作业环境等存在的安全风险。现场应

实行定置管理，保持作业环境整洁。

索道现场应配备相应的安全、职业病防护用品（具）及消防设施与器材，按照有关规定设置应急照明、安全通道，并确保安全通道畅通。

企业应对临近高压输电线路作业、危险场所动火作业、有限空间作业、临时用电作业等危险性较大的作业活动，实施作业许可管理，严格履行作业许可审批手续。

应对作业人员上岗资格条件等进行作业前安全检查，做到特种作业人员持证上岗；并设专人进行现场安全管理，确保作业人员遵守岗位操作规程、落实安全及职业病危害防护措施。

两个以上作业队伍在同一作业区域内进行作业活动时，不同作业队伍相互之间应签订管理协议，明确各自安全生产、职业卫生管理职责，并指定专人检查与协调。

作业环境应满足下列要求：

—站房主体建筑应结构完好，无异常变形、风化、下榻现象，门窗结构完整。

—转动设备或电气设备防护设施应齐全完整。

—供配电设备区与其他区域应隔离。

—应急照明、工作现场施工照明应保证作业安全需要。

—驱动机房或驱动小车等区域应设置检修开关。

—支架、驱动小车等空中作业区域应设置安全走台和安全护栏。

—站口离地高度超过1 m，应设置安全防护网。

—油库及危险品仓库应与站台、办公区、生活区等区域隔离。

—作业环境保持清洁、无积水、油污，门口、通道、楼梯、平台等处无杂物堵塞。

—单个运载工具内不应客、货混装运输。遵守国家和地方公共场所治安管理相关规定，制定索道经营辖区治安管理制度，履行索道经营辖区内治安管理责任。制止扰乱公共秩序，劝阻有害社会风气的行为。

运营单位应保证运营高峰期乘车安全秩序的需求，切实保障乘客人身安全和财产安全。索道运营场所及服务区域内严禁违章经营。科学合理规划工作与服务区域，工作与生活区域应设置乘客禁行标志。制定交通安全管理制度，设置辖区交通安全设施。应对车辆驾驶人员定期开展安全教育；定期对机动车辆检验，保证机动车辆车况良好。配有通勤车的索道，应制订通勤车辆遇山区滑坡、泥石流、冰雪等特殊情况的应对措施。合理规划辖区车辆线路，疏导有序、车辆停靠整齐。企业应通过消防部门的相关检查；履行索道经营辖区内的消防安全责任，消防工作应遵守国家和地方相关消防安全管理的规定。索道经营辖区内的消防设施应保持完好状态，安全通道应保持畅通无阻。

应建立消防安全管理制度，有效控制经营辖区内和运营过程中可诱发火灾的危险源，治理火灾隐患，预防火灾发生。

索道工作人员应经过消防培训，正确使用消防器材，熟练掌握安全疏散与自救互救方法。

5.4.2.2 作业行为

企业应依法合理进行安全运营组织和管理，加强对从业人员行为的安全管理，对从业人员作业行为进行安全风险辨识，采取相应的措施，控制作业行为安全风险。

企业应监督、指导从业人员遵守安全生产和职业卫生规章制度、操作规程，杜绝违章指挥、违规作业和违反劳动纪律的"三违"行为。

企业应为从业人员配备与岗位安全风险相适应的、符合 GB/T 11651 规定的个体防护装备与用品，并监督、指导从业人员按照有关规定正确佩戴、使用、维护、保养和检查个体防护装备用品。

现场作业行为应要求如下：

——现场作业人员应听从调度指挥。

——现场作业分工明确，人员精神状态良好且能承担一定劳动负荷。

——机电维修人员高空作业时应使用合格的安全带、安全帽，立体交叉作业时要防止落物伤人。吊装作业时，应安排专人进行现场安全管理，遵守安全规程和落实安全措施。

——电气维修人员作业时，应配备绝缘保护装备。

——日常检查人员巡线时，应穿戴安全防护装备，配备对讲机。

——特殊情况下，不能停电作业时，应按有关带电作业的安全规定执行。

5.4.2.3 岗位达标

企业应建立班组安全活动管理制度，开展岗位达标活动，明确岗位达标的内容和要求。从业人员应熟练掌握本岗位安全职责、安全生产操作规程、安全风险及管理措施、防护用品使用、自救互救及应急处置措施。各班组应按照有关规定开展安全生产和职业健康教育培训、安全操作技能训练、岗位作业危险预知、作业现场隐患排查、事故分析等工作并做好记录。

5.4.2.4 相关方管理

企业应建立承包商、供应商等安全管理制度，将承包商、供应商等相关方在企业管理范围内的安全生产和职业卫生纳入企业内部管理，对承包商、供应商等相关方的资格预审、选择、作业人员培训、作业过程检查监督、提供的产品与服务、绩效评估、续用或退出等进行管理。

企业应建立合格承包商、供应商等相关方的名录和档案，定期识别服务行为安全风险，并采取有效的控制措施。

企业不应将项目委托给不具备相应资质或安全生产、职业病防护条件的承包商、供应商等相关方。企业应与承包商、供应商等签订合作协议，明确规定双方的安全生产及职业病防护的责任和义务。企业应通过供应链关系促进承包商、供应商等相关方达到安全生产标准化要求。企业应为相关方乘客提供相对舒适和安全卫生的候车、乘车环境，有效地保障乘客候车、乘车的公共安全秩序。正确处理专用通道与普通通道之间、散客与团队乘客之间在候车与乘车过程中的矛盾与纠纷。客运索道车厢配备的司乘人员在保证沿途行车安全的同时，还应维护好车厢内乘车秩序。

5.4.3 职业健康
5.4.3.1 基本要求

企业应建立、健全职业卫生档案和健康监护档案；并对有职业病危害的工作场所，设置相应的防护设施，并符合 GBZ 1 的规定，为从业人员提供符合职业健康要求的工作环境，为接触职业病危害的从业人员提供个人使用防护用品；

存在高海拔（1500 m 以上）、严寒（最冷月份平均温度≤－10 ℃地区）、噪声（大于85 dB）等职业危害因素的场所和岗位应按规定进行管理和控制，配备必要的职业健康防护设施、器具。

企业应组织从业人员进行上岗前、在岗期间、特殊情况应急后和离岗时的职业健康检查，将检查结果书面如实告知从业人员并存档。对检查结果异常的从业人员，应及时就医，并定期复查。企业不应该安排未经职业健康检查的从业人员从事接触职业病危害的作业。

各种防护用品、各种防护器具应定点存放在安全、便于取用的地方，建立台账，并有专人负责保管，定期校验、维护和更换。确保处于正常状态。

5.4.3.2 职业病危害告知

企业与从业人员订立劳动合同时，应将工作过程中可能产生的职业病危害、后果和防护措施如实告知，并在合同中写明。

企业应按照有关规定，在醒目位置公告栏，公布有关职业病防治的规章制度、操作规程、职业病危害事故应急救援措施和工作场所职业病危害因素检测结果。对存在或产生职业病危害的工作场所、作业岗位、设备、设施，应在醒目位置设置警示标识和中文警示说明。

5.4.3.3 职业病危害项目申报

企业应按照有关规定，对职业病危害项目及时更新信息。

5.4.3.4 职业病危害检测与评价

企业应改善从业人员工作场所职业健康条件，控制职业病危害因素。企业应对工作场所职业病危害因素进行日常监测监控。

5.4.4 警示标志

企业应按照有关规定和工作场所的安全风险特点，在有重大危险源、较大危险因素和严重职业病危害因素的工作场所，设置明显的、符合有关规定要求的安全警示标志和职业病危害警示标识。其中，警示标志的安全色和安全标志应分别符合 GB 2893 和 GB 2894 的规定，道路交通标志和标线应符合 GB 5768（所有部分）的规定，消防安全标志应符合 GB 13495.1 的规定，工作场所职业病危害警示标识应符合 GBZ 158 的规定。

企业应定期对警示标志进行检查维护，确保其完好有效。企业应在有较大危险因素的作业场所和设施设备上设置围栏和警示标志，进行危险提示、警示，告知危险的种类、后果及应急措施等。

5.5 安全风险管控及隐患排查治理

5.5.1 安全风险管理

5.5.1.1 安全风险辨识

企业应建立安全风险辨识管理制度，组织全员对本单位安全风险进行全面、系统的辨识。安全风险辨识范围应覆盖本单位的所有活动及区域。安全风险辨识应采用适宜的方法和程序，且与现场实际相符。

企业应对安全风险辨识资料进行统计、分析、整理和归档。

5.5.1.2 安全风险评估

企业应建立安全风险评估管理制度，明确安全风险评估的目的、范围、频次、准则和工作程序等。

企业应选择合适的安全风险评估方法，定期对所辨识出的存在安全风险的作业活动、设备设施、物料等进行评估。在进行安全风险评估时，至少应从影响人、财产和环境三个方面的可能性和严重程度进行分析，客运索道企业每三年应委托具备规定资质条件的专业技术服务机构进行安全风险评估评价。

5.5.1.3 安全风险控制

企业应在技术、管理、防护以及运营保险等方面采取必要措施，对安全风险进行控制。企业应根据安全风险评估结果及生产经营状况等，确定相应的安全风险等级，对其进行分级分类管理，实施安全风险差异化动态管理，制定并落实相应的安全风险控制措施。企业应将安全风险评估结果及所采取的控制措施告知相关从业人员，使其熟悉工作岗位和作业环境中存在的安全风险，掌握、落实应采取的控制措施。

5.5.1.4 变更管理

企业应制定变更管理制度。变更前应对变更过程及变更后可能产生的风险进行分析，制定控制措施，履行审批及验收程序，并告知和培训相关从业人员。

5.5.2 重大危险源辨识与管理

企业应建立重大危险源管理制度，全面辨识重大危险源，对确认的重大危险源制定安全管理技术措施和应急预案。

依据索道行业特点，重大危险源是指雷电、大风、洪水、泥石流、山体滑坡、冻雨、危岩等自然灾害。企业应对重大危险源进行登记建档，进行定期检查、检测；重大危险源档案内容至少包括：名称、地点、性质和可能造成的危险及有关安全措施。企业应设置重大危险源监控系统，应采取相应措施对重大危险源实施日常监控，包括技术措施（可包括设计、建设、运行、维护、检查、检验等）和管理措施（职责明确、人员培训、防护器具设置、作业要求等）。在重大危险（点）现场设置明显的安全警示标志和警示牌（内容包含名称、地点、责任人员、事故模式、控制措施等）。

5.5.3 隐患排查治理

5.5.3.1 隐患排查

企业应建立隐患排查治理制度，逐级建立并落实从主要负责人到每位从业人员的隐患排查治理和防控责任制。并按照有关规定组织开展隐患排查治理工作，及时发现并消除隐患，实行隐患闭环管理。依据索道行业特点，隐患是指与索道运营企业相关的场所、环境、人员、设备设施和各个环节存在的不安全因素。

企业应根据有关法律法规、标准规范等，组织制定各部门、岗位、场所、设备设施的隐患排查治理标准或排查清单，明确隐患排查的范围、内容、频次和要求，并组织开展相应的培训。隐患排查的范围应包括索道运营企业和所有承包商、供应商等相关的场所、环境以及相关服务范围。

企业应按照有关规定，结合安全生产需要，采用综合检查、专业检查、季节性检查、节假日前的检查、日常检查等方式进行隐患排查。对排查出的隐患，按照隐患等级记录，建立隐患信息档案，并按照职责分工实施监控治理；必要时组织有关专业技术人员对可能存在的重大隐患做出认定，并按照规定进行管理。

企业应将相关方排查出的隐患统一纳入本企业隐患管理。

5.5.3.2 隐患治理

企业应根据隐患排查结果，制定治理方案，及时治理隐患。企业应按照责任分工立即或限期组织整改一般隐患，制定并实施重大隐患治理方案。治理方案应包括目标和任务、方法和措施、经费和物资、机构和人员、时限和要求、应急预案。企业在隐患治理过程中，应采取相应的监控防范措施。隐患排除前或排除过程中无法保证安全的，应从危险区域内撤出作业人员，疏散可能危及的人员，设置警戒标志，暂时停产停业或停止使用相关设备、设施。

5.5.3.3 验收和评估

隐患治理完成后，企业应按照有关规定对治理情况进行评估、验收。重大隐患治理完成后，应组织安全管理人员和有关技术人员进行验收或委托依法设立的为安全生产提供技术、管理服务的机构进行评估。

5.5.3.4 信息记录、通报和报送

企业应如实记录隐患排查治理情况，至少每月进行统计分析，及时将隐患排查治理情况向从业人员通报。企业应建立隐患自查、自改、自报信息系统，通过信息系统对隐患排查、报告、治理、销账等过程进行电子化管理和统计分析，并按照主管部门的要求，定期或实时报送隐患排查治理情况。

5.5.3.5 预测预警

企业应根据生产经营情况、安全风险管理及隐患排查治理、事故等情况，运用定量或定性的安全生产预测预警技术，建立反映企业安全生产状况及发展趋势的安全生产预测预警分析体系。

5.6 应急管理

5.6.1 应急准备

5.6.1.1 应急救援组织

企业应按照有关规定建立应急管理组织机构或指定专人负责应急管理工作。建立与本

企业安全生产特点相适应的专（兼）职应急救援队伍，并与邻近专业应急救援队伍签订应急救援服务协议。

应当根据当地实际情况，与其他运营使用单位或消防、医疗等相关应急救援力量建立应急联动机制。定期和不定期组织应急救援队伍和人员进行培训。每三年应与签订救援协议的社会救援力量至少进行一次联合培训。

5.6.1.2 应急预案

企业应在开展安全风险评估和应急资源调查的基础上，建立生产安全事故应急预案体系，制定符合 GB/T 29639 规定的生产安全事故应急预案，针对安全风险较大的重点场所（设施）制定现场处置方案，并编制重点岗位、人员应急处置卡。

企业应按照有关规定将应急预案报当地主管部门备案，并通报应急救援队伍、周边企业等有关应急协作单位。

企业应定期评估应急预案，及时根据评估结果和实际情况的变化进行修订和完善，并按照有关规定将修订的应急预案及时报当地主管部门备案。

5.6.1.3 应急设施、装备、物资

企业应根据可能发生的事故种类特点，按照有关规定设置应急设施，配备应急装备，储备应急物资，建立管理台账，安排专人管理，并定期检查、维护、保养，确保其完好、可靠。

5.6.1.4 应急演练

企业应定期组织开展生产安全事故应急演练，做到一线从业人员参与应急演练全覆盖，并对演练进行总结和评估，根据评估结论和演练发现的问题，修订、完善应急预案，改善应急准备工作。

每年应组织开展应急演练，制定年度演练计划，编制演练方案，做好演练记录。

每三年与签订协议的社会力量至少进行 1 次联合实战演练，并对应急演练进行评估，做好文字、图片及视频记录。

应急演练中的线路救援应至少选择救援难度最大的位置。

5.6.1.5 应急救援信息系统建设

企业应根据自身实际情况，建立生产安全事故应急救援信息系统，并与相关主管部门互联互通。

5.6.2 应急处置

发生事故后，企业应根据预案要求，立即启动应急响应程序，按照有关规定报告事故情况，并开展先期处置。

发出警报，在不危及人身安全时，现场人员采取阻断或隔离事故源、危险源等措施；严重危及人身安全时，迅速停止现场作业，现场人员采取必要的或可能的应急措施后撤离危险区域，立即按照有关规定和程序报告本企业有关负责人。

研判事故危害及发展趋势，将可能危及周边生命、财产、环境安全的危险性和防护措施等告知相关单位与人员；遇有重大紧急情况时，应立即封闭事故现场，通知本单位从业人员和周边人员疏散，采取转移重要物资、避免或减轻环境危害等措施。

请求周边应急救援队伍参加事故救援，维护事故现场秩序，保护事故现场证据。准备事故救援技术资料。

在乘载工具或索道票面公布应急电话，便于乘客应急使用；应急电话要有专人值守，遇有突发事件值守人员应及时向主要负责人汇报；停电或仅主机故障，索道线路正常，应在15 min内启动辅助驱动装置或紧急驱动装置运送滞留线路上的乘客。

因突发事件停车时，应5 min内通过广播系统安抚滞留在线路上的乘客，简要介绍救援方案，内容应准确、清晰。

救援人员在实施救援前应向乘客简要说明救援步骤和救援安全要领，抚慰乘客，防止救援过程中发生次生事故。

5.6.3 应急评估

企业应对应急准备、应急处置工作进行评估。完成险情或事故应急处置后，企业应主动配合有关组织开展应急处置评估。

5.7 事故管理

5.7.1 报告

企业应建立事故报告程序，明确事故内外部报告的责任人、时限、内容等，并教育、指导从业人员严格按照有关规定的程序报告发生的生产安全事故。

企业应妥善保护事故现场以及相关证据。事故报告后出现新情况的，应当及时补报。

5.7.2 调查和处理

企业应建立内部事故调查和处理制度，按照有关规定、行业标准和国际通行做法，将造成人员伤亡（轻伤、重伤、死亡等人身伤害和急性中毒）和财产损失的事故纳入事故调查和处理范畴。

企业发生事故后，重大事故企业应保护好事故现场和信息，配合主管部门对事故进行调查；一般事故应及时成立事故调查组，明确其职责与权限，进行事故调查。事故调查应查明事故发生的时间、经过、原因、波及范围、人员伤亡情况及直接经济损失等。

事故调查组应根据有关证据、资料，分析事故的直接、间接原因和事故责任，提出应吸取的教训、整改措施和处理建议，编制事故调查报告。

企业应开展事故案例警示教育活动，认真吸取事故教训，落实防范和整改措施，防止类似事故再次发生。

5.7.3 管理

企业应建立事故档案和管理台账，将承包商、供应商等相关方在企业管理范围内发生的事故纳入本企业事故管理。

5.8 持续改进

5.8.1 绩效评定

企业每年至少应对安全生产标准化管理体系的运行情况进行一次自评，验证各项安全生产制度措施的适宜性、充分性和有效性，检查安全生产和职业卫生管理目标、指标的完成情况。

企业主要负责人应全面负责组织自评工作，并将自评结果向本企业所有部门、单位和从业人员通报。自评结果应形成正式文件，并作为年度安全绩效考评的重要依据。

企业发生生产安全责任死亡事故，应重新进行安全绩效评定，全面查找安全生产标准化管理体系中存在的缺陷。

5.8.2 持续改进

企业应根据安全生产标准化管理体系的自评结果和安全生产预测预警系统所反映的趋势，以及绩效评定情况，客观分析企业安全生产标准化管理体系的运行实施效果和质量，及时调整完善相关制度文件和过程管控，持续改进，不断提高安全生产管理水平。

5.9 服务质量

5.9.1 服务质量目标

应按照国家和行业相关服务标准制定适合企业运营的服务质量目标。应将服务质量目标进行分解，并进行考核。

5.9.2 服务组织

根据运营服务特点和要求，建立完善的服务组织，设置合理的服务岗位并配置相适应的服务人员，明确服务岗位责任，制定并严格执行服务规范和守则等制度。

5.9.3 服务设施管理

应建立服务设施维修制度并保证服务设施的清洁和完好。在进行服务设施维修时，应向乘客做好解释工作。

5.9.4 乘坐形式

应选取乘坐舒适度高、便于搭乘的运载工具。

5.9.5 索道运行速度和运量

为提高输送能力，减少乘客候车时间，应选取高速度、大运量的索道设备。为便于乘客上下车，提高服务舒适度和安全性，站内应选取采用较低速度运行。

5.9.6 环保责任

应履行索道经营辖区内环境保护责任，消除和减少索道建设和营运对环境的影响，为乘客营造生态、优美、舒适的服务环境。

索道经营辖区建筑与环境自然和谐，符合环境规划要求。倡导生态文化建设。索道经营辖区应保持绿化高覆盖率。植物与景观配置得当。服务区内空气清新，无异味。

服务区内环境噪声应满足景区的 GB 3096 相关规定。

5.9.7 公共卫生

制定并执行卫生保洁制度，保障辖区内环境和服务设施的清洁卫生。引导乘客在购票、候车和乘坐过程中，遵守公共道德，保持公共环境卫生。

公共服务设施应保持干净和整洁，并定期消毒杀菌。在流行性疾病多发季节，做好公共场所的疾病预防工作，防止交叉感染。

候车区域内应设置相应数量与环境协调的垃圾桶（箱），垃圾应及时清理，保持桶

（箱）体完好洁净。垃圾应分类处理，垃圾处理符合国家和地方环保相关规定。

公共卫生间建设与接待能力相适应，室内卫生设施设备齐全。应设有无障碍通道和残疾人专用卫生间。应及时清洁，墙壁、隔板、门窗清洁无刻画；地面无污物、污渍；便池无污垢；室内无异味、无蚊蝇。

5.9.8 服务信息指示

公共信息、安全标志图形符号按 GB 2894、GB 13495、GB/T 10001.1 和 GB/T 10001.2 等相关标准设置并制定相应的管理制度。标志与标牌应完好，无破损、变形，内容准确，文字清晰规范。标志标牌应有中、外文对照，方便乘客阅读。

（1）售票处周边应设置索道线路和目的地简介和相关导游图牌。

（2）服务设施应设置醒目的标志和引导标牌。

（3）安全警示标志齐全，应设立在固定、醒目位置，不应设置在可移动物体上。

（4）"客运索道安全检验标志、安全检验合格"标识牌应固定张挂在客运索道的进站口、乘客易看到的明显位置。

（5）线路支架应有醒目的支架编号和禁止攀爬等安全标志。

（6）设立客运索道沿线道路交通标志、禁令标志、道路交通标线、航空障碍标志和客运索道安全服务的其他特殊提示。

（7）主要道口、交叉路口应在适当的位置设立引导标牌。应有醒目的出、入口通行方向标志。

（8）应设置引导乘客上、下车区域等标志。

（9）需要乘客协助服务的地方应设明显清晰的提示标志。

5.9.9 票务服务

售票：售票员应服务热情，唱收唱付，做到票款两清，提醒乘客保管好钱、票，请乘客到候车区候车。应采用多种宣传形式，让乘客购票前能方便了解到《购票须知》的内容。企业应运用移动支付、网络预定、刷卡、现金等多种方式为游客提供更加方便快捷的购票服务。验票：验票员应用规范的服务语言，请乘客出示票据，检验票据和放行。采用电子验票系统服务时，服务人员应帮助与指导乘客完成验票程序。退票：应制定退票制度并公示。非乘客原因退票时，服务人员应向乘客耐心解释退票的原因，并表示歉意。

停止售票：在营业时间内停止售票的，应向乘客公示原因。暂停运营时，应及时通知预定客户，服务人员应耐心解释停止运营服务的原因，并表示歉意。

5.9.10 候车与乘坐服务

为解决乘客候车时间过长等问题，应采取分时段预售票等服务方式，并建立相应制度。站台服务人员应组织引导乘客上、下车和进、出站，维持站台候车秩序。应主动热情迎、送乘客，搀扶老、幼、病、残、孕者。对于单线循环固定抱索器式索道，站台服务人员应协助乘客上、下车，适时调整索道运行速度，帮助行动不便的乘客乘车。

在保证安全、乘坐秩序和乘客较少的前提下，应尽量满足乘客选择旅伴和承载吊具的需求。利用广播或视频系统，播放景观介绍、音乐、娱乐节目等，使乘客候车、乘坐过程中的心情愉悦。为乘客提供如物品寄存、雨具、棉衣、氧气租借、电子产品充电、失物招领、免费咨询等衍生服务。候车区应根据特殊乘客（老、幼、病、残、孕等）和贵宾接待等需求，提供相应的专用通道和候车区。购票和候车区应设置遮阳避雨设施。候车室内和封闭式交通工具的卫生环境、空气质量、噪声、湿度、照度等卫生标准应达到 GB 9672、GB 9673 相关规定要求。

5.9.11 服务人员基本要求

票务、站台服务人员、乘务人员和保安人员应培训合格后上岗，掌握索道安全服务相应的知识和技能，具有良好职业道德和综合素质，身体健康，严格遵守服务守则。

5.9.12 服务态度

着装整洁，规范统一；去除与服务工作无关的饰物和装饰，佩带服务标牌。端庄大方，精神饱满，表情自然，姿态端正，举止文明，处事稳重，反应敏捷，动作规范。保持个人卫生，上岗前应修饰整齐，发型庄重，发色自然；女职工可淡妆修饰。上岗前不应饮酒，不食带异味的食品。礼貌待客、微笑服务、亲切热情、真诚友好、耐心周到、服务主动。有问必答，迅速准确。对于乘客提出要求暂不能解决的，应耐心解释。使用文明礼貌用语、简明、通俗、清晰。应采用规范的索道服务用语，对国内乘客用普通话服务。应掌握简单的外语，满足外宾的基本服务需求，或选择能与乘客有效沟通的语言。

5.9.13 职业道德

应爱岗敬业、诚实守信、忠于职守、维护乘客的合法权益。

应尊重乘客的宗教信仰和风俗习惯，不损害民族尊严。

5.9.14 服务监督与纠纷处理

应按国家和地方相关法规，建立服务纠纷处理与投诉处理工作程序。应设立专人或部门接待投诉、处理服务纠纷及乘客的意见和建议。做到有投诉必处理。

建立服务监督机制，主动接受乘客监督，在乘客服务区域设意见本（卡、箱），定期收集分析游客意见，进行相应服务改进。

应按 GB/T 24728 附录 A.2（客运索道安全服务质量（GB/T 24728—2009）进行乘客满意度、乘客有效投诉率、投诉处理满意度的统计。

5.9.15 服务质量改进

每年应按对本单位服务质量进行 1 次自主评定，验证各项制度措施的适宜性、充分性和有效性，检查服务质量目标的完成情况，提出改进意见，形成评价报告。

应根据服务质量评定结果，对服务质量目标、规章制度等进行修改完善，制定完善服务质量的工作计划和措施，实施 PDCA 循环、不断提高服务质量。

第 2 篇　客运索道企业安全生产标准化评定标准

中国索道协会文件

中索协〔2018〕17号

关于印发《客运索道企业安全生产标准化
评定标准》及做好创建评审工作的通知

各索道运营企业：

为贯彻落实《安全生产法》关于"企业必须推进安全生产标准化建设"规定要求，根据《特种设备安全法》和国家标准委发布的《企业安全生产标准化基本规范》（GB/T 33000—2016），中国索道协会组织制定了行业标准《客运索道企业安全生产标准化基本规范》和《客运索道企业安全生产标准化评定标准》，《新规范》《新标准》将于二零一九年一月一日起实施。现就宣贯《新规范》《新标准》、进一步做好客运索道安全生产标准化创建评审工作通知如下：

一、总体目标

以习近平新时代中国特色社会主义思想为指导，坚持"安全第一、预防为主、综合治理"的方针，深入推进全国客运索道运营企业安全生产标准化建设，建立健全客运索道运营企业安全生产标准化基本规范和评定标准考评体系，扎实有效开展标准化创建评审工作，促进客运索道运营企业落实安全主体责任，建立健全安全生产标准化管理体系，完善安全风险管控、故障预防和隐患排查治理工作机制，强化全员、全方位、全过程安全管理，提升事故防范和应急救援能力，提高客运索道企业安全运营整体水平。

二、工作任务

（一）依法依规推进安全生产标准化建设。

客运索道运营企业要根据《安全生产法》《特种设备安全法》等法律法规，按照新发布的《客运架空索道安全规范》（GB 12352—2018）《企业安全生产标准化基本规范》（GB/T 33000—2016）等技术规范、《客运索道企业安全生产标准化基本规范》《客运索道安全服务质量》（GB/T 24728—2009）、《客运索道企业安全生产标准化评定标准（试行）》，结合本单位实际，认真开展以目标职责、制度化管理、教育培训、现场管理、安全风险管控及隐患排查治理、应急管理、事故管理、持续改进、服务质量为主要内容的安全生产标准化建设工作。

（二）认真开展安全生产标准化自查、自评、自主创建工作。

客运索道运营企业要依据中国索道协会组织制定的行业标准《客运索道企业安全生产标准化基本规范》，对照《客运索道企业安全生产标准化评定标准（试行）》，做好建立健全和修订安全生产标准化管理制度，认真开展客运索道安全生产标准化自查、自评、自主创建工作，自评结果符合达标评级条件的，需向中国索道协会提出安全生产标准化达标评级申请。已通过评审达标的企业，要根据国家《关于印发企业安全生产标准化评审工作管理办法（试行）的通知》中关于安全生产标准化三年期满，需重新申请复评，未提出复评申请的，标准化证书到期自动作废的规定要求，及时做好安全生产标准化复审申报等相关工作。

（三）依法依规做好客运索道运营企业安全生产标准化评审工作。

中国索道协会将按照《客运索道企业安全生产标准化评审实施办法》和相关规定，依靠评审专家队伍，健全评审工作制度，完善评审工作机制，统筹组织、协调、指导、推动安全生产标准化自主创建达标初审和复审工作，严格按《客运索道企业安全生产标准化评定标准（试行）》，严肃、客观、公正、公开组织开展评审。现场评审将重点审查企业安全生产标准化制度建设情况和实施落实情况，查阅设备设施运行保养、人员教育培训、应急演练等相关记录，并对现场实地检查验证，同时，提出评审整改意见建议，确保评审工作质量。

三、工作要求

（一）加强对安全生产标准化创建工作的组织领导。客运索道运营企业要高度重视，建立组织机构，明确责任人，确定达标创建时限，严格依责尽职，切实抓好标准化创建各项工作。

（二）认真做好新规范新标准宣贯培训工作。中国索道协会将组织开展评审人员和客运索道运营企业管理人员、技术人员的宣贯培训，指导帮助有关人员掌握《新规范》《新标准》。各客运索道运营企业要积极组织开展好相关人员的学习培训工作，提高做好安全生产标准化创建工作的思想认识、自觉性和创建能力，提高自查自评水平，确保按期实施《新规范》《新标准》要求。

（三）认真做好初审、复审申报工作。自评达到评标条件的企业，要按照协会的统一要求，通过中国索道协会"客运索道企业安全生产标准化信息管理系统"（http://www.chinaropeway.cn）上报评审材料；达标三年期满的企业，要及时提交复审申请。

（四）发挥典型示范引领作用。各客运索道运营企业要加强学习和交流，相互提高，相互促进。同时，对评审工作中提出的问题，要及时按照要求进行整改。

附件：《客运索道企业安全生产标准化评定标准（试行）》

主送：各索道运营企业	
中国索道协会	2018 年 8 月 9 日
经办人：张晓阳	联系电话：010-64464282

1　范围

本标准规定了客运索道企业安全生产标准化管理体系的建立、保持与评定原则和一般要求，以及目标职责、制度化管理、教育培训、现场管理、安全风险管控及隐患排查治理、应急管理、事故管理、持续改进、服务质量共九个方面的核心技术要求，以适应当前客运索道行业发展的客观需要。

本标准适用于中华人民共和国境内客运架空索道和客运地面缆车的运营单位。

2　规范性引用文件

下列文件对于本标准的应用是必不可少的。凡是标注日期的引用文件，其随后所有的修改单（不包括勘误内容）或修订版均不适用于本标准。凡是未标注日期的引用文件，其最新版本适用于本标准。

中华人民共和国主席令第 4 号	《中华人民共和国特种设备安全法》
中华人民共和国主席令第 70 号	《中华人民共和国安全生产法》
中华人民共和国主席令第 3 号	《中华人民共和国旅游法》
中华人民共和国主席令第 69 号	《中华人民共和国突发事件应对法》
中华人民共和国主席令第 81 号	《中华人民共和国职业病防治法》
中华人民共和国主席令第 6 号	《中华人民共和国消防法》
中华人民共和国国务院令第 493 号	《生产安全事故报告和调查处理条例》
中华人民共和国国务院令第 549 号	《特种设备安全监察条例》
国家安全生产监督管理总局令第 16 号	《安全生产事故隐患排查治理暂行规定》
国家安全生产监督管理总局令第 47 号	《工作场所职业卫生监督管理规定》
国家安全生产监督管理总局令第 49 号	《用人单位职业健康监护监督管理办法》
国家安全生产监督管理总局令第 88 号	《生产安全事故应急预案管理办法》
安监总厅安监〔2018〕3 号	《用人单位劳动防护用品管理规范》
国家质量监督检验检疫总局〔2015〕5 号	《特种设备现场安全监督检查规则》
国家质量监督检验检疫总局〔2016〕179 号	《客运索道安全监督管理规定》
国家质量监督检验检疫总局〔2011〕140 号	《特种设备作业人员监督管理办法》
TSG 08—2017	《特种设备使用管理规则》
TSG S7001—2013	《客运索道监督检验及定期检验规则》
TSG Z6001—2013	《特种设备作业人员考核规则》
TSG S6001—2008	《客运索道安全管理人员和作业人员

	考核大纲》
GB/T 33000—2016	《企业安全生产标准化基本规范》
GB/T 24728—2009	《客运索道安全服务质量》
GB/T 34024—2017	《客运架空索道风险评价方法》
GB/T 34368—2017	《客运索道重大修理的技术要求》
GB/T 19402—2012	《客运地面缆车安全要求》
GB/T 12738	《索道术语》
GB/T 9075	《索道用钢丝绳检验和报废规范》
GB/T 24729	《客运索道固定抱索器通用技术条件》
GB/T 24730	《客运索道脱挂抱索器通用技术条件》
GB/T 24731	《客运索道驱动装置通用技术条件》
GB/T 24732	《客运索道托（压）索轮通用技术条件》
GB 12352—2018	《客运架空索道安全规范》
GB 2894	《安全标志及其使用导则》
GB 13495	《消防安全标志》
GB/T 10001.1	《标志用公共信息图形符号 第1部分》
GB/T 10001.2	《标志用公共信息图形符号 第2部分》

3 术语与定义

下列术语和定义适用于本标准。

3.1 企业安全生产标准化（Enterprise safety production standardization）

企业通过落实安全生产主体责任、全员全过程参与、建立并保持安全生产管理体系以及全面管控生产经营活动各环节的安全生产和职业卫生工作，实现安全健康管理系统化、岗位操作行为规范化、设备设施本质安全化以及作业环境器具定置化，并持续改进。

3.2 安全生产绩效（Safety production performance）

根据安全生产目标和职业卫生目标，在安全生产、职业卫生等工作方面取得的可测量结果。

3.3 企业主要负责人（Main person in charge of the enterprise）

有限责任公司、股份有限公司的董事长、总经理，其他生产经营单位的经理以及对生产经营活动有决策权的实际控制人。

3.4 相关方（Related parties）

工作场所内外与企业安全生产绩效有关或受其影响的个人或单位，如承包商、供应商等。

3.5 承包商（Contractor）

在企业的工作场所按照双方协定的要求向企业提供服务的个人或单位。

3.6 供应商（Supplier）

为企业提供材料、设备或设施及服务的外部个人或单位。

3.7 变更管理（Management of change）

对机构、人员、管理、工艺、技术、设备设施、作业环境等永久性或暂时性的变化进行有计划的控制，以避免或减轻对安全生产产生影响。

3.8 安全风险（Security risks）

发生危险事件或有害暴露的可能性，与随之引发的人身伤害、健康损害或财产损失的严重性的组合。

3.9 安全生产风险评估（Safety production risk assessment）

运用定性或定量的统计分析方法对安全风险进行分析、确定其严重程度，对现有控制措施的充分性、可靠性加以考虑，以及对其是否可接受予以确认的过程。

3.10 安全风险管理（Security risk management）

根据安全风险评估的结果，确定安全风险控制的优先顺序和安全风险控制措施，以达到改善安全生产条件、减少和避免生产安全事故的目标。

3.11 工作场所（Workplace）

从业人员进行职业活动，并由企业直接或间接控制的所有工作地点。

3.12 作业环境（Working environment）

从业人员进行生产经营活动的场所以及相关联的场所，对从业人员的安全、健康、工作能力以及对设备（设施）的安全运行产生影响的所有自然和人为因素。

3.13 持续改进（Continuous improvement）

为了实现对整体安全生产绩效的改进，根据企业的安全生产和职业卫生目标，不断地对安全生产和职业卫生工作进行强化的过程。

3.14 客运索道（Passenger ropeway）

索道是指由动力驱动，利用柔性绳索牵引运载工具运送人员或物料的运输系统，包括架空索道、地面缆车和拖牵索道等。其中，客运索道是指输送人员的索道。

3.15 架空索道（Aerial ropeway）

以架空的柔性绳索承载，用来输送物料或人员的索道。

3.16 地面缆车（Funicular）

运载工具沿地面轨道或由固定结构支撑的轨道运行的索道。

3.17 站房（Station building）

线路起止站和分段相衔接的设施。

3.18 运载工具（Vehicle）

在架空索道或缆车上用于承载人员或物料的部件。

4 一般要求

4.1 原则

客运索道企业开展安全生产标准化工作，应遵循"安全第一、预防为主、综合治理"的方针，落实企业主体责任；以安全风险管控、隐患排查治理、职业病危害防治为基础，以安全生产责任制为核心，建立安全生产标准化管理体系，实现全员参与，全面提升安全生产管理水平，持续改进安全生产工作，不断提升安全生产绩效，预防和减少事故的发生，保障人身安全健康，保证生产经营活动的有序进行。

4.2 建立和保持

客运索道企业应采用"策划、实施、检查、改进"的"PDCA"动态循环模式，按照本标准的规定，结合企业自身特点，自主建立并保持安全生产标准化管理体系，并通过自我检查、自我纠正和自我完善，构建安全生产长效机制，持续提升安全生产绩效。

4.3 评定和监督

客运索道企业安全生产标准化工作实行企业自主评定和协会组织评审专家评审的方式，自主评定应每年至少进行1次，协会组织评审专家每3年进行1次；企业应当根据本标准，对安全生产标准化工作进行自主评定，自主评定后申请协会组织评审专家评审定级；安全生产标准化评审分为一级、二级、三级。其中，一级为最高等级，三级为符合客运索道基本运营要求的最低等级；客运索道安全服务质量等级分为5S、4S、3S 三个等级。其中，5S 为最高等级，3S 为符合客运索道安全服务质量要求的最低等级；企业在申请协会评审前必须通过法定的客运索道监督检验、定期检验并取得运营合格标志。协会组织评审专家评审时，如发现索道运营单位出现重大隐患和风险，应中止评审并立即整改，整改完成后重新评审；首次申请协会评审时，企业应在一年内没有发生生产安全责任的死亡事故、半年内没有发生高空滞留人员超过3.5小时以上的责任事故；已取得安全生产标准化等级的企业，如发生人员死亡或高空滞留人员超过3.5小时以上的责任事故，应根据有关部门出具的事故调查报告，整改完善并进行自主评定后，重新申请评审；安全生产标准化评审与客运索道安全服务质量评审采取"同时评审、分别授牌"的方式，中国索道协会负责授牌；安全生产标准化评审项目为本标准前八项（即5.1至5.8）的评分项目，共计1000分，各项目的分项最低分数为0分；安全生产标准化评定所对应的等级须同时满足评审得分和安全绩效等要求，取最低的等级来确定标准化等级（见表1）。

表1 安全生产标准化评定等级划分及标准

评定等级	评审得分	安 全 绩 效
一级	≥900	申请评审之日前一年内，企业无生产安全责任的死亡事故，且半年内未发生高空滞留人员超过3.5小时以上责任事故
二级	≥750	申请评审之日前一年内，企业生产安全责任事故的死亡人员未超过1人

表 1（续）

评定等级	评审得分	安 全 绩 效
三级	≥600	申请评审之日前一年内，企业生产安全责任事故累计死亡人员未超过 2 人

客运索道安全服务质量评审项目为本标准全部九项评分项目，共计 1400 分，其中服务质量 400 分。在安全生产标准化评审得分的基础上，再根据本标准评分项目第九项进行评分，两者相加即为客运索道安全服务质量评审得分，即客运索道安全服务质量评审得分 = 安全生产标准化评审得分 + 服务质量评审得分；客运索道安全服务质量各等级需达到以下（如下）分值（见表 2）。

表 2　客运索道安全服务质量评定等级划分及标准

客运索道安全服务质量评定等级	评审得分
5S	≥1288
4S	≥1176
3S	≥1064

5　评分项目内容细则（核心要求）

5.1　目标职责（100 分）

序号	项目	内容	标准分	评分标准	实得分
5.1.1	目标	企业应根据自身安全生产实际，制定文件化的总体和年度安全生产目标与职业卫生目标，并纳入到企业总体生产经营目标。企业要将年度工作目标分解落实到各个部门，逐级落实到班组和岗位。各级安全生产目标及职业卫生目标应经相应负责人审批，以文件形式下达。部门或班组按照安全生产职责及职业卫生职责，明确目标的制定、分解、实施、检查、	20	①未制定总体安全生产目标和职业卫生目标的，不得分；总体安全目标和职业卫生目标未纳入企业总体生产经营目标的，扣 5 分。②未制定年度安全生产目标和职业卫生目标的，不得分。③未逐级分解的，扣 5 分；未以文件形式下达的，扣 5 分；未经单位主要负责人审批的，扣 5 分。④未制定控制措施的，扣 3 分，未按本单位控制措施落实的，	

（续）

序号	项目	内容	标准分	评分标准	实得分
5.1.1	目标	考核等环节，制定分级控制措施并落实。 制定安全生产目标与职业卫生目标的评估和考核办法，并对安全生产目标与职业卫生目标完成情况进行考核。	20	扣2分。 ⑤未制定安全生产目标与职业卫生目标评估和考核办法的，不得分；未按办法对目标完成情况进行考核的，扣3分。	
5.1.2	机构和职责				
5.1.2.1	机构设置	企业应落实安全生产与职业卫生组织领导机构，成立以主要负责人和部门为领导的安全生产与职业卫生领导机构，明确安全生产与职业卫生领导机构的组成和职责。 企业应设置安全生产与职业卫生管理机构；应根据自身情况配备安全与职业卫生管理人员。 安全管理机构应每月组织召开安全会议，总结分析本单位的安全生产情况，部署安全生产工作，研究解决安全生产工作中的重大问题，决策企业安全生产的重大事项。	15	①未成立以主要负责人和部门为领导的安全生产与职业卫生领导机构的，不得分；组成和职责不明确的，扣5分。 ②未设置安全生产与职业卫生管理机构的，不得分；未配备专职或兼职安全与职业卫生管理人员的，不得分。 ③未按规定每月组织召开安全会议的，扣5分；会议记录不完整的，扣3分。	
5.1.2.2	主要负责人及管理层职责	企业主要负责人应全面负责安全生产和职业卫生工作，并履行相应责任和义务。 分管负责人应对各自范围内的安全生产和职业卫生工作负责。 各级管理人员应按照安全生产和职业卫生责任制相关要求，履行安全生产和职业卫生职责。	20	①企业主要负责人未全面负责安全生产和职业卫生工作的，不得分。 ②分管负责人未按规定履行分管职责的，扣5分/项。 ③各级管理人员未履行其安全生产和职业卫生职责的，扣5分/项。	

35

（续）

序号	项目	内容	标准分	评分标准	实得分
5.1.3	全员参与	企业应建立健全安全生产和职业卫生责任制，制定符合本单位的各级安全生产和职业卫生制度文件。 企业应对安全生产和职业卫生职责履行情况进行定期评估和监督考核。 企业应建立激励约束机制，鼓励员工积极建言献策，不断改进和提升安全生产和职业卫生管理水平。	15	①未以制度文件建立健全本单位和各部门安全生产和职业卫生工作责任制的，不得分。 ②未明确从业人员职责的，扣5分。 ③未按照规定进行定期评估和监督考核的，扣5分。 ④未建立安全生产与职业卫生责任追究制度的，不得分；无奖惩记录的，扣2分。	
5.1.4	安全生产投入	企业应制定满足安全生产需要的安全生产费用投入制度、计划，按规定提取、使用安全生产费用并落实到位，并建立安全生产费用使用台账。 安全生产费用主要用于以下方面： 1. 安全技术和劳动保护措施：安全标志、安全工器具、安全设备设施、安全防护装置、安全培训、职业病防护和劳动保护，以及重大安全生产课题研究和预防事故采取的安全技术措施工程建设等。 2. 事故预防措施：设备重大缺陷和隐患排查、治理、针对事故教训采取的防范措施、落实技术标准及规范进行的设备和系统改造、提高设备安全稳定运行的技术改造等。 3. 应急管理：预案编制、应急物资、应急演练、应急救援等。	10	①未制定安全生产费用制度、计划的，不得分；未建立安全生产费用使用台账的，扣5分。 ②安全生产费用使用中存在应按计划投入而未投入的，扣3分/项。 ③未给从业人员按规定缴纳工伤、意外伤害保险的，扣10分。	

（续）

序号	项目	内容	标准分	评分标准	实得分
5.1.4	安全生产投入	4. 其他：安全检测、安全评价、重大危险源监控整改、安全保卫、安全法律法规收集管理、安全生产标准化建设实施、安全检查、安全技术技能竞赛、安全文化建设与维护等。 5. 安全科技创新：新技术、新材料、新工艺、新设备产品的研发与投入。 6. 企业应按照有关规定，为从业人员缴纳工伤、意外伤害保险费用，购买企业财产保险或投保客运索道安全生产责任险。			
5.1.5	安全文化建设	企业应开展安全文化建设，确立本企业的安全生产和职业病危害防治理念及行为准则，并教育、引导全体从业人员贯彻执行。 企业开展安全文化建设活动应包括但不限于以下活动：安全生产月、安全生产知识竞赛、安全生产教育培训、安全文化演出、职工安全文化活动等。	5	①企业未开展安全生产文化建设活动的，不得分。 ②安全生产文化建设活动未开展两项（含两项）以上的，扣3分。	
5.1.6	安全生产信息化建设	企业应根据自身实际情况，利用信息化手段加强索道安全运营管理工作，建立监测监控系统、重大危险源监控、安全风险管控和隐患自查自报、应急管理、预测预警及职业病危害防治等信息系统的建设。	15	①企业未利用信息化手段加强安全运营管理工作的，不得分。 ②安全生产信息系统功能不完善的，如缺少隐患排查、重大危险源管控、设备预测预警系统的，扣3分/项。	

37

5.2　制度化管理（105 分）

序　号	项　目	内　容	标准分	评分标准	实得分
5.2.1	法规标准识别	企业应建立安全生产和职业卫生法律法规、标准规范的管理制度，及时识别和获取适用、有效的法律法规、标准规范，建立清单。 企业应将适用的安全生产和职业卫生法律法规、标准规范的相关要求及时转化为本单位的规章制度、操作规程，并及时传达给相关从业人员，确保落实到位。 开展安全生产法律法规、标准规范的搜集管理工作，并跟踪、掌握有关法律法规、标准规范的修订情况。客运索道运营单位适用的安全生产法律法规、标准规范至少包括： 1.《中华人民共和国安全生产法》 2.《中华人民共和国特种设备安全法》 3.《中华人民共和国旅游法》 4.《中华人民共和国突发事件应对法》 5.《中华人民共和国职业病防治法》 6.《中华人民共和国消防法》 7.《特种设备安全监察条例》 8.《生产安全事故报告和调查处理条例》 9.《用人单位劳动防护用品管理规范》 10.《安全生产事故隐患排查治理暂行规定》 11.《工作场所职业卫生监督管理规定》	20	①企业未建立安全生产和职业卫生法律法规、标准规范管理制度的，不得分。 ②企业未将适用的安全生产和职业卫生法律法规、标准规范的相关要求及时转化为本单位的规章制度、操作规程的，扣 3 分/项。 ③未开展安全生产法律法规、标准规范的搜集管理工作的，扣 10 分。 ④适用的安全生产法律法规、标准规范不完整的，扣 3 分/项。	

（续）

序号	项目	内容	标准分	评分标准	实得分
5.2.1	法规标准识别	12.《用人单位职业健康监护监督管理办法》 13.《生产安全事故应急预案管理办法》 14.《特种设备现场安全监督检查规则》 15.《客运索道安全监督管理规定》 16.《特种设备作业人员监督管理办法》 17.《特种设备作业人员考核规则》 18.《客运索道安全管理人员和作业人员考核大纲》 19.《客运索道监督检验及定期检验规则》 20.《企业安全生产标准化基本规范》 21.《客运索道安全服务质量》 22.《客运架空索道安全规范》 23.《客运地面缆车安全要求》 24.《特种设备使用管理规则》 25.《客运架空索道风险评价方法》 26.《客运索道重大修理的技术要求》 企业应将适用的安全生产和职业卫生法律法规、标准规范及其他要求及时传达给从业人员，使从业人员在工作环境中可及时获取有效版本。			
5.2.2	规章制度	企业应建立健全安全生产和职业卫生规章制度，并征求工会及从业人员意见和建议，规范安全生产和职业卫生管理工作。	30	①未建立安全生产和职业卫生规章制度的，不得分；规章制度不健全或不符合相关规定的，扣2分/项。	

39

（续）

序号	项目	内容	标准分	评分标准	实得分
5.2.2	规章制度	企业应确保从业人员及时获取制度文本。 企业安全生产和职业卫生规章制度包括但不限于下列内容： 1. 目标管理 2. 安全生产和职业卫生责任制 3. 安全生产承诺书 4. 安全生产投入管理制度 5. 安全生产信息化管理制度 6. 技术档案管理制度 7. 日常安全检查制度 8. 维护保养制度 9. 定期报检制度 10. 安全风险管理、隐患排查治理 11. 教育培训管理制度 12. 特种作业和服务人员管理制度 13. 设备设施管理制度 14. 检维修安全管理制度 15. 危险作业安全管理制度 16. 安全警示标志管理制度 17. 作业和服务人员守则 18. 作业人员及相关服务人员安全培训考核制度 19. 意外事件和事故报告、分析和处置管理制度 20. 安全生产奖惩管理制度 21. 相关方安全管理制度 22. 变更管理制度 23. 安全防护用品管理制度 24. 应急管理制度 25. 安全生产报告 26. 绩效评定管理制度 27. 安全操作规程管理制度		②企业安全生产和职业卫生规章制度的建立或修订未征求工会或从业人员意见和建议的，扣5分。	

（续）

序 号	项 目	内 容	标准分	评分标准	实得分
5.2.3	操作规程	企业应结合实际，编制齐全的、适用于岗位的安全生产和职业卫生操作规程，发放到相关岗位员工，并严格执行；企业应定期及时组织修订完善相应的安全生产和职业卫生操作规程，确保其适宜性和有效性。	30	①未编制岗位安全生产和职业卫生操作规程的，不得分。 ②未将最新的规程下发到各部门、各岗位的，扣10分。 ③操作规程不齐全的，扣5分/项。 ④未定期更新相应的安全生产和职业卫生操作规程的，扣10分。	
5.2.4	文档管理				
5.2.4.1	记录管理	企业应建立文件和记录管理制度，明确安全生产和职业卫生规章制度、操作规程的编制、评审、发布、使用、修订、作废以及文件和记录管理的职责、程序和要求。 客运索道应建立技术档案，至少包括： 1. 安装技术资料。 2. 监督检验报告。 3. 使用登记表。 4. 更新、维修技术文件。 5. 年度自行检验和定期检验的记录。 6. 应急救援演练记录。 7. 运行、维护保养、设备故障与事故处理记录。 8. 作业人员培训、考核和证书管理记录。 9. 安全记录。至少包括：巡线记录、不安全事件记录、安全活动记录、安全会议记录、日常检查记录、计量装置检验检测记录等。	15	①未建立文件和记录管理制度的，不得分。 ②技术档案项目不完整的，扣2分/项。 ③安全记录内容不完整的，扣2分/项。	

（续）

序号	项目	内容	标准分	评分标准	实得分
5.2.4.2	评估	企业应每年至少评估一次安全生产和职业卫生法律法规、标准规范、规章制度、操作规程的适宜性、有效性和执行情况，并应有评估记录。	5	①未进行评估的，不得分。②评估记录不完整的，扣2分。	
5.2.4.3	修订	企业应根据评估结果、安全检查情况、自评结果、评审情况、事故情况等，及时修订安全生产和职业卫生规章制度、操作规程。	5	①未及时进行修订的，不得分。②修订记录不完整的，扣2分。	

5.3 教育培训（60分）

序号	项目	内容	标准分	评分标准	实得分
5.3.1	教育培训管理	企业应建立健全安全教育培训制度和安全教育培训计划，按照有关规定进行培训，培训大纲、内容、时间应满足有关标准的规定，企业安全教育培训应包括安全生产和职业卫生的内容。应明确本单位安全教育培训主管部门或负责人，按规定及岗位需要，定期识别安全教育培训需求，制定、实施安全教育培训计划，提供相应的资源保证。企业应如实记录全体从业人员的安全教育和培训情况，培训每年不少于24学时。建立安全教育培训档案，实施分级管理，并对培训效果进行评估和改进。	20	①未建立健全安全教育培训制度和安全教育培训计划的，不得分。②安全教育培训主管部门或负责人不明确的，扣5分。③无安全教育培训记录和档案的，扣5分；培训课时不足24学时/每年，扣3分。④没有对培训效果进行评估的，扣2分。	
5.3.2	人员教育培训				

（续）

序号	项目	内容	标准分	评分标准	实得分
5.3.2.1	主要负责人和管理人员	企业的主要负责人和安全生产管理人员应当具备与本单位所从事的生产经营活动相适应的安全生产知识和职业卫生知识与能力。 企业应对各级管理人员进行教育培训，确保其具备正确履行岗位安全生产和职业卫生职责的知识与能力。 法律法规要求考核其安全生产和职业卫生知识与能力的人员，应按照有关规定经考核合格。	15	①企业的主要负责人和安全管理人员未取得客运索道安全管理人员资格证书的，不得分。 ②客运索道安全管理人员资格证书过期的，扣5分/人。	
5.3.2.2	从业人员	企业应对从业人员进行安全生产和职业卫生教育培训，保证从业人员具备满足岗位要求的安全生产和职业卫生知识，熟悉有关的安全生产和职业卫生法律法规、规章制度、操作规程，掌握本岗位的安全操作技能和职业危害防护技能，安全风险辨识和管控方法，了解事故现场应急处置措施，并根据实际需要，定期进行复训考核。 在新技术、新设备设施投入使用前，应对有关从业人员进行安全教育和培训；未经安全教育培训合格人员，不应上岗作业。 新员工在上岗前必须进行安全教育培训，时间不少于24学时。 从业人员在企业内部调整工作岗位或离岗一年以上重新上岗时，应重新进行部门和班组级的安全教育培训。	20	①无从业人员安全教育培训记录和档案的，扣5分。 ②新员工岗前未进行安全教育培训的，扣5分。 ③新员工在上岗前安全教育培训课时未达到24学时的，扣5分。 ④在新技术、新设备设施投入使用前，未对有关从业人员进行专门的安全教育和培训的，扣5分。 ⑤特种设备作业岗位未配备相应持证作业人员的，扣5分/人；资格证书过期的，扣3分/人。 ⑥从业人员培训无记录的，扣1分/人。	

43

（续）

序号	项目	内容	标准分	评分标准	实得分
5.3.2.2	从业人员	从事特种作业、特种设备作业的人员应按照有关规定，经专门安全作业培训，考核合格，取得相应资格后，方可上岗作业，并定期接受复审。 企业专职应急救援人员应按照有关规定经专门应急救援培训和考核合格后方可上岗，并定期参加复训。 其他从业人员每年应接受再培训，再培训时间和内容应符合国家和地方政府有关规定。			
5.3.2.3	外来人员	企业应对进入企业从事服务和作业活动的承包商、供应商的从业人员和接收的中等职业学校、高等学校实习生及外单位委托实习培训人员，进行安全教育培训，并保存记录。 外来人员进行作业现场前，应由作业现场所在单位对其进行安全教育培训，并保存记录。 应对相关方作业人员及外来参观、学习等人员进行有关安全教育告知记录，主要内容包括：安全规定、可能接触的危险有害因素、应急知识等。	5	①未对外来人员进入现场前安全教育培训的，不得分。 ②无外来人员安全培训记录的，扣3分。 ③外来人员安全培训记录不全的，扣2分。	

5.4 现场管理（445分）

序号	项目	内容	标准分	评分标准	实得分
5.4.1	设备设施管理				

（续）

序号	项目	内容	标准分	评分标准	实得分
5.4.1.1	设备设施建设	客运索道建设应符合有关法律法规、安全技术规范和标准要求；现场建筑设计防火和建筑灭火器配置应分别符合 GB 50016 和 GB 50140 的规定；客运索道验收应按照有关规定，严格履行安全设施和职业卫生要求的设计安装验收等管理程序。 应配备无线和有线两种专用通讯设施。控制室、机房、上、下站房、支架等重点区域应设置视频监控设施，并运行正常。 售票窗口应设置安全隔离栏杆等设施，方便乘客购票，保障购票安全秩序。在售票处附近设置醒目的《乘坐索道安全须知》，应包括以下内容：乘坐索道应注意事项；劝阻无行为能力的乘客单独乘坐索道；限制有危险倾向的乘客乘坐索道；提示身体状况不适应高空运行，有诱发疾病危险的乘客（有心脏病、高血压、精神障碍、恐高症、习惯性流产等病史，以及部分妊娠早、晚期孕妇和部分行动不便的高龄乘客），不宜乘坐索道；应禁止携带危险品或管制物品乘坐索道。 候车区除配备正常通风、采光设施外，还应配置应急疏散标志及足够数量的应急照明设施。候车区设置适应乘客不同流量的安全隔离栏杆。隔离栏杆设计与建设应符合 GB 8408、GB 12352 相关标准要求。隔离栏杆应在适当位置设置活动门栏，方便乘客应急，满足快速疏散乘客的安全需	25	①客运索道运营单位未办理注册使用登记的，不得分。 ②现场建筑设计防火和建筑灭火器配置不符合规定要求的，扣 5 分。 ③缺少通讯设施的或使用不正常的，扣 5 分/项。 ④未设置视频监控装置的，扣 10 分。 ⑤重点区域视频监控设施未完全覆盖的，扣 5 分/处。 ⑥售票窗口未设置安全隔离栏杆或《乘坐索道安全须知》的，扣 5 分；《乘坐索道安全须知》其中一项不满足标准要求的，扣 2 分/项。 ⑦候车区设施设备不满足需求的，扣 5 分。 ⑧候车区未设置安全隔离栏杆和活动门栏的，扣 5 分。 ⑨候车区未采用防滑措施的，扣 5 分。 ⑩设备变更未按管理制度规定履行的，扣 10 分；变更过程中未采取全过程隐患控制措施的，扣 5 分。	

（续）

序号	项目	内容	标准分	评分标准	实得分
5.4.1.1	设备设施建设	要。道路、站台地面应采用防滑设计或采用防滑替代措施。 索道设备变更应执行变更管理制度，履行变更程序，并对全过程进行隐患控制。			
5.4.1.2	设备设施验收	客运索道企业应执行设备设施采购、到货验收制度，购置、使用设计符合要求、质量合格的设备设施。 设备设施安装后企业应进行验收，并对相关过程及结果进行记录。 应通过有相关资格特种设备检验机构的定期检验。	20	①未建立设备设施采购、到货验收制度的，不得分。 ②无采购、安装验收记录的，扣3分； ③记录不完整的，扣2分。 ④依据最近一次客运索道检验报告，未达到客运索道安全检验单项要求的，扣2分/项。 ⑤依据最近一次客运索道检验报告，经整改后达到客运索道安全检验单项要求的，扣1分/项。	
5.4.1.3	设备设施运行	企业应对设备设施进行规范化管理，建立设备设施管理制度及台账。 应有专人负责管理各种安全设施以及检测与监测设备，定期检查维护并做好记录。 作业人员应遵守运营工作程序和操作规程，做好运行记录。 安全防护设备设施不得随意拆除、挪用或弃置不用；确因维修拆除的应采取临时、有效的安全措施，维修完毕后立即复原。 安全保护装置应建立台账。	50	①未建立设备设施管理制度的，不得分；未建立设备设施台账，扣5分。 ②无定期检查维护记录的，扣3分，记录不完整的，扣2分。 ③未遵守运营工作程序和操作规程作业的，扣5分。 ④无运行记录或运行记录不完整的，扣10分。 ⑤随意拆除、挪用或弃置不用安全防护设备设施且未采取临时、有效的安全措施或维修完毕后未立即复原的，扣10分/项。 ⑥未建立安全保护装置台账的，扣5分。	

（续）

序号	项目	内容	标准分	评分标准	实得分
5.4.1.4	设备设施检维修	客运索道维修应符合以下要求： 1. 应保持维修工具、计量装置、照明装备完好，计量装置应根据相关规定进行检验检测。 2. 应提前对公众发布停运公告。 3. 更换的主要部件（电机、减速机、钢结构、轮组、钢丝绳、电控系统等）应执行内部验收和报废管理制度，进行记录。 4. 设备维修后，应及时清理维修现场。机架和支架上不应遗留有坠落危险的维修工具、零部件和杂物。 5. 应按维修作业指导书要求，规范作业，控制维修质量。 6. 设备维修后应进行验收。 7. 维修过程应执行隐患控制措施并进行监督检查。	20	维修未符合所列要求的，扣3分/项。	
		客运索道的维护保养应当制定维护保养计划，并按照计划进行，同时做好记录。 客运索道维护保养应符合以下要求： 1. 应保持维护保养工具、计量装置、照明装备完好。 2. 应提前对公众发布停运公告。 3. 设备润滑工作后，应采取措施保障润滑油（脂）不会污损乘客身体和衣物。 4. 更换的废弃油品应按规定由相关单位回收。 5. 建立备品备件台账。	20	①未制定维护保养计划的，扣15分。 ②未按计划进行维护保养的，扣10分。 ③未做维护保养记录或记录不全的，扣5分。 ④维护保养未符合所列要求的，扣3分/项。	

47

（续）

序号	项目	内容	标准分	评分标准	实得分
5.4.1.4	设备设施检维修	应开展定期自检工作，自检工作至少包括日检、月检、年检。客运索道应制定定期自检计划，并按照计划进行，同时做好记录。	20	①未制定定期自检计划的，不得分；未开展定期自检工作的，不得分；定期自检中未包含安全保护装置内容检查的，不得分。②未做记录或记录不全的，扣10分。	
		客运索道应建立设备设施检维修管理制度，制定综合检维修计划，加强日常检维修和定期检维修管理，落实"五定"原则，即定检维修方案、定检维修人员、定安全措施、定检维修质量、定检维修进度，并做好记录。检维修方案应包含作业安全风险分析、控制措施、应急处置措施及安全验收标准。检维修过程中应执行安全控制措施，并进行监督检查，检维修后应进行安全确认。检维修过程中涉及危险作业的，应按照5.4.2.1执行。客运索道的重大维修应当按照安全技术规范、标准、使用维护说明书和维修方案要求进行，其中维修方案应包含作业行为分析和控制措施。重大维修过程，必须经特种设备检验检测机构按照安全技术规范的要求进行监督检验；重大维修后，索道运营企业应将自检报告、监督检验报告和无损检测报告存档。	20	①未建立设备设施检维修管理制度的，不得分。②未制定综合检维修计划的，扣15分。③未按计划进行检维修的，扣10分。④未做检维修记录或记录不完整的，扣5分。⑤重大维修前未到当地质检部门进行告知的，不得分。⑥重大维修未经特种设备检验检测机构进行监督检验的，不得分。⑦重大维修后，未将自检报告、监督检验报告和无损检测报告存档的，扣10分。	

（续）

序号	项目	内容	标准分	评分标准	实得分
5.4.1.5	检测检验	特种设备应按照有关规定，通过具有专业资质的检测、检验机构进行定期检测、检验，并取得安全合格使用证。	20		
5.4.1.6	设备设施拆除、报废	企业应建立设备设施报废管理制度。设备设施的报废应办审批手续，在报废设备设施拆除前应制定方案，并在现场设置明显的报废设备设施标志。 报废、拆除涉及许可作业的，应按照5.4.2.1执行，并在作业前对相关作业人员进行培训和安全技术交底；报废、拆除应按方案和许可内容组织落实。	5	①未建立设备设施报废管理制度的，不得分。 ②设备设施报废审批手续不全的，扣3分。 ③未做设备设施报废记录的，不得分；记录不完整的，扣3分。	
5.4.2	作业安全				
5.4.2.1	作业环境和作业条件	企业应事先分析和控制设备设施、器材、通道、作业环境等存在的安全风险。 现场应实行定置管理，保持作业环境整洁。 索道现场配备相应的安全、职业病防护用品（具）及消防设施与器材，按照有关规定设置应急照明、安全通道。 企业应对临近高压输电线路作业、危险场所动火作业、有限空间作业、临时用电作业等危险性较大的作业活动，实施作业许可管理，严格履行作业许可审批手续。 应对作业人员上岗资格条件等进行作业前安全检查，做到特种作业人员持证上岗；并设专人进行现场安全管理，确保作业人员遵守岗位操作规程、落实安全及	45	①未建立作业安全管理制度的，不得分。 ②作业环境有不满足规定要求的，扣3分/项。 ③无危险作业许可审批手续的，扣5分；作业许可手续不全的，扣2分。 ④特种作业人员未持证上岗的，扣3分/人。 ⑤不同作业队伍相互之间未签订管理协议的，扣3分。	

49

（续）

序号	项目	内容	标准分	评分标准	实得分
5.4.2.1	作业环境和作业条件	职业病危害防护措施。 　　两个以上作业队伍在同一作业区域内进行作业活动时，不同作业队伍相互之间应签订管理协议，明确各自安全生产、职业卫生管理职责，并指定专人检查与协调。 　　作业环境应满足下列要求： 　　1. 站房主体建筑应结构完好，无异常变形、风化、下塌现象，门窗结构完整。 　　2. 转动设备或电气设备防护设施应齐全完整。 　　3. 变电站设备区与其他区域应隔离。 　　4. 应急照明、工作现场施工照明应保证作业安全需要。 　　5. 驱动机房或驱动小车等区域应设置检修开关。 　　6. 支架、驱动小车等空中作业区域应设置安全走台和安全护栏。 　　7. 站口离地高度超过1 m，应设置安全防护网。 　　8. 油库及危险品仓库应与站台、办公区、生活区等区域隔离。 　　9. 作业环境保持清洁、无积水、油污，门口、通道、楼梯、平台等处无杂物堵塞。 　　10. 单个运载工具内不应客、货混装运输。			
		遵守国家和地方公共场所治安管理相关规定，制定索道经营辖区治安管理制度，履行索道经营辖区内治安管理责任。制止扰乱	10	①未制定治安管理制度，扣5分。 ②未建立高峰运营保障机制的，扣5分。	

50

（续）

序号	项目	内容	标准分	评分标准	实得分
5.4.2.1	作业环境和作业条件	公共秩序，劝阻有害社会风气的行为。 运营单位应保证运营高峰期乘车安全秩序的需求，切实保障乘客人身安全和财产安全。 服务区域内严禁违章经营。 科学合理规划工作与服务区域，工作与生活区域应设置乘客禁行标志。	10	③在服务区违章经营的，扣5分。 ④无明确区域划分、未设置禁行标志的，扣5分。	
		制定交通安全管理制度，设置辖区交通安全设施。 应对车辆驾驶人员定期开展安全教育；定期对机动车辆检验，保证机动车辆车况良好。 配有通勤车的索道，应制订通勤车辆遇山区滑坡、泥石流、冰雪等特殊情况的应对措施。合理规划辖区车辆线路，疏导有序、车辆停靠整齐。	10	①未对本单位车辆制定管理制度的，不得分。 ②未对车辆驾驶人员定期开展安全教育的，扣5分；机动车辆未进行检验的，扣2分/辆。 ③未对滑坡、泥石流、冰雪等特殊情况制订应对措施的，扣5分/项。	
		企业应通过消防部门的相关检查；履行索道经营辖区内的消防安全责任，消防工作应遵守国家和地方相关消防安全管理的规定。 索道经营辖区内的消防设施应保持完好状态，安全通道应保持畅通无阻。 应建立消防安全管理制度，有效控制经营辖区内和运营过程中可诱发火灾的危险源，治理火灾隐患，预防火灾发生。 索道工作人员应经过消防培训，正确使用消防器材，熟练掌握安全疏散与自救互救方法。	20	①未建立消防制度的，扣5分。 ②消防设施不完好的，扣2分/项。 ③安全通道不畅通的，扣5分。 ④无控制可诱发火灾危险源的措施的，扣3分。 ⑤未进行消防培训的，扣5分。	

（续）

序 号	项 目	内 容	标准分	评分标准	实得分
5.4.2.2	作业行为	企业应加强对从业人员作业行为的安全管理，对设备设施、工艺技术以及从业人员作业行为等进行安全风险辨识，采取相应的措施，控制作业行为安全风险。 企业应监督、指导从业人员遵守安全生产和职业卫生规章制度、操作规程，杜绝违章指挥、违规作业和违反劳动纪律的"三违"行为。 企业应为从业人员配备与岗位安全风险相适应的、符合 GB/T 11651 规定的个体防护装备与用品，并监督、指导从业人员按照有关规定正确佩戴、使用、维护、保养和检查个体防护装备用品。 现场作业行为应要求如下： 1. 客运索道司机、站台服务人员应听从调度指挥。 2. 现场作业分工明确，人员精神状态良好且能承担一定劳动负荷。 3. 机电维修人员高空作业时应使用合格的安全带、安全帽，立体交叉作业时要防止落物伤人。吊装作业时，应安排专人进行现场安全管理，确保安全规程遵守和安全措施落实。 4. 客运索道电气维修人员作业时，应配备绝缘保护装备。 5. 客运索道日常检查人员巡线时，应穿戴安全防护装备，配备对讲机。 6. 不应带电作业。特殊情况下，不能停电作业时，应按有关带电作业的安全规定执行。	45	①未对作业行为隐患、设备设施使用隐患等进行分析的，扣 10 分。 ②未采取控制措施的，扣 10 分。 ③未对立体交叉作业或吊装作业安全进行规定的，扣 3 分。 ④未对带电作业进行规定的，扣 3 分。 ⑤现场作业有不符合要求的，扣 2 分/项。 ⑥未建立安全带、安全帽等劳动防护用品发放标准的，扣 3 分。 ⑦劳动防护用品未及时发放到位的，扣 2 分。 ⑧作业人员未按规定正确佩戴和使用劳动防护用品的，扣 2 分/人。	

（续）

序号	项目	内容	标准分	评分标准	实得分
5.4.2.3	岗位达标	企业应建立班组安全活动管理制度，开展岗位达标活动，明确岗位达标的内容和要求。 从业人员应熟练掌握本岗位安全职责、安全生产和职业卫生操作规程、安全风险及管理措施、防护用品使用、自救互救及应急处置措施。 各班组应按照有关规定开展安全生产和职业卫生教育培训、安全操作技能训练、岗位作业危险预知、作业现场隐患排查、事故分析等工作且做好记录。	25	①未建立班组安全活动管理制度的，扣5分。 ②现场抽查作业人员不了解自己岗位安全职责、规范、风险及安全防护用品等，扣3分/人。 ③未进行安全教育或技能训练的，不得分；记录不完整的，扣3分/项。	
5.4.2.4	相关方管理	企业应为乘客提供相对舒适和安全卫生的候车、乘车环境，有效地保障乘客候车、乘车的公共安全秩序。正确处理专用通道与普通通道之间、散客与团队乘客之间在候车与乘车过程中的矛盾与纠纷。 客运索道车厢配备的司乘人员在保证沿途行车安全的同时，还应维护好车厢内乘车秩序。	15	①未制定维持乘客候车乘车安全秩序规定的，不得分。 ②未按规定采取相应措施的，扣5分。 ③车厢配备司乘人员时，未对其维护秩序行为做出规定的，扣5分。	
		企业应建立承包商、供应商等安全管理制度，将承包商、供应商等相关方的安全生产和职业卫生纳入企业内部管理，对承包商、供应商等相关方的资格预审、选择、作业人员培训、作业过程检查监督、提供的产品与服务、绩效评估、续用或退出等进行管理。 企业应建立合格承包商、供应商等相关方的名录和档案，定期识别服务行为安全风险，并采取有效的控制措施。	15	①未建立有关承包商、供应商等相关方的管理制度的，不得分。 ②未建立承包商和供应商名录和档案的，扣5分。 ③未在承包合同、租赁合同中约定安全生产及职业病防护的责任和义务的，扣5分。 ④未对相关方的安全管理行为进行监督检查的，扣5分。	

（续）

序 号	项 目	内 容	标准分	评分标准	实得分
5.4.2.4	相关方管理	企业不应将项目委托给不具备相应资质或安全生产、职业病防护条件的承包商、供应商等相关方。企业应与承包商、供应商等签订合作协议，明确规定双方的安全生产及职业病防护的责任和义务。 企业应通过供应链关系促进承包商、供应商等相关方达到安全生产标准化要求。		⑤将经营项目、场所租赁给无相应资质的单位和个人的，扣5分。	
5.4.3	职业健康				
5.4.3.1	基本要求	企业应为从业人员提供符合职业卫生要求的工作环境，为接触职业病危害的从业人员提供个人使用的职业病防护用品，建立、健全职业卫生档案和健康监护档案；产生职业病危害的工作场所应设置相应的职业病防护设施，并符合 GBZ 1 的规定； 存在高海拔（1500 m 以上）、严寒（最冷月平均温度≤ -10 ℃地区）、噪声（大于 85 dB）等职业危害因素的场所和岗位应按规定进行专门管理和控制，配备必要的职业健康防护设施、器具。 企业应组织从业人员进行上岗前、在岗期间、特殊情况应急后和离岗时的职业健康检查，将检查结果书面如实告知从业人员并存档。对检查结果异常的从业人员，应及时就医，并定期复查。 企业不应该安排未经职业健康检查的从业人员从事接触职业病危害的作业；不应安排有职业禁忌	15	①未开展职业健康宣传教育的，扣5分。 ②未定期进行体检的，扣5分。 ③存在职业危害因素的场所和岗位未建立健康档案的，扣3分。 ④有职业危害因素的场所和岗位未进行管理和控制的，扣5分。 ⑤无职业健康防护设施、器具的，扣5分；无急救用品的，扣5分；防护器具未维护的，扣2分。 ⑥站房噪声超过 85 dB 的，扣5分。	

（续）

序号	项目	内容	标准分	评分标准	实得分
5.4.3.1	基本要求	的从业人员从事禁忌作业。从业人员的职业健康监护应符合 GBZ 1 的规定。各种防护用品、各种防护器具应定点存放在安全、便于取用的地方，建立台账，并有专人负责保管，定期校验、维护和更换。确保处于正常状态。			
5.4.3.2	职业病危害告知	企业与从业人员订立劳动合同时，应将工作过程中可能产生的职业病危害、后果和防护措施如实告知，并在合同中写明。企业应按照有关规定，在醒目位置公告栏，公布有关职业病防治的规章制度、操作规程、职业病危害事故应急救援措施和工作场所职业病危害因素检测结果。对存在或产生职业病危害的工作场所、作业岗位、设备、设施，应在醒目位置设置警示标识和中文警示说明。	5	①如有职业危害但劳动合同未声明职业危害及后果的，扣3分。②如有职业危害但未对危害岗位设置警示标识和警示说明的，扣2分。	
5.4.3.3	职业病危害项目申报	企业应按照有关规定，对职业病危害项目及时更新信息。	5	如有职业危害但未及时更新信息的，不得分。	
5.4.3.4	职业病危害检测与评价	企业应改善工作场所职业卫生条件，控制职业病危害因素。企业应对工作场所职业病危害因素进行日常监测。	5	未建立工作场所职业卫生规定的，不得分。	
5.4.4	警示标志	企业应按照有关规定和工作场所的安全风险特点，在有重大危险源、较大危险因素和严重职业病危害因素的工作场所，设置明显的、符合有关规定要求的安全	30	①未按规定建立警示标志管理制度的，扣10分。②作业现场无警示标志的，扣5分/处。③警示标志不符合规范要求的，扣3分/处。	

(续)

序号	项目	内容	标准分	评分标准	实得分
5.4.4	警示标志	警示标志和职业病危害警示标识。其中，警示标志的安全色和安全标志应分别符合 GB 2893 和 GB 2894 的规定，道路交通标志和标线应符合 GB 5768（所有部分）的规定，工业管道安全标识应符合 GB 7231 的规定，消防安全标志应符合 GB 13495.1 的规定，工作场所职业病危害警示标识应符合 GBZ 158 的规定。 企业应定期对警示标志进行检查维护，确保其完好有效。 企业应在有较大危险因素的作业场所和设施设备上设置围栏和警示标志，进行危险提示、警示，告知危险的种类、后果及应急措施等。		④未定期对警示标志进行检查维护的，扣3分。	

5.5 安全风险管控及隐患排查治理（120分）

序号	项目	内容	标准分	评分标准	实得分
5.5.1	安全风险管理				
5.5.1.1	安全风险辨识	企业应建立安全风险辨识管理制度，组织全员对本单位安全风险进行全面、系统的辨识。 安全风险辨识范围应覆盖本单位的所有活动及区域，并考虑正常、异常和紧急三种状态及过去、现在和将来三种时态。 安全风险辨识应采用适宜的方法和程序，且与现场实际相符。 企业应对安全风险辨识资料进行统计、分析、整理和归档。	10	①未建立安全风险辨识管理制度的，不得分。 ②未进行安全风险辨识的，扣5分。 ③安全风险辨识的方法和程序不符合规范的，扣5分。 ④辨识后未及时归档记录的，扣3分。	

（续）

序号	项目	内容	标准分	评分标准	实得分
5.5.1.2	安全风险评估	企业应建立安全风险评估管理制度，明确安全风险评估的目的、范围、频次、准则和工作程序等。 企业应选择合适的安全风险评估方法，定期对所辨识出的存在安全风险的作业活动、设备设施、物料等进行评估。在进行安全风险评估时，至少应从影响人、财产和环境三个方面的可能性和严重程度进行分析。	10	①未建立安全风险评估管理制度的，不得分。 ②未进行安全风险评估的，扣5分。 ③未进行安全风险评估归档记录的，扣3分。	
5.5.1.3	安全风险控制	企业应选择工程技术措施、管理控制措施、个体防护措施等，对安全风险进行控制。 企业应根据安全风险评估结果及生产经营状况等，确定相应的安全风险等级，对其进行分级分类管理，实施安全风险差异化动态管理，制定并落实相应的安全风险控制措施。 企业应将安全风险评估结果及所采取的控制措施告知相关从业人员，使其熟悉工作岗位和作业环境中存在的安全风险，掌握、落实应采取的控制措施。	10	①未建立安全风险控制管理制度的，不得分。 ②未采取相关安全控制措施的，不得分。 ③未将安全风险评估结果及所采取的控制措施告知相关从业人员的，扣3分。	
5.5.1.4	变更管理	企业应制定变更管理制度。企业应对机构、人员、技术、设备设施、作业过程和环境发生永久性或暂时性变化时，进行控制。 变更前应对变更过程及变更后可能产生的风险进行分析，制定控制措施，履行审批及验收程序，并告知和培训相关从业人员。	5	①未制定变更管理制度的，不得分。 ②变更后未及时告知和培训相关从业人员的，扣3分。	

57

（续）

序号	项目	内容	标准分	评分标准	实得分
5.5.2	重大危险源辨识与管理	依据索道行业特点，重大危险源是指雷电、大风、洪水、泥石流、山体滑坡、冻雨、危岩等自然灾害。 企业应建立重大危险源管理制度，全面辨识重大危险源，对确认的重大危险源制定安全管理技术措施和应急预案。 企业应对重大危险源进行登记建档，进行定期检查、检测；重大风险档案内容至少包括：名称、地点、性质和可能造成的危险及有关安全措施。 应采取相应措施对重大危险源实施监控，包括技术措施（可包括设计、建设、运行、维护、检查、检验等）和管理措施（职责明确、人员培训、防护器具设置、作业要求等）。 在重大危险（点）现场设置明显的安全警示标志和警示牌（内容包含名称、地点、责任人员、事故模式、控制措施等）。 企业应设置重大危险源监控系统，进行日常监控。	30	①未建立重大危险源管理制度的，不得分；未制定安全管理措施和应急预案的，不得分；未对重大危险源实施监控的，不得分。 ②未对重大危险源进行登记建档记录的，扣5分；未进行检查检测的，扣3分；重大危险（点）无安全警示标志的，扣3分/处；警示内容不全的，扣2分/处。 ③未对重大危险源设置监控系统的，扣2分/项。	
5.5.3	隐患排查治理				
5.5.3.1	隐患排查	依据索道行业特点，隐患是指与生产经营相关的场所、环境、人员、设备设施和各个环节存在的不安全因素；企业应建立隐患排查治理制度，逐级建立并落实从主要负责人到每位从业人员的隐患排查治理和防控责任制。并按照有关规定组织开展隐患排查治理工作，及时发现并消除隐患，实行隐患闭环管理。	20	①未建立隐患排查管理制度的，不得分；未进行隐患排查的，不得分；未明确主要负责人和从业人员隐患排查工作责任的，不得分。 ②未对隐患排查登记建档记录的，扣10分；检查未包含相关方内容的，扣5分。	

（续）

序号	项目	内容	标准分	评分标准	实得分
5.5.3.1	隐患排查	企业应根据有关法律法规、标准规范等，组织制定各部门、岗位、场所、设备设施的隐患排查治理标准或排查清单，明确隐患排查的范围、内容、频次和要求，并组织开展相应的培训。隐患排查的范围应包括所有与索道企业生产相关的场所、环境，包括承包商、供应商等相关服务范围。 企业应按照有关规定，结合安全生产需要，采用综合检查、专业检查、季节性检查、节假日前的检查、日常检查等方式进行隐患排查。对排查出的隐患，按照隐患等级记录，建立隐患信息档案，并按照职责分工实施监控治理；组织有关专业技术人员对可能存在的重大隐患做出认定，并按照规定进行管理。 企业应将相关方排查出的隐患统一纳入本企业隐患管理。			
5.5.3.2	隐患治理	企业应根据隐患排查结果，制定治理方案，及时治理隐患。 企业应按照责任分工立即或限期组织整改一般隐患，制定并实施重大隐患治理方案。治理方案应包括目标和任务、方法和措施、经费和物资、机构和人员、时限和要求、应急预案。 企业在隐患治理过程中，应采取相应的监控防范措施。隐患排除前或排除过程中无法保证安全的，应从危险区域内撤出作业人员，疏散可能危及的人员，设置警戒标志，暂时停产停业或停止使用相关设备、设施。	15	①未建立隐患排查治理方案的，不得分。 ②隐患排查治理方案，未经安全主要负责人审核同意的，不得分 ③未按隐患排查治理方案执行的，扣5分。 ④对排查出的隐患未进行治理的，不得分。	

（续）

序号	项目	内容	标准分	评分标准	实得分
5.5.3.3	验收和评估	隐患治理完成后，企业应按照有关规定对治理情况进行评估、验收。重大隐患治理完成后，企业应组织本企业的安全管理人员和有关技术人员进行验收或委托依法设立的为安全生产提供技术、管理服务的机构进行评估。	10	①未对隐患治理情况进行评估、验收的，不得分。②评估、验收人员不全或不能按照要求进行验收、评估的，扣5分。	
5.5.3.4	信息记录、通报和报送	企业应如实记录隐患排查治理情况，至少每月进行统计分析，及时将隐患排查治理情况向从业人员通报。企业应运用隐患自查、自改、自报信息系统，通过信息系统对隐患排查、报告、治理、销账等过程进行电子化管理和统计分析，并按照主管部门的要求，定期或实时报送隐患排查治理情况。	5	①未如实记录隐患排查治理情况、统计分析、未及时通报从业人员的，不得分。②信息记录、通报和报送不全的，扣3分。	
5.5.4	预测预警	企业应根据生产经营情况、安全风险管理及隐患排查治理、事故等情况，运用定量或定性的安全生产预测预警技术，建立体现企业安全生产状况及发展趋势的安全生产预测预警体系。	5	①未建立将隐患排查预警系统的，不得分。②预测预警体系建立内容不全的，扣3分。	

5.6 应急管理（100分）

序号	项目	内容	标准分	评分标准	实得分
5.6.1	应急准备				
5.6.1.1	应急救援组织	企业应按照有关规定建立应急管理组织机构或指定专人负责应急管理工作。	30	①未建立客运索道应急救援管理机构的，不得分；未建立本单位应急救援队伍或未明确兼职救援人员的，不得分。	

（续）

序号	项目	内容	标准分	评分标准	实得分
5.6.1.1	应急救援组织	建立与本企业安全生产特点相适应的专（兼）职应急救援队伍。按照有关规定可以不单独建立应急救援队伍的，应指定兼职救援人员，并与邻近专业应急救援队伍签订应急救援服务协议。 应当根据当地实际情况，与其他运营使用单位或消防、医疗等相关应急救援力量建立应急联动机制。 定期组织应急救援队伍和人员进行培训，每季度应保证不少于16学时，并记录。 每三年应与签订救援协议的社会救援力量至少进行一次联合培训。		②未与邻近专业应急救援队伍签订救援协议的，扣5分。 ③应急救援队伍未按照本标准进行培训的，扣10分。 ④应急救援队伍每季度培训时间少于16学时的，扣5分。 ⑤未与社会救援力量进行联合培训的，扣10分。	
5.6.1.2	应急预案	企业应在开展安全风险评估和应急资源调查的基础上，建立生产安全事故应急预案体系，制定符合 GB/T 29639 规定的生产安全事故应急预案，针对安全风险较大的重点场所（设施）制定现场处置方案，并编制重点岗位、人员应急处置卡。 企业应按照有关规定将应急预案报当地主管部门备案，并通报应急救援队伍、周边企业等有关应急协作单位。 企业应定期评估应急预案，及时根据评估结果和实际情况的变化进行修订和完善，并按照有关规定将修订的应急预案及时报当地主管部门备案。	10	①未制定应急预案体系的，不得分。 ②未按规定报当地主管部门备案的，扣2分。 ③未将预案通报应急协作单位的，扣2分。 ④未及时对应急预案进行修订、完善和评估的，扣2分。 ⑤未将预案修订和完善情况通报所有应急协作单位的，扣2分。	

61

（续）

序号	项目	内容	标准分	评分标准	实得分
5.6.1.3	应急设施、装备、物资	企业应根据可能发生的事故种类特点，按照有关规定设置应急设施，配备应急装备，储备应急物资，建立管理台账，安排专人管理，并定期检查、维护、保养，确保其完好、可靠。	10	①未建立应急设施、装备、物资（至少包括线路救援装备、急救药品）管理台账的，不得分。②未对应急设施、装备和物资进行定期检查、维护、保养，扣3分。③未明确应急设备装备物资管理人员的，扣2分。	
5.6.1.4	应急演练	企业应按定期组织开展生产安全事故应急演练，做到一线从业人员参与应急演练全覆盖，并对演练进行总结和评估，根据评估结论和演练发现的问题，修订、完善应急预案，改善应急准备工作。每年应组织开展应急演练，制定年度演练计划，编制演练方案，做好演练记录。每三年与签订协议的社会力量至少进行1次联合实战演练，并对应急演练进行评估，做好文字、图片及视频记录。应急演练中的线路救援应至少选择救援难度最大的位置。	25	①未开展应急演练的，不得分。②未进行联合实战演练的，不得分。③企业主要负责人未组织演练的，扣5分；未实现一线从业人员参与全覆盖的，扣5分。④未制定年度演练计划的，扣5分；未进行总结和评估的，扣5分。⑤线路救援未包括救援难度最大的位置，扣5分。⑥未根据评估结论和演练发现的问题，及时修订、完善应急预案，改善应急准备工作的，扣5分。	
5.6.1.5	应急救援信息系统建设	企业应根据自身实际情况，建立生产安全事故应急救援信息系统，并与相关主管部门互联互通。	10	①未建立安全生产事故应急救援信息系统的，不得分。②安全生产事故应急救援信息系统内容不全的，扣5分。	

（续）

序号	项目	内容	标准分	评分标准	实得分
5.6.2	应急处置	在乘载工具或索道票面公布应急电话，便于乘客应急使用；应急电话要有专人值守，遇有突发事件值守人员应及时向主要负责人汇报；停电或主机故障，索道线路正常，应在 15 min 内启动辅助驱动装置或紧急驱动装置运送滞留线路上的乘客。 因突发事件停车时，应 5 min 内通过广播系统安抚滞留在线路上的乘客，简要介绍救援方案，内容应准确、清晰。 救援人员在实施救援前应向乘客简要说明救援步骤和救援安全要领，抚慰乘客，防止救援过程中发生次生事故。 发生事故后，企业应根据预案要求，立即启动应急响应程序，按有关规定报告事故情况，并开展先期处置。 发出警报，在不危及人身安全时，现场人员采取阻断或隔离事故源、危险源等措施；严重危及人身安全时，迅速停止现场作业，现场人员采取必要的或可能的应急措施后撤离危险区域，立即按照有关规定和程序报告本企业有关负责人。 研判事故危害及发展趋势，将可能危及周边生命、财产、环境安全的危险性和防护措施等告知相关单位与人员；遇有重大紧急情况时，应立即封闭事故现场，通知本单位从业人员和周边人员疏散，采取转移重要物资、避免或减轻环境危害等措施。	10	①发生突发事件后，未立即启动相关应急预案的，不得分。 ②未公布应急电话号码的，扣 2 分。 ③应急电话无专人值守的，扣 2 分。 ④未制定辅助或紧急驱动装置保障措施的，扣 1 分。 ⑤未对及时广播进行明确规定的，扣 1 分。 ⑥未按照有关规定和程序报告本企业有关负责人的，扣 1 分；未按照有关规定和程序上报有关部门的，扣 1 分。	

（续）

序号	项目	内容	标准分	评分标准	实得分
5.6.2	应急处置	请求周边应急救援队伍参加事故救援，维护事故现场秩序，保护事故现场证据。准备事故救援技术资料。			
5.6.3	应急评估	企业应对应急准备、应急处置工作进行评估。完成险情或事故应急处置后，企业应主动配合有关组织开展应急处置评估。	5	①未对应急准备、应急处置工作进行评估的，不得分；应急管理制度未体现应急处置和评估内容的，不得分。②完成险情或事故应急处置后，未主动配合有关组织开展应急处置评估的，扣3分。	

5.7 事故管理（30分）

序号	项目	内容	标准分	评分标准	实得分
5.7.1	报告	企业应建立事故报告程序，明确事故内外部报告的责任人、时限、内容等，并教育、指导从业人员严格按照有关规定的程序报告发生的生产安全事故。企业应妥善保护事故现场以及相关证据。事故报告后出现新情况的，应当及时补报。	10	①未按规定建立事故报告程序的，未明确事故报告内外部责任人的，扣5分。②报告程序内容不完整的，扣3分。③未开展事故报告程序培训的，扣2分。	
5.7.2	调查和处理	企业应建立内部事故调查和处理制度，按照有关规定、行业标准和国际通行做法，将造成人员伤亡（轻伤、重伤、死亡等人身伤害和急性中毒）和财产损失的事故纳入事故调查和处理范畴。企业发生事故后，应及时成立	10	①未建立内部事故调查和处理制度的，不得分。②未开展事故案例警示教育活动的，扣5分。	

（续）

序号	项目	内容	标准分	评分标准	实得分
5.7.2	调查和处理	事故调查组，明确其职责与权限，进行事故调查。事故调查应查明事故发生的时间、经过、原因、波及范围、人员伤亡情况及直接经济损失等。 事故调查组应根据有关证据、资料，分析事故的直接、间接原因和事故责任，提出应吸取的教训、整改措施和处理建议，编制事故调查报告。 企业应开展事故案例警示教育活动，认真吸取事故教训，落实防范和整改措施，防止类似事故再次发生。			
5.7.3	管理	企业应建立事故档案和管理台账，将承包商、供应商等相关方在企业内部发生的事故纳入本企业事故管理。	10	①企业未建立事故档案和管理台账的，不得分。 ②事故档案和管理台账内容不全的，扣5分。	

5.8 持续改进（40分）

序号	项目	内容	标准分	评分标准	实得分
5.8.1	绩效评定	企业每年至少应对安全生产标准化管理体系的运行情况进行一次自评，验证各项安全生产制度措施的适宜性、充分性和有效性，检查安全生产和职业卫生管理目标、指标的完成情况。 企业主要负责人应全面负责组织自评工作，并将自评结果向本企业所有部门、单位和从业人员通报。自评结果应形成正式文件，并作为年度安全绩效考评的重要依据。	20	①未制定绩效评定管理制度的，未按本标准运行进行年度自评的，不得分。 ②企业主要负责人未组织自评工作的，扣10分。 ③未将自评结果向本企业所有部门、单位和从业人员通报的，扣5分。 ④未将评定结果作为年度考评的重要依据的，扣5分。	

（续）

序号	项目	内容	标准分	评分标准	实得分
5.8.1	绩效评定	企业落实安全生产报告制度，定期向业绩考核等有关部门报告安全生产情况，并向社会公示。 企业发生生产安全责任死亡事故，应重新进行安全绩效评定，全面查找安全生产标准化管理体系中存在的缺陷。			
5.8.2	持续改进	企业应根据安全生产标准化管理体系的自评结果和安全生产预测预警系统所反映的趋势，以及绩效评定情况，客观分析企业安全生产标准化管理体系的运行质量，及时调整完善相关制度文件和过程管控，持续改进，不断提高安全生产绩效。	20	①安全生产标准化实施与实际操作不符的，不得分。 ②未及时结合实际调整制度、文件的，不得分。 ③自评和外部评审存在问题未整改的，不得分；未制定工作改进计划和措施的，扣5分。	

5.9 服务质量（400分）

序号	项目	内容	标准分	评分标准	实得分
5.9.1	服务质量目标	应按照国家和行业相关服务标准制定适合企业运营的服务质量目标。 应将服务质量目标进行分解，并进行考核。	10	①未制定服务质量目标的，不得分。 ②未将服务质量目标分解到相应部门和岗位的，扣5分。 ③未对服务质量目标进行考核的，扣5分。	
5.9.2	服务组织	根据运营服务特点和要求，建立完善的服务组织，设置合理的服务岗位并配置相适应的服务人员，明确服务岗位责任，制定并严格执行服务规范和守则等制度。	15	①未建立服务岗位责任制的，扣10分。 ②未制定服务规范和服务守则的，扣5分。	

（续）

序号	项目	内容	标准分	评分标准	实得分
5.9.3	服务设施管理	应建立服务设施维修制度并保证服务设施的清洁和完好。在进行服务设施维修时，应向乘客做好解释工作。	5	①未制定服务设施维修制度的，扣5分。 ②未按制度执行的，扣3分。 ③设施不清洁或功能不完好的，扣2分。	
5.9.4	乘坐形式	应选取乘坐舒适度高、便于搭乘的运载工具。	30	①吊厢、车厢有障碍型，扣5分。 ②吊厢、车厢无座椅，扣10分。 ③吊篮，扣15分。 ④吊椅有遮阳罩，扣20分。 ⑤吊椅无遮阳罩，扣25分。	
5.9.5	索道运行速度和运量	为提高输送能力，减少乘客候车时间，应选取高速度、大运量的索道设备。 为便于乘客上下车，提高服务舒适度和安全性，站内应选取采用较低速度运行。	20	运行速度（单位：m/s）： ①5.0（含）以上，不扣分。 ②3.5~5.0（不含），扣5分。 ③1.5~3.5（不含），扣10分。 ④1.5（不含）以下，扣15分。 实际最大运量（单位：单向运送人数/小时）： ⑤1500以上（含1500），不扣分。 ⑥1000（含）~1500（不含），扣5分。 ⑦500（含）~1000（不含），扣10分。 ⑧500（不含）以下，扣15分。 站内运行速度（单位：m/s）：	

（续）

序号	项目	内容	标准分	评分标准	实得分
5.9.5	索道运行速度和运量			⑨0.5（含0.5）以下，不扣分。 ⑩0.5～1.0（不含），扣5分。 ⑪1.0以上，扣10分。	
5.9.6	环保责任	应履行索道经营辖区内环境保护责任，消除和减少索道建设和营运对环境的影响，为乘客营造生态、优美、舒适的服务环境。 索道经营辖区建筑与环境自然和谐，符合环境规划要求。倡导生态文化建设。 索道经营辖区应保持绿化高覆盖率。植物与景观配置得当。 服务区内空气清新，无异味。 服务区内环境噪声应满足景区的GB 3096相关规定。	25	①索道建设完成后，未及时恢复植被的，扣10分。 ②未对本单位员工开展节能教育的，扣10分。 ③未制定相关环保措施并执行的，扣5分。 ④候车区内噪声超过70 dB的，扣5分。	
5.9.7	公共卫生	制定并执行卫生保洁制度，保障辖区内环境和服务设施的清洁卫生。引导乘客在购票、候车和乘坐过程中，遵守公共道德，保持公共环境卫生。 公共服务设施应保持干净和整洁，并定期消毒杀菌。在流行性疾病多发季节，做好公共场所的疾病预防工作，防止交叉感染。	10	①未制定卫生保洁制度的，扣5分。 ②公共服务设施不干净整洁且未定期消毒杀菌的，扣5分。	
		候车区域内应设置相应数量与环境协调的垃圾桶（箱），垃圾应及时清理，保持桶（箱）体完好洁净。垃圾应分类处理，垃圾处理符合国家和地方环保相关规定。	10	未按规定设置相应数量垃圾桶的，扣5分；未进行垃圾分类处理的，扣5分。	

（续）

序号	项目	内容	标准分	评分标准	实得分
5.9.7	公共卫生	公共卫生间建设与接待能力相适应，室内卫生设施设备齐全。应设有无障碍通道和残疾人专用卫生间。应及时清洁，墙壁、隔板、门窗清洁无刻画；地面无污物、污渍；便池无污垢；室内无异味、无蚊蝇。	20	无公共卫生间的，不得分；未设置残疾人专用卫生间的，扣5分；卫生间未设置无障碍通道的，扣2分；公共卫生间未及时清理卫生的，扣2分；设施不完好的，扣1分/项。	
5.9.8	服务信息指示	公共信息、安全标志图形符号按 GB 2894、GB 13495、GB/T 10001.1 和 GB/T 10001.2 等相关标准设置并制定相应的管理制度。标志与标牌应完好，无破损、变形，内容准确，文字清晰规范。标志标牌应有中、外文对照，方便乘客阅读。 （1）售票处周边应设置索道线路和目的地简介和相关导游图牌。 （2）服务设施应设置醒目的标志和引导标牌。 （3）安全警示标志齐全，应设立在固定、醒目位置，不应设置在可移动物体上。 （4）"客运索道安全检验标志、安全检验合格"标识牌应固定张挂在客运索道的进站口、乘客易看到的明显位置。 （5）线路支架应有醒目的支架编号和禁止攀爬等安全标志。 （6）设立客运索道沿线道路交通标志、禁令标志、道路交通标线、航空障碍标志和客运索道安全服务的其他特殊提示。	35	①未制定相应的管理制度的，扣10分。 ②其中一项不符合标准要求的，扣4分/项。	

69

（续）

序号	项目	内容	标准分	评分标准	实得分
5.9.8	服务信息指示	（7）主要道口、交叉路口应在适当的位置设立引导标牌。应有醒目的出、入口通行方向标志。 （8）应设置引导乘客上、下车区域等标志。 （9）需要乘客协助服务的地方应设明显清晰的提示标志。			
5.9.9	票务服务	售票：售票员应服务热情，唱收唱付，做到票款两清，提醒乘客保管好钱、票，请乘客到候车区候车。 应采用多种宣传形式，让乘客购票前能方便了解到《购票须知》的内容。 《购票须知》应内容完整，文字规范，字迹清晰，符号准确。应采用中、外文对照的统一文字，满足国内、外乘客阅读需求。至少应包括：购票注意事项、运营时间、物价部门批准的成人与儿童往、返票价、单程票价、优惠票价等信息。公示救护与投诉（服务监督）电话以及有关保险的声明等。 企业应运用移动支付、网络预定、刷卡、现金等多种方式为游客提供更加方便快捷的购票服务。	25	①未设置《购票须知》的，扣10分。 ②《购票须知》不符合本标准要求的，扣5分。 ③未对售票做出规定的，扣5分/项。 ④未采用电子购票系统服务的，扣5分。 ⑤未提供多种方式及网络销售提供购票服务的，扣5分。	
		验票：验票员应用规范的服务语言，请乘客出示票据，检验票据和放行。采用电子验票系统服务时，服务人员应帮助与指导乘客完成验票程序。	7	①未对验票做出规定的，扣5分/项。 ②未采用电子验票系统服务的，扣2分。	

（续）

序号	项目	内容	标准分	评分标准	实得分
5.9.9	票务服务	退票：应制定退票制度并公示。非乘客原因退票时，服务人员应向乘客耐心解释退票的原因，并表示歉意。	10	①未对退票做出规定的，扣5分/项。 ②退票制度未公示的，扣5分。	
		停止售票：在营业时间内停止售票的，应向乘客公示原因。暂停运营时，应及时通知预定客户，服务人员应耐心解释停止运营服务的原因，并表示歉意。	8	①未对停止售票做出规定的，扣5分/项。 ②未及时告知预定客户停止运营服务的，扣3分。	
5.9.10	候车与乘坐服务	为解决乘客候车时间过长等问题，应采取分时段预售票等服务方式，并建立相应制度。 站台服务人员应组织引导乘客上、下车和进、出站，维持站台候车秩序。应主动热情迎、送乘客，搀扶老、幼、病、残、孕者。 对于单线循环固定抱索器式索道，站台服务人员应协助乘客上、下车，适时调整索道运行速度，帮助行动不便的乘客乘车。 在保证安全、乘坐秩序和乘客较少的前提下，应尽量满足乘客选择旅伴和承载吊具的需求。 利用广播或视频系统，播放景观介绍、音乐、娱乐节目等，使乘客候车、乘坐过程中的心情愉悦。 为乘客提供如物品寄存、雨具、棉衣、氧气租借、电子产品充电、失物招领、免费咨询等衍生服务。 候车区应根据特殊乘客（老、幼、病、残、孕等）和贵宾接待等需求，提供相应的专用通道和候车区。	30	①未针对乘客候车时间过长等问题制定相应制度的，扣5分。 ②未明确站台服务人员维持候车秩序、照顾站台乘客职责的，扣5分。 ③未利用广播或视频系统播放景观介绍、音乐、娱乐节目等的，扣5分。 ④按本标准要求，提供的衍生服务不足3项的，扣5分。 ⑤未设置特殊乘客（老、幼、病、残、孕等）专用通道的，扣5分。 ⑥未设置专用候车区的，扣5分。 ⑦未设置遮阳避雨设施的，扣5分。	

71

（续）

序号	项目	内容	标准分	评分标准	实得分
5.9.10	候车与乘坐服务	购票和候车区应设置遮阳避雨设施。 候车室内和封闭式交通工具的卫生环境、空气质量、噪声、湿度、照度等卫生标准应达到 GB 9672、GB 9673 相关规定要求。			
5.9.11	服务人员基本要求	票务、站台服务人员、乘务人员和保安人员应培训合格后上岗，掌握索道安全服务相应的知识和技能，具有良好职业道德和综合素质，遵守服务守则。 票务人员要求： ——年满18周岁，身体健康； ——了解和掌握鉴别钱、票真伪的能力； ——具备与岗位职责相应的处置问题的能力。站台服务人员要求： ——年满18周岁，身体健康； ——具备与岗位职责相应的观察、处置问题的能力； ——能满足搀扶行动不便的乘客上、下车的需求； ——具备一定语言和文字表达能力； ——掌握索道应急救援技能，参与高空应急救援的站台服务人员无恐高症。 乘务人员要求： ——年满18周岁，身体健康； ——具备与岗位职责相应的观察、发现、处置问题能力； ——掌握索道应急救援技能，身体适应高空作业，无恐高症。 保安人员要求：	25	①未按本标准制定票务、站台服务人员、乘务人员和保安人员的招聘条件的，扣5分/工种。 ②未制定票务、站台服务人员、乘务人员和保安人员等岗位人员服务守则的，扣5分/工种。	

（续）

序号	项目	内容	标准分	评分标准	实得分
5.9.11	服务人员基本要求	——年满18周岁，双眼裸视0.8以上，无色盲，身体健康，无残障缺陷，无纹身； ——具备基本法律知识，熟悉保安的政策、规定； ——具备与岗位职责相应的观察、发现、处置问题能力； ——具备使用基本通讯器材、防范设施设备和相关防卫器械技能； ——掌握防卫和擒拿技能； ——掌握索道应急救援技能，身体适应高空救援作业，无恐高症。			
5.9.12	服务态度	着装整洁，规范统一；去除与服务工作无关的饰物和装饰，佩带服务标牌。 端庄大方，精神饱满，表情自然，姿态端正，举止文明，处事稳重，反应敏捷，动作规范。 保持个人卫生，上岗前应修饰整齐，发型庄重，发色自然；女职工可淡妆修饰。上岗前不应饮酒，不食带异味的食品。 礼貌待客、微笑服务、亲切热情、真诚友好、耐心周到、服务主动。 有问必答，迅速准确。对于乘客提出要求暂不能解决的，应耐心解释。 使用文明礼貌用语、简明、通俗、清晰。 应采用规范的索道服务用语，对国内乘客用普通话服务。应掌握简单的外语，满足外宾的基本服务需求，或选择能与乘客有效沟通的语言。	30	①未按本标准制定服务态度要求的，扣5分/项。 ②违反服务态度要求的，扣5分/人。 ③上岗前饮酒、吃带有异味食品的，不得分。	

（续）

序号	项目	内容	标准分	评分标准	实得分
5.9.13	职业道德	应爱岗敬业、诚实守信、忠于职守、维护乘客的合法权益。 应尊重乘客的宗教信仰和风俗习惯，不损害民族尊严。	20	①未按本标准制定职业道德要求的，扣5分/项。 ②评审时，发现违反职业道德要求的，扣5分/人。	
5.9.14	服务监督与纠纷处理	应按国家和地方相关法规，建立服务纠纷处理与投诉处理工作程序。 应设立专人或部门接待投诉、处理服务纠纷及乘客的意见和建议。 做到有投诉必处理。 建立服务监督机制，主动接受乘客监督，在乘客服务区域设意见本（卡、箱），定期收集分析游客意见，进行相应服务改进。 应按 GB/T 24728 附录 A.2（客运索道安全服务质量（GB/T 24728—2009）进行乘客满意度、乘客有效投诉率、投诉处理满意度的统计。	35	①未建立服务纠纷、投诉处理工作程序的，扣3分。 ②未设立专人或部门接待投诉、处理服务纠纷及乘客的意见和建议的，扣3分。 ③投诉未处理的，扣2分/人次。 ④未建立服务监督机制的，未征集意见措施的，未定期收集分析游客意见的，扣5分/项。	
5.9.15	服务质量改进	每年应按对本单位服务质量进行1次自主评定，验证各项制度措施的适宜性、充分性和有效性，检查服务质量目标的完成情况，提出改进意见，形成评价报告。 应根据服务质量评定结果，对服务质量目标、规章制度等进行修改完善，制定完善服务质量的工作计划和措施，实施 PDCA 循环、不断提高服务质量。	30	①未按本标准按时进行评定的，不得分。 ②无评定报告的，扣5分。 ③未按服务质量评定结果，提出纠正和预防措施的，扣3分。 ④对上一年度发现问题未按计划和措施修订完善的，或修订完善结果仍不满足评定要求的，扣2分/项。 ⑤现场评审时，乘客满意度未达到95%的，扣10分。	

第3篇 客运索道企业安全生产标准化管理工作概述

1 《基本规范》《评定标准》制定依据、主要特点、作用意义

1.1 《基本规范》《评定标准》制定依据

《客运索道企业安全生产标准化基本规范》《客运索道企业安全生产标准化评定标准》是中国索道协会依据国家标准化管理委员会（以下简称"国家标准委"）2017年4月1日发布的《企业安全生产标准化基本规范》组织制定实施的行业标准。

2007年至2017年，依据国家标准委制定的《客运索道安全服务质量》（GB/T 24728—2009）和原国家安全监管总局制定的《企业安全生产标准化基本规范》（AQ/T 9006—2010）行业标准，中国索道协会制定了《客运索道企业安全生产标准化评定标准》。同时，客运索道企业积极开展了安全服务质量安全生产标准化创建达标工作。经过十多年的不断探索与实践，客运索道运营企业在树立安全发展理念，提高安全服务质量，夯实企业安全生产基础，推动落实企业安全生产主体责任，提升安全生产管理水平等方面发挥了重要作用。但随着国家法律法规和国家标准的颁布出台，特别是《中华人民共和国安全生产法》在总则第四条明确提出"改善安全生产条件，推进安全生产标准化建设，提高安全生产水平，确保安全生产"，为推进安全生产标准化建设提供了法律依据。为适应安全生产工作和企业实际需要，国家标准委2017年4月1日颁布了《企业安全生产标准化基本规范》。为持续规范做好客运索道运营企业安全生产标准化管理，原《客运索道企业安全生产标准化评定标准》废止实施。

中国索道协会组织制定《基本规范》《评定标准》的具体修订工作，实际上是在2017年初开始的，中国索道协会和客运索道运营企业高度重视，2017年6月，国家客运架空索道安全监督检验中心修订了第一稿，随后中国索道协会用了一年半的时间大力进行宣贯，并通过年会、理事长工作会、中国索道协会网站、中国索道协会微信平台公开征求意见，广泛深入依靠企业会员单位制修订新版《客运索道企业安全生产标准化基本规范》和《客运索道企业安全生产标准化评定标准》，累计吸收采纳了40多个单位70多条修改意见，两次征求黄山旅游发展股份有限公司、陕旅集团华山西峰索道有限公司、丽江玉龙雪山旅游索道有限公司、广州长隆索道和骏景索道公司等企业意见，最终中国索道协会于2018年8月颁布，于2019年1月1日起按新版《基本规范》《评定标准》组织实施安全生产标准化工作。

中国索道协会组织制定的行业标准《基本规范》《评定标准》作为客运索道企业管理

体系建立运行的重要载体和依据,在客运索道运营企业安全生产标准化创建发展实践中发挥积极推动作用。一是为客运索道企业建立健全安全生产标准化相关制度、加强标准化管理提供依据参考;二是指导和规范企业自主推进安全生产标准化建设,提升安全生产标准化建设水平;三是引导企业逐步建立一套自主创建、持续改进的安全生产管理体系,促进企业常态化、规范化、科学化安全管理,提高企业安全运营整体水平。

1.2 《基本规范》《评定标准》主要特点和内容

《基本规范》《评定标准》是在结合索道运营企业多年创建安全服务质量和安全标准化建设工作的实践经验基础上,结合索道运营企业管理的实际情况,制定的全面规范指导企业安全生产工作的标准文件,在内容框架等方面均作了较大调整。制定实施突出了三个特点和内容。

一是推出了企业安全管理系统化要求。《基本规范》《评定标准》贯彻落实了国家法律法规、标准规范的有关要求,进一步强调了企业安全生产主体责任,规范了从业人员的作业行为,提升了现场设备设施本质安全水平,促进安全风险管理和隐患排查治理双预防工作,有效夯实企业安全基础,提升企业安全管理水平。更加注重安全管理系统的建立,采取策划、实施、检查、改进的 PDCA 动态循环的现代化安全管理模式,能够科学指导企业建立并运行自主的安全管理体系,通过自我检查、自我纠正、自我完善,实施并有效运行持续改进,引导企业自主进行安全管理。

二是调整了客运索道安全生产标准化的核心要素。《基本规范》《评定标准》将原评定标准 14 个一级要素归纳梳理为 9 个:目标职责、制度化管理、教育培训、现场管理、安全风险管控及隐患排查治理、应急管理、事故管理、持续改进和服务质量。强调了落实企业领导层责任,全员参与,构架隐患排查治理和风险管控双重预防机制等安全管理核心要素,指导企业实现安全健康管理系统化、岗位操作行为规范化、设备设施本质安全化、作业环境器具定置化,并持续改进。

三是依据国家对"安全生产标准化"的定义,完善了安全生产与职业健康管理并重的要求。"企业通过落实安全生产标准化的主体责任,全员、全过程参与,建立并保持安全生产管理体系、全面管控生产经营活动各环节的安全生产与职业卫生工作,实现安全健康管理系统化,岗位操作行为规范化,设备设施本质安全化,作业环境器具定制化,并持续改进"。要求企业对本单位安全生产和职业健康工作负全面责任,严格履行安全生产法定责任、建立健全自我约束、持续改进的内生机制。建立企业全过程安全生产和职业健康管理制度,坚持管安全生产必须管职业健康。为此,将安全生产与职业健康要求一体化,强化企业职业健康主体责任的落实。同时,实行了企业安全生产标准化体系与职业健康管理体系对接。企业通过落实安全生产主体责任,全员全过程全方位参与、建立并保持安全生产与职业健康管理体系,全面管控生产经营活动各环节的安全生产与职业卫生工作,实现安全健康管理系统化、岗位操作行为规范化、设备设施本质安全化、作业环境器具定置化,并持续改进。也更加强调了企业主体责任、全员参与、构架安全风险管控机制、加强隐患排查治理等方面着眼，立足解决企业安全生产现实问题和今后安全发展管理要求。

1.3 《基本规范》《评定标准》作用意义

企业安全生产标准化要求客运索道企业分析安全风险、建立预防机制，健全科学的安全生产责任制、安全生产管理制度和操作规程，各生产环节和相关岗位的安全生产工作符合法律法规、标准规程的要求，达到和保持一定标准，并持续改进、完善和提高，使企业的"人、机、环、管"始终处在最好的安全状态下运行，进而保证和促进企业在安全的前提下健康快速发展。安全生产标准化是企业实现管理标准化、现场标准化、操作规范标准化的基本要求和衡量尺度，是企业夯实安全管理基础，提高设备本质安全、保护人员安全、落实企业安全生产主体责任、建设安全生产长效管理机制的有效途径。

1. 企业安全生产标准化的特征。

与以往传统意义上企业质量标准化、企业管理标准化、企业工作标准化相比，企业安全生产标准化具有以下鲜明的特征。

一是强制性。依据《中华人民共和国安全生产法》总则第四款的企业必须推进安全生产标准化建设要求，以及原国家安全监管总局《关于印发企业安全生产标准化评审工作管理办法（试行）的通知》（安监总办〔2014〕49号）等有关规定，企业必须开展安全生产标准化建设，但是有的企业设备陈旧落后，投入有困难也可以逐步创造条件改造，从建立完善制度入手。安全生产标准化的实质就是贯彻国家安全生产法律法规和相关标准规范，落实企业主体责任。安全生产标准化的核心就是引导企业建立自主的安全生产管理体系。安全生产标准化的目的就是实现企业安全生产职业健康管理系统化、岗位操作行为规范化、设备设施本质安全化、作业环境器具定置化，并持续改进，实现本质安全。

二是全员参与性。安全生产标准化建设要求企业全体员工必须参加。全体员工无论是管理者还是实际操作者，都要结合各自的岗位，学习国家法律法规和技术标准，排查客运索道运行过程、外部临近环境和设备操作行为存在的安全隐患和风险，实现安全管理水平的提高。通过安全生产标准化建设，系统培养和加强全体员工的遵纪守法意识，以及"安全第一、预防为主""安全无小事""我要安全"的思想理念。

三是系统性。安全生产标准化建设覆盖企业运营管理的各个方面，既包括生产活动，也包括经营管理活动，既包括技术标准，也包括操作规范；涉及每个岗位的安全操作，也包括每个员工的责任和行为等。各个岗位员工是促进企业实现全员、全过程、全方位安全生产管理的关键。

2. 企业安全生产标准化的作用。

安全生产标准化体现了"安全第一、预防为主、综合治理"的方针和"以人为本、安全发展"的理念。企业安全生产的规范化、科学化、系统化和法制化，强化安全风险管理和隐患排查治理过程的控制，注重绩效管理和持续改进，符合安全管理的基本体系，代表了现代安全管理的发展方向，是先进安全管理思想与我国传统安全管理方法、企业具体实际的有机结合，将全面提高客运索道运营企业安全生产水平。

（1）安全生产标准化是全面贯彻我国安全生产法律法规，落实企业主体责任的基本手段。中国索道协会组织制定并实施的行业标准《基本规范》《评定标准》，均体现了法律法规、标准规程的具体要求。以管理标准化、操作标准化、现场标准化为核心，制定符合自身特点的各岗位、工种的安全生产规章制度和操作规程，形成安全管理有章可循、有据可依、照章办事的良好局面，规范和提高从业人员的安全操作技能。通过建立企业主要负责人、管理人员、从业人员的安全生产责任制，将安全生产责任从企业法人落实到每个从业人员、操作岗位，强调了全员参与的重要意义，进行全员、全过程、全方位的管理工作，全面细致地查找各种隐患和问题，以及与标准不符的地方，制定切实可行的整改计划，落实各项整改措施，从而将安全生产的主体责任落实到位。

（2）安全生产标准化是体现先进安全管理思想，提升企业管理水平的重要方法。安全生产标准化是在传统的质量标准化的基础上，根据国家法律法规要求，借鉴国外先进安全管理理念，强化安全风险管理、隐患排查，注重过程控制，是一套系统的、规范的、科学的安全管理体系，有利于促进企业安全管理水平的不断提升。

（3）安全生产标准化建设是改善设备设施状况，提高企业本质安全水平的有效途径。开展安全生产标准化建设重在基础、重在基层、重在落实、重在治本，对现场设备设施提出了具体条件要求，促使企业淘汰落后的生产技术、设备，特别是安全落后的技术装备，提高企业安全技术水平和生产力整体发展水平，提高本质安全水平和保障能力。

（4）安全生产标准化是预防控制风险，降低事故发生的有效办法。通过安全标准化建设，对隐患和风险制定相应的防范措施，使风险隐患排查工作制度化、规范化和常态化，切实改变运动式的工作方法，对风险和隐患因素做到可防可控，提高企业安全管理水平，提升设备设施的本质安全程度，尤其是通过现场管理标准化，杜绝违章指挥和违章作业现象，将事故消灭在萌芽状态。

（5）安全生产标准化是建立约束机制，树立企业良好形象的重要措施。安全生产标准化强调过程控制和系统管理，将贯彻国家有关法律法规、标准规章的行为过程及结果定量化或定性化，使安全生产工作处于可控状态，并通过绩效考核方法和手段的结合，形成了有效的安全生产激励约束机制，通过安全生产标准化，企业管理上升到一个新的水平，客运索道运营企业对安全发展的共识和对安全生产标准化的建设纳入企业安全管理体系运行，树立了良好的社会形象，赢得声誉和社会相关部门的尊重和肯定。

3. 企业安全生产标准化的意义。

安全生产标准化建设作为强化企业安全生产基层基础和基本功的有效抓手，越来越受到客运索道运营企业的重视，思路日趋清晰，工作日趋深化，为推动安全生产形势持续稳定好转，实现企业的科学发展、安全发展发挥了重要促进作用。

（1）安全生产标准化成为推动客运索道企业安全发展的有力支撑。牢固树立科学发展、安全发展的理念，实施安全发展战略，就要始终坚持安全生产的高标准、严要求，把安全生产标准化建设作为安全发展战略的重要内容，进行统筹考虑、统一部署，着力发展本质安全型企业，实现客运索道运营企业标准化建设与企业长远安全发展的有机结合。

（2）安全生产标准化成为加强客运索道企业安全生产基础的有力载体。实践证明，安全生产的关键在于企业基础扎实、基层健全、基础过硬，强化企业安全生产基础建设的关键在于企业安全生产主体责任的落实，企业安全生产主体责任落实的关键在于安全生产标准化的深入开展。安全生产标准化的内容和要求，是在深刻分析企业安全现状，认真总结我国传统安全管理经验，充分借鉴吸收国外先进安全管理理念和方法的基础上提出的，包含了企业安全生产基础建设的核心和关键内容，是安全生产法规标准要求在企业落地执行的有效载体，是确保企业做到安全投入到位、安全培训到位、基础管理到位、隐患风险管控到位、应急救援到位的有效途径，是不断提升本质安全水平、促进安全绩效持续改进、建立安全生产发展管理长效机制的科学手段。

（3）安全生产标准化成为建立健全隐患排查治理、风险管控和预警机制的有力推手。一是通过创建促进安全隐患排查治理，让一大批隐患在创建过程中得以消除；二是以信息化促进标准化，全面开展企业隐患排查治理自查自报信息化管理系统建设，逐步形成隐患自查自报自改闭环管理，有力督促了企业全面排查隐患，防范风险及时整改消除隐患；三是运用新理念、新技术、新方法，建立完善安全生产动态监控及预警预报体系，通过索道安全监测预警，实现索道运行中关键主体设备及运行数据的实时监测预警，提高索道运行安全；四是通过索道运维管理系统，实现运行记录、巡检记录、维修记录的系统化管理，做到事前预防性维修，提前、有针对性地采取预防措施，企业安全生产工作重点从事后转变为事前，事故防范工作更加主动。

2 客运索道企业安全标准化工作发展历程

客运索道企业安全服务质量和安全生产标准化工作创建和发展历程，按使用的国标和行业标准大体经历了三个阶段。

2.1 第一阶段（2006—2013 年）

第一阶段：中国索道协会率先组织制定《客运索道安全服务质量》并上升为国家标准，开展了安全服务质量标准化评审评定工作（2006—2013 年）。

中国索道协会认真贯彻落实 2004 年初国务院印发的《关于进一步加强安全生产工作的决定》（国发〔2004〕2 号）和原国家安全监管局印发的《关于开展安全质量标准化活动的指导意见》，2005 年至 2006 年，开始学习借鉴国家旅游部门景区评 A 的规定和办法，在广泛征求全国客运索道运营企业意见和建议基础上，原中国索道协会理事长闪淳昌亲自领衔调研，组织编写了《客运索道企业安全服务质量标准》和《客运索道安全服务质量评定》，制定标准的目的是为了推进提高索道企业的服务质量和安全运营管理水平，促进客运索道企业服务管理制度化、规范化、标准化，更好地为政府服务，为游客服务，为企业、为会员服务。制定的《客运索道安全服务质量评定标准》，主要在客运索道企业安全服务质量等级划为五级，"5S"是最高级，其中包括服务环境、服务卫生、服务设施、设备保障、安全服务质量等五个方面。

2007 年 3 月 10 日，中国索道协会经一届五次常务理事会议审议，为了促进全国索道行业安全服务水平的不断提高，在索道协会刚刚成立的时候，开展了"十佳索道"评比的基础上，借鉴旅游行业开展星级饭店、A 级景区评审的经验，结合索道企业实际，制定印发了《客运索道企业安全服务质量》和《客运索道企业安全服务质量评定》并正式实施，组织客运索道企业对两个标准文件的学习和培训，得到了企业积极配合和大力支持，组织会员单位申报和推荐，并经协会组织的培训和考核，选拔了具有索道技术管理经验的同志，作为中国索道协会安全服务质量评审员。2007 年 7 月，北京八达岭索道、慕田峪索道、八大处索道主动要求试评，体现了对中国索道协会开展安全服务质量标准化工作的大力支持。

2008 年，全国客运索道企业以开展《客运索道安全服务质量》和《客运索道安全服务质量评定》实施达标为抓手，大力推进客运索道安全服务质量标准化工作，对自愿主动要求评审的索道企业进行了第一批评审，并在 2008 年 11 月，在山东泰安召开的中国索道协会一届七次理事会上，协会向首批获得客运索道安全服务质量 5S 等级的华山三特索道、黄山云谷索道、黄山玉屏索道、黄山太平索道四个单位颁发了客运索道安全服务质量

"5S"等级证书和标牌。推出了客运索道行业安全知名品牌，呈现出先进示范和辐射带动作用，在索道运营企业引起强烈反响，促进了客运索道安全服务质量管理水平的提升。

2009年，中国索道协会组织制定的《客运索道安全服务质量》《客运索道安全服务质量评定》上升为国家标准。2009年11月30日，国家质检总局、国家标准委发布《客运索道安全服务质量》（GB/T 24728—2009），于2010年6月1日起实施，规定了客运索道和客运地面缆车在管理、服务卫生、服务环境、服务设施、设备保障、服务质量监督等方面的基本要求，客运拖牵索道可参照执行。2009年，国家《客运索道安全服务质量》标准主要起草单位：中国索道协会，国家客运架空索道安全检测检验中心，参与起草单位：武汉三特索道集团股份有限公司、云南丽江玉龙旅游股份有限公司等。本标准主要起草人：闪淳昌、张纲、任树奎、刘京本、甄正义、仇鸿、刘冬燕、史志超、王霞、吴鸿启、张强、缪勤、赵安敏、裴强。同年，组建了安全服务质量评定委员会，制定了评审相关办法和实施意见，举办了宣贯培训会议等。

2010年，中国索道协会以落实"客运索道企业安全质量提升年"活动为主线，以《客运索道安全服务质量》评定为抓手，宣贯培训国家标准，全面推动全国客运索道安全服务质量管理水平的提升。在继续巩固已经达标企业的基础上，又组织开展并完成了峨眉山金顶索道、万年索道、浙江舟山普陀山客运索道、云南丽江云杉坪旅游索道、北京香山公园索道等企业安全服务质量评定评审工作。尤其是加强了对全行业索道企业管理人员、各类作业人员的宣贯培训，提高了客运索道企业安全服务管理水平。为做好《客运索道安全服务质量》标准的推广和评定工作，中国索道协会加强了评审队伍培训，在总结近几年评审工作的基础上，根据索道企业推荐和中国索道协会考察，将一些热爱索道评审工作，较熟练掌握索道技术，具有较丰富安全管理经验和相关评审资质的同志充实到评审队伍中来，在普陀山索道的大力支持下，中国索道协会对评审员进行了集中培训和考核。参加培训的12名同志获得了资格证书，为有效开展客运索道安全服务质量评定工作，提供了组织保障。

2011年，以实施《客运索道安全服务质量》标准为抓手，全面推进客运索道行业安全服务质量评定工作。中国索道协会积极做好国家标准委《客运索道安全服务质量》标准宣贯实施工作。在杭州北高峰索道公司和昆明旅游索道开发有限责任公司的大力支持下，分别在杭州市、昆明市组织召开了《客运索道安全服务质量》标准宣贯培训会议，108家索道运营企业和160多名技术管理人员和领导参加了会议，对标准的全面开展和贯彻实施起到了积极的推动作用。根据索道运营企业的申请，完成了对江西上饶三清山金沙索道有限公司、北京慕田峪长城施必德滑道娱乐有限公司、北京慕田峪长城缆车服务有限公司、云南昆明金博旅游索道有限责任公司、云南昆明旅游索道开发有限责任公司、张家界黄石寨客运索道有限公司和青岛太平山华普索道有限公司等企业的安全服务质量评审工作。同时，完成了对华山三特索道、黄山太平索道、黄山云谷索道、黄山玉屏索道等第一批"5S"示范先进单位三年一次的复审工作。以上工作的开展，为进一步规范客运索道运营企业安全服务管理标准化建设夯实了基础。

2012年，中国索道协会继续推进做好《客运索道安全服务质量》标准的宣贯培训实施工作和创建评审工作。2012年2月，为加强评审员队伍建设，在深圳市举办了第三期客运索道安全服务质量评审员培训班。为提高评审能力和规范评审员行为，培训期间对《评审员工作守则》进行了认真讨论，为有效开展客运索道安全服务质量评定工作提供了保障。组织完成了对成都文化旅游发展股份有限公司西岭雪山运营分公司（鸳鸯池1号索道）、阿坝大九寨旅游集团有限责任公司红岩关索道、江西三清山索道有限公司、丽江玉龙旅游股份有限公司索道经营分公司、丽江牦牛坪旅游索道有限公司、云南省宜良九乡风景旅游索道有限公司等企业评审工作，同时完成了对峨眉山旅游股份有限公司金顶索道、万年索道和浙江广播电视发展总公司索道游览分公司等企业的复审工作。当时，安全服务质量的评审，在协会安全服务质量评审专家杨波、赵祖峰、俞文丽、史志超、和学乾、王霞、李红庆、芦鹏程等的辛苦努力下，做了大量的工作。为进一步加强全行业安全服务质量管理和标准化建设创造了条件。

2013年，原国家安全监管总局、国家质检总局对中国索道协会安全服务质量工作给予了充分肯定，两局联合印发了《关于开展客运索道运营企业安全生产标准化建设的通知》（安监总管二〔2013〕74号），授权和委托中国索道协会组织实施客运索道运营企业的安全生产标准化创建达标评审工作，成立了由原国家安全监管总局监管二司、国家质检总局特种设备安全监察局、中国索道协会、国家客运架空索道安全监督检验中心、行业专家和企业代表组成的客运索道安全生产标准化工作委员会。国家客运架空索道安全监督检验中心配合制定了《客运索道安全生产标准化评定标准》（试行）和《评审实施办法》。主要起草单位：中国索道协会、国家客运架空索道安全监督检验中心，参加起草人员有协会的老同志和部分协会安全生产标准化评审员。他们从2012年开始着手起草、反复修订，召开企业和专家会议。为中国索道协会客运索道企业安全生产标准化创建评审工作打下了良好的工作基础。在原国家安全监管总局的支持下，中国索道协会开发了客运索道企业安全生产标准化管理系统，并先后在北京召开了评定标准研讨会和标准化信息管理系统及评审培训会议。为规范评审员的行为，制定了《索道企业安全生产标准化评审工作守则》。截至2013年底，通过安全服务质量评定评审的共有30家客运索道企业。其中：18家取得安全服务质量5S等级，10家取得安全服务质量4S等级，2家取得安全服务质量3S等级。

2.2 第二阶段（2014—2017年）

第二阶段：按原国家安全监管总局和国家质检总局授权委托，制定了《客运索道企业安全生产标准化评定标准》，并组织实施了安全服务质量和安全生产标准化同时评审（2014—2017年）。

2014年，按照原国家安全监管总局、国家质检总局印发的《关于开展客运索道运营企业安全生产标准化建设的通知》（安监总管二〔2013〕74号）要求和授权，中国索道协会认真、积极组织实施客运索道运营企业安全生产标准化创建达标评审工作，依据原国家安全监管总局制定的《企业安全标准化基本规范》（AQ/T 9006—2010）行业标准，全面推进客运索道运营企业安全生产标准化建设，并对安全服务质量和安全生产标准化同时创建评审。中国索道协会在《客运索道安全服务质量》（GB/T 24728—2009）的基础上，与国家客运架空索道安全监督检验中心组织制定了《客运索道企业安全生产标准化评定标准》（试行）和《客运索道企业安全生产标准化评审实施办法》（试行）等技术标准和规范性文件。针对实施中遇到的问题，组织编制了《客运索道公司安全生产标准化管理手册（范本）》和《客运索道公司安全生产标准化管理手册相关文件和记录（范本）》，指导帮助企业开展创建达标工作。2014年，安徽九华山索道分公司等16个单位进行了安全服务质量和安全生产标准化的创建达标和同时评审，其中：获得一级5S的有4家，获得一级4S的1家，获得二级4S的有5家，获得二级3S的有3家，获得三级3S的有4家，为促进全行业安全生产标准化创建达标评审工作奠定了坚实的工作基础。

2015年，中国索道协会继往开来，按照《安全生产法》《特种设备安全法》和原国家安全监管总局和国家质检总局印发的《关于开展客运索道运营企业安全生产标准化的通知》要求，以及《客运索道服务质量评定标准》《客运索道企业安全生产标准化评定标准》，积极推进安全生产标准化创建达标评审工作，并作为中国索道协会的重要职责和重点工作来抓，秉承为政府、为企业、为会员服务的宗旨，积极组织、指导、协调、服务、管理安全生产标准化工作。为推进工作持续规范发展，2015年5月，中国索道协会在北京平安府宾馆举办了客运索道安全生产标准化评审员培训班，强调做好客运索道企业安全生产标准化是中国索道协会的重要职责，是实现索道运营企业安全管理的根本，是确保安全生产主体责任落实、改善生产条件、强化安全管理工作和提高管理水平的有效载体。2015年，通过安全生产标准化评审达标的企业共42家，其中：获得一级5S的4家，获得一级4S的1家，获得二级4S的10家，获得二级3S的5家，获得三级3S的14家，持续推进企业安全生产标准化管理工作。

2016年，着眼于推进安全生产标准化创建达标工作，夯实安全运营企业管理基础工作。在评审工作中，把国家客运架空索道安全监督检验中心的年检情况作为重要的评审条件，索道运营企业对照标准积极整改和创建，加快达标进程。为进一步做好安全生产标准化工作，12月9日，中国索道协会在黑龙江省哈尔滨市召开了评审专家研讨会，通报了国家标准委正在修订的《企业安全标准化基本规范》，讨论了如何按国标修订《客运索道安全生产标准化评定标准》工作，评审专家结合客运索道企业实际，畅所欲言，建言献策，提出来很多很好的修订意见。国家客运架空索道安全监测检验中心提出了很重要的修改意见。2016年7月，中央巡视组在巡视原国家安全监管总局时，按国家现行财务制度规定，取消了客运索道安全生产标准化评审收费。评审专家不辞辛苦，严格标准，评审达标企业33家，其中：获得一级5S的4家，二级4S的14家，二级3S的1家，三级4S的2家，三级3S的11家，三级标准化的1家。提出1023条整改意见，企业积极主动整改修改完善制度496项，设备设施整改242项，改善服务质量193项。此前八年间，中国索道协会的老秘书长和协会老员工赵安敏、裴强、刘佩红以及协会安全生产标准化评审专家做了大量的工作

2017年，根据2017年4月1日发布实施的中华人民共和国国家标准《企业安全生产标准化基本规范》（GB/T 33000—2016），中国索道协会结合客运索道运营企业安全生产标准化创建达标评审工作实际，用了近一年的时间把修订的意见挂网，向全行业客运索道企业广泛征求意见，依靠国家客运架空索道安全监督检验中心、客运索道运营企业和中国索道协会安全生产标准化评审专家，并在长白山再次召开评审专家会议，逐章逐节逐句修订《客运索道安全生产标准化评定标准》。按照《国家安全生产监督管理总局印发企业安全生产标准化评审工作管理办法（试行）的通知》（安监总办〔2014〕49号）文件要求，中国索道协会印发了《关于开展客运索道企业安全生产标准化和安全服务质量三年期满复评工作的通知》，明确了申请复评的范围要求、程序和标准。在这一年里，中国索道协会加大客运索道运营企业安全生产标准化规范服务工作，注重做好指导、组织、推动、协调、服务管理工作，指导帮助企业自主创建，及时审核受理企业申报资料，详细制定企业评审方案，积极协调被审企业，合理选择评审专家，指导服务监督现场评审，跟踪企业隐患整改，推动企业全员岗位达标，促进安全生产标准化管理常态化。针对安全生产标准化管理系统无法使用的情况，在陕西骏景有限公司董事长杨小庆及行业内相关单位的大力支持下，中国索道协会排除万难，重新建立完善了安全生产标准化管理信息系统，保证了相关工作的接续开展，同时也为安全生产标准化创建评审走向常态化、规范化、科学化打下了坚实基础，提供了有利的技术支撑。

为持续做好安全生产标准化创建评审工作，中国索道协会在2017年5月制定了《关于客运索道企业安全生产标准化评审专家劳务费管理办法》（中索协秘〔2017〕2号），按照现行财务制度规定，明确了"谁评审谁付"的原则，明确了"评审人员的交通费、食宿费和专家审查费用由被评审企业承担，按规定列支"。修订了《评审专家工作守则》，严格要求评审专家，遵守职业道德规范，践行"服务企业、公平自律、确保质量、力求实效"。配合国家质检总局隐患排查活动，将企业评审和隐患排查结合起来，突出重点地做好了初审和复审、企业隐患排查治理和索道风险管控审查。2017年完成评审企业28家，其中：复审21家，初审7家；获得一级5S的16家，一级4S的3家，二级4S的4家，二级3S的2家，三级3S的3家，提出制度建设、设备管理、服务质量整改意见近千条。企业都按期进行了认真整改，推动了企业加强安全生产标准化创建达标和引导企业建立健全安全生产管理常态化机制。

2.3 第三阶段（2018年至今）

第三阶段：根据国家标准委制定发布的《企业安全生产标准化基本规范》（GB/T 33000—2016），中国索道协会组织制定了行业标准《客运索道企业安全生产标准化基本规范》《客运索道企业安全标准化评定标准》等一系列管理制度并组织实施。

2018年，为推动实施客运索道运营企业安全生产标准化规范化、科学化管理，中国索道协会制定了一系列管理制度文件。一是根据国标《企业安全生产标准化基本规范》《客运索道安全服务质量》，并结合客运索道运营企业实际，组织制定了行业标准《客运索道企业安全生产标准化基本规范》《客运索道企业安全生产标准化评定标准》等行业标准和规范性文件。2018年中国索道协会组织制定实施的行业标准《客运索道企业安全生产标准化基本规范》《客运索道企业安全生产标准化评定标准》主要起草单位：中国索道协会、国家客运架空索道安全监督检验中心，参与起草单位：黄山旅游发展股份有限公司、陕旅集团骏景索道投资建设有限公司。本标准主要起草人：李书清、张强、刘安平、扬小庆、罗原、刘兆羽、任凯、王翔、周毅、丁伯纯、牛建欣、马卫平及协会安全生产标准化评审专家组成员。二是为规范指导和推进客运索道企业安全生产标准化规范管理，组织编制了《客运索道安全生产标准化评审实施办法》《客运索道企业安全生产标准化使用手册（范本）》《客运索道企业安全生产标准化所需相关记录（范本）》《客运索道企业安全生产标准化评审工作指南》，为企业创建安全生产标准化管理提供指导和帮助。三是为实施客运索道企业新规范、新标准奠定良好的工作基础，形成了以《客运索道安全生产标准化基本规范》和《评定标准》为核心的规范创建评审体系和服务企业安全管理体系，实现了客运索道企业安全标准管理的五统一（统一创建模式、统一创建内容、统一评审标准依据、统一创建等级、统一评审方法）。各索道企业踊跃使用上述制度和管理手册，创建达标企业安全标准化管理越来越规范化、常态化、科学化。2018年6月，安全生产标准化评审专家三年聘期已满，中国索道协会组织客运索道安全生产标准化和安全服务质量评审专家的推荐工作，经企业推荐和中国索道协会组织的培训考核考试，中国索道协会审核确定了新一届评审专家57名。2018年9月初，中国索道协会在大连市组织召开了安全生产标准化、安全服务质量达标企业和新一届评审专家宣贯培训会议，对客运索道企业安全生产标准化行业标准、新规范、新评定标准以及相关评审实施办法进行宣贯培训，为企业调整完善管理体系，解读培训制度模板和管理信息系统操作使用，讲解评审工作指南，并对评审专家进行考试。2018年，经客运索道企业达标创建和自评申报，协会组织安全生产标准化评审专家开展现场审核，共评审达标企业37家，其中：复审企业31家，初审企业6家。获得一级5S的11家，一级4S的2家，二级4S的10家，二级3S的12家，三级标准化的2家。评审提出制度建设、现场管理、服务质量等方面整改问题937条，企业都按期进行了整改。

2019年是中国索道协会组织制定新的行业标准《客运索道企业安全生产标准化基本规范》《客运索道企业安全生产标准化评定标准》实施的第一年，各索道运营企业积极地按照新规范、新评定标准，结合企业实际，按照新规范确定的目标职责、制度化管理、教育培训、现场管理、安全风险管控及隐患排查治理、应急管理、事故管理、持续改进服务质量等九大方面的最新规定，扎实细致，积极地调整完善企业内部安全生产标准化制度管理内容和制度文件。为深入持续做好客运索道运营企业安全生产标准化创建达标评审工作，中国索道协会在厦门市召开了评审专家会议，全面解析了新规范、新评定标准。邀请国家客运架空索道安全监督检验中心主任张强同志作了国内外客运索道事故案例分析，中国索道协会培训部主任缪勤同志解读了国家市场监管总局对客运索道培训政策和目前现状及问题，会议对协会客运索道安全生产标准化信息管理系统操作进行了培训。经客运索道企业创建达标和自评申报，中国索道协会组织评审并经专家现场评审，2019年共有24条索道通过了评审，其中：复审索道19条，初审索道5条。获得一级5S的9家，二级4S的11家，二级3S的3家，三级3S的1家。在评审中，提出制度、现场设备管理、服务质量等方面改进意见914条，被审企业都能够及时整改。截至2019年底，在客运索道运营企业的高度重视和支持配合下，在中国索道协会安全标准化评审专家的辛苦努力下，已有176家企业进行了申报注册申请，已有206条索道完成安全生产标准化创建达标。2020年9月底，三年期满需要复审的有50个企业的55条索道。

2008—2019年安全服务质量安全生产标准化达标企业评审等级名单见表2-1。

十五年来，通过积极推进客运索道企业安全生产标准化达标创建评审工作，客运索道企业安全理念大大增强，安全管理意识和企业安全主体责任得到有效落实，安全基础管理水平、设备本质安全大幅提升，员工素质、索道安全运营管理和安全服务质量水平大幅提高。全行业已将安全标准化管理纳入企业管理体系，客运索道安全生产标准化管理实现了常态化、规范化、标准化和科学化。全行业实现了安全管理理念的创新、企业文化的升华和企业形象的提升，安全管理体系和管理机制有效形成，在全行业营造了安全生产标准化工作的良好氛围，不论是几十年的老索道企业，还是新建的索道企业，都能够在安全生产管理工作上依托安全生产标准化制度，完善企业安全运营管理。

客运索道企业通过安全生产标准化的创建达标评审，收获了"两个转变"和"两个提升"。一是两个转变。通过标准化创建达标评审，明确了企业安全工作领导责任和岗位负责人的工作职责，有效扭转了一些领导和员工只注重业务工作，不注重安全工作的局面，实现了由少数人管理安全，向全员岗位管理安全，由被动安全向主动安全的两个转变，形成了全员、全过程、全方位的管理机制，有效解决和消除了管理的漏洞、盲区、死角。二是两个提升。通过岗位达标，推进企业达标整改事故隐患，改善了现场作业环境，有效提升了各岗位员工自我风险防范意识、安全知识和操作技能，使各类隐患风险处于可控状态，使企业安全管理水平得到显著提升。

在标准化创建达标过程中，对安全管理责任、安全管理流程的梳理，也是对客运索道企业整体运营管理环节的梳理，使整个客运索道企业运营管理环节之间衔接更加合理，管控环节更加严密，企业安全生产管理水平明显提升。客运索道企业标准化作用效果明显，达标企业形成了以人为本的安全氛围，以及规范有序和谐的客运索道运营管理秩序和服务环境，提升了企业品牌形象和核心竞争力，一些客运索道企业深有体会，追求做好安全生产标准化管理是企业安全生产的最好出路。

在行业内，凡是安全标准化管理好的企业，在智慧索道建设和安全监控信息系统管理建设方面做得也非常突出。如华山西峰索道建立完善了智慧票务管理系统、设备监测预警系统、智能监控系统、智能广播通讯系统。云南丽江玉龙雪山索道建立完善了智能公共安全管理系统、智能票务系统，可人脸识别、预约预售、限时限量等。广州长隆、上海人行隧道建立完善了智能票务系统、视频监控系统、设备备件管理系统。山东泰山运营中心索道、黄山股份索道、桂林阳朔如意峰索道江西三清山索道等很多索道企业都逐步建立完善了公共安全智能监控系统和智慧服务系统。疫情期间,许多索道完善了数据监控记录和扫码检票,人脸识别等,方便人员追核。

表2-1　2008—2019年安全服务质量安全生产标准化达标企业评审等级名单

\multicolumn{3}{c}{2008年}		
1	陕西华山三特索道有限公司	5S
2	黄山玉屏客运索道有限责任公司	5S
3	黄山太平索道有限公司	5S
4	黄山旅游发展股份有限公司云谷索道分公司	5S
\multicolumn{3}{c}{2009年}		
5	峨眉山旅游股份有限公司金顶索道分公司	5S
6	峨眉山旅游股份有限公司万年索道分公司	5S
\multicolumn{3}{c}{2010年}		
7	舟山市普陀山客运索道有限公司	5S
8	丽江云杉坪旅游索道有限公司	5S
9	北京香山公园	4S
\multicolumn{3}{c}{2011年}		
10	北京市慕田峪长城缆车服务有限公司	5S
11	昆明金博旅游索道有限责任公司	4S
12	昆明旅游索道开发有限责任公司	5S
13	张家界黄石寨客运索道有限公司	5S
14	江西上饶三清山金沙索道有限公司	5S
15	青岛市华普索道旅游管理有限公司	3S
\multicolumn{3}{c}{2012年}		
16	成都文化旅游发展股份有限公司西岭雪山运营分公司（鸳鸯池1号索道）	4S
17	阿坝大九寨旅游集团有限责任公司红岩光索道	4S
18	江西三清山索道有限公司	5S
19	丽江玉龙旅游股份有限公司索道经营分公司	5S
20	丽江牦牛坪旅游索道有限公司	4S
21	云南省宜良九乡风景旅游索道有限公司	4S
22	浙江广播电视发展总公司索道游览分公司	4S
\multicolumn{3}{c}{2013年}		
23	湖北武当山太和索道有限公司	5S

表 2-1（续）

2013 年		
24	北京慕田峪长城施必得滑道娱乐有限公司	4S
25	泰安市泰山索道运营中心中天门索道管理站	5S
26	泰安市泰山索道运营中心（桃花源）	5S
27	泰安市泰山索道运营中心后石坞索道站	4S
28	江苏溧阳市天目湖南山竹海旅游有限公司	5S
29	江苏溧阳市南山竹海索道有限公司	4S
30	忻州市五台山客运索道有限责任公司台山分公司	3S
2014 年（初审：16 条）		
31	安徽九华山索道分公司（天台索道）	一级 5S
32	安徽九华山旅游公司花台索道分公司	一级 5S
33	安徽九华山旅游公司缆车分公司（百岁宫缆车）	一级 4S
34	黄山西海大峡谷观光缆车	一级 5S
35	北京八达岭索道有限公司	一级 5S
36	浙江奉化市溪口雪窦山索道站	二级 4S
37	郑州黄河客运索道有限公司	二级 3S
38	承德市磬锤峰索道有限公司	三级 3S
39	昆明金博旅游索道有限责任公司	二级 4S
40	海南三特索道有限公司（猴岛索道）	二级 4S
41	陕西铜川薛家寨索道（耀州区照金香山公司）	三级 3S
42	灵寿县五岳寨客运索道有限公司	三级 3S
43	成都文化旅游发展股份公司（鸳鸯池 2 号索道）	二级 4S
44	成都文化旅游发展股份有限公司（四人吊椅）	二级 3S
45	成都西岭雪山 2 号滑雪索道	二级 3S
46	兰州榆中兴隆山伟业客运索道有限公司	三级 3S
2015 年（初审 42 条）		
47	陕西太华旅游索道公路有限公司	一级 5S
48	贵州三特梵净山旅业发展有限公司	一级 4S
49	广东省仁化丹霞山索道有限公司	二级 4S
50	陕西鸿瑞旅游发展有限公司（天竺山索道）	二级 4S
51	湖南张家界天门山旅游股份有限公司	二级 4S
52	昆明子山投资有限公司	二级 4S

表 2-1（续）

2015 年（初审 42 条）		
53	四川长宁县竹韵森林贸易公司（蜀南竹海索道）	二级 3S
54	湖南张家界天门山旅游股份公司（天门山寺索道）	二级 3S
55	中外合资南岳索道运输有限公司	二级 4S
56	宜兴市善卷洞索道滑道游乐有限公司	三级 3S
57	无锡市竹海公园服务有限公司	三级 3S
58	陕西商洛商南县金丝峡伟业客运索道有限公司	三级 2S
59	蓬莱阁索道管理所	二级 4S
60	四川省剑门关风景区开发公司（剑门关索道）	二级 4S
61	港中旅（宁夏）沙坡头索道游乐有限公司	二级 4S
62	都江堰市青城后山白云索道有限公司	二级 3S
63	北京香山公园	二级 3S
64	都江堰兴市旅游发展有限公司（青城山索道）	二级 3S
65	天津盘山旅游有限公司（入胜索道）	二级 4S
66	天津云松盘山索道服务中心	三级 3S
67	秦皇岛祖山华信旅游开发有限公司	三级 3S
68	成都青城后山金骊索道有限公司	三级
69	辽宁凤城市凤凰山索道有限公司	三级 3S
70	河北省石家庄赞皇县嶂石岩索道管理站	三级
71	宁夏沙湖东方娱乐有限公司	三级 3S
72	广州白云山三台岭游览区管理处	一级 5S
73	阿坝大九寨旅游集团公司（黄龙索道分公司）	一级 5S
74	北川云中羌寨旅游开发有限公司（洞口索道）	三级 3S
75	北川云中羌寨旅游开发有限公司（云中索道）	三级 3S
76	北川云中羌寨旅游开发有限公司（羌情索道）	三级 3S
77	江西庐山三叠泉缆车有限公司	三级 2S
78	陕西少华山旅游发展有限责任公司	二级 3S
79	昆明西山旅游投资开发公司（龙门索道）	二级 4S
80	珠海景山三特索道有限公司	三级 2S
81	山东成泰索道发展有限公司野象谷分公司	三级 3S
82	易达（福建）旅游集团有限公司（云顶索道）	三级 3S
83	桂林金坑客运索道有限公司	三级 3S

表 2-1（续）

2015 年（初审 42 条）		
84	河北省昌黎县旅游滑沙活动中心	三级
85	抚宁县南戴河旅游发展（集团）公司（1 号索道）	三级
86	阿坝大九寨旅游集团公司（大冰山旅游分公司）	一级 5S
87	内蒙克什克腾旗三特青山索道有限公司	三级 3S
88	抚宁县南戴河卓越旅游开发公司（仙螺岛索道）	三级
2016 年（初审 33 条）		
89	安徽圣地九华山	三级 3S
90	山东成泰崃山索道	二级 4S
91	石家庄抱犊寨	二级 4S
92	大理苍山洗马潭索道（整改后重新评审）	二级 4S
93	大理苍山感通索道（整改后重新评审）	三级 3S
94	大理苍山中和索道（整改后重新评审）	三级 3S
95	大理鸡足山索道	二级 4S
96	博罗县罗浮山朱明洞景区管理服务有限公司	二级 4S
97	江门市叱石景区客运索道管理有限公司	二级 4S
98	江门市新会区古兜温泉索道管理有限公司	三级 3S
99	浙江神仙居旅游集团有限公司（南天索道）	二级 4S
100	浙江神仙居旅游集团有限公司（北海索道）	二级 4S
101	咸丰三特旅游开发有限公司	三级 3S
102	湖北柴埠溪旅游股份有限公司	二级 4S
103	崇阳三特旅业发展有限公司	三级
104	杭州千岛湖索道有限公司	二级 4S
105	淳安黄山尖缆车有限公司	三级 3S
106	南漳三特古山寨旅游开发有限公司	二级 3S
107	丽江市旅游投资有限公司千龟山载人旅游索道	二级 4S
108	留坝县紫柏山森林旅游发展有限责任公司	三级 3S
109	陕西牛背梁索道有限公司	二级 4S
110	陕西太白山集团（眉县）索道建设有限公司	三级 3S
111	青岛市华普索道旅游管理有限公司	三级 3S
112	四川普格县螺髻山综合开发有限责任公司	二级 4S
113	上海黄浦江行人隧道	二级 4S

表 2-1（续）

\multicolumn{3}{	c	}{2016 年（初审 33 条）}
114	陕西紫柏山旅游开发有限责任公司	三级 3S
115	井冈山旅游发展股份有限公司龙潭索道分公司	三级 3S
116	三亚木子索道有限公司	三级 4S
117	云南个旧市宝华索道有限公司	三级 3S
118	河南嵩山少林寺索道有限公司	一级 5S
119	湖南张家界市杨家界索道有限公司	一级 5S
120	天柱山旅游发展有限公司大龙窝索道公司	一级 5S
121	西岭雪山明坪索道	一级 5S
\multicolumn{3}{	c	}{2017 年（共 28 条：复审 21 条；初审 7 条）}
122	黄山玉屏客运索道有限责任公司（复审）	一级 5S
123	黄山旅游发展股份有限公司西海大峡谷观光缆车分公司（复审）	一级 5S
124	黄山旅游发展股份有限公司云谷索道分公司（复审）	一级 5S
125	黄山太平客运索道有限公司（复审）	一级 5S
126	丽江玉龙旅游股份有限公司索道经营分公司（复审）	一级 5S
127	丽江云杉坪索道公司（复审）	一级 5S
128	湖北武当山太和索道有限公司（复审）	一级 5S
129	陕西华山三特索道公司（复审）	一级 5S
130	泰安市泰山索道运营中心（中天门）（复审）	一级 5S
131	安徽九华山旅游公司花台索道分公司（复审）	一级 5S
132	安徽九华山索道分公司（天台索道）（复审）	一级 5S
133	江西三清山索道有限公司（复审）	一级 5S
134	江西上饶三清山金沙索道有限公司（复审）	一级 5S
135	峨眉山旅游股份有限公司金顶索道公司（复审）	一级 5S
136	浙江舟山普陀山客运索道有限公司（复审）	一级 5S
137	泰安市泰山索道运营中心（后石坞）（复审）	一级 4S
138	安徽九华山旅游公司缆车分公司（百岁宫缆车）（复审）	一级 4S
139	浙江奉化市溪口雪窦山索道站（复审）	二级 4S
140	丽江牦牛坪旅游索道有限公司（复审）	二级 4S
141	忻州市五台山客运索道有限责任公司（复审）	三级 3S
142	陕西铜川薛家寨索道（耀州区照金香山公司）（复审）	三级 3S
143	湖北省鄂旅投旅游发展股份有限公司（初审）	一级 5S

表 2-1（续）

\multicolumn{3}{c}{2017 年（共 28 条：复审 21 条；初审 7 条）}
144	上饶县灵山左溪客运索道运营有限公司（初审）	一级 4S
145	广东梅州平远五指石索道（初审）	二级 4S
146	山东天蒙旅游开发有限公司（初审）	二级 4S
147	重庆通和旅游交通运输有限公司（初审）	二级 3S
148	安徽九华山旅游（集团）有限公司秋浦胜境分公司（初审）	二级 3S
149	烟台塔山索道有限公司（初审）	三级 3S
\multicolumn{3}{c}{2018 年（共 37 条：复审 31 条；初审 6 条）}
150	北京八达岭索道有限公司（复审）	一级 5S
151	张家界黄石寨客运索道有限公司（复审）	一级 5S
152	成都文化旅游发展股份有限公司西岭雪山运营分公司（鸳鸯池 1 号索道）（复审）	一级 5S
153	海南三特索道有限公司（复审）	一级 4S
154	剑门关旅游开发股份有限公司（复审）	一级 5S
155	北京市慕田峪长城缆车服务有限公司（复审）	一级 5S
156	阿坝大九寨旅游集团有限责任公司黄龙索道分公司（复审）	一级 5S
157	阿坝大九寨旅游集团有限责任公司大冰山旅游分公司（复审）	一级 5S
158	广州白云山三台岭游览区管理处（复审）	一级 5S
159	陕西太华旅游索道公路有限公司（复审）	一级 5S
160	榆中兴隆山伟业客运索道有限公司（复审）	二级 4S
161	成都文化旅游发展股份有限公司西岭雪山运营分公司（鸳鸯池 2 号索道）（复审）	二级 4S
162	蓬莱市蓬莱阁索道管理所（复审）	二级 4S
163	陕西鸿瑞旅游发展有限公司（复审）	二级 4S
164	灵寿县五岳寨伟业客运索道有限公司（复审）	二级 4S
165	凤城市凤凰山索道有限公司（复审）	二级 4S
166	少华山文化旅游有限公司（复审）	二级 4S
167	浙江广播电视发展总公司索道游览分公司（初审）	二级 4S
168	成都市青城山都江堰旅游股份有限公司（复审）	二级 3S
169	成都文化旅游发展股份有限公司西岭雪山运营分公司（四人吊椅索道）（复审）	二级 3S
170	成都文化旅游发展股份有限公司西岭雪山运营分公司（2 号滑雪索道）（复审）	二级 3S
171	山东成泰索道发展有限公司野象谷分公司（复审）	二级 3S
172	桂林金坑客运索道有限公司（复审）	二级 3S
173	港中旅（宁夏）沙坡头索道游乐有限公司（复审）	二级 3S

表 2-1（续）

\multicolumn{3}{	c	}{2018 年（共 37 条：复审 31 条；初审 6 条）}
174	商南县金丝峡伟业客运索道有限公司（复审）	二级 3S
175	广东省仁化丹霞山索道有限公司（复审）	二级 4S
176	昆明子山投资有限公司（复审）	二级 4S
177	北川九皇山生态旅游股份有限公司（洞口索道）（复审）	二级 3S
178	北川九皇山生态旅游股份有限公司（云中索道）（复审）	二级 3S
179	北川九皇山生态旅游股份有限公司（羌情索道）（复审）	二级 3S
180	北京慕田峪长城施必得滑道娱乐有限公司（复审）	三级
181	广州长隆集团有限公司缆车分公司（初审）	一级 5S
182	陕西太白山索道管理有限公司（初审）	一级 5S
183	湖北云中湖客运索道有限公司（初审）	一级 4S
184	安徽省明堂山旅游开发股份有限公司（初审）	二级 3S
185	安徽省明堂山旅游开发股份有限公司主峰索道（初审）	二级 3S
186	广德县太极洞索滑道旅游有限公司（初审）	三级
\multicolumn{3}{	c	}{2019 年（共 24 条：复审 19 条；初审 5 条）}
187	昆明金博旅游索道有限责任公司	二级 4S
188	无锡市竹海公园服务有限公司	二级 3S
189	丽江市旅游投资有限公司千龟山旅游索道	二级 4S
190	宜兴市善卷洞索道滑道游乐有限公司	三级 3S
191	峨眉山旅游股份有限公司万年索道分公司	一级 5S
192	陕西牛背梁索道有限公司	二级 4S
193	大理苍山洗马潭索道	一级 5S
194	大理苍山感通索道	二级 4S
195	大理苍山中和索道	二级 3S
196	大理鸡足山索道	一级 5S
197	郑州黄河客运索道有限公司	二级 4S
198	天津盘山旅游有限公司（入胜索道）	二级 4S
199	天津云松盘山索道服务中心	二级 3S
200	博罗县罗浮山朱明洞景区管理服务有限公司	二级 4S
201	四川普格县螺髻山综合开发有限责任公司	二级 4S
202	山东成泰峄山索道	二级 4S
203	河南嵩山少林寺索道有限公司	一级 5S

表 2-1（续）

2019 年（共 24 条：复审 19 条；初审 5 条）		
204	青岛市华普索道旅游管理有限公司	二级 4S
205	上海黄浦江行人隧道	一级 5S
206	重庆市客运索道有限公司	一级 5S
207	陕西乾坤湾骏景索道有限公司	一级 5S
208	西域旅游开发股份有限公司	二级 4S
209	青岛崂山太清索道	一级 5S
210	青岛崂山巨峰索道	一级 5S

2020 年，在张家界中国索道 2019 年年会上，部署安排印发了《关于做好 2020 年客运索道运营企业安全生产标准化管理创建达标及评审工作的通知》，要求各单位持续深入积极推进客运索道运营单位安全生产标准化和安全服务质量创建达标评审。按规定做好客运索道运营企业安全生产标准化初审和复评工作，同时要求各索道运营企业根据新颁布《基本规范》和《评定标准》全面组织机电岗位及运营管理服务岗位人员培训，熟悉掌握新规范、新评定标准，并推动企业安全生产标准化建设深入发展。

2020 年春节前后，中国国内发生了新冠肺炎疫情，但规模较大的数十个索道运营企业利用停运索道期间，大力推进安全生产标准化制度修改和完善、应急救援演练、安全生产月活动、安全培训等，全力做好安全标准化复审和初审准备工作。他们是泰安市泰山索道运营中心的桃花源索道、中天门索道、后石坞索道，贵州黄果树索道、昆明轿子山新建索道、安徽金寨索道、四川海螺沟索道、昆明九乡索道、黄山股份索道、三清山索道、昆明旅游开发公司滇池索道、四川峨眉山金鼎索道、西岭雪山索道、九华山地轨缆车、武当山太和索道、丽江玉龙雪山、云杉坪索道等。

特别是昆明旅游开发有限责任公司在今年疫情期间，大力推进安全生产标准化制度建设，组织应急联合演练和安全生产月活动，全面按新版《基本规范》和《评定标准》，重新建立修订完善了管理制度、操作规程、现场管理、服务设施改造，同时也建设完成了智慧索道监控系统、智能广播通讯系统、塔架线路监控系统、智慧自动售检票系统，对游客中心、站房、库房、厕所等全面进行了改造和更新，安全管理水平大幅提升，在行业中取得明显成效。

第4篇　客运索道企业安全生产标准化创建实施操作管理范本（2020年版）

公司简介（范例）

××客运索道有限公司，成立于××年××月，××索道于××年××月开始运行。公司注册资本××万元，总资产××万元，共有员工××余名。下辖客运索道、××××××等。

索道斜长××××m，高差××××m。全套设备从××××公司引进，计算机程序自动控制运行，车厢安全、高雅、舒适。

为保证公司持续有效发展，本《客运索道安全生产标准化管理手册》严格按照《指南》格式，结合本企业实际情况及本索道实际现场管理需求，坚持PDCA动态循环管理模式，完成标准化建立、执行、管理。公司总经理承诺：本公司以顾客为关注焦点，把服务质量放在第一位，愿以真诚的态度、优良的质量，为顾客提供完善的服务。

索道基本情况

索道类型：

索道斜长：

高差：

索距：

速度：

单向小时运量：

运载索直径：

支架数：

主机功率：

辅机功率：

最大距地：

最小距地：

驱动张紧方式和位置：

承　诺　书

一、认真贯彻执行安全生产的相关法律、法规、标准、政策和各项要求，坚持"安全第一、预防为主、节能环保、综合治理"的方针，积极落实安全生产主体责任，努力做好本企业的安全生产工作，减少和杜绝安全生产事故。

二、依法建立安全生产管理机构，配备安全生产管理人员，保证安全生产管理机构发挥职能作用，安全生产管理人员履行安全管理职责。

三、建立健全安全生产责任制和各项规章制度、操作规程，并严格执行。

四、确保安全生产的资金投入。

五、加强安全生产监督检查，及时发现和排除安全隐患。

六、依法对企业从业人员进行安全生产教育和安全知识培训，做到按要求持证上岗。

七、不违章指挥，不强令员工违章冒险作业。

八、对重大风险实施有效的监控和整改。

九、依法制定和完善各项应急预案，适时组织应急演练，提高应急救援能力。

十、如实告知从业人员作业场所和工作岗位存在的危险和职业危害因素、防范措施和事故应急措施，保证从业人员的权益。

十一、尊重从业人员在安全生产方面应有的权益，鼓励从业人员对安全生产违法、违章行为提出改进建议、批评、举报。

十二、为从业人员提供符合国家标准和行业标准的劳动防护用品，并监督教育从业人员正确佩戴、使用。

十三、按要求及时准确上报安全生产事故，做好事故抢险救援，积极配合有关部门开展事故调查工作，妥善处理伤员救治、赔偿等善后工作。

十四、自觉接受各级安全生产监管部门的监督检查。

十五、履行法律法规规定的其他安全生产职责。

承诺人：

年　月　日

安全生产标准化手册发布令

根据《中华人民共和国安全生产法》《中华人民共和国特种设备安全法》《企业安全生产标准化基本规范》（GB/T 33000—2016）、《客运索道企业安全生产标准化评定标准》及国家/地方法律法规等标准的要求，特制定《××客运索道安全生产标准化管理手册》，旨在全面实施客运索道企业安全生产标准化工作，保障自身及相关方之安全利益。本手册对内作为企业安全生产标准化活动的体系性和法规性文件，对外阐明企业安全生产标准化体系，现予以批准并发布，要求全体员工认真学习，严格遵守并贯彻执行。

此令！

签发人：

年　　月　　日

原　　则

××公司开展安全生产标准化工作，遵循"安全第一，预防为主，节能环保，综合治理"的方针，以隐患排查治理为基础，提高安全生产水平，避免或减少事故发生，保障人身安全健康，保证生产经营活动的顺利进行。

管 理 要 素

依据《客运索道安全生产标准化评定标准》的要求，××客运索道公司安全标准化管理体系由9个A级要素、43个B级要素组成，采用P（计划）、D（实施）、C（检查）、A（改进）的动态循环的管理模式。

1 目标职责

1.1 目标

1.1.1 企业总体经营目标

（1）严格遵守国家各项法律法规，依法开展经营活动。

（2）依法纳税，自觉接受法定监督检查。

（3）盧按照公司章程进行企业经营管理，认真履行各项社会责任，构建和谐的内、外部环境；努力创造良好的经济效益和社会效益。

（4）坚持"安全第一、预防为主、防治结合、综合治理"的安全生产与职业卫生方针，以人为本，防治结合，确保安全健康，以游客为关注焦点，努力为游客提供优质的服务。

（5）关注员工成长，努力建设一支高素质的员工队伍。

（6）坚持创新驱动理念，不断提升企业管理水平，不断推进企业管理升级。

1.1.2 安全生产与职业卫生总体方针和目标

（1）安全生产与职业卫生方针：安全第一、预防为主、防治结合、综合治理。

（2）核心价值观：以人为本，防治结合，保障安全健康；守法遵纪，规范操作，降低职业风险；预防控制，持续改进，共建美好明天。

（3）安全生产与职业卫生目标：企业生产安全责任死亡事故为"零"；设备责任事故为"零"；火灾事故为"零"；员工培训持证上岗率100%；安全隐患整改率100%；职业卫生培训率100%；职业健康体检率100%。

（4）服务质量目标：乘客满意度>95%；乘客有效投诉率<0.02%；投诉处置满意度>98%。

（5）年度安全生产、职业卫生和服务质量目标：（另文发布）。

（6）相关文件及记录：《关于下发公司××年度安全生产、职业卫生及服务质量目标的通知》。

示例

××××××有限公司文件

××〔　　〕××号　　　　　　　　　　　签发：

关于下发公司××年度安全生产、职业卫生及服务质量目标的通知

各部门：

　　为认真贯彻《中华人民共和国安全生产法》《中华人民共和国特种设备安全法》《中华人民共和国职业病防治法》《中华人民共和国旅游法》及《客运索道运营企业安全生产标准化评定标准》的相关规定，切实落实客运索道安全生产工作责任制，持续改进公司安全管理绩效，现将公司××年度安全生产、职业卫生及服务质量目标下发给你们，请认真贯彻落实。

　　此项工作将纳入部门年度考核指标和先进评比的重要依据之一，请各部门结合实际，按照目标规定要求，落实人员，明确责任，努力使各项工作控制在下达的目标中。

二〇××年××月××日

附件：20××年度安全生产、职业卫生及服务质量目标
抄送：××

××公司　　　　　　　　　　　　　　　20××年××月××日印发

20××年度安全生产、职业卫生及服务质量目标

为了将公司制定的各项安全生产、职业卫生制度切实落实到位，为了更加有效地控制各类伤亡事故的发生，保证员工安全健康，现下达公司20××年度各项安全生产、职业卫生和服务质量管理目标与指标。

一、安全生产目标
- 企业生产安全责任死亡事故为"零"
- 设备责任事故为"零"
- 火灾事故为"零"
- 员工培训持证上岗率100%
- 安全隐患整改率100%

二、职业卫生目标
- 职业病发病率<1‰
- 职业危害告知率100%
- 职业卫生培训率100%
- 职业健康体检率100%

三、服务质量目标：
- 乘客满意度>95%
- 乘客有效投诉率<0.02%
- 投诉处置满意度>98%

四、工作要求

1. 层层分解

为了保证客运索道的安全运行，在安全工作上，首先确立安全生产与职业卫生目标，明确责任，制定和完善各项责任制，让责任到位，由上到下层层分解，最终落实到每一个岗位；其次是在实际工作中要坚持原则，按照目标做好各项职责和责任的落实。公司主要负责人是安全生产与职业卫生第一负责人，专职安全与职业卫生管理员是安全生产与职业卫生工作的主要责任组织和监督者。

2. 在工作中要做到"实、早、细、严"

"实"是在关系到安全与职业卫生方面的一切工作都应落到实处，并且要做到无懈可击；"早"是指各项工作的布置都要提前安排，以便保证工作的顺利进行；"细"是在检查中一定要细心、全面，不能出现安全工作死角；"严"是在隐患面前一定要坚持原则及时处理，决不能在不安全因素存在的状态下进行生产。

3. 要齐抓共管，确保安全

针对安全运营工作要采取齐抓共管的方式，从公司主要负责人到一线员工，全员参加到安全工作中来，让大家意识到"安全生产，人人有责"，互相督促，时刻把安全放在心

上，齐抓共管，确保安全。

1.1.3 安全生产与职业卫生目标管理制度

1. 目的

为推动公司安全与职业卫生工作的规范化管理，认真贯彻《中华人民共和国职业病防治法》，保护职工的健康及其相关权益，改善生产作业环境，使各部门的安全生产与职业卫生工作有目标、行为有规范、考核有标准、奖惩有依据，结合公司安全运营的实际，特制定本制度。

2. 范围

适用于本公司安全生产与职业卫生目标制定、分解、实施、考核的控制。

3. 职责

本制度归口为公司主要负责人。

4. 要求

（1）目标制定的原则。

①整合一致原则。公司安全与职业卫生目标是各部门分目标的依据，各部门的目标要服从公司总体目标。

②均衡协调原则。各部门目标之间，要注意协调均衡，正确处理好主次目标之间的主从关系和各分目标之间任务、范围、职责、权限关系以及各个目标实施进程上的同步关系，以保证总体目标的实现。

③分层负责原则。公司主要负责人是公司安全生产与职业卫生的责任人，领导班子对公司目标负责，同时对各部门的分目标提出要求，各部门负责人是部门安全生产与职业卫生的责任人，对本部门的安全生产与职业卫生目标负责。

（2）目标的制定与分解。公司每年年初根据上年度安全与职业卫生目标完成情况和上级布置的工作任务，结合公司实际情况，研究制定出公司本年度安全生产与职业卫生目标，形成文件下发各部门，并与各部门责任人签订《年度安全生产与职业卫生责任书》，确保各部门负责人明确年度目标。公司根据年度目标对各部门、各岗位进行层层分解，并确保安全生产与职业卫生目标人人知道。

（3）目标的控制与落实。

①建立健全索道安全生产与职业卫生领导小组，配备专职安全与职业卫生管理员，各部门负责人必须负责落实管理。

②落实各级管理人员安全生产与职业卫生职责，各部门负责人是本部门安全生产与职业卫生目标管理第一责任人，必须对本部门安全与职业卫生管理工作负责。

③加大员工教育培训力度，内培与外培相结合，理论培训与实践训练相结合。

④建立、健全各项管理制度。

⑤实行运营标准化作业管理，促使企业进一步建立健全自我约束、规范操作的安全服务运营机制。

⑥对索道设备、设施加强检修和维护，避免发生设备事故，杜绝伤亡事故。

⑦为员工提供良好工作环境，使员工能以较好的精神状态投入工作，员工患传染病期间不得安排上岗工作，不允许疲劳作业。

⑧依法履行向劳动者职业病危害告知义务。与劳动者签订劳动合同时，将工作过程中可能产生的职业病危害因素及其后果、职业病防护措施和待遇如实告知劳动者，并在劳动合同中写明。并以标志、公告等形式提高职工对职业病危害的防范意识。

⑨按照《中华人民共和国职业病防治法》的规定进行职业病危害的预评价、审查认可、职业病危害控制效果评价、验收认可等程序。

⑩对产生职业病危害的工作场所逐步采取技术改造、配备必要的防护设施、防护用品等，落实各项防护措施，积极改善劳动条件。向劳动者提供符合职业病防治要求的职业卫生防护设施和个人防护用品。

⑪依法组织对劳动者进行上岗前、在岗期间、离岗时的职业健康检查，发现有与从事的职业有关的健康损害的劳动者，及时调离原岗位，并妥善安置。依法组织职业病患者的诊疗。

（4）目标的考核。

①安全目标与职业卫生考核由安全领导小组（安委会）负责组织，每年由安全生产与职业卫生办公室对各部门目标完成情况进行考核，各部门对本部门员工进行考核。考核结果报公司负责人审批，考核资料应存档、备查。

②目标考核参见本公司《安全生产与职业卫生目标考核办法》。

（5）相关记录。《20××年度安全生产与职业卫生目标分解表》。

示例

20××年度安全生产与职业卫生目标分解表

目标	办公室	保安部	设备部	运营部	财务部
死亡及重伤事故	—	○	○	○	—
重大火灾事故	○	○	○	○	○
重大设备事故	—	○	○	○	—
重大责任事故	○	○	○	○	○
职业病发病率	1‰	1‰	1‰	1‰	1‰
职业危害告知率	100	100	100	100	100
职业卫生培训率	100	100	100	100	100
职业健康体检率	100	100	100	100	100
员工教育培训率	100	100	100	100	100
持证上岗率	—	100	100	100	100
事故隐患整改率	100	100	100	100	100
游客满意率	98	98	98	98	98

1.1.4 安全生产与职业卫生目标考核办法

1. 目的

为坚持"安全第一、预防为主、防治结合、综合治理"的方针，调动公司各级人员安全生产与职业卫生工作的积极性，建立高效的激励机制，确保公司安全生产与职业卫生目标的达标，特制定本办法。

2. 范围

本办法适用于公司安全生产与职业卫生目标的考核。

3. 职责

本办法归口为公司安全生产与职业卫生委员会（安全生产与职业卫生领导小组）。

4. 要求

（1）考核由安全生产与职业卫生委员会（安全生产与职业卫生领导小组）负责组织，安全生产与职业卫生领导小组办公室负责具体实施。

（2）公司主要负责人负责落实公司年度安全生产与职业卫生目标任务。每年度公司负责人分别与部门负责人签订《安全生产与职业卫生目标管理责任书》并进行考核，部门负责人分别与岗位员工签订《安全生产与职业卫生目标管理责任书》并进行考核。

（3）安全生产目标考核的办法：

①安全生产与职业卫生目标考核为每年××月××日至××月××日。

②具体考核内容参见《20××年度安全生产与职业卫生控制指标和工作目标的考核表》。

③考核采取百分制，××为优，××为良，××为合格，××为不合格。

④安全生产与职业卫生办公室将考核结果提交公司安全生产与职业卫生委员会（安全生产与职业卫生领导小组）审核，并报公司主要负责人审批。

5. 相关记录

（1）《20××年度安全生产与职业卫生控制指标和工作目标考核表》。

（3）《安全生产与职业卫生目标实施情况检查表》。

（3）《安全生产与职业卫生目标和指标完成效果评估报告》。

示例

20××年度安全生产与职业卫生控制指标和工作目标考核表

序号	考核目标	评价要点	分数（100分）	标准要求和评价办法	备注
1	控制目标	1. 伤亡事故起数 2. 伤亡人数 3. 职业危害人数	40	不超过下达控制指标不扣分，（安全生产、职业危害）轻伤事故每次发生一起扣5分，重伤事故每发生一起扣15分，发生死亡事故扣30分	以控制目标为准

（续）

序号	考核目标	评价要点	分数（100分）	标准要求和评价办法	备注
2	安全生产责任制落实	1. 将安全生产与职业卫生工作列入重要议事日程，并由部门负责人亲自抓（听取汇报或回报），亲自部署 2. 每月召开一次安全生产与职业卫生工作例会，部署工作 3. 各班组签订安全生产与职业卫生责任状 4. 奖惩制度落实	5	负责人亲自召开安全生产与职业卫生年会，达不到的扣2~4分；按要求召开安全生产与职业卫生工作例会不扣分。每少一次扣2分；无会议记录，每少一次扣1分；未分解责任状的扣3分；奖惩制度未落实的扣2~4分	年终实地考核
3	安全生产教育培训	1. 安全生产与职业卫生宣传教育工作情况 2. 特种工持证情况	5	未展开社会性宣传教育活动的扣2~4分；未组织或组织不力的，扣2~4分；培训率低，组织工作差或培训结果检查有问题的扣2~4分；特种工持证率低扣2~4分	年终考核
4	重大事故隐患监控和安全专项治理	1. 未对重大事故隐患和风险进行全面登记、建档和监控，制定隐患整改方案并组织整改 2. 安全检查和专项整治情况	10	对重大事故隐患或风险未进行登记，建档的扣6分；不合格的扣4分；未制定整改方案的，发现一起扣5分；未及时更改的，发现一起扣5分；未按规定进行定期检查和专项整治的，每少一次扣2分	年终考核
5	安全标志警示	1. 安全标志牌 2. 安全警示牌	5	安全标志牌不全，扣3~4分；安全警示牌不全，扣3~4分；安全警示牌不清洁，扣2~3分	日常考核
6	安全生产资金投入情况	1. 安全生产的整改资金落实情况 2. 安全劳防资金落实情况 3. 安全教育培训专项资金落实情况	10	未按规定落实劳防资金，扣5~6分；未按规定落实安全教育培训资金，扣5~6分；未按规定落实安全生产资金的投入，扣7~10分	年终考核
7	安全检查整改情况	1. 安全检查制度执行情况 2. 对隐患整改，处置和复查要求的执行情况 3. 检查记录的填写情况	10	未定期展开日常，专项检查的，扣2~4分；未按规定对隐患进行整改和复查的扣5~10分；无检查和隐患整改复查的记录或隐患整改未如期完成的扣4~8分	日常考核

(续)

序号	考核目标	评价要点	分数（100分）	标准要求和评价办法	备注
8	生产安全事故报告处理情况	1. 事故应急预案修订情况 2. 指定专门救援人员情况 3. 重大安全生产事故应急救援按规定经过演练	5	事故应急预案可操作性差或不及时修订的扣2~4分；未对专门救援人员进行培训的扣2~4分；无演练发现一起扣2分	年终考核
9	报表和安全档案管理	1. 及时、准确统计报送各类安全生产情况调查表 2. 有关文件及材料及时报送、传达、办理情况 3. 各类安全管理档案及台账	5	统计信息未按时限上报或出现数值差错，每次扣1~3分，瞒报扣5分；未按规定传达办理的扣1~4分；相关档案，台账不健全的扣2~4分	日常考核
10	工作创新及评优情况	1. 安全生产工作经验及方法有借鉴意义 2. 某项安全生产工作获得表彰	5	有一项得5分	以相关文件材料为依据

安全生产与职业卫生目标实施情况检查表

检查时间	
检查部门（检查人）	
检查内容	
存在问题	
整改措施	

（续）

备注	
	负责人签字：

注：1. 支撑文件：《安全生产与职业卫生/服务质量目标管理制度》。
    2. 要求：根据安全生产与职业卫生/服务质量目标与指标的真实执行情况填写此表，报安全生产与职业卫生领导小组办公室存档。
    3. 保存期限三年。

安全生产与职业卫生目标和指标完成效果评估报告

编制人：

批准人：

单　位：

日　期：　　年　　月　　日

一、评估目的：评估安全生产与职业卫生/服务质量目标和指标完成情况，全面完成公司安全生产与职业卫生/服务质量目标。

二、评估范围：本企业生产经营活动。

三、评估依据：公司安全生产与职业卫生/服务质量目标、管理制度、操作规程。

四、评估方式

检查各单位有关记录、检查生产现场设备设施运行及人员的操作，对照是否符合法律法规要求、安全生产与职业卫生目标、管理制度、操作规程要求。

五、评审人员

评审组组长：

组员：

六、评估时间：　　　年　　月　　日（6月底，12月底分别评估一次）。

七、评估结果：

1. 总体情况

各部门认真落实安全生产与职业卫生/服务质量目标和指标。

2. 存在问题

八、评估结论

附件：_____目标和指标完成效果评估表。

_____目标和指标完成效果评估表

序号	目标和指标	完成效果	未完成原因	责任人	整改措施	调整目标和指标实施计划的建议

注：1. 文件支撑：《安全生产与职业卫生/服务质量目标管理制度》。

2. 要求：根据安全生产/与职业卫生服务质量目标和指标完成的具体情况填写。

3. 保存期限三年，安全生产与职业卫生领导小组办公室留档。

1.1.5 安全生产会议制度

1. 目的

为加强公司的安全生产管理，规范公司安全生产工作，特制订本制度。

2. 范围

本制度适用于公司安全生产会议的控制。

3. 职责

本制度归口部门为安委会（安全生产领导小组）。

4. 要求

（1）安委会（安全生产领导小组）每月召开一次安全生产会议，总结分析本单位的安全生产情况，部署安全生产工作，研究解决安全生产中的重大问题，决策安全生产的重大事项。

（2）办公室负责记录安全生产会议内容、印发相关文件并存档。

（3）安全生产办公室负责督促检查会议决议的落实。

（4）各部门（班组）每月至少召开一次部门安全例会，将公司安全生产会议的内容及时传达给各岗位，具体安排本部门安全生产工作。

5. 相关记录

《会议记录》。

示例

会 议 记 录

会议时间		会议地点	
主持人		记录人	
会议主题			
参加人员（签名）			
会议内容：			
确定事项及要求：			

1.2 机构与职责

1.2.1 公司组织架构

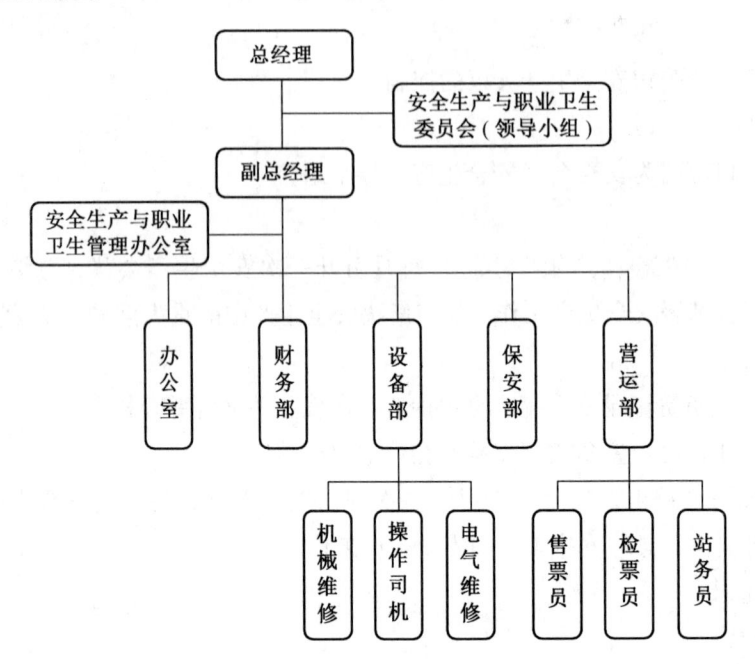

```
                    总经理
                      |———————— 安全生产与职业卫生
                      |          委员会(领导小组)
                    副总经理
  安全生产与职业 ———|
  卫生管理办公室    |
       ┌──────┬──────┼──────┬──────┐
      办公室  财务部  设备部  保安部  营运部
                      |              |
              ┌───────┼───────┐  ┌───┼───┐
            机械维修 操作司机 电气维修 售票员 检票员 站务员
```

1.2.2 安全生产责任体系图

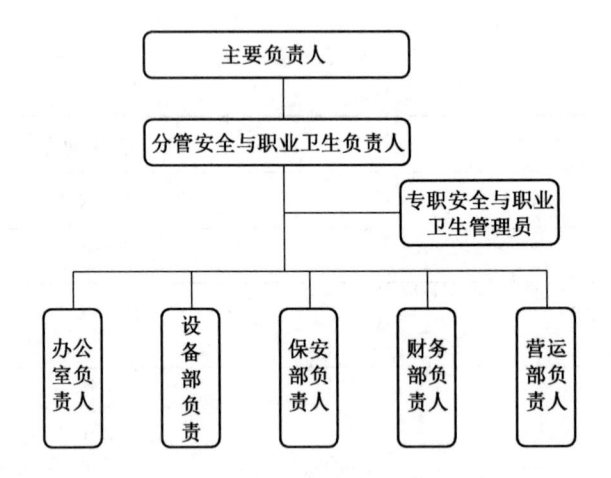

```
              主要负责人
                  |
         分管安全与职业卫生负责人
                  |
            专职安全与职业
             卫生管理员
  ┌──────┬──────┼──────┬──────┐
办公室  设备部 保安部 财务部 营运部
负责人 负责人 负责人 负责人 负责人
```

1.2.3 安全与职业卫生管理机构和安全与职业卫生人员设置管理制度

1. 目的

为确保公司安全生产与职业卫生工作符合法律法规要求，规范公司安全生产与职业卫生管理机构的设置和安全与职业卫生管理人员的配备，特制订本制度。

2. 范围

本制度适用于公司安全生产与职业卫生管理机构的设置和安全与职业卫生管理人员的

配备。

3. 职责

本制度归口公司主要负责人。

4. 要求

（1）公司主要负责人根据相关法规要求设置安全生产与职业卫生管理机构，配备专职安全与职业卫生管理人员。

（2）公司成立安全生产与职业卫生领导小组，领导小组由主要负责人任组长，主管安全与职业卫生的负责人为副组长、各部门负责人为成员。

（3）安全生产与职业卫生领导小组下设安全生产与职业卫生管理办公室，配备专职安全与职业卫生管理人员，专门负责管理公司安全生产与职业卫生管理工作。

5. 相关记录

（1）《关于成立安全生产与职业卫生领导小组的通知》。

（2）《关于任命专职安全与职业卫生管理员的通知》。

（3）《会议记录》。

示例

××××××有限公司文件

××〔2014〕××号　　　　　　　　　　　　签发：

关于成立安全生产与职业卫生领导小组的通知

　　为进一步加强对安全生产的监督管理，预防和减少各类伤亡事故，根据《中华人民共和国安全生产法》《中华人民共和国特种设备安全法》《中华人民共和国职业病防治法》等有关法律法规要求，经研究决定，成立安全生产与职业卫生领导组，由公司总经理任组长，为公司安全生产与职业卫生第一责任人。

　　组　　长：总经理
　　副组长：副总经理
　　成　　员：各部门负责人

　　下设安全生产与职业卫生领导组办公室，任命分管安全与职业卫生的××副总经理为主任、××同志为专职安全与职业卫生管理员。

　　特此通知。

20××年××月××日

抄送：××安全生产监督管理局

××有限公司　　　　　　　　　　　　　　　　20××年××月××日印发

××××××有限公司文件

××〔2014〕××号　　　　　　　　　签发：

关于任命×××为专职安全与职业卫生管理员的通知

　　为加强公司的安全生产与职业卫生管理工作，强化安全生产与职业卫生管理责任，提高公司安全生产与职业卫生管理水平，经公司研究决定，任命×××同志为本单位的专职安全与职业卫生管理员，具体负责公司安全生产与职业卫生管理工作。请×××同志积极参加市级有关部门组织的培训，确实履行好职责。

20××年××月××日

抄送：××安全生产监督管理局

××有限公司　　　　　　　　　　　　　　20××年××月××日印发

会 议 记 录

会议时间		会议地点	
主持人		记录人	
会议主题			
参加人员（签名）			
会议内容：			
确定事项及要求：			

1.2.4 企业负责人、分管负责人及各级管理人员安全生产与职业卫生职责

1. 总经理安全生产与职业卫生职责

（1）认真贯彻"安全第一、预防为主、防治结合、综合治理"的方针，严格执行安全生产与职业卫生法律、法规，全面负责安全生产与职业卫生工作。

（2）建立、健全本单位安全生产与职业卫生责任制，组织制定安全生产与职业卫生规章制度和操作规程，明确各部门、各类人员的安全与职业卫生职责，并定期检查和考核。

（3）审定安全生产与职业卫生规划和年度计划，确定安全生产与职业卫生工作目标。保证本单位安全生产与职业卫生投入的有效实施。

（4）每月主持召开安全生产与职业卫生工作会议，研究解决安全生产方面的重大问题，并做出相关决策和实施。

（5）为职工提供安全、健康、卫生的工作条件和生活环境，保障职工职业健康，加强劳动保护，预防和减少职业病和其他疾病对职工的危害。

（6）督促、检查本单位的安全生产与职业卫生工作，组织并参加安全检查，及时消除生产安全事故隐患。

（7）对新、改、扩建工程项目，必须做到安全设施与主体工程同时设计、同时施工、

同时投入使用。

（8）组织制定并实施本单位的生产安全事故应急救援预案。

（9）及时、如实报告生产安全事故，按照"四不放过"的原则进行查处。

2. 副总经理安全生产与职业卫生职责

（1）贯彻执行安全生产与职业卫生的方针、政策和法律法规，协助总经理完成公司安全生产与职业卫生相关的工作，对分管部门的安全生产与职业卫生工作负责。

（2）参与公司的安全生产与职业卫生管理工作，参与制定公司安全生产与职业卫生管理制度，完善公司各级安全生产与职业卫生责任制。

（3）负责指导、督促安全生产与职业卫生培训、教育活动。

（4）参与公司的安全生产与职业卫生检查，组织落实其分管部门的安全生产与职业卫生检查，督促、指导分管部门排查安全隐患及风险危害，并提出整改意见和要求。

（5）协助总经理进行各类事件、事故的调查及处理工作。

3. 专职安全与职业卫生管理员安全生产与职业卫生职责

（1）在安全生产与职业卫生领导小组的领导下，协助开展安全生产与职业卫生工作，拟定、修订公司的安全生产与职业卫生责任制、安全生产与职业卫生规章制度，并督促全体员工严格执行。

（2）协助安全生产与职业卫生领导小组对员工进行国家安全生产与职业卫生相关法律、法规及教育培训，开展安全生产与职业卫生考核工作，并督促班组做好安全与职业卫生教育工作。

（3）协助公司安全生产与职业卫生领导定期开展隐患排查，识别危险、有害因素，经常深入公司经营范围进行现场检查，发现重大隐患及时、如实上报，并有权制止"三违"行为。做好公司经营范围内职业健康检查，发现有与从事的职业有关的健康损害的劳动者，及时汇报。

（4）按照"事故原因不查清不放过、责任人员未处理不放过、整改措施未落实不放过、有关人员未受到教育不放过"的原则，参与事故的调查和分析，负责伤亡事故的统计上报。

（5）负责对公司劳动防护用品及员工正确使用情况的进行督促检查。

（6）完成公司领导安排的其他安全生产工作。

4. 设备部负责人安全生产与职业卫生职责

（1）贯彻执行安全生产与职业卫生的方针、政策和法律法规，带领员工完成本部门安全生产与职业卫生工作，对设备部的安全生产与职业卫生工作负责。

（2）负责对设备检修措施的落实，对检修人员的安全监护，及时发现、制止、处理检修过程中的违章指挥、违章作业、违反操作规程的现象发生。

（3）对公司员工进行上岗前、在岗期间、离岗时的职业健康检查，发现有与从事的职业有关的健康损害的劳动者，及时调离原岗位，并妥善安置。

（4）根据本部门年度安全生产目标，认真做好各项安全管理工作，制定工作计划，落实各项安全措施，消除事故隐患，确保索道安全运行。

（5）按规定对设备进行维护、保养、检查，掌握设备的运行情况，及时处理运行中出现的各种问题。

（6）带领组织机电人员进行业务知识学习。增强机电人员技术素质，提高机电人员独立处置突发故障的能力。

5. 营运部负责人安全生产与职业卫生职责

（1）贯彻执行安全生产与职业卫生的方针、政策和法律法规，带领员工完成本部门安全生产与职业卫生工作，对运营部的安全生产与职业卫生工作负责。

（2）全面落实各项规章制度，强化本部门人员的安全意识，层层落实安全生产责任制度，保障运营安全。

（3）对公司员工进行上岗前、在岗期间、离岗时的职业健康检查，发现有与从事的职业有关的健康损害的劳动者，及时调离原岗位，并妥善安置。

（4）加强岗位管理，强化安全责任，严格定岗定位，推行标准化服务，不断提高服务水平。

（5）加强对员工的工作指导和业务培训，严格执行各项规章制度，加强组织纪律和劳动纪律的自觉性。

（6）及时发现和处理运营管理中的违规违纪行为，发现问题及时处理和上报。

6. 保安部负责人安全生产与职业卫生职责

（1）贯彻执行安全生产与职业卫生的方针、政策和法律法规，带领员工完成本部门安全生产与职业卫生工作，对保安部的安全生产与职业卫生工作负责。

（2）加强保卫人员思想、作风的培养和业务技能训练，不断提高自身政治素质和业务素质。

（3）对公司员工进行上岗前、在岗期间、离岗时的职业健康检查，发现有与从事的职业有关的健康损害的劳动者，及时调离原岗位，并妥善安置。

（4）严格遵守公司的各项规章制度，落实各项安全工作，确保安全。

（5）组织做好消防演练及消防安全检查工作。

（6）协助公安部门做好重要接待任务的安全保卫工作。

（7）加强对员工的工作指导和业务培训，严格执行各项规章制度，加强组织纪律和劳动纪律的自觉性。

（8）及时发现和处理本部门的违规违纪行为，发现问题及时处理和上报。

7. 办公室负责人安全生产职责

（1）贯彻执行安全生产与职业卫生的方针、政策和法律法规，带领员工完成本部门安全生产与职业卫生工作，对本部门的安全生产与职业卫生工作负责。

（2）加强本部门安全管理，完善本部门安全生产与职业卫生责任制、安全生产与职业卫生管理相关制度。

（3）协调、处理公司与相关职能部门之间的安全生产与职业卫生工作及公共关系。

（4）按照相关法律法规做好公司员工职业卫生培训工作，并如实告知企业职业卫生危害。

（5）每年定期组织员工进行健康体检，建立健康体检档案。

（6）对公司员工进行上岗前、在岗期间、离岗时的职业健康检查，发现有与从事的职业有关的健康损害的劳动者，及时调离原岗位，并妥善安置。

（7）组织对办公室员工（包括实习生、临时工）进行安全思想、职业卫生和专业知识的教育培训，提高员工的意识和素质。

（8）协调公司各部门之间开展安全生产与职业卫生工作，定期组织办公室相关人员对本部门进行安全生产与职业卫生检查。

（9）配合公司进行生产安全事故的调查、处理。

（10）完成公司安全生产与职业卫生领导小组安排的其他工作。

1.3 全员参与

1.3.1 各部门安全生产与职业卫生职责

1. 安全生产与职业卫生领导小组职责

（1）全面贯彻执行有关安全生产与职业卫生的法律法规及方针政策。

（2）制定公司年度安全生产与职业卫生工作目标、计划和经费预算，将年度安全生产与职业卫生工作目标分解到各部门，逐级落实到岗位，并对执行情况进行监督检查。

（3）制定公司的安全生产与职业卫生责任制，明确各部门、岗位的安全生产与职业卫生责任。

（4）每月召开安全生产与职业卫生例会，总结分析安全生产与职业卫生情况，部署安全生产与职业卫生工作，研究解决安全生产中的重大问题，决策安全生产的重大事项。

（5）制定安全生产与职业卫生目标考核办法，并对安全生产与职业卫生目标完成情况进行考核。

2. 设备部安全生产与职业卫生职责

（1）在公司安全生产与职业卫生领导小组的领导下，全面贯彻执行安全生产与职业卫生方针、政策、法律法规以及公司安全生产与职业卫生管理制度，协助安全生产与职业卫生领导小组开展工作。

（2）加强设备部安全生产管理，完善设备部安全生产责任制及安全生产管理相关制度。

（3）负责起草和修订索道设备的操作规程、制定检查和维护保养计划、安全技术措施及部门安全生产费用计划，做好索道设备设施运行、检查、维修、维护保养记录。

（4）组织对设备部员工（包括实习生、临时工）进行安全思想、安全知识和专业技术教育培训，提高员工的安全意识和安全素质。

（5）定期组织技术人员对索道设施、设备进行安全隐患排查，对查出一般隐患及时处理，重大隐患及时上报。

（6）发生安全事故及时采取有效控制措施，防止事故扩大，保护好现场，及时报告。

（7）建立索道安全技术档案。

（8）负责与政府质监部门及技术合作单位的协调及联系工作，配合有关部门对索道设备的检测工作及索道事故的调查处理工作。

（9）对公司员工进行上岗前、在岗期间、离岗时的职业健康检查，发现有与从事的职业有关的健康损害的劳动者，及时调离原岗位，并妥善安置。

（10）定期组织设备部相关人员对本部门安全服务质量及环境卫生情况进行自检自查，发现问题及时整改。

（11）完成公司安全生产领导小组安排的其他安全工作。

3. 营运部安全生产与职业卫生职责

（1）在公司安全生产与职业卫生领导小组的领导下，全面贯彻执行安全生产与职业卫生方针、政策、法律法规以及公司安全生产与职业卫生管理制度，协助安全生产与职业卫生领导小组开展工作。

（2）加强营运部安全生产管理，完善营运部安全生产责任制及安全生产管理相关制度。

（3）组织对营运部员工（包括实习生、临时工）进行安全思想、安全知识和专业知识教育培训，提高职工的安全意识和安全素质。

（4）发生安全事故及时采取有效控制措施，防止事故扩大，保护好现场，并及时报告。事故发生后，配合相关部门对生产安全事故的调查、处理工作。

（5）负责制定部门工作计划，并监督检查计划的完成情况。

（6）负责乘客在站内候车、乘车、上下车活动的引导。

（7）负责对公司急救用品的日常管理。

（8）对公司员工进行上岗前、在岗期间、离岗时的职业健康检查，发现有与从事的职业有关的健康损害的劳动者，及时调离原岗位，并妥善安置。

（9）定期组织营运部相关人员对本部门安全服务质量及环境卫生情况进行自检自查，发现问题及时整改。

（10）完成安全生产领导小组安排的其他安全工作。

4. 保安部安全生产与职业卫生职责

（1）在公司安全生产与职业卫生领导小组的领导下，全面贯彻执行安全生产与职业卫生方针、政策、法律法规以及公司安全生产与职业卫生管理制度，协助安全生产与职业卫生领导小组开展工作。

（2）加强保安部安全管理，完善保安部安全生产责任制及安全生产管理相关制度。

（3）组织对保安部员工（包括实习生、临时工）进行安全思想、安全知识和专业知识的教育培训，提高员工安全意识和安全素质。

（4）负责索道辖区内游客秩序的维护工作，有效保障乘客候车、乘车的公共安全秩序，负责索道通道的管理工作。

（5）遵守国家和地方公共场所治安管理相关规定，履行索道经营辖区内治安管理责任，杜绝治安事故发生，制止游客的危险行为，保障游客人身安全；制止扰乱公共秩序，劝阻有碍社会风气的行为。

（6）遵守国家和地方相关消防安全管理规定，履行索道辖区内消防安全责任，负责索道辖区内巡逻工作并做好记录，有效控制索道经营辖区内和运营过程中可诱发火灾的危险源，消除火灾隐患。

（7）发生安全事故及时采取有效控制措施，防止事故扩大，保护好现场，并及时报告。事故发生后，协助做好游客的急救及营救工作，配合相关部门对生产安全事故的调查、处理工作。

（8）对公司员工进行上岗前、在岗期间、离岗时的职业健康检查，发现有与从事的职业有关的健康损害的劳动者，及时调离原岗位，并妥善安置。

（9）完成安全生产领导小组安排的其他安全工作。

5. 办公室安全生产与职业卫生职责

（1）在公司安全生产与职业卫生领导小组的领导下，全面贯彻执行安全生产与职业卫生方针、政策、法律法规以及公司安全生产与职业卫生管理制度，协助安全生产与职业卫生领导小组开展工作。

（2）加强办公室安全管理，完善办公室安全生产与职业卫生责任制、安全生产与职业卫生管理相关制度。

（3）按照相关法律法规做好公司员工职业卫生培训工作，并如实告知企业职业卫生危害。

（4）每年定期组织员工进行健康体检，建立健康体检档案。

（5）对公司员工进行上岗前、在岗期间、离岗时的职业健康检查，发现有与从事的职业有关的健康损害的劳动者，及时调离原岗位，并妥善安置。

（6）协调、处理公司与相关职能部门之间的安全生产工作及公共关系。

（7）组织对办公室员工（包括实习生、临时工）进行安全思想、安全知识和专业知识的教育培训，提高员工的安全意识和安全素质。

（8）配合相关部门进行生产安全事故的调查、处理。

（9）完成公司安全生产领导小组安排的其他安全生产工作。

6. 财务部安全生产与职业卫生职责

（1）在公司安全生产与职业卫生领导小组的领导下，全面贯彻执行安全生产与职业卫生方针、政策、法律法规以及公司安全生产与职业卫生管理制度，协助安全生产与职业卫生领导小组开展工作。

（2）加强财务部安全管理，完善财务部安全生产责任制及安全生产管理相关制度。

（3）组织对本部门员工（包括实习生、临时工）进行安全思想、安全知识和专业知识的教育培训，提高职工的安全意识和安全素质。

（4）配合公司安全生产领导小组及相关部门对生产安全事故的调查、处理工作。

（5）制定满足需要的安全生产费用计划，按规定提取安全生产费用并落实到位，建立安全生产费用台账。

（6）负责公司票款收入的安全回笼，确保票、款相符。

（7）完成安全生产领导小组安排的其他安全工作。

1.3.2 各岗位安全生产与职业卫生职责

1. 机械维修人员安全生产与职业卫生职责

（1）认真学习、严格遵守各项规章制度、操作规程，不违反劳动纪律，不违章作业，对本岗位的安全生产负直接责任。

（2）严守工作岗位，认真履行机械维修人员岗位职责，坚持"安全第一、预防为主、综合治理"的方针，做好本职工作。

（3）按时、认真对机械设备设施进行巡回检查，发现异常情况及时采取有效措施，正确分析、判断和处理各种事故隐患，把事故消灭在萌芽状态。及时、如实地向上级报告，并保护现场，作好详细记录。

（4）保持作业场所的清洁卫生，索道设备进行维护、保养、检修后要将杂物及易燃物品清除干净。

（5）积极参加各项安全生产与职业卫生知识教育、培训工作，加强安全生产与职业卫生意识，努力提高业务水平。

（6）正确使用并爱护安全与职业卫生防护用品，经常检查索道相关安全设施、安全防护装置，发现问题及时报告。

2. 电气维修人员安全生产与职业卫生职责

（1）认真学习、严格遵守各项规章制度、操作规程，不违反劳动纪律，不违章作业，对本岗位的安全生产负直接责任。

（2）严守工作岗位，认真履行电气维修人员岗位职责，坚持"安全第一、预防为主、综合治理"的方针，做好本职工作。

（3）按时、认真对电气设备设施进行巡回检查，发现异常情况及时采取有效措施，正确分析、判断和处理各种事故隐患，把事故消灭在萌芽状态。及时、如实地向上级报告，并保护现场，作好详细记录。

（4）保持作业场所的清洁卫生，索道设备进行维护、保养、检修后要将杂物及易燃物品清除干净。

（5）积极参加各项安全生产与职业卫生知识教育、培训工作，加强安全生产与职业卫生意识，努力提高业务水平。

（6）正确使用并爱护安全与职业卫生防护用品，经常检查索道相关安全设施、安全防护装置，发现问题及时报告。

3. 操作司机安全生产与职业卫生职责

（1）认真学习、严格遵守各项规章制度、操作规程，不违反劳动纪律，不违章作业，对本岗位的安全生产负直接责任。

（2）严守工作岗位，认真履行操作司机岗位职责，坚持"安全第一、预防为主、综合治理"的方针，做好本职工作。

（3）运行前认真按要求履行检查任务，检查时做到严格、细致，认真填写检查记录。运行时随时观察设备工作状况，发现异常现象，及时记录上报。设备故障时快速上报，并及时广播，向车上的乘客做出解释，通告情况，安慰途中乘客。

（4）保持作业场所的清洁卫生，索道设备进行维护、保养、检修后要将杂物及易燃物品清除干净。

（5）积极参加各项安全生产与职业卫生知识教育、培训工作，加强安全生产与职业卫生意识，努力提高业务水平。

（6）正确使用并爱护安全与职业卫生防护用品，经常检查索道相关安全设施、安全防护装置，发现问题及时报告。

4. 售票员安全生产与职业卫生职责

（1）严格遵守国家有关安全生产的法律法规以及公司安全生产相关管理制度，做好公司日常售票相关安全工作。

（2）负责按规定领用票据，上缴票款，妥善保管好票、款以及相关统计资料，确保票、款安全。

（3）发现问题及时、如实上报。

（4）正确使用工作区域内的消防器材。

（5）增强安全意识，做到人走灯灭，关闭电源，做好防火、防盗、防破坏等安全工作。

（6）积极参加各项安全生产与职业卫生知识教育、培训工作，加强安全生产与职业卫生意识，努力提高业务水平。

（7）正确使用并爱护安全与职业卫生防护用品，发现问题及时报告。

5. 检票员安全生产与职业卫生职责

（1）严格遵守国家有关安全生产的法律法规以及公司安全生产相关管理制度，做好公司日常检票相关安全工作。

（2）发现可疑人员乘坐索道时要认真应对，及时报告，确保乘客及索道的生命财产安全。

（3）正确使用工作区域内的消防器材。

（4）应提前向乘客宣传各项安全事项及安全乘坐索道知识，确保乘客安全乘坐索道。

（5）在工作区域内做好清洁卫生和防滑工作。

（6）增强安全意识，做到人走灯灭，关闭电源，做好防火、防盗、防破坏等安全工作。

（7）积极参加各项安全生产与职业卫生知识教育、培训工作，加强安全生产与职业卫生意识，努力提高业务水平。

（8）正确使用并爱护安全与职业卫生防护用品，发现问题及时报告。

6. 站务员安全生产职责

（1）严格遵守国家有关安全生产的法律法规以及公司安全生产相关管理制度，做好安全服务工作，确保乘客安全。

（2）应向乘客宣传各项安全事项及安全乘坐索道知识，确保乘客安全乘坐索道。

（3）负责维持好站台秩序，引导乘客有序候车、乘车，主动帮助搀扶特殊乘客上下车，防止游客拥挤或进入危险区域。

（4）在工作区域内做好清洁卫生和防滑工作。

（5）发现可疑人员乘坐索道时要认真应对，及时报告，防止各种意外发生，确保乘客及索道的生命财产安全。

（6）积极参加各项安全生产与职业卫生知识教育、培训工作，加强安全生产与职业卫生意识，努力提高业务水平。

（7）正确使用并爱护安全与职业卫生防护用品，发现问题及时报告。

（8）加强防火、防盗、防破坏安全意识，严禁在站台、机房、及吊具内使用烟火、放置易燃易爆物品。

1.3.3 安全生产与职业卫生责任制管理制度

1. 目的

本制度确定了本公司适用于其生产活动和其他应遵守的安全责任和职业卫生责任要求，规定了安全生产与职业卫生责任制的制定、沟通、培训、评审修订与考核等方面，确保本公司各部门、各岗位在其各自职责范围内，对安全生产与职业卫生层层负责，确保安全生产与职业卫生目标的实现。

2. 范围

本程序适用于本公司安全生产与职业卫生责任制的制定、沟通、培训、评审修订与考核。

3. 职责

总经理负责组织制定、签发本单位各级责任制。副总经理负责对分管部门领导进行责任制的沟通与评估。

安全生产与职业卫生领导小组负责安全生产与职业卫生责任制的编制工作及安全生产与职业卫生责任制的考核工作。

各部门负责人负责本部门员工岗位责任制的编制、沟通与评估。

4. 要求

（1）安全生产与职业卫生责任制的制定。安全生产与职业卫生办公室负责制定安全生产与职业卫生责任制，并由专职安全与职业卫生管理员进行管理，所有岗位从业人员均需制定适用的安全生产与职业卫生责任制。

（2）安全生产与职业卫生责任制的沟通。安全生产与职业卫生管理办公室对安全生产与职业卫生责任制进行详细说明和交流，确保各岗位人员对本岗位的安全生产与职业卫生责任充分理解，特别是部门负责人和管理人员。

（3）培训。

①安全生产与职业卫生管理办公室负责对各部门负责人进行公司培训。

②各部门负责人应组织本部门员工的培训。

③每次培训应有记录。

（4）评审。

①安全生产与职业卫生领导小组由总经理担任组长，各部门负责人为成员。

②安全生产与职业卫生领导小组对已制定的安全生产与职业卫生责任制进行评审。

（5）修订。根据评审情况，安全生产与职业卫生领导小组对安全生产与职业卫生责任制是否符合法律法规的要求，是否具有可操作性进行修订，每年一次。

（6）考核。每年底安全生产与职业卫生领导小组对各部门负责人安全生产与职业卫生职责履行情况进行考核，各部门负责人对本部门员工安全生产与职业卫生职责的执行情况进行考核。

5. 相关记录

（1）《关于发布安全生产与职业卫生责任制的通知》。

（2）《安全生产与职业卫生责任制落实情况考核记录》。

（3）《培训记录》。

（4）《_____评审记录表》。

示例

××××××有限公司文件

××〔　　〕××号　　　　　　　　　　签发：

关于发布安全生产与职业卫生责任制的通知

各部门：

　　本年度安全生产与职业卫生责任制的评审和更新工作已经完成。本公司全体员工必须认真学习，并遵照执行。本日起执行更新后的安全生产与职业卫生责任制。

　　特此通知。

（签章）：　　　　　　　　　　　　　　　批准日期：××年××月××日

安全生产与职业卫生责任制落实情况考核记录

被考核部门及人员：_____　　　　考核部门及人员：_____

序号	考核内容	考核结果 （优、良、一般、不及格）
1	贯彻执行国家有关安全生产与职业卫生政策法规，加强对企业安全与职业卫生管理工作的调查研究，当好领导的助手和参谋	
2	负责制订各类安全生产与职业卫生管理制度、安全操作规程，并检查落实情况	
3	编制、审查安全技术措施计划，并检查执行情况。督促和检查新工人"三级"安全教育情况，工人生产工种调换时必须通知有关部门做好必要的安全技术教育。督促与检查个人防护用品的正确发放和合理使用	
4	定期或不定期进行安全工作检查，开展专业性、季节性与节假日的安全工作检查，对检查出的事故隐患督促及时整改。做好防尘、防毒、防暑、降温、防寒、保暖等工作。督促与检查危险物品的安全管理和使用。认真做好安全台账资料记录和归档	
5	负责事故的调查、分析、上报等工作，认真执行"四不放过"原则，会同有关部门对事故进行妥善处理	
6	编制本单位事故应急预案和组织演练，负责事故抢救工作	
7	组织员工安全生产培训和开展各类安全生产活动	
8	负责各类安全装置、防护器具和消防器材的管理	

注：1. 支撑文件：《安全生产与职业卫生责任制管理制度》。

　　2. 要求：针对____岗位的考核情况填写此表，每年12月安全生产领导组对各级人员安全责任制执行情况予以考核。

　　3. 保存期限：三年。

培 训 记 录

培训时间		培训地点		培训教师	
培训项目				培训方式	
参加培训人员范围（共　　人见签到表）					

（续）

培训内容：
培训效果评价及总结：
评价人：　　　　　　　　　　　　　　　　日期：　　年 月 日
下次改进措施：

记录人：　　　　　　　　　　　　　　　　日期：　　年 月 日

＿＿＿＿＿评审记录表

单位：　　　　　　　评审日期：　　　　　　　编号：

序号	检查评估文件	颁布日期	生效日期	适用性评估	符合情况

1.3.4 安全生产与职业卫生责任追究制度

1. 目的

为进一步促使各部门、各岗位认真履行安全生产与职业卫生职责，加强队伍建设，根据有关法规和规章制定本办法。

2. 范围

本公司各部门、各岗位员工因未履行或未完全履行各自的安全生产与职业卫生职责而导致发生生产、设备、交通、火灾、盗窃、伤亡、职业危害等安全与职业健康责任事故的，均应按本制度追究有关责任人的责任。

3. 职责

本制度归口为公司安全生产与职业卫生领导小组。

4. 要求

（1）责任划分。总经理是公司安全生产与职业卫生的第一责任人，分管副总经理对分管范围的工作负领导责任，各部门经理是本级安全生产与职业卫生的第一责任人，发生安全生产事故或职业危害事件的人员为直接责任人。

（2）责任追究。各部门、各岗位人员在其安全生产与职业卫生职责范围内，不履行或不正确履行自己应尽的职责，有以下行为，造成安全责任事故或职业危害事件的，由直接责任人承担直接损失的5%～100%的赔偿责任，负有管理责任的管理人员酌情给予直接损失的1%～10%的处罚：

①不执行有关规章制度、违规操作或自行其是的。

②不接受管理、监督，不听合理意见，强制违章作业的。

③对可能造成重大安全事故的险情和隐患，不采取措施或措施不力的。

④对安全生产与职业卫生工作马虎草率，麻痹大意的。

⑤对安全生产与职业卫生不检查、不督促、不指导、放任自流的。

⑥重点部位没有安全防范设施，安全防范措施不力的。

⑦酒后上岗、擅离岗位或工作漫不经心的。

⑧未按规定配备职业健康或安全防护用具的。

⑨发现岗位存在职业危害情况，不采取措施或措施不力的。

⑩违章指挥的或其他指挥不当的。

⑪对事故隐患不采取措施，致使发生重特大事故，造成人员伤亡和财产损失的，除追究经济责任以外，构成犯罪的，由司法机关依法追究相关责任人员的刑事责任。

5. 文件与记录

《安全生产与职业卫生处罚记录》。

示例

安全生产与职业卫生处罚记录

日期	受处罚人	处罚原因	处置意见	批准部门/人	备注

1.4 安全生产投入

1.4.1 安全生产费用提取、使用管理制度

1. 目的

为加强公司安全生产费用管理，保障安全生产费用切实落实，确保生产经营正常有序地开展。根据《中华人民共和国安全生产法》《客运索道企业安全生产标准化评定标准》等相关法律法规和标准，建立公司安全生产投入长效机制，特制定本制度。

2. 范围

本办法适用于公司的安全生产费用的提取和使用。

3. 职责

本制度归口为财务部负责落实，安全生产与职业卫生领导小组监督其规范使用。

4. 要求

（1）公司安全生产费用管理按照"公司提取、确保需要、规范使用"的原则进行。

（2）安全生产与职业卫生领导小组根据安全生产费用的规定使用范围、公司安全生产情况、各部门安全项目投资计划及年度安全生产费用提取预算额。

（3）年度安全生产费用投入计划报送公司负责人审批。

（4）公司财务部按照国家有关规定及公司计划提取安全生产资金，纳入年度财务预决算，实行专款专用。并建立健全安全生产费用台账。

（5）财务部建立"安全费用"科目，按时入账，并建立《安全生产费用使用台账》进行记录。

（6）安全生产费用的提取，按照本单位上年度实际营业收入为计提依据，采取超额实报方式，按照下表标准提取。

安全生产费用计提标准一览表

序号	全年实际营业收入	提取标准	备注
1	1000万元（含）以下		
2	1000万元至10000万元（含）部分		
3	10000万元至100000万元（含）部分		
4	100000万元以上部分		

（7）安全生产费用应按照以下规定范围使用：

①安全技术和劳动保护措施：安全标志、安全工器具、安全设备设施、安全防护装置、安全培训、职业病防护和劳动保护，以及重大安全生产课题研究和预防事故采取的安全技术措施工程建设等。

②事故预防措施：设备重大缺陷和隐患治理、针对事故教训采取的防范措施、落实技术标准及规范进行的设备和系统改造、提高设备安全稳定运行的技术改造等。

③应急管理：预案编制、应急物资、应急演练、应急救援等。

④其他：安全检测、安全评价、重大危险源监控整改、安全保卫、安全法律法规收集管理、安全生产标准化建设实施、安全检查、安全技术技能竞赛、安全文化建设与维护、客运索道安全生产责任险等。

（8）公司在本制度规定的使用范围内，应将安全生产费用优先用于满足安全生产监督管理部门对企业安全生产提出的整改措施或达到安全生产标准要求的所需支出。

（9）年度结余转下年度使用，当年计提安全费用不足的、超出部分按正常成本费用渠道列支。

（10）安全生产费用形成的资产，应当纳入相关资产进行管理。

（11）公司为职工提供的工伤保险、医疗保险所需费用，不在安全生产费用中列支。

5. 相关记录

（1）《安全生产费用投入登记台账》。

（2）《20××年度安全生产费用使用计划》。

示例

安全生产费用投入登记台账

序号	费用数量（元）	投入时间	费用用途	经办人	备注

编制： 　　　　　　　　　　　　　　审核：

注：1. 支撑文件：《安全生产费用提取、使用及管理制度》。

2. 要求：安全员根据安全生产费用的实际使用情况填写。

3. 保存期限三年。

20××年度安全生产费用使用计划

序号	项目	所需资金（万元）	使用部门	使用月份	备注
1	完善、改造和维护安全防护设备设施				
2	安全生产教育培训				
3	配备劳动防护用品				
4	安全评价、重大危险源监控、事故隐患评估和整改				
5	职业危害防治、检测、监测、健康检查				
6	设备设施安全性能检测检验				
7	应急救援器材、装备的配备及应急救援演练				
8	安全标志及标识				
9	其他与安全生产直接相关的物品或者活动				

编制：　　　　　　　　审核：　　　　　　　　批准：

注：1. 文件支撑：《安全生产费用提取、使用管理制度》。
2. 要求：填写年度各项目的安全生产费用使用计划。
3. 保存期限3年，财务部门留档。

1.4.2 保险管理制度

1. 目的

为规范公司保险管理，明确管理渠道，降低公司事故风险，特制订本制度。

2. 范围

本规定适用于公司保险管理。

3. 职责

本制度由办公室和财务部负责归口管理。

4. 要求

（1）财务部门负责缴纳和管理保险基金和工伤保险基金，帮助工伤职工办理工伤鉴定手续和工伤待遇，帮助工伤职工向保险公司获取工伤赔付待遇；同时办理由于事故造成的第三方责任向保险公司索取人身伤亡或财产损失赔付事宜。

（2）办公室是工伤职工医疗的归口管理部门，负责与有关医疗机构建立医疗合作，管理工伤医疗和职业康复。

（3）办公室是职工工伤事故管理的归口部门，负责职工工伤事故的认定。帮助工伤职工办理工伤认定事宜；协助劳动保障部门进行工伤认定的调查取证工作。协助保险公司进行事故调查。

（4）办公室负责职工工伤争议调解，并依法对工伤保险执行情况实施群众监督。负责做好因事故造成影响的第三方的安抚工作。

（5）财务部负责财务业务结算。

（6）按时足额缴纳保险基金。财务部必须确保资金按时支付。

（7）办公室负责接待受事故影响的第三方，并做好安抚工作。

（8）对医疗期满的工伤（或患职业病）职工，必须及时帮助办理上报伤残等级的鉴定工作。

（9）经相关部门鉴定为病残等级的，严格按照国家和地方有关规定帮助伤残职工办理相关待遇。

（10）事故后应及时到保险公司办理相关赔付事宜。

（11）相关记录永久保存。

5. 相关记录

《保险缴纳凭单》。

1.5 安全文化建设（客运索道安全文化建设基本要求）

企业应开展安全文化建设，确立本企业的安全生产和职业病危害防治理念及行为准则，并教育、引导全体从业人员贯彻执行。

企业开展安全文化建设活动应包括但不限于以下活动：安全生产月、安全生产知识竞赛、安全生产教育培训、安全文化演出、职工安全文化活动等。

各企业结合标准和规范要求建立相关制度或措施。

1.6 安全生产信息化建设（客运索道安全生产信息化建设基本要求）

企业应根据自身实际情况，利用信息化手段加强索道安全运营管理工作，建立监测监控系统、重大危险源监控、安全风险管控和隐患自查自报、应急管理、预测预警及职业病危害防治等信息系统的建设。

各企业结合标准和规范要求建立制度或措施。

2 制度化管理

2.1 法规标准识别（安全生产与职业卫生法律法规管理制度）

1. 目的

为了认识和了解与本公司生产与职业卫生活动有关的安全生产法律、法规、标准及其他要求，并将这些信息及时传达给从业人员和相关方，规范安全生产行为，特制定本制度。

2. 范围

适用于公司安全生产与职业卫生法律法规的识别、获取、评估和更新。

3. 职责

办公室负责归口管理。

4. 要求

（1）办公室对各类适用的安全生产与职业卫生法律法规、标准及其他要求进行识别和汇总，建立安全生产与职业卫生法律法规、标准及其他要求档案，报公司负责人批准后转发至相关部门。

（2）相关部门应对本部门获取和识别的标准妥善保管，及时对本部门从业人员进行宣传和培训，并传达给相关方。

（3）办公室每年组织一次安全生产与职业卫生法律、法规、标准及其他文件的符合性评估并及时更新，将过期或作废的法律、法规文件及时收回。

5. 获取渠道

（1）国家安全生产与职业卫生法律、法规、标准及其他要求，通过官方网站、行业报刊、数据库和中介服务机构、媒体及上级有关部门等渠道获取。

（2）地方性安全生产与职业卫生法规、标准及其他要求从各级安全生产监督行政管理部门获取。

6. 相关记录

（1）《法律法规及标准规范清单》。

（2）《文件发放记录》。

（3）《培训记录》。

示例

法律法规及标准规范清单

序号	文件名称	颁布日期	颁布单位	适用条款
1	《中华人民共和国特种设备安全法》			
2	《中华人民共和国安全生产法》			
3	《中华人民共和国旅游法》			
4	《中华人民共和国突发事件应对法》			
5	《中华人民共和国职业病防治法》			
6	《中华人民共和国消防法》			
7	《特种设备安全监察条例》			
8	《生产安全事故报告和调查处理条例》			
9	《用人单位劳动防护用品管理规范》			
10	《安全生产事故隐患排查治理暂行规定》			
11	《工作场所职业卫生监督管理规定》			
12	《用人单位职业健康监护监督管理办法》			
13	《生产安全事故预案管理办法》			
14	《特种设备现场安全监督检查规则》			
15	《客运索道安全监督管理规定》			
16	《特种设备作业人员监督管理办法》			
17	《特种设备作业人员考核规则》			
18	《客运索道安全管理人员和作业人员考核大纲》			
19	《客运索道监督检验及定期检验规则》			
20	《企业安全生产标准化基本规范》			
21	《客运索道安全服务质量》			
22	《客运架空索道安全规范》			
23	《客运地面缆车技术规范》			
24	《特种设备使用管理规则》			
25	《客运架空索道风险评价方法》			
26	《客运索道重大修理的技术要求》			

文 件 发 放 记 录

序号	文件名称	领取部门	领取人签字	领取时间

培 训 记 录

培训时间		培训地点		培训教师	
培训项目				培训方式	
参加培训人员范围（共　　人见签到表）					
培训内容：					
培训效果评价及总结：					
评价人：				日期：　　年　月　日	
下次改进措施：					

记录人：　　　　　　　　　　　　　　　日期：　　　　年　月　日

2.2 规章制度

2.2.1 安全管理制度管理办法

1. 目的

对本公司安全管理文件的起草、评估、修订、发布等相关程序的管理控制，保证文件的适用性、系统性、协调性、完整性和有效性。

2. 范围

本制度适用于对本公司安全生产管理制度、岗位安全技术规程的管理。

3. 职责

总经理负责本公司安全生产方针、安全生产目标和安全管理制度文件的批准和发布。

办公室负责组织编写安全管理制度文件，负责公司级文件的备案、登记、发放。

各相关部门负责组织本部门归口的安全生产管理制度、岗位安全操作规程的编写与审核。

4. 要求

（1）文件的制定。

①办公室结合本公司安全生产管理目标，组织制定公司的安全生产方针和安全生产目标及安全标准化文件，经公司总经理批准后发布、实施。

②各相关部门根据本部门职责，制定符合相关法律法规的安全生产管理制度，经部门负责人审核，公司总经理审批后发布、实施。

③各相关部门组织对本部门归口的各岗位进行危害分析，制定岗位安全操作规程，公司总经理审批后发布、实施。

（2）发放管理。

①办公室负责文件的发放管理。

②办公室按确定的发放范围进行发放，填写《安全生产管理制度发放记录》，领用人签字。

（3）文件审核。公司应每年组织相关人员对相关制度的适用性进行审核，并形成相应的记录。

（4）文件的修改与修订。

①安全生产管理制度与国家有关法律法规及相关规定相悖，或在运行管理过程中出现组织结构变动时，应及时修改或修订，需递交书面申请报告，经公司总经理批准后，由办公室对安全生产管理制度进行修改或修订。

②修改或修订后的文件由办公室发放至原部门单位或人员。

③办公室对修改或修订后的文件进行文件状态登记。

5. 相关记录

（1）《文件发放记录》。

(2)《评审记录表》。

(3)《文件会签、审核记录》。

示例

文 件 发 放 记 录

序号	文件名称	领取部门	领取人签字	领取时间

评 审 记 录 表

单位：　　　　　　　评审日期：　　　　　　　编号：

序号	检查评估文件	颁布日期	生效日期	适用性评估	符合情况

文件会签、审核记录

编制		会签		批准	
日期				生效日期	

文件修订审核					
版本	修订 次数 / 页次	变更内容	修订	审核	批准	日期

2.2.2 技术档案管理制度

1. 目的

为确保索道安全生产档案管理的完整性、合理性、科学性，出发发挥在设备、安全、技术管理中的作用，特制定本管理制度。

2. 范围

本制度适用于公司技术档案的管理。

3. 职责

设备部负责技术档案的收集、建档、归档、整理、借阅审批、保管等全面管理工作。

4. 要求

（1）技术档案资料是指在索道建设，安全运行，安全管理，设备的保养、检查、维护、维修过程中形成的具有保存价值的图纸、文字、图表、数据、音像等各种形式载体的文件资料。

（2）技术档案是索道设备、安全、技术管理的重要环节，是上级安全检查的重要依据，是索道安全运转的基础保证，必须严格管理，确保完整、准确、系统、规范、全面。

（3）技术档案管理分如下几类：

①安装技术资料。

②监督检验报告。

③使用登记表。
④更新、维修技术文件（存在时）。
⑤年度自行检验的记录。
⑥定期检验报告。
⑦应急救援演练记录。
⑧运行、维护保养、设备故障与事故处理记录。
⑨作业人员培训、考核和证书管理记录。
⑩安全记录。安全记录至少包括：巡线记录、不安全事件记录、安全活动记录、安全会议记录、日常检查记录、计量工具检测记录等。

（4）文件材料的内容文字工整、清晰、完整、有条理、归档文件分类清楚，组卷合理。

（5）建立专用的档案柜，做好档案的防火、防盗、防尘、防光、防鼠、防虫、防潮、防高温工作。

（6）技术档案未经分管领导批准，不得外借、外传。因工作需要需借阅技术资料的，须填写借阅单，由批准人签名后方可借阅。并应在规定的时间内送还。

（7）要定期进行技术档案的核查工作，确保完整。

（8）技术档案销毁报废必须严格控制，按国家相关规定执行。销毁前要登记造册，并报经分管领导审批后方可实施。

5. 相关记录

（1）《技术档案管理资料清单》。

（2）《档案管理资料调阅/复印登记表》。

示例

技术档案管理资料清单

单位：　　　　　　　　　　　　　　　　　　　　　部门：

编号	档案类型	文件名称、内容	存放位置	归档日期	备注

档案管理资料调阅/复印登记表

档案名称					
审批			调阅人		备注
档案号及件数	号码	共件	归还卷宗日期	年　月　日	
	件数			经手人签章	

申请人：　　　　　　制表日期：　　　　　　　年　　月　　日

2.2.3 日常安全检查制度

1. 目的

为了做好公司安全生产管理工作，加强对日常安全工作的监督检查，特制定本制度。

2. 范围

适用于公司安全工作的日常检查与监督管理。

3. 职责

安全生产领导小组负责对公司内各项安全运营检查工作的组织实施；各部门负责对本部门安全运营检查工作的组织落实。

4. 要求

（1）定期组织全面检查：公司每月组织一次全面性安全运营大检查，检查内容：安全组织管理机构、业务内容、安全设施、工作环境、防护用品、爆炸危险品管理、火灾预防、安全教育、安全技术操作规程执行情况、食品卫生、文明用语、公共卫生、各项登记、记录等。

（2）部门经常性检查：部门要进行经常性安全检查。每月至少组织一次对工作环境的安全情况、所使用的操作设备、设施、工具和安全装置、周围的安全设施等进行仔细检查。发现问题，立即组织处理，并及时上报主管部门。

（3）专职安全员监督检查：专职安全员要进行经常性安全检查，对查出的重大安全隐患和问题要立即通知有关部门采取措施，同时汇报主管领导，并下达"安全检查通知书"限期解决。

（4）季节性安全检查：对防雨、防雷电、防中暑、防冻、防滑等工作要分季节进行检查，及时采取相应防护措施。

（5）节假日安全检查：节假日之间，要进行一次安全大检查，并安排兼职安全员值班进行检查，搞好安全保卫工作。

5. 文件与记录

《日常安全检查表》。

示例

日常安全检查记录

检查日期：_____

参与检查人员				
检查内容和方式、记录				
序号	检查内容	存在问题	整改情况	验证情况

2.3 操作规程（设备检修操作规程与各岗位服务规范）

2.3.1 设备检维修操作规程

1. 索道维修保养吊装安全操作规程

（1）吊装工作要由具有实践经验、掌握相关知识和安全操作方法、能熟练使用吊装工具的作业人员，在专人统一指挥下进行。

（2）吊装现场要由足够的照明和吊运通道。起吊机具严禁超负荷使用，严禁使用有缺陷和安全装置失灵的机具。

（3）在进行吊装工作前，必须检查周围环境、吊梁、绳套、滑轮、千斤顶等吊装设施和用具，应符合安全要求。

（4）正式起吊前应将吊绳逐渐张紧，使物体微离地面，必须进行试吊，检查物体平衡，捆绑应无松动。吊运工具应无异响。被吊物上严禁站人，严禁用人体重量来平衡吊运的重物。进行起吊作业时不能站在重物的下面，只能在重物侧面作业。

（5）吊装用钢丝绳缠绕和放绳方法要正确，避免打结、散花。根据用途正确选择钢丝绳的安全系数。

（6）吊钩表面不应有裂纹、接缝、刻痕、剥裂等现象，不要使用铸造吊钩。挂钩方式要正确，防止吊钩脱钩。

（7）焊接链条不准用于有振动、冲击的工作，链条只宜垂直起吊，不宜双链夹角起吊重物。

（8）使用手提葫芦起吊重物时，首先应检查悬梁（架）的强度和稳定性，利用三角架起吊重物时，需由专人绑腿和看腿，拉手链时应双手均匀用力，不得过猛和过快；起吊重物需悬空停留时，要将手链拴在大链上。

（9）在线路支架上使用手提葫芦作业时，要使大链尽量保持垂直，起吊受力面尽量大，防止钢丝绳损坏；两点起吊时受力要均匀，保持受力均衡。

（10）使用千斤顶时，应将底座垫平或找正，底座及顶部必须用木板或枕木垫好，在重物下随起随垫。重物升起高度不准超过千斤顶的额定高度，无高度标准的千斤顶，螺杆或活塞的伸出长度不得超过全长的2/3（401轮吊装用千斤顶的最大行程为可以看到2个4mm的检查孔）。同时使用两台及以上千斤顶吊装同一重物时，必须使负荷均衡，保持同起同落。

（11）在线路支架使用千斤顶起吊钢丝绳时，应防止钢丝绳滚向一侧，并应保持钢丝绳与千斤顶在一条直线上。千斤顶螺杆在两端伸出的长度应一致，起吊高度至能拆卸轮子即可，并应在最短的时间内完成，防止千斤顶因受力时间长而使安全性能降低。

（12）使用吊装绞磨和卷扬机吊装时，应将其安设在平整的地方，固定要坚实牢靠。绞磨应装有防磨芯窜动销和棘轮停止器，防止绞磨推杆反转伤人。必须经常检查卷扬机的刹车装置、电气开关线路和接地情况。运转时应动作平稳，严禁猛拉猛拽或突然启动。

（13）钢丝绳换绳、编结和驱动轮、迂回轮轴承更换等大型检修项目的吊装作业时，应在统一指挥下严格按照预定的施工方案进行。

2. 高低压电源停送操作规程

（1）在电气线路、电气设备未经验明确实无电前，一律视为有电，在未做好安全措施前，不准用手触摸带电体。

（2）操作高压电气设备时，必须戴合格的绝缘手套，并穿电工绝缘靴或站在绝缘台上，由一人操作，一人监护，并必须按下列规程进行停送电操作。

①停电拉闸操作必须按照"断开变压器高压负荷开关柜（按红色按钮，断开负荷开关），顺时针旋转操作手柄闭合接地开关，并查看确认在接地状态"的顺序进行。

②送电合闸操作必须按照逆时针旋转手柄断开高压负荷开关柜接地开关，并查看状态指示，确认在接地断开状态。然后，顺时针旋转操作手柄使送电开关蓄能，然后按绿色"on"按钮的顺序进行。

（3）在停电后的开关上挂上"停电作业，禁止合闸"的停电警示牌。

（4）低压停送电时，严禁使用单、双投刀开关带负荷操作，停电时应先停空气开关，再拉开刀开关；送电时应先合上刀开关，再将空气开关合上。

3. 供用电系统维护安全操作规程

（1）操作维护人员必须经过专业培训并取得资格证书方可上岗。

（2）各种电气安供用电系统维护安全操作规程全保护装置应按规定定期维修保养、试验和整定。

（3）对所维修的电气设备应按规定进行巡检，并注意各部位温度和有无异响、异味和异常震动。

（4）注意各种仪表（如电压表、电流表、功率表、电度表等）应指示准确，发现问题及时处理。

（5）定时检查变压器声音和温度，变压器温度不得超过规定值。

（6）供电系统发生故障后，必须查明原因，找出故障点，排除故障后方可送电，禁止强行送电或用强送电的方法查找故障。

（7）检修或移动电气设备时，必须切断电源，并用相同电压等级的验电器检验。

（8）线路检修时，断开该线路上一级控制开关，用相同电压等级的验电器检验，确认该线路与电源完全脱离后，在断开控制开关上悬挂警示牌，方可进行检修工作。

（9）按时对所规定的日、半月、月、季、半年、年检内容进行检查维护，不得漏检，漏项，严禁虚报、瞒报。做好供电设施的维护、保养、保持变配电房的清洁卫生，做好运行纪录。

（10）作好防火、防盗工作；配电室严禁非工作人员入内；做到文明生产，安全供电。

4. 高处作业安全操作规程

（1）禁止患有高血压、心脏病、贫血病、深度近视、癫痫及其他不适合从事高处作业的人员参加高处作业。

（2）严禁酒后高处作业。高处作业时严禁打闹说笑，必须服从地面指挥人员指挥。

（3）高处作业严禁穿拖鞋、硬底鞋和塑料胶鞋，所有工作人员必须穿软底工作鞋。

（4）在登高作业前，要先查看梯子、工作平台防护栏杆是否牢固可靠，平台表面是否容易滑倒，要面向不易失足踏空坠落位置进行操作。架设人字梯应系好联结绳，平滑地面应采取防滑措施。

（5）支架上高处作业人员必须戴安全帽和系安全带，安全带扣锁在牢固无尖锐棱角、无毛刺构件的位置上，做到高挂低用，不能低挂高用。架底工作人员应戴安全帽。

（6）高处作业时禁止上下交叉作业。若必须上下交叉作业，应制定相应的安全防护措施并安排专人监护后方可作业。

（7）高处作业使用的工具应放在工具箱或工具袋内，常用的工具应系在身上。作业时所需材料或工具必须使用牢固结实的绳索传递，禁止用手来回抛掷。高处作业结束后，所用的工具应清点并全部收回。

（8）恶劣天气时禁止登架作业。作业中遇有雷电或远方雷鸣时应立即停止工作，撤离支架。

（9）索道运行中，严禁从支架上扒乘吊椅、吊篮、吊厢，或从运载工具爬到支架上，不允许一人单独在支架上或在运载工具上工作而无他人监护。

5. 电焊安全操作规程

（1）操作人员在开始工作前应首先检查个人防护装置，不允许未采取防护措施进行工作。

（2）施焊场地周围应清除易燃、易爆物品，或进行覆盖隔离。必须在易燃、易爆气体或液体扩散区施焊时，应经有关部门检试许可后，方可施焊。隔离屏不小于 2 m，且与地面应有 50~100 mm 间隙。

（3）焊机外壳必须接地良好，要设单独开关，并应有漏电保护装置，拉合时戴手套侧向操作。

（4）焊钳和把线必须绝缘良好，连接牢固。接地线禁止与钢丝绳接触，更不得用钢丝绳或机电设备代替零线。所有地线接头，必须连接牢固。不许手持把线爬梯登高。

（5）更换场地移动把线时，应切断电源。雷雨时应停止露天焊接作业。

（6）严禁在带压力的容器或管道上施焊，焊接带电的设备必须先切断电源。

（7）焊接储存过易燃、易爆物的容器或管道，必须清除干净，打开所有孔口。在密闭容器内施焊时，容器必须可靠接地，通风良好，并有人监护，严禁用向容器内输入氧气的方法工作。

（8）多台电焊机在一起集中施焊时，焊接平台和焊机必须接地，并有隔光板。

（9）清除焊渣及采用电弧气刨清根时，应戴防护眼镜或面罩，防止铁渣飞溅伤人。

（10）工作完毕切断电源，经检查无异常后方可离开。

6. 气焊安全操作规程

（1）操作人员在开始工作前应首先检查个人防护装置，不允许未采取防护措施进行工作。

（2）施焊场地周围应清除易燃、易爆物品，或进行覆盖隔离。必须在易燃易爆或液体扩散区施焊时，应经有关部门检试许可方可进行。

（3）乙炔瓶不得与氧气瓶放在一起。距易燃易爆物品和明火距离不得小于 10 m。检查是否漏气应用肥皂水或发泡剂，严禁用明火。

（4）气瓶、氧气表及气焊工具上，严禁沾染油脂，氧气瓶应有防震圈，旋好安全帽，避免碰撞和剧烈振动，防爆筒冻结时不得用明火烤，应用热水加热。氧气瓶离焊接地点不得小于 5 m 的距离，且需垂直、牢固。

（5）作业前检查焊（割）枪的胶管是否漏气，检查焊、割矩射、吸能力，防止因融化金属飞溅物或其他杂物堵塞喷嘴而导致回火。

（6）安装氧气表或开气门时人应站侧面，开关应缓慢进行，逐步调整需要的压力。

（7）点火时枪口不准对人，正在燃烧的枪不得放在工件或地面上，带有氧气、乙炔时不准放在金属容器内，以免气体溢出，发生燃烧事故。

（8）不得手持连接胶管的枪登高爬梯。严禁在带压容器或管道上焊割，带电设备应断电。焊割储存过易燃、易爆物质的容器时，要认真清洗后方可进行，并打开所有孔口。

（9）工作完毕，应关好氧气瓶和乙炔瓶气阀，检查现场，确认无着火危险后方可离开。

7. 台钻手电钻安全操作规程

（1）台钻安全操作规程：

①操作人员在开始工作前应首先检查个人防护装置，不允许未采取防护措施进行工作。

②不准戴手套操作，严禁用手清除铁屑，头部不可离钻床太近，工作时必须戴帽子。

③台钻空运转 2～3 min，经确认无异常后方可开始工作。

④钻孔前要先定紧钻台，摇臂钻还应定紧摇臂。

⑤凡需定紧后才能保证工件的加工质量和安全操作的，一定要将工件固定，并尽可能将工件固定于工作台的中心部位。

⑥在开始钻孔和工件快要钻通时，用力要均匀，切不可用力过猛。

⑦装卸转头，必须用专用工具，不得乱敲乱打。加工中发生钻头卡死或工件转动应立即停止断电后处理。

（2）手电钻的安全操作规程：

①使用前应首先检查有无漏电保护装置。

②电钻的电源线不得破皮漏电，并应戴绝缘手套操作。

③操作时不准用身体直接压在上面。

④操作时应先启动，后接触工件。钻薄工件要垫平垫实。钻斜孔要防止滑钻。

⑤不允许将软线挂在钉子、螺栓或锋利的棱边上，也不允许放置在油、热的表面和化学品上。

⑥装卸转头，必须用专用工具，不得乱敲乱打。加工中发生钻头卡死或工件转动应立即停止操作。

8. 砂轮机安全操作规程

（1）使用前，要认真检查砂轮表面有无裂纹或破损。

（2）夹持砂轮的法兰盘直径不得小于砂轮直径的 1/3。砂轮安装间隙及砂轮与法兰的夹紧力应符合规定。有平衡块的法兰盘应在装好砂轮后进行平衡，合格后方可使用。

（3）操作人员在开始工作前应首先检查个人防护装置，不允许未采取防护措施进行工作。

（4）砂轮机应有漏电保护装置，不允许加装倒顺开关。

（5）使用前，要认真检查砂轮表面有无裂纹或破损，并先进行空运转，确认无异常后方可使用。

（6）夹持砂轮的法兰盘直径不得小于砂轮直径的 1/3。砂轮安装间隙及砂轮与法兰的夹紧力应符合规定。有平衡块的法兰盘应在装好砂轮后进行平衡，合格后方可使用。

（7）砂轮要有防护罩，并有足够强度，以挡住砂轮的碎片飞出。旋转方向禁止对准通道。

（8）砂轮轴上紧固螺钉的旋向应与主轴旋向相反，以保持紧固，并遵循"先启动，后接触工件"的原则。

（9）砂轮应保持干燥，防止因受潮而强度降低。

（10）使用砂轮机时，人员应站在砂轮机的侧面，不得用力过猛，不得用棉纱垫手工作。

（11）不准在砂轮上磨铜、铅、铝等软质材料，砂轮机周围不应有易燃易爆物品。

9. 带电作业操作规程

（1）低压带电作业必须两人进行，一人操作，一人监护。

（2）所有工具必须具有绝缘手柄或外套，监护人员必须再次检查绝缘无疑。

（3）作业人员和监护人员都必须穿绝缘鞋。

（4）带电工作时要扎好袖口，严禁手或身体直接接触带电体，使用安全绝缘工具进行工作。

（5）不允许身体同时接触两相或火线与地。相与相，火线与零线和地线之间采取绝缘隔离措施。

（6）站在地面的工作人员不得与带电作业人员直接传送物件。

（7）登高作业时，要使用具有绝缘功能的梯子。

（8）拆除不用的电气设备，应彻底拆除。严禁遗留带电线头，必须从开关源头解除电源。

（9）严禁在下列条件下进行带电作业：

①阴雨天气。

②易燃、易爆和潮湿场所。

③有接地故障的电气设备。

2.3.2　各岗位操作规程和服务规范

1. 控制室人员安全操作规程

（1）控制室人员必须经过培训、考试合格，取得特种设备操作证后方准上岗操作。

（2）控制室人员应熟悉索道设备一般构造、工作原理、技术特征、动作原理、各部性能、供电系统和控制回路，熟练掌握电气原理图，并熟练掌握紧急驱动等特殊情况下的操作程序。

（3）必须严格执行交接班制度和岗位责任制，并遵守设备操作维护手册中的有关规定进行操作。

（4）上班前、工作中不准喝酒，坚守控制室工作岗位，不空岗，不脱岗，精神集中，不做与工作无关事情。

（5）非工作人员未经允许禁止进入控制室，禁止在控制室内吸烟、就餐、烧水等。

（6）控制室人员要在机电维护人员对机械设备状态检查以及停送电人员送电完毕确认正常无误后，合上控制电源开关，观察仪表指示是否正常。

（7）确认各旋钮、开关、按钮是否在正确位置，并检查各种保护装置信号显示是否正常。

（8）检查两站无线通讯、有线通讯、广播设备保证"三通"，确认两站机械、电气维修人员按各自日检表项目检查正常、填写完毕后，方可准备开车。

（9）索道控制室值班人员在得到站长或值班站长批准许可后，方能进行开车操作，绝不允许未进行或未完成正常日检项目而擅自开车，绝不允许上下站无工作人员时开车。不允许在安全开关不工作或被短接之后运送乘客。

（10）开车前30 s，必须先拉警铃，以便使工作人员各就各位。索道必须在正式运营前低速进行线路巡检，特别是上一次关机前后遇到过大风、冰雪、雷雨等恶劣天气时，必须进行全线检查，确认正常无误后才能开车运营。

（11）操作过程中，索道控制室值班人员要集中精力，认真负责，掌握运行规律，随时与维护和站台人员保持联系，发现危及运行安全的隐患，应做出正确判断，采取果断措施，避免事故的发生甚至扩大。

（12）索道控制室值班人员应熟悉各种信号，操作时必须严格按信号执行，不得无信号动车，当所收信号不清或有疑问时，应立即用电话联系，重发信号，再进行操作，因设备保护装置动作造成设备自动停车时，应先查清停车原因，并确认不会影响运行安全的情况下方可重新开车，同时作好记录并逐级汇报。

（13）密切关注天气变化，遇雷雨和大风天气时应及时向值班站长汇报，并按其指令执行。

（14）上下站及线路上有人作业时，必须保持各处通讯联络畅通，未得到线路各处施工负责人的共同许可回复，严禁开车。

（15）索道控制室值班人员要严格区分正常停车、工作停车，特别是紧急停车的原则，非紧急情况运行中不得使用紧急停车，遇有下列情况时使用工作停车：

①电流过大，加速太慢，启动困难。

②运转部位发出异响。

③出现情况不明的意外信号。

④出现其他必须停车的不正常现象。

（16）运行中出现下列情况，索道控制室值班人员或工作人员可使用紧急停车：

①发现运行事故迹象，将危及人员、设备安全时。

②已发现事故预兆，继续运转事故有扩大的可能时。

③操作人员在操作中发现异常，认为有必要紧急停车时。

（17）在下列条件下应及时采取措施，将线路上的乘客运送完毕后停止运营：

①电网突然停电造成停车或影响主驱动系统故障，短时无法排除，在报告值班站长批准后，迅速启动紧急驱动预案，启动备用机将乘客送回站内。备用机的启动仅限于应急性运行。

②运行中如有电闪雷鸣天气时应拔掉两站控制柜显示屏插头、电源开关，拉回乘客并停车。停运后断开上、下站的通讯电缆，挂好接地棒，认真做好避雷防护措施。

③如遇突起大风，设备应立即停车，在风平静后再恢复运行。在劲风或车厢强烈摇摆时，设备应以低速（蠕动）运行把车厢从线路上收回，然后停车。

④在抱索力检测装置动作后，先把该车厢退回到乘车区，请乘客下车，然后，在没有乘客的情况下使该车厢再次通过发车区。如果在发车区抱索力检测装置再一次发出信号，

应将该车厢从线路上退下。

（18）在上述设备出现故障停车、线路支架设备检修需停车、特殊情况停车以及收车时的临时停车时，索道控制室值班人员应与相关人员准确通报上、下站乘人车厢的车号，并作好 CIS 车厢到站提示标定，并立即开启车厢广播系统，按实际索道停车情况告知线路乘客。做好对索道乘客的安全运营广播宣传工作，严禁将乘客遗忘滞留在线路上。

（19）在设备检修及故障处理完后，索道控制室值班人员会同检修人员认真做好检查验收、索道试运转工作，发现问题应及时处理，同时做好设备检修、故障处理记录。

（20）搞好控制室及机房内外环境卫生，并将工具、备品排列整齐和清点。

（21）认真填写好本班次工作记录，同时做好交接工作。

2. 电气维修人员安全操作规程

（1）电气维修人员必须经过专业培训并取得资格证书方可上岗，否则不得独立从事电气维修工作。

（2）电气维修人员必须熟练掌握所维修设备的结构、性能、技术特征、工作原理和电气系统原理图及安全保护装置的作用，具有熟练的维修保养、故障处理等工作技能和基础理论知识。

（3）电气维修人员必须熟练掌握有关电气作业技术，掌握触电急救的方法，并具有电气防、灭火知识及技能，并遵守设备维修手册中的有关操作规定。

（4）电气维修人员应严格执行岗位责任制和交接班制度以及安全管理的有关规定。上班前、工作中不准喝酒，在设备维修作业中精神集中。

（5）作业前对所用工具、材料、配件、仪表、安全防护用品、对讲通讯工具准备、配带齐全，认真检查、调试，确保准确、安全、可靠。

（6）熟悉理解所进行设备检修计划的内容、检修工艺及设备操作维护手册中的规定和各项安全技术措施。

（7）无论高压、低压供电系统，需停电作业时，作业前必须挂"停电作业"牌，并进行验电、放电、接临时地线等安全措施。

（8）在进行高压维修作业时，防止误入带电间隔，应装设栅栏或悬挂警示牌。

（9）在电气线路、电气设备未经验明确实无电前，一律视为有电，在未采取安全措施前，不准用手触摸带电体。

（10）操作高压电气设备时，必须戴合格的绝缘手套，穿电工绝缘靴或站在绝缘台上，由一人操作，一人监护，停送电顺序必须按操作规程执行。

（11）按时对所规定的日、半月、月、季、半年、年度检修内容进行维护、检修，不得漏检、漏项，严禁虚报、瞒报。

（12）对所维修的电气设备应按规定进行巡回检查，并注意各部位温度和有无异响、异味和异常震动。

（13）检查各种仪表（如电压表、电流表、功率表、电度表等）应指示准确，根据线路负荷变化情况及时投切滤波柜组数，确保功率因数适当。

（14）供电系统发生故障后，必须查明原因，找出故障点，排除故障后方可送电，禁止强行送电或用强送电的方法查找故障。

（15）检查电动机的运行情况，注意轴承温度、线圈温度，有无异响、异味等。

（16）对索道的检测、保护装置及各项机电闭锁功能应定期检查试验，并保证动作灵敏可靠，严禁甩掉保护装置运行。

（17）严禁使蓄电池过充或过放，检修蓄电池时，要防止电气短路，严禁电气明火。

（18）在控制回路中工作时，要防止接地、短路，以防保护装置误动作。

（19）电气设备检修中，不得任意改变原有端子序号、接线方式。不得甩掉原有的保护装置，整定值不得任意调整。

（20）各种安全保护装置、检测仪表和警戒标志，未经分管领导及有关部门批准，不准随意拆除和改动。

（21）在对设备进行革新、改造时，应出具可行性方案论证，制定相应的安全措施，提请中心领导批准后进行。

（22）经检修负责人及操作监护人员确认无误后，方可按操作顺序进行送电，严禁约定时间送电。

（23）对检修后的电气设备、机械保护进行测试和联合试验，确保整个系统保护灵敏可靠。

（24）高空作业必须遵守有关高空作业的相关规定。

（25）设备检修后在送电前要清点人员、工具、测试仪器、仪表和更换的材料配件等是否齐全，并对检修作业场所进行清理，搞好设备和场所的环境卫生。

（26）检修后的设备状况，严格执行签字制度，检修人对所检修项目签字、检修负责人验收签字后方可移交、正常使用。

（27）认真填写好本班次的各项运行数据、检修内容、处理结果以及遗留问题的资料，整理归档或输入设备微机管理平台，同时作好工作记录和交接工作。

3. 机械维修安全操作规程

（1）机械维修人员必须经过专业培训并取得资格证书方可上岗，否则不得独立从事机械维修工作。

（2）机械维修人员必须熟练掌握所维修设备的结构、性能、技术特征、工作原理，具有熟练的维修保养、故障处理等工作技能和基础理论知识。

（3）检修质量应符合有关设备检修质量标准的有关规定，并接受有关检查人或检查组的验收。

（4）维修人员应严格执行岗位责任制和交接班制度以及安全管理的有关规定。上班前、工作中不准喝酒，维修人员在设备维修作业中，保持精力充沛。

（5）作业前对所用工具、材料、配件、仪表、安全防护用品、对讲通讯工具准备、配带齐全，认真检查、调试，确保准确、安全、可靠。

（6）熟悉理解所进行设备检修计划的内容、检修工艺及设备操作维护手册中的规定和各项安全技术措施。

（7）禁止工作人员在设备正常运转中调整制动闸、用手直接触摸转动或运动部件，拆卸零部件，不得将手或脚放在转动或运动部位。

（8）作业前要对作业场所的施工安全环境条件进行认真的检查，以确保作业人员和设备的安全。

（9）按时对所规定的日、半月、月、季、半年、年度检修内容进行维护检修，不得漏检，漏项，严禁虚报、瞒报。

（10）拆下的机件要放在安全的位置，不得有碍作业和通行，物件放置要稳妥。

（11）拆卸较大的零部件时，必须采取可靠的防止下落或下滑的措施，拆卸有弹性、偏重或易滚动、储能的机件时，必须遵守安全防护措施。

（12）拆卸设备时，特别是关键要害部件，必须严格遵守拆检的顺序和标准，对有相对固定位置或对号入座的零部件，拆卸时应做好标记，安装时保证安装精度。

（13）拆卸机件时，不准用铸铁、铸铜等脆性材料或比机件硬度大的材料做锤击或顶压垫。

（14）在装配滚动轴承时，若无条件进行轴承预热处理，应用软金属衬垫进行锤击或顶压装配。

（15）严禁擅自拆卸成套设备的零部件装配其他机械。

（16）在检修时需打开机盖、箱盖和换油时，必须遮盖好，以防杂物、淋水等。

（17）在对设备进行换油或加油时，油脂的品牌、用途和质量应符合规定，并做好有关数据的记录。

（18）各种安全保护装置、检测仪表和警戒标志，未经分管领导及有关部门批准，不准随意拆除和改动。

（19）在对设备进行革新、改造时，应出具可行性方案论证，制定相应的安全措施，提请中心领导批准后进行。

（20）高空作业必须遵守有关高空作业的相关规定。

（21）吊装作业，以及使用砂轮机、台钻等进行作业时，应遵守各自相关规定。

（22）检修后应将工具、材料、换下的零部件进行清点，不得将工具、材料等物品遗留在机腔内、支架上，在试运转前应由专人复查一次。

（23）检修中被拆除或甩掉的安全保护装置或打到停止位置的开关，应指定专人进行恢复，并确保动作可靠。

（24）试运转前必须清除设备上的浮动物件，检修清洗零部件的废液，应倒入指定的容器中，严禁随便乱倒。烧焊后的余火必须彻底熄灭，以防发生火灾，并对检修场所进行清扫清除，搞好设备和场所的环境卫生。

（25）设备检修完成后的试运转工作，应由施工负责人统一指挥，由控制室人员操作，在主要部件旁由专人监视，发现问题及时处理。

（26）检修后的设备状况，要由检修负责人向操作人员交代清楚，由检修、管理、使用三方共同检查验收后方可移交、正常使用。

（27）认真填写好本班次的各项运行数据、检修内容、处理结果以及遗留问题的资料整理归档或输入设备微机管理平台，同时做好工作记录和交接工作。

4. 办公室工作人员服务程序与规范

（1）服务程序：

①每天提前半小时到岗，整理办公室及所辖环境卫生，做好各项班前准备工作，按时参加早点名。

②认真接听上级领导电话，做好记录。根据电话内容及时向管理站领导汇报或通知有关当事人。

③耐心接听乘客咨询电话，认真回答有关问题。

④做好文件、报刊的收发、登记和印章管理工作。

⑤负责起草有关文件、领导讲话稿、汇报材料，编辑有关简报。

⑥做好公务接洽、接待工作，处理来信、来访。

⑦做好管理站会议的会务工作。

⑧做好各项突发性、临时性及领导临时交办的工作。

⑨协助领导搞好调查研究工作。

⑩做好接待任务记录工作，及时向领导汇报，通知各科室，按要求做好准备。

⑪做好后勤服务工作，包括职工食堂、环境卫生、物资采购、保管和供应等工作。

⑫做好每日、每月的运营收入统计工作，及时汇报。

⑬交班前半小时做好管理站人员的出勤考核及点名前的准备工作。

（2）服务行为规范：

①语言亲切，态度和蔼，文明礼貌。

②精神饱满，周到热情，不卑不亢。

③举止大方，仪态端庄，注意小节。

④使用文明服务规范用语。

5. 售票员服务程序与规范

（1）服务程序：

①营业前工作：

（a）班组会议，仪表仪容查检。

（b）检查票房及周围卫生并及时清理。

（c）准备零钱，票子盖章。

②营业中工作：

（a）主动招呼，笑脸相迎。

（b）耐心接受顾客询问，仔细聆听，详细介绍，并说明双程票、单程票的区别。

（c）收款，判明真伪，唱收。

（d）出票，找零，唱付。

(e) 遇临时离开，摆放提示牌，返回后主动向游客解释招呼。

(f) 遇各种原因索道停运，摆放提示牌。

(g) 出现票源不足的情况，应立即通知票务管理人员，及时领用票证。

(h) 停运前 45 min，停止出售双程票。

③交接班：

(a) 交代需移交的工作。

(b) 接班人员签字，交班人员签字。

④营业后工作：

(a) 做好当日营业报表，清点票证和票款。

(b) 及时上缴票款，预测次日客流量，及时领用票证兑换零钱，妥善保管票、款。

(c) 清扫票房室内外包干区卫生。

(2) 服务行为规范：

①熟练掌握业务，做到票款相符，唱收唱付，声音清晰。

②按规定着装，佩戴服务标志，按时参加早点名，不迟到、早退。

③热情待客，态度和蔼，精力集中。

④工作时应坐姿端正，不跷二郎腿，不做与工作无关的其他事情。

⑤注意形象，有问必答，不与乘客发生争吵，热情帮助乘客排忧解难。

⑥使用文明服务规范用语。

6. 检票员服务程序与规范

(1) 服务程序：

①营业前工作：

(a) 班组会议，仪表仪容查检。

(b) 检查站房、通道、护栏、车厢等卫生并及时清理。

②营业中工作：

(a) 主动招呼，笑脸相迎，站立服务。

(b) 仔细检查票证、各类乘车证件和导游证，如发现异常，及时向值班人员报告。

(c) 正确区分票种，做到一人一票，检票入站。

(d) 婉转劝说无票人员或票、人不符的乘客按规定补办手续。

(e) 耐心接受顾客询问，仔细聆听，详细介绍，维持好站口通道秩序。

(f) 主动告知乘客双程票保管好，以备返回时检验。

(g) 在收车前 1 h 内，遇持双程票的乘客，主动告之停运时间。

(h) 需短时间离开，征求组长同意，并安排好顶岗人员方可离开。

(i) 注意检票通道和站房内卫生状况，随时清洁。

(j) 停运前 45 min 开始清洁站房卫生。

③交接班：

(a) 交代需移交的工作。

（b）接班人员签字，交班人员签字。

④营业后工作：收车时清洁车厢卫生。

（2）服务行为规范：

①按规定着装，佩戴服务标志，按时参加早点名。

②使用文明规范用语，态度和蔼，耐心解答乘客提出的问题。

③检票时实行站立服务，微笑服务。乘客递交索道票时应点头致意，检完票说："请进站"，示意乘客进站。

④站立位置一般在检票机前方外侧。

⑤遇有乘客拥挤时，要耐心组织检票进站，严禁推搡、训斥乘客。

⑥扶老携幼，拾金不昧，热情帮助乘客排忧解难。

7. 站台服务员服务程序与规范

（1）服务程序：

①营运前工作：

（a）佩带工作服务证。

（b）检查站房卫生并及时清理。

（c）调整当日车厢数，做好索道发车工作。

②营运时工作：

（a）维持入站顾客秩序，指引顾客在指定地点上下车。

（b）向顾客说明车厢载客规定、坐车安全事项。及时友善地阻止乘客硬性推拉门现象，避免乘客被车门夹住。

（c）注意对乘客上、下车时的保护，对老、幼、行动不便的乘客主动上前搀扶。

（d）根据客流情况，及时向值班人员汇报并建议调整车速。

（e）在客流高峰时，做好乘客的劝说工作，提高车厢利用率，以便完成运输任务。

（f）随时观察车厢运行状况和清理车厢卫生，发现乘客遗留物品及时归还或上交。

③营运后工作：

（a）注意站房设备情况并作好沟通。

（b）搞好站房及周围的环境卫生。

（2）服务行为规范：

①在上车区、下车区位置站立服务。

②用标准动作组织引导乘客上下车、进出站，站立姿势要正确，头要正，收腹挺胸，两脚并拢。

③使用正确的服务姿势和手势，不得用手指、头部或物品指向乘客。

④工作中微笑服务，使用文明规范用语。

⑤扶老携幼，拾金不昧，热情帮助乘客排忧解难，灵活处理各种复杂情况。

8. 保安员服务程序与规范

（1）服务程序：

①按规定接班、值班，坚守岗位。运营前 10 min 到岗，与夜间值班人员共同维护好售票处秩序。

②疏通乘客候车通道，引导乘客按顺序排队乘车。

③按规定对车辆进行控制，保证车辆有序停放，进出畅通。

④协助公安部门做好接待任务的安全保卫和车辆控制工作。

⑤加强巡视、检查，做好特殊情况的处理，保证设备、财产和人身安全。

⑥搞好值班室卫生和责任区卫生。

⑦熟练掌握消防器材的使用方法及消防器具的分布情况，做好防火工作。

⑧做好乘客丢失物品和走失亲人的登记工作，积极帮助寻找或提供寻找线索。

⑨及时介入员工与乘客、乘客与乘客之间的纠纷，防止事态扩大，并及时报告值班领导。

⑩因故不能对外运营时，及时悬挂告示牌，并耐心向乘客解释清楚。

⑪认真接听值班电话，耐心回答游客咨询问题，若是领导指示或其他重要事项，要及时通知值班站长。

（2）服务行为规范：

①按规定着装，佩戴服务标志。

②使用文明规范用语，耐心解答乘客提出的疑问，做好说明、解释工作。

③维持秩序时不推搡、呵斥乘客。

④与乘客交谈时，站立姿势要端正，不准边走边答或表现出不耐烦的情绪。

2.4 文档管理（文件和档案管理制度）

1. 目的

为确保公司文件和档案管理的完整性、合理性、科学性，使其为今后工作开展提供参考资料和文献，特制定本管理制度。

2. 范围

本制度适用于公司文件和档案的管理。

3. 职责

文件和档案的管理归口办公室。

4. 要求

（1）公文管理。

①收文程序：

（a）办公室签收公文后，应及时逐件拆封核查，分类登记。

（b）公司外出人员开会带回的文件及资料应及时送交办公室保存。

（c）上级机关和业务单位的公文一律由办公室负责签收，任何部门或个人不得私自截留。

（d）各部门向公司递交的请示报告等文件，一般由办公室签收后按程序办理。

②发文办理：公司对外行文由主办部门拟稿，经办公室核稿后，送呈公司负责人签发后对外发文。公司领导签发后，办公室再次校对无误后按规定纸张打印文件，加盖印章后

将文件发出。

③立卷与归档：对于办理完毕的文件，应按照内容、名称、时间顺序，分门别类地进行整理归档。立卷时，要求把文件的批复、正本、底稿、主件、附件收集齐全，保持文件、材料的完整性主要。坚持平时立卷与年终立卷归档相结合的原则。重要工作、重要会议形成的文件材料，要及时立卷归档。

（2）档案管理。

①档案保管：各部门将需保管的资料移交给办公室，由其归入相应案卷并统一编号。保管时应注意档案安全，做好防火、防盗、防虫、防霉、防鼠、防失，以确保档案的安全性和完整性。

②借阅、调阅和复印。

③权限：总经理可调阅公司所有档案；副总经理可以调阅分管工作档案；部门负责人可调阅本部门档案；其他情况调阅档案一律凭审批手续调阅相关档案。

④流程：

（a）借阅档案必须办理借阅登记手续，填写《档案查阅/调阅/复印登记表》并如期归还，到期如因工作需要不能归还应办理续借手续。因工作需要，需长期借阅的文件、图纸等档案，在工作结束后，应全部归还办公室，由办公室负责整理归档。

（b）复制档案的，绝密、机密档案报主要负责人审批；普通档案由部门负责人审批。

（c）借档人不得私自转借、拆卸、调换、污损，所借档案，不得在文件上圈点、画线、涂改、不经允许不得复印档案。查阅档案，必须遵守保密工作制度。

⑤档案销毁：超过保管期限的档案，由办公室依据档案的保管期限，报主要负责人审批后销毁。监销人员确认销毁文件无误签字后，选择安全地点销毁档案。

⑥保存期限：一般档案记录保存期限三年，技术档案和绝密档案记录保存期为永久。

5. 相关记录

《档案管理资料调阅/复印登记表》。

示例

档案管理资料调阅/复印登记表

档案名称						
审批				调阅人		备注
档案号及件数	号码		共件	归还卷宗日期	年 月 日	
	件数				经手人签章	

申请人： 　　　　　　制表日期：　　　　　　　年　　月　　日

3 教 育 培 训

3.1 教育培训管理（安全教育与职业卫生培训考核制度）

1. 目的

为贯彻"安全第一、预防为主、防治结合、综合治理"的方针，加强索道员工安全与职业卫生培训教育工作，增强员工的安全与职业病防护意识和能力，防止在生产经营活动过程中发生各类安全生产事故和职业危害事件，特制定本制度。

2. 范围

本制度适用于公司安全生产与职业卫生教育培训的实施。

3. 职责

本制度归口为办公室。

4. 要求

（1）全体员工必须定期接受安全与职业卫生教育与培训，坚持"先培训、后上岗"的原则。

（2）各部门必须深入开展安全与职业卫生教育，扎实推进安全与职业卫生培训工作，积极参与全国"安全生产月""119"消防宣传日、职业卫生宣传周等系列活动，并有针对性地开展员工喜闻乐见的安全与职业卫生活动，普及安全与职业卫生知识，倡导安全与职业卫生文化，使工作制度化、经常化、科学化。

（3）新进员工，必须接受公司、部门、岗位的三级安全教育与培训，经公司考核合格后方能上岗。

①公司安全与职业卫生教育与培训的主要内容包括：国家、省级有关部门制订的安全生产的方针、政策、法规、标准、规范、规程，公司的安全规章制度等。教育与培训的时间不得少于8学时。

②部门安全教育与培训的主要内容是：安全知识、消防知识,、职业健康知识、岗位作业规程、操作规程，特种设备使用维护等基本知识等。教育与培训的时间不得少于8学时。

③岗位安全教育与培训的主要内容是：本岗位的安全与职业卫生操作规程、事故案例剖析、劳动纪律、岗位职责和作业特点、可能存在的不安全因素和防护对策、正确使用劳动防护用品等。教育与培训的时间不得少于8学时。

（4）公司的各级管理人员必须以身作则，带头遵章守纪，同时还在工作中不断的教育指导员工遵章守纪，及时纠正员工的违章违纪行为。

（5）公司管理人员和特种作业人员应按《特种设备安全监察条例》和《特种作业人员安全技术培训考核管理规定》等国家法规要求，参加国家相关机构的安全教育培训和考核，取得资格证书，并定期参加复审。

（6）其他人员安全教育培训。

①营运部、保安部采取多种方式、渠道让乘客了解《乘坐索道安全须知》，引导乘客正确乘坐索道及了解索道的安全生产。

②专职安全与职业卫生管理员对相关方的作业人员（代培、参观学习、临时施工作业）的安全与职业健康教育。内容包括：本索道的生产特点、从事工作的性质与职业危害、安全注意事项、应急措施和事故教育有关安全制度、本班组岗位职业健康危害防治措施、操作规程等，在教育过程中必须保证教育到相关方的每个人，不允许出现只教育负责人的现象发生。

③对进入索道现场参观人员的安全教育由办公室负责。内容包括：本索道有关安全规定和注意事项、禁止进入区域。参观时，由公司相关人员陪同。

（7）考核。培训结束后，所有参加培训人员均需经过考核，合格后方可上岗。

（8）效果评估。办公室按照培训计划组织培训后，对培训效果进行评估，并做好记录。

5. 相关记录

（1）关于印发《××索道公司20××年度员工培训计划》。

（2）《员工安全与职业卫生培训教育档案》。

（3）《培训记录》。

示例

××××××有限公司文件

××〔　　〕××号　　　　　　　　　　签发：

关于印发《××索道公司20××年度员工培训计划》的通知

各部门：

为提高员工岗位技能水平，打造学习型企业，全面完成公司的各项目标任务，结合公司实际，制订×××年度员工培训计划，现下发执行。

特此通知。

附件：《××索道公司20××年度员工培训计划》

（签章）

20××年××月××日

××索道公司20××年度员工培训计划

为努力打造一支综合能力强、业务娴熟的高素质员工队伍，为企业全面完成各项目标奠定坚实的基础，拟于全年开展新聘用员工培训、淡季员工培训、专业对口培训，对员工进行集中系统的培训，计划如下：

一、新员工三级安全教育

参训对象：新聘用员工

培训日期：根据报到日期

培训内容：在员工试用期内开展：一是岗位技能培训，掌握本岗位工作内容及流程；二是综合知识培训，安排学习公司规章制度、安全生产、消防知识及演练。

培训目的：让员工熟知岗位内容、公司概况，并增进对公司认同感，试用期满后能胜任本职工作。

考核方式：日常岗位技能考核与综合知识测试（日常考核由新员工所在部门负责，在试用期即将结束时提交书面考核结果送达人事行政部，人事行政部对其进行综合知识测试，最后汇总提交公司）。

二、淡季员工培训

参训对象：一线及二线员工（除参加索道设备年检技工及后勤服务人员）。

培训日期：索道设备年检期间

培训内容：依据全年公司员工工作状况，对在实际工作中突显的问题，通过此培训，加以纠正。主要：一是加强员工的思想政治教育和安全服务意识教育；二是加强岗位技能知识培训；三是综合素质培训；四是强化安全知识及消防演练技能。

培训目的：认真总结一年的工作成绩，查找不足，不断改进，端正工作作风，提高工作效率。

考核方式：书面测试

三、专业对口培训

参训对象：各部门员工

培训日期：全年

培训内容：

(1) 财务部员工参加上级组织的财务知识培训。

(2) 设备部技术员工参加行业部门举办的特种作业、电工培训。

(3) 营运部员工参加上级组织的服务技能培训。

(4) 保安部员工参加景区公安与消防部门举办的安保与消防培训。

(5) 人事行政部人员参加通讯员、档案管理、人事管理等培训。

培训目的：提升员工的岗位技能水平，发挥工作效率最大化。

考核方式：由举办部门进行考核，颁发相应的证书。

四、工作要求

全面健全完善企业培训体系，优化企业人力资源，增强企业竞争力。对员工的全年培训进行跟踪记录，全面记录员工的培训内容、时间、培训性质，通过完善培训制度建设，促进参训员工将"学"与"用"有机的结合，在工作中达到"学以致用"的效果。

员工安全与职业卫生培训教育档案

姓名		性别		出生年月	
地址				联系电话	
文化程度				进厂时间	
身份证号				工种	
所属部门				职务	
有何技能和特长（相关证书）					
工作简历：					

培训时间	培训内容	课时	考核结果	签名

培 训 记 录

培训时间		培训地点		培训教师	
培训项目				培训方式	
参加培训人员范围（共　　人见签到表）					

(续)

培训内容：			
培训效果评价及总结：			
评价人：	日期：	年 月 日	
下次改进措施：			
记录人：	日期：	年 月 日	

3.2 人员教育培训（客运索道人员教育培训基本要求）

1. 主要负责人和管理人员

企业的主要负责人和安全生产管理人员应当具备与本单位所从事的生产经营活动相适应的安全生产知识和职业卫生知识与能力。

企业应对各级管理人员进行教育培训，确保其具备正确履行岗位安全生产和职业卫生职责的知识与能力。

法律法规要求考核其安全生产和职业卫生知识与能力的人员，应按照有关规定经考核合格。

2. 从业人员

企业应对从业人员进行安全生产和职业卫生教育培训，保证从业人员具备满足岗位要求的安全生产和职业卫生知识，熟悉有关的安全生产和职业卫生法律法规、规章制度、操作规程，掌握本岗位的安全操作技能和职业危害防护技能，安全风险辨识和管控方法，了解事故现场应急处置措施，并根据实际需要，定期进行复训考核。

在新技术、新设备设施投入使用前，应对有关从业人员进行安全教育和培训；未经安全教育培训合格人员，不应上岗作业。

新员工在上岗前必须进行安全教育培训，时间不少于24学时。

从业人员在企业内部调整工作岗位或离岗一年以上重新上岗时，应重新进行部门和班组级的安全教育培训。

从事特种作业、特种设备作业的人员应按照有关规定，经专门安全作业培训，考核合格，取得相应资格后，方可上岗作业，并定期接受复审。

企业专职应急救援人员应按照有关规定经专门应急救援培训和考核合格后方可上岗，

并定期参加复训。

其他从业人员每年应接受再培训，再培训时间和内容应符合国家和地方政府有关规定。

3. 外来人员

企业应对进入企业从事服务和作业活动的承包商、供应商的从业人员和接收的中等职业学校、高等学校实习生及外单位委托实习培训人员，进行安全教育培训，并保存记录。

外来人员进行作业现场前，应由作业现场所在单位对其进行安全教育培训，并保存记录。

应对相关方作业人员及外来参观、学习等人员进行有关安全教育告知记录，主要内容包括：安全规定、可能接触的危险有害因素、应急知识等。

企业应根据标准和规范要求制定管理制度和措施。

4 现 场 管 理

4.1 设备设施管理

4.1.1 设备设施建设管理制度

4.1.1.1 广播与通讯系统管理制度

1. 目的

规范广播与通讯系统的使用、维护和管理工作。

2. 范围

本制度适用于广播与通讯系统。

3. 职责

人事行政部负责内外线电话的管理。

营销部负责上下站广播系统的使用和管理。

技术部负责广播与通信系统维护。

4. 要求

（1）广播：

①索道应配置满足需求的广播设备，注重播放效果及与周围环境的协调。

②广播设备及用品要登记造册，专人专管。管理人员熟练掌握设备操作方法，每日运营前对广播系统进行检查，定期对广播设备进行维护保养。

③制定日常运营、故障停车、应急救援及不同天气状况下使用的规范广播词。

④正常营业时播放乘客须知、线路景点介绍及背景音乐。背景音乐应采用舒缓、优美、内容健康的乐曲。

⑤因故停车时，立即打开站内广播，根据不同情况播放相应广播词。未经批准，任何人不得播放其他内容。

（2）对讲机：

①对讲机的配备数量应满足巡线、检修、日常巡视、应急救援等工作的需要。

②对讲机由专人保管、使用，不允许在工作时间用对讲机闲聊，不允许将对讲机交给无关人员使用。每日运营结束后，将对讲机进行检查、充电，确保第二天正常使用。

（3）电话：

①应设置专用电话，保证上下站控制室、车厢之间通讯联络。

②应在站房之间安装独立的内外线电话，满足设备安全运行、应急救援、旅游投诉等工作的需要。

5. 相关记录

《广播与通信系统检查记录表》。

示例

广播与通讯系统检查记录表

日期： 　　年　　月　　日　　　　　　　　　值班经理：

检查项目		检查结果	检查人
广播系统			
通讯系统	对讲机		
	电话		
备注			

4.1.1.2 监控系统管理制度

1. 目的

规范监控系统的使用、维护管理。

2. 范围

本制度适用于监控系统的管理工作。

3. 职责

技术部负责监控系统的使用和管理。

4. 要求

(1) 控制室、机房、上、下站房、支架等重点区域应设置视频监控设施，并运行正常。

(2) 技术部按照《监控系统使用手册》做好监控系统使用、检查、维护等管理工作。

(3) 监控系统操作人员必须按规定操作步骤进行操作，密切注意监控设备运行情况，保证监控设备完好；不得无故中断监控、删除监控资料，不得向其他无关人员提供查看监控录像或调阅有关资料。

(4) 加强值班管理工作，并做好记录，发现异常情况及时上报。监控用计算机不得做与监控无关的事情。

(5) 保持监控设备卫生清洁、干燥。非工作人员不得进入监控室，非监控人员不得对监控器进行操控。

(6) 做好视频监控系统所辖区域的实时监控，确保视频监控系统正常运行和视频文件有效存储，保存备查期限不得少于 90 天。各监控点位不得随意更改和移动，发现异常，及时上报。

（7）监控设备应完好无损，发现损坏应该及时维修，确保监控正常使用。

（8）需要调阅资料的部门或个人需向值班领导提交申请，经值班领导同意后，由操作人员进行操作，并做好备案。

5. 相关记录

《监控系统检查记录表》。

示例

监控系统检查记录表

日期	监控系统状况	检查人	值班经理	备注

4.1.1.3 设备更新制度

1. 目的

为保障索道设备及附属设施安全可靠运行，使设备更新具有科学性、合理性、计划性、经济性，制定本制度。

2. 范围

本制度适用于索道设备及附属设施的更新管理。

3. 职责

本制度归口部门为技术部、财务部。

4. 要求

（1）设备更新是指用于恢复、维持已有生产能力或功能，确保索道设备安全运行为目的的，对不能满足目前安全使用要求的主要设备进行的更新。

（2）设备更新必须符合相关的报、审、批等手续，严格执行计划管理。

（3）设备更新费用必须专款专用，不准挪作他用和随意变更项目。

（4）设备更新原则：

①使用年限已满，丧失使用效能无修复价值的。

②在用但缺乏配件或存在安全隐患而无法修复使用的。

③大修后，虽能恢复精度和技术性能，但更新更经济合理。
④因技术落后淘汰的。
⑤经相关部门检验检测，不符合安全要求且无法修复，或修复后也无法达到要求的。
⑥其他符合更新要求的。

（5）管理职责：

①技术部负责组织相关部门进行设备更新论证，做好更新设备调研和询价工作，按规定进行相关项目申报并协助财务部进行资金申请等手续，负责编制方案和技术审核、监督和验收等工作。

②财务部负责更新项目资金的申请、使用和管理，设备更新产生的资产变动按相关规定做好登记和废旧物资处理等工作。

（6）设备更新应对全过程进行隐患控制。

5. 相关记录

（1）《设备更新申请表》。
（2）《设备更新验收表》。

示例

设备更新申请表

部　　门		日　　期	
设备名称		设备型号	
更新原因			
更新要求			
部门意见			
财务部意见			
分管副总意见			
总经理意见			

设备更新验收表

组织部门		日　　期	
设备名称		设备型号	
情况说明			
验收意见			
验收人员			
总经理意见			

4.1.2　设备设施验收管理制度

1. 目的

为进一步规范索道设备设施的采购、验收，保障索道安全运营，提高利用效率，避免浪费，做到计划采购、合理储备、规范领用、及时报账，特制定本制度。

2. 范围

本制度适用于设备设施的采购、验收。

3. 职责

本制度归口部门为财务部、技术部。

4. 要求

（1）技术部根据现有库存量、年度使用量、设备运行需要及最低库存要求等，上报设备设施的申购计划。

（2）总经理部负责设备设施订购计划的审核，并按相关采购审批程序进行审批。

（3）申购计划获批后，技术部、财务部组织进行采购，履行单位相关采购程序，签订采购合同。

（4）设备设施到货后，技术部和财务部组织进行验收，验收合格后，填写《验收单》，并存档备案。如在验收过程中发现所购设备设施损坏、质量不合格或与所购不符，验收人员应暂停验收，并督促供货商返修或更换，返修或更换后再进行验收。

（5）财务部按合同约定方式，履行相关手续，及时结算货款。

（6）设备设施验收合格后，及时办理入库手续，录入设备设施清单，分类存放。财务部建立存货明细账进行核算管理。

（7）仓库保管员按照要求建立库存台账，定期对设备设施进行盘存，做好检查维护。财务部对库存设备设施按月实地盘点，做到账实相符。

（8）设备设施出库要按照物品领用程序办理手续，并填写《领料单》，及时报财务部进行账务处理。

（9）本着节约、必须的原则进行使用，对更换的设备设施检修人员要做好更换记录，作为技术分析的重要依据。

5. 相关记录

（1）《采购计划单》。

（2）《验收单》。

（3）《领用单》。

示例

采 购 计 划 单

部门：　　　　　　　　　　　　　　　　　　　　　　　　　　　年　　月　　日

品名	单位	数量	单价	金额	备注
总价					

审批：　　　　　　　　　　审核：　　　　　　　　　　制单：

验 收 单

发票号码：　　　　　　　　　　　　　　　　NO.：

验收单位：　　　　　　　　　　　　　　　　填单：　年　月　日

记账：　　年　月　日附发票　　张

编号	品名	发票				验收		
^	^	单位	数量	单价	金额	单位	数量	单价
合计								

复核：　　　　　　　　　　验收：　　　　　　　　　　采购：

领 用 单

领用部门：　　　　　　　年　月　日　　　　　　　编号：

物资名称	规格型号	计量单位	数量	用途

分管领导审批：　　　　部门审核：　　　　仓管员：　　　　领用人：

注：本表一式三份，分别由仓管员、会计、领用人保存。

4.1.3 设备设施运行管理制度

1. 目的

为规范设备运行管理，防止人身、设备事故的发生，确保设备正常运行，特制定本制度。

2. 范围

本制度适用于索道设备的运行管理。

3. 职责

本制度归口部门为技术部。

4. 运行程序及要求

（1）运行前：

①在每日索道正式营业前半小时，各岗位人员准时到岗。

②各岗位人员按照《设备检维修管理制度》中早检要求进行早检，详细程序如下：

（a）机械工、电工、巡线员（缆车）完成《设备早检表》要求的早检项目后，配合索道司机发车，并密切关注站台机电设备运行状况。

（b）索道司机完成《设备早检表》的早检项目后，按照《索道运行操作规程》的要求开车，发车时注意观察车厢出站情况，并按要求认真填写《运转日志》。

（c）索道巡线员跟随早检车对照《设备早检表》规定的项目进行巡线早检。

（d）索道早检车运行到站后，即早检完毕。

③早检结束后，各技术岗位人员向技术部值班经理报告早检情况，并及时填写各项记录表。

④技术部值班经理检查各项早检工作，依据早检情况确认是否可以运营，并签字确认，报告值班总经理早检结束。如果发现异常，应及时上报值班总经理。

⑤值班总经理通知各部门开始营运，由各部门值班经理负责通知本部门各营业岗位。

（2）运行中：

①技术部根据乘客人数、乘客需求，适时调整索道运行速度，帮助行动不便的乘客乘车。

②在索道运行中，机电工根据《设备巡检表》《巡线记录表》要求按时对设备进行巡视，并填写记录；操作工要密切关注运行情况，并做好运行记录。

③运行中发现的异常情况或故障停车时，索道技术人员必须及时向技术运行部值班经理报告，值班经理必须及时向值班总经理报告，并在值班总经理的指挥下组织处理，处理要求如下：

（a）迅速查明原因、排除故障，并经值班总经理同意，经过试运行无异常后方可恢复运营。

（b）由于停电或故障在 5 min 内不能解决，应请示值班总经理后，在 15 min 内启用备用驱动将停留在线路上的车厢拉回站内。

（c）由于主驱动、备用驱动都不能运转或线路故障等其他原因，导致索道不能再运行时，应立即报告值班总经理，由值班总经理视情况决定是否启动《索道应急救援预案》。

（d）索道运营间隔时间按照客流情况确定，应避免游客等候时间过长。（适用于往复式索道和地面缆车）

（3）运行结束后：

①营销部通知技术部上下站最后车次，技术部待最后车次到站确认无误后停止索道营运。

②除检修外，索道在运行结束后不允许再运行，特殊情况需经总经理同意方可运行。

③停运后技术部各岗位须按照《设备晚检表》要求进行晚检，对车厢广播系统进行维护，并做好记录。

（4）其他要求：

①索道在下列情况下根据现场情况应减速运行：

（a）大雨、大雪。

（b）大雾能见度不足。

（c）大风天气，瞬时风速达到警告值。

（d）钢丝绳上有冰雪。

②在下列情况索道不允许运行：

（a）通讯不畅。

（b）有雷电、暴雨、暴雪时。

（c）大风天气，风速持续超过警报值。

（d）供电质量不能保证。

（e）故障不明存在安全隐患。

（f）检维修工作未完成。

（g）地震、泥石流、山体滑坡等自然灾害。

③索道设备在运行过程中不得检修作业。

（5）索道严禁客货混运；如需载货，应按照公司有关管理规定履行必要手续；货物必须包装整洁，禁止运载下列物品：

①易燃、易爆等危险品。

②可能损伤车体的物品。

③可能腐蚀、污染车体的物品。

（6）索道严禁超载运行，不允许用备用驱动载客运行。

（7）设备在备用驱动情况下的运行要遵照《索道运行操作规程》的要求进行操作。

（8）设备在特殊情况下的运行要遵照《索道运行操作规程》的要求进行操作。

（9）索道年度停机检修与其他原因需停止正常运营的，由责任部门向有关单位通报相关信息，并在相关网站公告。

（10）安全设备设施不得随意拆除、挪用或弃置不用；确因维修拆除的应采取临时、有效的安全措施，维修完毕后立即复原。

（11）安全保护装置应建立台账。

5. 相关记录

不同类型客运索道企业参照各类型索道安全运行管理记录执行。

4.1.4 设备设施检维修管理制度

4.1.4.1 设备设施检维修管理制度

1. 目的

为保证索道设备的正常运转，根据《设备维护手册》及设备运行的实际情况，特制定本制度。

2. 范围

本制度适用于索道设备的定期自检和设备的维修、重大维修。

3. 职责

本制度归口部门为技术部。

4. 要求

（1）索道日常检查：日检、月检、季检、年检、专项检查。

①日检。

（a）早检。每日营运前半小时，技术人员根据各类检查表格内容对索道机电设备进行营运前的全面检查；技术运行部值班经理对本班次早检记录进行检查，并签字确认，方可运营。

早检要求：

机械工按照《设备早检表》内机械检查项目进行检查并填写记录。

电工按照《设备早检表》内电气检查项目进行检查并填写记录；对索道广播与通讯系统进行检查并填写《广播与通讯系统检查记录表》。

巡线员按照《设备早检表》内检查项目进行巡线检查并填写记录。

操作工按照《设备早检表》内操作员的检查项目进行检查并填写记录；按照《运转日志》项目要求观察并填写记录；对索道监控系统进行检查并填写《监控系统检查记录表》。

（b）巡检。营运时，机电技术人员按照《设备巡检表》和《巡线记录表》对索道设备进行巡视检查，并填写记录；发现问题及时报告技术部值班经理。

（c）晚检。停运后，机电技术人员按照《设备晚检表》对索道设备进行全面检查。

②月检。每月中、下旬按照《设备维护手册》对索道机电设备进行检查维护，并填写《机械设备检查维护工作单》和《电气设备检查维护工作单》。检查维护主要内容见附则。

③季检。每季度末月在月检的基础上，按照《设备维护手册》对机电设备进行检查维护。

④年检。每年末对索道机电设备进行全面检查维护，主要检查维护项目附则。

⑤专项检查。根据《设备维护手册》对备用驱动进行检查试车，并填写试车记录。根据设备运行情况，对相关部件进行针对性和预防性的检查。黄金周、小长假、重大活动前，按照相关要求进行检查。

（2）设备日常维保。

①技术部负责制定并实施维护保养计划，同时做好记录。

②各部位的润滑按要求定期、定量进行，润滑结束及时清理溢油，防止污染乘客衣物。

③索道主要设备按照供货商提供的《设备维护手册》要求进行维护保养。

④检修工具、计量装置、救护工具、照明装置等由专人负责检查，要确保正常完好。

⑤设备维护结束，要对设备内外清洁，保证无黑污、锈蚀。

⑥设备维护结束，由专人负责验收，确保维护质量，并做好维护记录。

⑦维护时更换的废弃油品应按规定由有资质的相关单位回收。

⑧由专人做好备品备件的管理工作并建立台账。

（3）设备维修。

①应保持维修工具、计量装置、照明设备完好，计量装置应根据相关规定进行检验检测。

②在设备维修前，应提前对公众发布停运公告。

③发现设备故障，检查人员应及时报告技术部值班经理；技术部值班经理安排相关人员进行维修，维修完成填写《日常维护记录表》。

④更换电机、减速机、钢结构、轮组、钢丝绳、电控系统等主要部件时，应组织相关技术人员进行内部验收，严格报废管理，并做好记录。

⑤设备维修后，及时清理维修现场。机架和支架上不应遗留有坠落危险的维修工具、

零部件和杂物。

⑥应按维修作业安全操作规程的要求,规范作业,控制维修质量。

⑦设备维修后,必须进行全面自检,并出具《维修自检报告》。

⑧维修场所应避开易燃易爆危险场所,执行隐患控制措施并进行监督检查。

⑨重大维修前应到当地质检部门进行告知。

⑩重大维修、维修应按照安全技术规范、标准、使用维护说明书和维修方案的要求进行。检维修方案应包含作业安全风险分析、控制措施、应急处置措施及安全验收标准。

⑪重大维修过程,必须经特种设备检验检测机构按照安全技术规范的要求进行监督检验。维修结束后,应将自检报告、检验报告、无损检测报告存档。

5. 相关记录

不同类型客运索道企业参照各类型索道检维修管理记录执行。

(1) 脱挂抱索器式索道月检、年检。

(2) 固定抱索器索道月检、年检。

(3) 往复式索道月检、季检、年检。

(4) 地面缆车月检、季检、年检。

示例

脱挂抱索器索道月检、年检

1. 月检内容

(1) 机械部分:

①驱动轮、迂回轮。

②万向联轴节。

③减速机。

④柴油机及紧急救护驱动系统。

⑤制动系统。

⑥上下站脱挂系统。

⑦上下站其他站内设备。

⑧车厢与抱索器。

⑨运载索。

⑩支架设备。

⑪液压张紧系统。

⑫救护设备。

(2) 电气部分:

①主电机、测速电机。

②上下站变压器。

③上下站高低压开关柜、补偿柜、应急电源柜。

④变频柜。

⑤上下站控制柜、操作台、操作箱、接线盒。

⑥液压张紧电气部分。

⑦上下站站内线路。

⑧通讯设施。

2. 年检内容

（1）机械常规部分：

①驱动轮、迂回轮。

②万向联轴节。

③减速机。

④柴油机及紧急救护驱动系统。

⑤制动系统。

⑥上下站脱挂系统。

⑦上下站其他站内设备。

⑧车厢。

⑨运载索。

⑩支架设备。

⑪液压张紧系统。

⑫救护设备。

（2）电气部分

①主电机、测速电机及其他电机。

②上下站变压器。

③上下站高低压开关柜、补偿柜、应急电源柜。

④变频柜。

⑤上下站控制柜、操作台、操作箱、接线盒。

⑥液压张紧电气部分。

⑦上下站站内线路。

⑧通讯设施。

（3）配电房年检项目。

（4）抱索器保养及无损探伤。

（5）钢丝绳无损探伤。

固定抱索器索道月检、年检

1. 月检内容

（1）机械部分：

①驱动轮、迂回轮。

②万向联轴节。

③减速机。

④柴油机及紧急救护驱动系统。

⑤制动系统。

⑥车厢与抱索器。

⑦运载索。

⑧支架设备。

⑨液压张紧系统。

⑩救护设备。

⑪抱索器移位检查。

（2）电气部分：

①主电机、测速电机。

②上下站变压器。

③上下站高低压开关柜、补偿柜、应急电源柜。

④上下站控制柜、操作台、操作箱、接线盒。

⑤液压张紧电气部分。

⑥上下站站内线路。

⑦通讯设施。

2. 年检内容

（1）机械常规部分：

①驱动轮、迂回轮。

②万向联轴节。

③减速机。

④柴油机及紧急救护驱动系统。

⑤制动系统。

⑥车厢。

⑦运载索。

⑧支架设备。

⑨液压张紧系统。

⑩救护设备。

⑪抱索器移位检查。

（2）电气部分：

①主电机、测速电机及其他电机。

②上下站变压器。

③上下站高低压开关柜、补偿柜、应急电源柜。

④变频柜。

⑤上下站控制柜、操作台、操作箱、接线盒。

⑥液压张紧电气部分。

⑦上下站站内线路。

⑧通讯设施。

（3）配电房年检项目。

（4）抱索器保养及无损探伤。

（5）钢丝绳无损探伤。

往复式索道月检、季检、年检

1. 月检内容：

（1）机械部分：

①驱动轮、导向轮。

②联轴器。

③减速机。

④柴油机及紧急救护驱动系统。

⑤制动系统。

⑥上下站其他站内设备。

⑦车厢与吊臂。

⑧行走小车。

⑨钢丝绳。

⑩支架设备。

⑪线路支索器。

⑫重锤张紧系统。

⑬救护设备。

（2）电气部分：

①主电机、测速电机、辅助电机。

②高压架空线路。

③进线柜、可控硅柜、谐波吸收柜、充电柜。

④上下站信号柜、接线盒，下站控制柜、编程柜、操作台。

⑤车厢控制系统。

⑥上下站安全回路。

⑦通讯设施。

2. 季检内容

对牵引索、平衡索进行检查并测量绳径和捻距，并填写《牵引索、平衡索检查测量记录表》。

3. 年检内容

（1）机械常规部分：

①驱动轮、导向轮。

②联轴器。

③减速机。

④备用驱动系统。

⑤制动系统。

⑥上下站其他站内设备。

⑦车厢与吊臂。

⑧行走小车。

⑨钢丝绳。

⑩支架设备。

⑪线路支索器。

⑫重锤张紧系统。

⑬救护设备。

（2）电气常规部分：

①主电机、测速电机、辅助电机。

②进线柜、可控硅柜、谐波吸收柜、充电柜。

③上下站信号柜、接线盒，下站控制柜、编程柜、操作台。

④车厢控制系统。

⑤上下站安全回路

⑥通讯设施。

（3）配电房年检项目：

①高压架空线路、下站高低压开关柜。

②上下站变压器。

③上站高压负荷开关、低压配电柜。

④有资质的机构对上下站供配电系统进行预防性试验并出试验报告。

地轨缆车月检、季检、年检

1. 月检内容

（1）机械部分：

①驱动轮、导向轮。

②联轴器。

③减速机。

④备用驱动系统。

⑤驱动轮、飞轮制动系统。

⑥驱动站、回转站其他站内设备。
⑦车厢门机构。
⑧车厢底盘、车轮、轨道制动系统、轨道润滑系统。
⑨钢丝绳。
⑩线路桥架、支架、轨道。
⑪线路托索轮。
⑫张紧系统。
⑬线路救护设备。
（2）电气部分：
①主电机、测速电机、辅助电机。
②进线柜、变频柜、谐波吸收柜、充电柜。
③驱动站控制室、回转站信号柜，驱动站控制柜、编程柜、操作台。
④车厢。
⑤驱动站、回转站、车厢维修闭锁开关、停车开关。
⑥通讯设施。
⑦配电设备。
⑧监控系统。

2. 季检内容

对牵引索、平衡索进行检查并测量绳径和捻距，并填写《牵引索、平衡索检查测量记录表》。

3. 年检内容

（1）机械部分：
①驱动轮、导向轮。
②联轴器。
③减速机。
④备用驱动系统。
⑤驱动轮、飞轮制动系统。
⑥驱动站、回转站其他站内设备。
⑦车厢门机构。
⑧车厢底盘、车轮、轨道制动系统、轨道润滑系统。
⑨钢丝绳。
⑩线路桥架、支架、轨道。
⑪线路托索轮。
⑫张紧系统。
⑬线路救护设备。
（2）电气部分：

①主电机、测速电机、辅助电机。
②高压线路。
③进线柜、变频柜、谐波吸收柜、充电柜。
④驱动站控制室、回转站信号柜、驱动站控制柜、编程柜、操作台。
⑤车厢。
⑥驱动站、回转站、车厢维修闭锁开关、停车开关。
⑦通讯设施。
⑧电设备。
⑨接线端子。

4.1.4.2 设备润滑管理制度

1. 目的

为进一步加强设备润滑工作，明确设备润滑周期，保障设备安全运行，制定本制度。

2. 范围

本制度适用于索道设备所有的润滑管理。

3. 职责

技术部负责设备润滑的具体管理工作。

4. 要求

（1）严格按照《设备维护手册》规定的润滑周期或实际情况进行定期、定量润滑。

（2）作业人员要勤检查、勤巡视，发现润滑设备有异常情况或有漏油现象应当及时处理或向有关人员报告。

（3）保持润滑设备、器具和润滑油嘴干净整洁；润滑过程确保不污染环境，润滑工作结束后，应采取措施保障润滑油（脂）不会污损乘客身体和衣物。

（4）库存的润滑油脂要合理放置，保证润滑油脂质量，严防水、尘土、铁屑及其他杂质渗入。

（5）换下的废油应分类存放，废油桶应加盖和注明标识，各种废油不得混合存放。

（6）及时联系具有废油处理资质的相关单位做好废油处理工作。

（7）设备润滑周期记录详见下表。

设备润滑周期记录表

设备名称	润滑部件	润滑周期	油品型号	油品用量

5. 相关记录

《废弃油品回收记录表》。

示例

废弃油品回收记录

序号	油品名称	单位	数量	日期	回收员

4.1.5 设备设施定期报检制度

1. 目的

规范客运索道设备设施报检工作程序和工作要求。

2. 范围

本制度适用于客运索道的设备设施报检工作。

3. 职责

设备设施报检工作归口部门为技术部。

4. 要求

（1）每三年进行一次索道全面检验，在客运索道安全检验标志上注明的"以下检验日期"前自检合格并至少提前一个月向国家客运架空索道安全监督检验中心提出申请，并报当地质量技术监督局备案。

（2）在全面检查中间的2个年度每年进行一次年度检验，在"下次检验日期"前自检合格，并提前一个月报国家客运架空索道安全监督检验中心或当地安全监督检验机构。

（3）钢丝绳、抱索器、驱动轮、迂回轮、高压配电等关键部件，按照相关要求向有资质的单位提出探伤申请。

（4）接地电阻每年检测一次，在检测有效期满前一个月进行自检或按当地规定向当地检测部门申请。

4.1.6 设备报废管理制度

1. 目的

为加强对索道设备报废的监督管理，促进安全生产，特制定本制度。

2. 范围

本制度适用于索道设备报废管理工作。

3. 职责

本制度归口部门为技术部。

4. 要求

（1）设备设施的报废应办理审批手续，在报废设备设施拆除前应制定方案，并在现场设置明显的报废设备设施标志。

（2）凡列入固定资产的设备，符合下列条件之一的，可按规定申请报废：

①超过使用年限、主要结构陈旧、精度低劣、生产效率低，且不能改装利用或大修虽能恢复精度，但经济上不如更新合算。

②使用年限未到，但不能迁移的设备，因建筑物改造或工艺布局必须拆毁的。

③设备损耗严重，大修后性能精度仍不能满足工艺要求的。

④腐蚀过甚，绝缘老化，磁性失效，性能低劣且无修复价值者或易发生危险的。

⑤因事故或其他灾害，使设备遭受严重损耗无修复价值的。

⑥国家规定的淘汰产品。

（3）设备报废的审批：凡符合报废条件的设备，由使用部门提出申请并填写《设备报废申请单》，经公司领导及上级主管部门批准后，方可报废设备。设备未经批准报废前，任何部门不得拆卸、挪用其零部件和自行报废处理。

（4）报废、拆除涉及许可作业的，应按照《作业安全管理制度》执行，并在作业前对相关作业人员进行培训和安全技术交底；报废、拆除应按方案和许可内容组织落实。

（5）设备经报废后，进行账务处理，应注明报废日期、报废批准人、报废执行人等。

5. 相关记录

《设备报废申请单》。

示例

设备报废申请单

申请部门：　　　　　　　　　　　　　　　　日期

序号	设备名称	使用年限	资产原价	已提折旧	净残值	是否已提足折旧
1						
2						

（续）

序号	设备名称	使用年限	资产原价	已提折旧	净残值	是否已提足折旧
3						
4						
5						

申请原因 申请人：　　　　日期：	维修部门意见： 签名：　　　　日期：
部门经理意见： 签名：　　　　日期：	财务审核： 签名：　　　　日期：
总经理审批：　　　　　　　　　　　　　签名：　　　　日期：	

4.2 作业安全

4.2.1 作业环境和作业条件

4.2.1.1 作业安全管理制度

1. 目的

为全面贯彻"安全第一，预防为主、综合治理"方针，加强工作现场安全管理和作业过程的控制，预防和减少各类事故发生，实现安全生产，特制定本制度。

2. 范围

本制度适用于公司对临近高压输电线路作业、危险场所动火作业、有限空间作业、临时用电作业等危险性较大的作业活动的管理。

3. 职责

本制度归口部门为技术部。

4. 要求

（1）危险作业实行许可管理，填写《危险作业审批表》，严格履行作业许可审批手续。作业许可应包含安全风险分析、安全及职业病危害防护措施、应急处置等内容。

（2）应对作业人员上岗资格条件等进行作业前安全检查，做到特种作业人员持证上岗；并设专人进行现场安全管理，确保作业人员遵守岗位操作规程、落实安全及职业病危害防护措施。

（3）两个以上作业队伍在同一作业区域内进行作业活动时，不同作业队伍相互之间应签订管理协议，明确各自安全生产、职业卫生管理职责，并指定专人检查与协调。

（4）作业环境：

①站房主体建筑应结构完好，无异常变形、风化、下榻现象，门窗结构完整。

②转动设备防护罩或防护电器设备栅栏应齐全完整。

③变电站设备区与其他区域隔离。

④应急照明、工作现场施工照明应保证作业安全需要。

⑤驱动机房或驱动小车等区域应设置检修开关。

⑥支架、驱动小车等空中作业区域应设置安全走台和安全护栏。

⑦站口离地高度超过1 m，应设置安全防护网或栏杆。

⑧油库应与站台、办公区、生活区等区域隔离。

⑨单个运载工具内不应客、货混装运输。

（5）附则：

①临近高压输电线路作业。在运行的高压带电体（包括高压线路电力设施保护和线路保护区域内）附近，确需作业时，应严格按照电力作业相关操作规程履行报批程序批准后进行。

②动火作业。严格按公司相关规定执行。动火现场必须指定监护人员和现场负责人，明确动火前的准备工作，清除动火部位及附近的易燃易爆物品，落实各项安全措施要求。

③临时用电作业管理。

（a）电气设施检修作业正常情况下必须停电进行，作业前必须落实有效的安全措施。电气设施检修作业过程安全措施一般有：在相关电气设施和线路的断电开关或闸刀上挂警示标志。如："有人检修，切勿合闸"；现场安排人员监护和其他必要的安全措施；作业人员必须穿戴相应的防护用品；检修作业完成后，必须经现场检修负责人同意方可送电，如果在配电房停电、送电，必需严格执行配电房操作规程。

（b）当必须进行带电作业时，严格执行相关规定。带电作业由技术运行部负责人审批，并由专人监护做好防护措施。

④有限空间作业。是指封闭或部分封闭，进出口较为狭窄有限，未被设计为固定工作场所，自然通风不良，易造成有毒有害、易燃易爆物质积聚或氧含量不足的空间。

有限空间作业施工管理部门必须对有限空间做现场分析，对分析发现的问题列出清单，落实有效的安全措施，形成有限空间作业方案，经审批后方可作业。

⑤Ⅰ类工具：工具在防止触电的保护方面不仅依靠基本绝缘，而且它还包含一个附加的安全预防措施。其方法是将可触及的可导电的零件与安装的固定线路的保护（接地）导线连接起来，以这样的方法来使可触及的可导电的零件在基本绝缘损坏的事故中不成为带电体。

⑥Ⅱ类工具：工具在防止触电的保护方面不仅依靠基本绝缘，而且它还提供双重绝缘或加强绝缘的附加安全预防措施和没有保护接地或依赖安装条件的措施。

Ⅱ类工具分：绝缘外壳Ⅱ类工具，金属外壳Ⅱ类工具，在工具的明显部位标有Ⅱ类结构符号"回"。

5. 相关记录

《危险作业审批表》。

示例

危 险 作 业 审 批 表

申请部门		作业地点	
危险作业类型		作业时间	
危险性分析：			
安全措施：			
作业人员：			
现场监护人		作业负责人	
审批意见： 审批人：　　　　　　　　　　　　　年　月　日			

4.2.1.2 治安管理责任制度

1. 目的

为落实社会治安综合治理责任制，根据相关部门的综治工作的有关要求，结合公司实际，特制定本责任制。

2. 范围

本制度适用于公司治安管理的管控。

3. 职责

公司应建立治安管理工作领导小组，具体工作由保安部负责。

4. 要求

（1）按照"谁主管、谁负责"的原则，明确各级管理人员的治安职责，形成齐抓共管的局面。

（2）公司应建立治安管理工作领导小组，主要负责人为组长，各部门负责人为成员，使治安管理工作分工明确，常抓不懈。

（3）保安部为公司治安管理工作的具体实施部门，定期组织检查工作，查找和消除治安隐患，建立治安联防工作机制。保安员应加强公司内部和服务区域的巡逻。任何人不得打架斗殴、寻衅滋事。

（4）保安部定期开展法制和安全教育，使员工法制观念普遍增强，各项管理工作有章可循，步入良性管理轨道。

（5）各部门负责人应做好本部门员工的思想政治工作，及时掌握动态、信息、有效地控制和化解不安定因素，将各种事故苗头及时在公司内部解决。

（6）建立健全各项规章制度和群防措施，实行防范工作制度化。制止扰乱公共秩序、劝阻有害社会风气的行为。及时发现和控制各类案件、事件的发生，治安秩序良好。

（7）加强重点部门和要害部位的治安防范设施设备的建设，购置、安装的技防设施必须符合国家规定的标准，并建立档案。

（8）健全公司治安管理预警机制。完善事故预防措施，及时排除安全隐患。

（9）加强运营高峰期乘车安全秩序的管理，切实保障乘客人身安全和财产安全。

（10）服务区域内严禁违章经营。科学合理规划工作与服务区域，工作与生活区域应设置乘客禁行标志。

（11）加强对公司内各类从业人员的管理。根据相关规定加强对员工准入资质审查。坚决清理和禁止不良人员进入公司各岗位工作。

4.2.1.3 高峰期运营保障制度（方案）

1. 目的

为规范公司在国家法定节假日、旅游高峰时期、重大接待任务和国家重大活动期间游客接待工作，有效防范事故发生，及时控制和消除突发性事件，规范相应的应急管理和应急响应程序，使各项应急工作能够安全、有序、高效地实施，保障旅游接待工作安全有序，特制订本制度。

2. 范围

本制度适用于国家法定节假日、旅游高峰时期、重大接待任务和国家重大活动期间的旅游接待。

3. 职责

主要负责人负责研究、部署高峰运营时期的应急措施，各部门负责人组织落实。

4. 要求

（1）在国家法定节假日或其他高峰时段到来之前，主要负责人组织制定高峰运营期间工作方案，召开专门会议部署落实。各部门按照各自职责，落实高峰运营期工作方案中的各项要求。

①技术部：完成索道设备设施的检查维护，确保运行安全；和相关业务单位保持沟通联系。

②营销部：做好游客候车室、检票设备设施的检查和维护、游客须知等方面的检查。

③保安部：做好通道、栏杆、警示、标识、消防设施的检查和维护。做好排队临时栏杆的安装、加固工作。

④财务部：做好售票设施的检查维护，备足备用票和零钱。

⑤人事行政部：做好环境卫生整治；做好后勤保障服务工作。

（2）在国家法定节假日或其他高峰时段期间，公司根据客流量实际情况合理安排工作人员，各部门及时调整班次，确保人员充足。

①技术运行部：要加大对索道设备的检查、维护、监控力度，除了做好日常检查维护外，配电室、机房、线路、站台等重点部位要专人监管；增加巡查次数，发现问题及时处理和上报。加强游客车厢内遗留物品的检查和防范。

②财务部：采取分时段预售票、增设售票窗口等服务方式，解决乘客候车时间过长等问题；做好售票和游客的引导、疏导、退票、解释等工作。

③营销部：正确处理专用通道与普通通道之间、散客与团队乘客之间在候车过程中的矛盾与纠纷。受理游客投诉；做好检票和游客的引导、疏导、退票、解释等工作。

④保安部：积极配合武警、公安等维持好游客排队秩序，做好游客疏导和客源分流；加强游客携带危险品、管制品的检查和防范；做好消防设施的维护检查；做好车辆的出入管理；做好索道辖区治安保卫工作；做好应急物品如应急灯、雨衣、雨靴的准备；如发生个别区域出现拥挤、堵塞等安全隐患时，报告公司负责人统一调度，及时疏通；加强站区内外的巡逻，及时提醒游客注意安全。

⑤人事行政部：做好环境卫生整治；做好义务咨询服务，做好信息编发、上报工作；后勤保障工作。

4.2.1.4 车辆管理制度

1. 目的

为规范公司车辆的使用、维护，保障员工用车安全。特制定本制度。

2. 范围

本制度适用于公司所有车辆的使用管理。

3. 职责

人事行政部设定专人负责车辆及驾驶员的管理。

财务部负责车辆费用核算。

驾驶员负责车辆的日常管理,凭《派车通知单》出车,保证车况良好和行车安全。

专职安全员负责对车辆状况进行督查,加强对驾驶员的安全教育。

4. 要求

(1) 管理原则:公司用车本着"安全、必须、节约"的原则,实行定人定车管理。

(2) 派车程序。

①申请。各部门因工作需要用车,由所在部门负责人向人事行政部车辆管理负责人提出申请,履行车辆调度审批手续。

②审批。

(a) 景区范围内工作用车由分管车辆负责人审批。

(b) 景区外工作用车、外单位借用车辆、员工特殊情况需用车由分管车辆负责人同意后,报总经理批准。

(c) 下列情况原则上不派车:

ⓐ未按规定履行用车审批手续不派车。

ⓑ下班后无重要接待任务不派车。

ⓒ车辆有故障未排除不派车。

③出车。

(a) 驾驶员出车时一律凭《派车通知单》出车,公司领导在紧急情况下用车,由驾驶员负责向人事行政部报告,临时性派车来不及开具《派车通知单》的,归队后及时补办《派车通知单》。

(b) 车辆原则上由专任驾驶员出车,公司临时安排代班驾驶员时,专任驾驶员应向代班人说明车辆技术状况,清点车辆证件、随车工具等,代班驾驶员认真应履行职责,确保行车安全。

(3) 车辆维修。

①维修程序。车辆维修实行《车辆维修申报单》制度。由驾驶员填写《车辆维修申报单》,经人事行政部、公司分管领导审核,报请总经理审批后实施。如因公出车在外地发现故障或抛锚的,驾驶员应电话汇报,由人事行政部请示有关领导后处理,事后补办手续。

②计划维修。驾驶员根据公司各车辆技术状况和交警部门年度车辆审验要求,提出申报车辆维修计划(包括轮胎消耗),按程序做好车辆计划维修工作。

③故障维修。凡车辆发生故障驾驶员不能自行修复、需到修理厂家修复的,按程序履行审批手续后,到指定的修理厂修理,分管车辆负责人同时前往,由其人办理修理费用的结算,并附上《车辆维修申报单》,经财务部审核后,方可报销。

(4) 安全管理。

①人事行政部每月召开一次安全例会,加强对驾驶员的安全教育,做到警钟长鸣,确保车辆行驶安全。

②驾驶员应具备相应资质，每年参加体检，凡不符合身体要求的应及时调换工种，驾驶员应注意休息，保持精力充沛，保障车辆行驶安全。

③坚持车辆入库制度，驾驶员在收车后必须将车停放在公司车库内或指定的地点，及时锁上车门。

④驾驶员应加强交通法规的学习，并认真对照落实到具体行动中去，杜绝责任事故的发生，确保车辆行驶安全。

⑤车辆（遇山区滑坡、泥石流、冰雪等）突发事件发生后，有关领导及人员应迅速赶往现场，成立临时指挥小组，制定处置方案。

⑥出现雨、雪、雾等恶劣天气造成道路通行困难时，要第一时间保证人身安全，尽量不要行驶；若继续行驶，必须采取安全防范措施（如：安装防滑链等）。同时，要遵守交通管制措施，严格按照交警部门现场交通通行秩序行驶。

⑦因重大自然灾害造成路桥阻断，第一时间向有关部门汇报，在确保安全的情况下方可通行。短时间内不能恢复通行时，要按照公安交警部门发布的绕行通告行驶。

⑧车辆（遇山区滑坡、泥石流等）突发事件前，驾驶员要时刻关注路况信息，提前采取相应安全防范措施。同时，第一时间向有关部门汇报，在确保安全的情况下方可通行。短时间内不能恢复通行时，要按照公安交警部门发布的绕行通告行驶。

突发事件发生时，迅速撤离到安全的避灾场地。发现前方道路边坡有异动迹象，如滚石、溜土、路面泥流漫流、树木歪斜或倾倒等，应立即减速或停车观察。确认山体滑坡并判断可能威胁自身车辆安全时，要尽快退让。来不及或无条件退让时应果断弃车逃避。

突发事件发生后，在道路被滑坡、泥石流等毁坏比较严重的地段，机动车无法通过，应原路返回找到能够提供补给的地方，再考虑改走其他线路。

5. 相关记录

（1）《派车通知单》。

（2）《车辆维修申报单》。

（3）《培训记录》。

示例

派车通知单

司机：　　　　　　　　　年　　月　　日　　　　　　　车牌号：

月	日	出车时间	任务名称	吨位	起止点	里程	油耗	回场时间	备注

领导签字：　　　　　　　派车人签字：　　　　　　　用车单位签字：

车辆维修申报单

接修单位		送修时间	
车型及车号			
修理项目			
（一）		（三）	
（二）		…	
申报人：			
部门意见： 批准人：		审批人：	
材料及维修费（以下由修理厂填写）			
人民币（大写）			¥
车主验收经手人： 年　月　日		维修人员签字： 出厂日期：　　年　月　日	

培训记录

培训时间		培训地点		培训教师	
培训项目				培训方式	
参加培训人员范围（共　　人见签到表）					
培训内容：					
培训效果评价及总结：					
评价人：			日期：　　年　月　日		
下次改进措施：					

记录人：　　　　　　　　日期：　　年　月　日

4.2.1.5 消防安全管理制度

1. 目的

加强公司消防安全管理，确保游客的人身、财产和公司财产安全，制定本制度。

2. 范围

本制度适用于公司消防安全管理工作。

3. 职责

公司负责人是公司消防安全的第一责任人。

公司安全生产领导组全面负责消防安全工作的实施和对各部门相关工作的监督管理。

保安部负责处理消防安全日常事务。

各部门按规定逐级做好本部门和相关方的消防安全工作。

4. 要求

（1）消防管理。

①公司建立健全义务消防队伍的组织机构，适时更新、补充义务消防队员。对重点部位要加强防火监控。

②保安部负责公司的消防安全管理工作，组织消防操作知识的教育培训，做好各岗位火灾隐患的排查工作，根据实际制订相应的预案。

（2）用火用电。

①不得随意拉设电线，严禁超负荷用电。各部门下班后做到人走灯灭，关闭所有电源。

②设备安装应由持证的电工实施。

③严格执行动火审批制度，确需动火作业时，作业部门应向相关主管部门申请，批准同意后方可作业。

④基建工程、设备维修等项目的用电、用火由所在部门和保安部互相配合，做好安全消防管理工作。

（3）设备管理、工作场所。

①各种设备和仪器不得超负荷和带病运行，并要做到正确使用，经常维护，定期检修，不符合安全要求的陈旧设备，应有计划地更新和改造，并保持记录。

②登高、电焊、日常巡检等作业，应配备和正确使用相应的个人防护用品。不懂得防护用品用途和性能的，不准上岗操作。

③雇请的外来施工人员在公司的场地进行施工作业时，各相关部门严格按照《相关方安全管理办法》进行监督管理。

④高峰运营期间，公司启动《高峰运营保障制度》，各部门积极落实相应的职责和措施，确保安全。

（4）防火巡查、检查。

①各部门要定期检查、督促员工遵守消防安全管理制度，做好各岗位场所、设备、工具等隐患排查。

②保安部每月至少一次对各部门的日常安全管理、安全措施等工作进行检查监督。除

月检查外，逢重大节假日之前，对各部门进行一次防火检查并复查追踪改善。

（5）消防设施。

①安全疏散设施管理。

（a）各部门保持各自责任区内的疏散通道、安全出口畅通，确保疏散标志和应急照明设施完好，严禁占用安全出口或者摆放影响疏散的障碍物。

（b）保安部负责定期检查，发现损坏及时维修。

②消防设施维护管理。

（a）公司消防器材由保安部负责管理，定期检查检测消防设施器材。

（b）消防设施、消防器材实行定点存放、定点保养、定期检查，定期检查情况记录存档。对不符合消防安全要求的设施器材，要及时更新。

（c）按照相关标准和规范设置符合国家规定的消防安全疏散标志和应急照明等器材、设施，保持消防设施处于正常状态。

（6）培训及演练。

①培训。

（a）保安部负责公司消防知识的培训工作，人事行政部配合做好具体协调工作。

（b）培训内容包括相关的法律法规、消防灭火、应急事件处置等应知应会知识。

②演练。

（a）任何部门发现火情，及时报告并组织扑救，根据火情拨打火警电话，说清失火位置、燃烧物质等。

（b）发生火灾或火情时，启动防火应急预案。

（c）公司每年至少组织一次防火应急预案演练。

5. 相关记录

（1）《消防设施台账》。

（2）《灭火器检查卡》。

（3）《培训记录》。

示例

<h3 style="text-align:center;">消 防 设 施 台 账</h3>

地点	区域	设施类型	数量	备注
上站				
下站				

灭火器检查卡

年	月	日	检查情况	检查人

培 训 记 录

培训时间		培训地点		培训教师	
培训项目				培训方式	

参加培训人员范围（共　　人见签到表）

培训内容：

培训效果评价及总结：

评价人：　　　　　　　　　　　　　　　　　　　　日期：　　年　月　日

下次改进措施：

记录人：　　　　　　　　　日期：　　年　月　日

4.2.2 作业行为

4.2.2.1 作业行为安全管理制度

1. 目的

为加强生产作业行为的安全管理，对作业行为隐患、设备设施使用隐患等进行分析，采取控制措施，特制定本制度。

2. 范围

本制度适用于公司作业行为安全管理。

3. 职责

本制度归口部门为各部门。

4. 要求

（1）应加强对从业人员作业行为的安全管理，对设备设施、工艺技术以及从业人员作业行为等进行安全风险辨识，采取相应的措施，控制作业行为安全风险。

（2）应监督、指导从业人员遵守安全生产和职业卫生规章制度、操作规程，杜绝违章指挥、违规作业和违反劳动纪律的"三违"行为。

（3）应为从业人员配备与岗位安全风险相适应的、符合 GB/T 11651 规定的个体防护装备与用品，并监督、指导从业人员按照有关规定正确佩戴、使用、维护、保养和检查个体防护装备用品。

（4）现场作业行为要求如下：

①索道司机、站台服务人员应听从现管理人员调度指挥。

②现场作业应分工明确，作业人员应精神状态良好，能承担相应的劳动负荷。

③客运索道机械维修人员高空作业时应使用合格的安全带、安全帽，立体交叉作业时要防止落物伤人。吊装作业时，应安排专人进行现场安全管理，确保安全规程遵守和安全措施落实。

④索道电气维修人员作业时，应配备绝缘保护装备。

⑤客运索道日常检查人员巡线时，应穿戴安全防护装备，配备对讲机。

⑥不应带电作业。特殊情况下，不能停电作业时，应按有关带电作业的安全规定执行。

5. 相关记录

（1）《作业行为隐患评价表》。

（2）《设备设施隐患评价表》。

示例

作业行为隐患评价表

序号	作业行为	存在隐患	可能的后果	存在部门	控制措施
1	高处作业	1. 高处坠落 2. 安全防护设施损坏	人员伤亡	技术部	1. 作业人员必须持有登高作业证 2. 严格遵守高处作业安全操作规 3. 定期检查安全防护设施
2	交叉作业	1. 沟通不畅 2. 冒险作业	人员伤亡	技术部	1. 进场前充分沟通，确定负责人 2. 严格执行安全操作规程 3. 加强作业人员的安全培训

（续）

序号	作业行为	存在隐患	可能的后果	存在部门	控制措施
3	电气作业	1. 触电 2. 高处坠落	人员伤亡	技术部	1. 严格遵守电业安全操作规程 2. 严格遵守高处作业安全操作规程
4	线路早检	1. 通讯不畅 2. 运行速度过快	人员受伤 设备损坏	技术部	1. 检查对讲机 2. 严格遵守索道运行规程
5	设备巡检	1. 触碰转动部件 2. 站台穿行精神不集中	人员受伤	技术部	1. 严格执行巡检制度 2. 提高员工安全意识
6	设备检修	1. 专用设备使用不当 2. 吊装设备失效 3. 操作判断失误 4. 酒后及疲劳作业 5. 废汽油处置不当	人员受伤 设备损坏 火灾	技术部	1. 加强作业人员的操作培训 2. 按照规定检查更换吊装设备 3. 严格遵守安全操作规程 4. 严禁酒后及精神明显不集中人员作业 5. 废汽油统一处理，严禁烟火
7	仓库管理	1. 高处物品掉落 2. 电气线路老化	人员受伤 火灾	各部门	1. 严格执行仓库管理制度 2. 配备灭火器 3. 加强电气线路维护 4. 加强监督检查
8	站台服务	1. 拥挤滑跌 2. 车厢门关闭夹人或物 3. 误触开关	人员受伤	营销部	1. 加强站台疏导 2. 严格遵守服务规程 3. 加强安全培训

设备设施隐患评价表

序号	设备设施	存在隐患	可能的后果	存在部门	控制措施
1	变配电设备	1. 带电作业 2. 绝缘工器具未按期校验	人员伤亡	技术部	1. 严禁带电作业 2. 严格遵守电业安全操作规程 3. 绝缘工器具定期校验
2	控制室设备	1. 雷电导致设备损坏 2. 电气设备老化引起火灾	设备损坏 火灾	技术部	1. 雷电时关机 2. 定期检查接地装置 3. 定期维护电气设备

（续）

序号	设备设施	存在隐患	可能的后果	存在部门	控制措施
3	油库油桶	易燃易爆	人员伤亡火灾	技术部	1. 严格遵守油库管理规定 2. 配备灭火器
4	排队栏杆	拥挤倒塌	人员受伤	保安部	定期检查维护
5	指示牌	掉落	人员受伤	保安部	定期检查维护
6	垃圾桶	未熄灭烟头引燃	设备损坏	保安部	1. 加强巡查 2. 定点吸烟

4.2.2.2 劳动防护用品管理制度

1. 目的

为加强对公司劳动防护用品的管理，保护员工安全，制定本制度。

2. 范围

本制度适用于公司劳保用品的管理工作。

3. 职责

人事行政部根据国家有关规定制订工作服和劳动保护用品的发放标准，报总经理批准后实施。

人事行政部负责统一采购，经财务部仓库验收进库。

财务部负责管理和发放工作服，并将发放情况记录存档。

各使用部门统一领用劳保用品；部门、班组要对员工日常使用劳动保护用品的情况随时进行监督检查。

4. 要求

（1）采购。

①人事行政部根据发放标准和部门需求计划进行采购。

②安全帽、安全带、绝缘鞋手套等应购买符合国家或行业标准的产品。

③采购一般劳动保护用品应有相应的产品合格证，特种劳动保护用品有三证一标志：产品生产许可证、产品合格证、安全鉴定和安全标志。

（2）验收。

①入库前由仓库保管员或使用部门进行验收。

②使用部门根据国家或行业标准要求对所购的特种防护用品进行验收，验收合格后方可入库。

（3）保管。

①仓库保管员对用品进行分类储存保管。

②安全帽、安全带等工种岗位劳保用品由专人定点保管。

（4）发放。

①工作常服及其他劳保用品按照相关文件，根据不同岗位、不同工种进行发放。

安全帽、安全带：安全帽、安全带采购后由人事行政部按实际需求统一发放到相关部门，相关部门实行专人定点保管的方式，统一存放。

绝缘鞋、绝缘手套、电焊手套、焊接眼面防护具：采取专人定点保管方式，不再发放到个人。

手套：帆布手套、纱布手套、浸胶手套按月领用。

防尘口罩、防毒面具：开展刷漆、除锈、喷漆工作时，由人事行政部按实际作业人数统一发放。

②凡在岗位的工作人员均享受相应岗位的劳保用品待遇。

③员工因事、病、产假等原因离岗的停发各类劳保用品，恢复工作即可享受相应岗位的劳保用品。

④超出标准的劳保用品由使用部门提出申请，经人事行政部审核报批总经理后核发。

⑤对新入职的员工及工种变动的员工，由部门申请，经人事行政部审核后调整采购计划，配发相应岗位、相应工种的工作服。

（5）使用。

①各部门有责任教育和监督所辖员工正确使用劳保用品。

②相关部门使用的特种劳动保护用品应建立相应的发放、使用、保养记录，定时核对安全帽、带等工种劳保用品的使用期限。

（6）更换、报废。安全帽、安全带、高压绝缘手套、绝缘鞋等根据国家标准期限规定执行，根据实际情况进行检验鉴定或更换。

（7）其他管理。应监督检查劳动防护措施的执行情况，不定期征求员工意见，及时对劳动保护用品管理中存在的问题进行反馈。

5. 相关记录

《劳保防护用品发放记录》。

示例

劳动防护用品发放记录

序号	劳动防护用品名称	规格型号	数量	发放日期	领取人	发放人	备注
1							
2							
3							

（续）

序号	劳动防护用品名称	规格型号	数量	发放日期	领取人	发放人	备注
4							
5							
6							
7							
8							
9							

4.2.3 班组安全活动管理制度

1. 目的

为确保索道从业人员熟练掌握本岗位安全职责、安全生产和职业操作规程、安全风险及管控措施、防护用品使用、自救互救及应急处置措施，特制定本制度。

2. 范围

本制度适用于班组安全活动管理。

3. 职责

本制度归口部门为各部门。

4. 要求

（1）企业应明确各岗位安全职责、安全生产和职业卫生操作规程、安全风险及管理措施、防护用品使用、自救互救及应急处置措施。设置上述内容的达标标准和要求，开展岗位达标活动。并填写《岗位达标考核表》，存档备案。

（2）各班组应按照有关规定开展安全生产和职业卫生教育培训、安全操作技能训练；对于新上岗员工做好三级培训。所有培训应做好记录，填写《培训记录表》，存档备案。

（3）各班组应按照有关规定开展岗位作业危险预知、作业现场隐患排查、事故分析等工作，形成岗位作业危险预知单、作业现场隐患排查记录、事故分析报告等相关记录文件。

（4）对于企业发生的事故，应按有关规定，及时、如实向相关部门报告，并保护事故现场及有关证据。做好有关部门现场调查的准备工作。

5. 相关记录

（1）《岗位达标考核表》。

（2）《培训记录》。

示例

岗位达标考核表

被考核部门			考核时间	
考核人员				
	岗位达标内容		达标情况	
1				
2				
3				
4				
5				
存在问题及改进意见				
被考核人员签字				
被考核部门负责人签字				

培训记录

培训时间		培训地点		培训教师	
培训项目				培训方式	

参加培训人员范围（共　　人见签到表）

培训内容：

培训效果评价及总结：

评价人：　　　　　　　　　　　　　日期：　　年　月　日

下次改进措施：

记录人：　　　　　　　日期：　　年　月　日

4.2.4 相关方管理

4.2.4.1 营业场所秩序维护管理制度

1. 目的

为做好营业场所秩序管理工作，保障游客候乘车秩序安全有序，制定本制度。

2. 范围

本制度适用于公司营业场所秩序管理工作。

3. 职责

索道营业场所秩序维护日常管理由保安部保安员负责。

各营业接待岗位配合保安员做好秩序维护。

4. 要求

（1）根据营业秩序管理需要，在上下站游客营业场所设置必备的设施：配制足够数量的排队栏杆、排队等候时间告示牌、通道指示牌、广播系统等，为秩序管理提供基础保障。

（2）日常秩序维护由保安人员根据服务规范进行管理，重点是维护通道的出入口、排队栏杆、站台、候车室等人流集中的场所秩序，引导游客有秩序地乘车。

（3）旺季和节假日时，根据市场客源调查情况，依据旺季和节假日接待方案，公司统筹安排其他人员到营业现场维护秩序，必要时聘请当地武警人员，加强秩序维护力量。

（4）游客较多出现排队情况，保安人员在控制人员进入候车室时，正确处理专用通道与普通通道之间、散客与团队乘客之间在候车与乘车过程中的矛盾与纠纷，与检票口等相关岗位做好协调工作，按要求控制好人数。

（5）在排队游客达到一小时等候区时，要安排人员对排队游客进行走动式管理，加强对重点区域和薄弱环节的管理，做好安全防范工作，发现问题及时处理。

（6）在维护秩序时，要积极做好室外禁烟、安全防火、资源保护、旅游常识等宣传解说工作；征得游客的理解与支持。

（7）积极做好与导游的对接工作，引导导游随团乘车，调动导游共同维护好游客秩序。

（8）遇恶劣天气临时停电及设备故障等突发情况时，保安人员要根据相关预案规定要求处理，主动做好游客的解释工作。及时疏导游客到合适的场所休息，维护游客乘车秩序。

（9）发现孕妇、婴幼儿、病人、残疾人、老年人等需要帮助时，及时与营销部当班经理联系，提供特色服务。

（10）如游客之间或游客与员工之间冲突时，保安人员到场及时制止劝解，处理不了的及时汇报值班领导进行处理，重大事情值班领导及时与综合治理或派出所联系处理。

（11）索道车厢配备的司乘人员在保证沿途行车安全的同时，还应维护好车厢内乘车秩序。

4.2.4.2 绿色通道管理制度

1. 目的

为有特殊需求乘客或安全应急需要提供便捷服务，特制定本制度。

2. 范围

本制度适用绿色通道管理。

3. 职责

本制度归口部门为营销部。

4. 要求

（1）服务对象：

①景区发生突发事件时参与应急救援的工作人员及救援对象。

②需要安排的老、幼、病、残、孕等特殊游客。

③重要接待任务。

④重要业务合作单位客人。

（2）使用绿色通道应在值班总经理同意后，由相关服务人员检验票证，凭有效乘车单安排进入绿色通道候车。

（3）在游客较多时，处理好绿色通道与普通通道之间的关系，避免矛盾与纠纷。

（4）绿色通道由营销部负责日常管理，节假日期间应安排专人负责。相关工作人员应及时做好游客的解释工作。

4.2.4.3 相关方管理制度

1. 目的

为加强对相关方的安全管理，确保相关方的安全，保障公司工作的正常进行及利益，特制定本制度。

2. 范围

本制度适用于公司各部门和相关方。

3. 职责

人事行政部是相关方管理主要部门，负责签订安全协议或合同，审核各类证件及资质进行公司级教育；各责任部门负责相关方的安全管理。

4. 要求

（1）相关方管理的范围。

①将生产经营项目、场所、设备、发包或者出租。

②外来施工部门进入公司内部施工。

③进场送货、取货的供应商或物流公司。

④实习、代培、临时进场作业。

人事行政部应建立《相关方名录》和《相关方台账》，不得将没有相应资质的单位纳入名录和台账内。

（2）承包商和供应商管理。

①承包商应具备与所承担的业务相应的能力，并具备相关资质。供应商应具备与所提供商品相应的生产或经营能力，并具备相关资质。

②公司相关工作主要负责人员应根据承包商所承担的工作项目，提前向其说明所应注

意的安全事项，应与承包商签订书面安全协议，明确双方的安全生产及职业病防护的责任和义务。

③承包商在提供服务过程中，应遵守国家相关法律法规及公司相关的各项安全管理制度和规定，派专门人员进行安全和质量监督，并接受安全管理人员的监督、管理。

④公司相关工作负责部门在承包商服务过程中，应对其作业过程进行监督，确保承包商的施工作业符合相关安全管理规定。如果发现承包商存在违反安全规定的情况时，应责令其停止施工，直到完成整改后方可恢复作业。

（3）外来施工部门安全管理。

①对外来施工部门资质审查：依法取得相应等级的资质证书、营业执照、施工安全资质证书、项目负责人和安全责任人，建立安全生产管理制度，具备安全生产保障条件。

②相关方进入公司区域，在签订承包协议的同时，签订安全生产管理协议，明确双方的安全生产及职业病防护的责任和义务。施工前，应制定相应的施工安全保障措施或方案。

（4）营业场所内，临时作业等安全管理。

①对营业场所内临时作业、实习人员及其他外来人员以安全教育、张贴外来人员须知等形式告知安全注意事项。

②进入营业现场，按规定佩戴和使用相应的劳动防护用品。

（5）相关方的评价。公司应组织相关部门定期对相关方（承包商/供应商等）进行服务评价，如实填写相关方检查记录；促进承包商、供应商等相关方达到安全生产标准化要求。

5. 相关记录

（1）《供应商名录》。

（2）《相关方管理档案、监督检查记录》。

示例

供 应 商 名 录

配件类

序号	供应商名称	产品种类	联系人	联系方式
1				
2				
3				
4				
（维修保养类）				
5				
6				
（服务类）				

(续)

序号	供应商名称	产品种类	联系人	联系方式
7				
8				
9				

相关方管理档案、监督检查记录

序号	相关方名称	资格认证	相关项目名称	安全协议	起止时间	监督检查结果	表现评价	是否继续合作
1								
2								
3								

4.3 职业健康（职业健康管理制度）

1. 目的

为了预防和早期发现职业病，保障员工在生产过程中的健康，促进企业的发展，特制订本制度。

2. 范围

本制度适用于职业健康的管理。

3. 职责

本制度归口部门为各部门。

4. 要求

（1）贯彻执行中华人民共和国关于职业卫生、职业病防治的法规、规范和规定，做好职业卫生和职业病防治工作。

（2）应为从业人员提供符合职业卫生要求的工作环境，为接触职业病危害的从业人员提供个人使用的职业病防护用品，建立、健全职业卫生档案和健康监护档案；产生职业病危害的工作场所应设置相应的职业病防护设施，并符合 GBZ 1 的规定。

（3）存在高海拔（海拔 1500 m 以上）、严寒（最冷月平均温度 ≤ −10 ℃ 地区）、噪声（每个工作日内平均大于 85 dB）等职业危害因素的场所和岗位应按规定进行专门管理和控制，配备必要的职业健康防护设施、器具。

（4）应组织从业人员进行上岗前、在岗期间、特殊情况应急后和离岗时的职业健康检查，将检查结果书面如实告知从业人员并存档。对检查结果异常的从业人员，应及时就医,并定期复查。企业不应该安排未经职业健康检查的从业人员从事接触职业病危害的作业;不应安排有职业禁忌的从业人员从事禁忌作业。从业人员的职业健康监护应符合 GBZ 1 的规定。

(5)各种防护用品、各种防护器具应定点存放在安全、便于取用的地方,建立台账,并有专人负责保管,定期校验、维护和更换。确保处于正常状态。

(6)与从业人员订立劳动合同时,应将工作过程中可能产生的职业病危害、后果和防护措施如实告知,并在合同中写明。

(7)对员工进行职业健康防治教育。在醒目位置公告栏,公布有关职业病防治的规章制度、操作规程、职业病危害事故应急救援措施和工作场所职业病危害因素检测结果。对存在或产生职业病危害的工作场所、作业岗位、设备、设施,应在醒目位置设置警示标识和中文警示说明。

(8)应按照有关规定,对职业病危害项目及时更新信息。

(9)应改善工作场所职业卫生条件,控制职业病危害因素。应对工作场所职业病危害因素进行日常监测。

5. 相关记录

(1)《员工健康档案》。

(2)《职业病危害告知书》。

(3)《职业健康防护设施台账》。

(4)《劳动防护用品发放记录》。

示例

员 工 健 康 档 案

部门		姓名		性别		民族	
出生日期		家庭地址					
岗位		学历					
工作简历							
职业病既往史							
职业病危害接触史							

职业病危害告知书

　　_____ 同志：

　　您所在的索道上站_____岗位，存在（高海拔）职业危害因素。如防护操作不当，该职业危害因素可能对您的身体造成损害。

　　本公司已按照国家有关法律规定，对该职业危害因素采取了防护措施，<u>实行两班制、上下站轮岗、定期体检、提供急救药品、发放高山补助</u>。

　　同时，为预防职业危害因素导致职业病及伤害事故的发生，依据《安全生产法》《职业病防治法》及《劳动合同法》之规定，请您履行以下义务：

　　自觉遵守用人本公司制定的职业卫生操作规程和制度；正确使用个人防护用品；积极参加职业卫生知识培训；定期参加职业病健康体检；发现职业危害隐患和事故应及时报告；并积极配合公司，避免职业病及各类伤害事故的发生。

　　特此告知

　　欢迎您随时提出行之有效的预防职业病的建议。

单位盖章　　　　　　　　　　员工签字

年　月　日　　　　　　　　　年　月　日

职业健康防护设施台账

设施名称	型号	数量	存放位置	责任部门	责任人	备注

填表人：　　　　　　　　　　　　　　　　日期：

劳动防护用品发放记录

日期：　年　月　日　　　　　　　　　领用部门：

序号	姓名	劳保用品名称	数量	签名

4.4 警示标志

4.4.1 安全警示标志管理制度

1. 目的

为规范安全警示标志管理，充分发挥安全警示标志在安全生产工作中的作用，避免事故发生，特制定本制度。

2. 适用范围

本制度适用于安全警示标志的管理。

3. 职责

专职安全员协助相关职能部门负责确定安全警示标志的设置和维护管理工作。

4. 内容

（1）设置要求：

①应按照有关规定和工作场所的安全风险特点，在有重大危险源、较大危险因素和严重职业病危害因素的工作场所，设置明显的、符合有关规定要求的安全警示标志和职业病危害警示标识，使进入现场人员易于识别，引起警惕，达到预防事故发生的目的。

②对于有夜班作业的场所设置安全警示标识应有足够的照明，保证操作人员在夜间能够清晰可辨。

③安全标志不应设置在门窗等可移动的物体上，或已被遮挡的地方。

④警示标志的安全色和安全标志应分别符合 GB 2893 和 GB 2894 的规定，道路交通标志和标线应符合 GB 5768（所有部分）的规定，工业管道安全标识应符合 GB 7231 的规

定，消防安全标志应符合 GB 13495.1 的规定，工作场所职业病危害警示标识应符合 GBZ 158 的规定。

（2）设置计划及其他要求：

①职能部门根据现场需要和相关标准规定提出安全标志设置需求，由人事行政部统一制作。

②在日常工作、检查中发现需要设置警示标志，应及时提出申请，报人事行政部制作。

③警示标志的配置使用应列入各级安全检查的内容，各职能部门负责安装（或张贴）和日常维护，保持整洁，防止沾污和损伤。

④警示标志的使用、发放、回收由职能部门负责，并做好发放记录，作废回收的安全标识，尽可能再利用，不能利用的再作废品处理。

⑤必须建立警示标志台账。

5. 相关记录

（1）《警示标志台账》。

（2）《警示标志检查记录表》。

示例

<h3 style="text-align:center">警示标志台账</h3>

禁止标志	警告标志	指令标志	提示标志
禁止吸烟	当心中毒	必须戴安全帽	安全出口
禁止攀爬	当心触电	必须系安全带	紧急避险区
禁止入内	当心坠落	必须戴防护手套	乘坐安全须知
禁止抛物	当心坑洞	必须穿防护鞋	绿色通道
禁止触摸	当心塌方	必须戴防毒面具	出入口提示
禁止堆放	当心机械伤人		
禁止合闸	注意安全		
禁止启动	注意落石		
	当心滑跌		

警示标志检查记录表

日期：

序号	警示标志名称	位置	状态	检查人	备注

5 安全风险管控及隐患排查治理

5.1 安全风险管理（安全风险辨识、评估和控制措施管理制度）

1. 目的

为准确辨识安全风险，评价其危险程度，进行分级，实施有效控制，特制定本办法。

2. 范围

本办法适用于本公司范围内风险的辨识、评价和控制。

3. 职责

公司负责人负责风险辨识、评价和控制措施的组织领导工作。

办公室负责组织风险辨识、评价和控制策划指导工作。

保安部具体负责风险辨识、评价和控制措施的实施和监督。

各部门负责实施本部门风险辨识、评价和措施控制工作，报保安部审核后，由公司负责人审批，并将其结果上报办公室备案。

4. 要求

（1）程序描述。要控制风险，首先要辨识风险，评价其带来危害的严重程度和可能性，判定其风险级别，据此考核。

（2）风险的辨识。考虑风险控制的措施及降低安全风险的优先顺序。风险辨识是一个不断发展和更新的过程。

①由主要负责人组织各部门负责人制定计划，成立初始评审组（由各部门的人员参加）。

②风险辨识应从以下类型的危险因素进行考虑：

（a）物理性危害危险因素：如设备设施缺陷、防护缺陷、电危害等。

（b）化学性危害危险因素：如易燃易爆物质、有毒物质等。

（c）生物性危害危险因素：如致病微生物、传染病媒介物等。

（d）生理及心理性危害危险因素：如健康状况异常、从事禁忌活动等。

（e）行为性危害危险因素：如指挥失误、操作失误等。

（f）其他危害危险因素：如管理缺陷、制度不健全等。

③在辨识隐患时可以按以下单元或业务活动，辨识隐患。

（a）公司房内（外）的地理位置。

（b）生产过程或所提供服务的阶段。

（c）计划的和被动性的工作。

（d）确定的任务。

（e）不经常发生的任务。

④安全风险辨识方法可采用询问与交流、现场观察、查阅有关记录、获取外部信息、工作任务分析、安全检查表、作业条件的危险性评价、事件树、故障树等方法。

（3）风险评估。

①风险评估的方法。风险评估在风险辨识的基础上按定性评价的方式进行，定性评估采用直接判断法。直接判断法的依据主要包括：法律法规的符合性、相关方的合理要求、类似事故的经验教训、直接察觉到的危险等。

②级别的确定。

（a）根据公司实际情况把风险规定为一般安全风险、显著安全风险和重大安全风险（本文件所指的重大风险均系公司级重大危险源）。

（b）同时，凡符合以下条件之一的危险因素也均应判定为重大安全风险：

ⓐ不符合法律、法规和其他要求的；

ⓑ曾经发生过事故，且未采取有效控制措施的；

ⓒ直接观察到可能导致危险且无适当控制措施的。

重大安全风险是公司制定安全生产目标、指标和管理方案的重要参考依据。

（4）评估步骤。

①初始风险评估：根据风险评估方法确定初始风险等级。

②确定风险控制措施：根据初始风险等级的大小建立相应的控制措施或者保持已有的控制措施，进一步降低风险等级，详见下表。

风险级别及其控制措施

风险级别	措 施
重大风险	只有当风险等级已降低时，才能开始或者继续工作。如果无限的资源投入也不能降低风险时，就必须禁止工作（停止工作）
显著风险	应立即采取有效措施降低风险，并应考虑应急措施（立即整改）
一般风险	应努力降低风险，但应仔细测定并限定预防成本，并应在规定时间期限内实施降低风险措施（限期整改）

③剩余风险评估。根据风险控制措施的确定和建立，再次评价通过控制措施后的风险等级。初始风险评价和剩余风险评价的方法是一样的。

（5）评估结果。各部门分别就本部门的评估结果，编制《客运索道企业安全风险辨识、分析、评估汇总表》，保存评估记录。各部门的《安全风险评估总表》由保安部审核，管理者代表批准，并将《客运索道企业安全风险辨识、分析、评估汇总表》分别留办公室备案和本部门保存。对存在风险的岗位、区域应设置《安全风险公告栏》和《岗位安全风险告知卡》。

（6）安全风险的更新。当发生下列情况时，各部门应组织有关人员重新进行风险辨识与评价：

①相关法律、法规和其他要求发生变化。

②公司的安全生产方针和安全生产目标发生重大变化。

③公司的产品、活动和服务发生较大变化。

④相关方有合理抱怨和要求。

5. 相关记录

（1）《客运索道企业安全风险辨识、分析、评估汇总表》。

①索道设备部/早晚检风险分级管控措施清单、责任清单。

②索道设备部/点检风险分级管控措施清单、责任清单。

③索道设备部/线路巡检风险分级管控措施清单、责任清单。

④索道设备部/周检风险分级管控措施清单、责任清单。

⑤索道设备部/月检风险分级管控措施清单、责任清单。

⑥索道设备部/点检风险分级管控措施清单、责任清单。

⑦索道设备部（设备设施）风险分析分级管控措施清单。

⑧索道设备部/办公室风险分级管控措施清单、责任清单。

⑨索道安全风险汇总表（日常类）。

（2）《安全风险公告栏》。

（3）《岗位安全风险告知卡》。

客运索道企业安全生产标准化管理应用指南

示例

客运索道企业安全风险辨识、分析、评估汇总表

索道设备部/早晚检风险分级管控措施清单、责任清单

序号	风险点名称	作业活动/设备设施	危害因素	事故后果	技术措施	管理措施	教育措施	个体防护措施	应急措施	L值	S值	R值	风险等级	管控层级	责任单位	责任人	责任岗位
1	索道设备	传感器、开关	损坏	索道停运	按照维护手册	每天1次	现场培训	安全带、安全帽	紧急维修	1	1	1	4	部门级	设备部		
2	索道设备	接地棒	损坏	索道停运	按照维护手册	每天1次	现场培训	安全带、安全帽	紧急维修	1	1	1	4	部门级	设备部		
3	索道设备	控制箱、走台开关位置	损坏	索道停运	按照维护手册	每天1次	现场培训	安全带、安全帽	紧急维修	1	1	1	4	部门级	设备部		
4	索道设备	张紧液压系统	损坏	索道停运	按照维护手册	每天1次	现场培训	安全带、安全帽	紧急维修	3	5	15	2	部门级	设备部		
5	索道设备	传输轮胎、皮带	损坏	索道停运	按照维护手册	每天1次	现场培训	安全带、安全帽	紧急维修	1	1	1	4	部门级	设备部		
6	索道设备	取力皮带及取力轮	损坏	索道停运	按照维护手册	每天1次	现场培训	安全带、安全帽	紧急维修	1	1	1	4	部门级	设备部		
7	索道设备	轮胎梁	损坏	索道停运	按照维护手册	每天1次	现场培训	安全带、安全帽	紧急维修	2	5	10	3	部门级	设备部		
8	索道设备	道岔	损坏	索道停运	按照维护手册	每天1次	现场培训	安全带、安全帽	紧急维修	3	4	12	3	部门级	设备部		

(续)

序号	风险点名称	作业活动/设备设施	危害因素	事故后果	技术措施	管理措施	教育措施	个体防护措施	应急措施	L值	S值	R值	风险等级	管控层级	责任单位	责任人	责任岗位
9	索道设备	行走轮	损坏	索道停运	按照维护手册	每天1次	现场培训	安全带、安全帽	紧急维修	2	2	4	4	部门级	设备部		
10	索道设备	驱动轮、迂回轮	损坏	索道停运	按照维护手册	每天1次	现场培训	安全带、安全帽	紧急维修	3	5	15	2	部门级	设备部		
11	索道设备	制动闸系统	损坏	索道停运	按照维护手册	每天1次	现场培训	安全带、安全帽	紧急维修	3	3	9	3	部门级	设备部		
12	索道设备	紧急驱动系统	损坏	索道停运	按照维护手册	每天1次	现场培训	安全带、安全帽	紧急维修	2	2	4	4	部门级	设备部		
13	索道设备	机房	高温、潮湿建筑体损坏	索道停运	按照维护手册	每天1次	现场培训	安全带、安全帽	紧急维修	3	5	15	2	部门级	设备部		
14	索道设备	发车系统	损坏	索道停运	按照维护手册	每天1次	现场培训	安全带、安全帽	紧急维修	2	2	4	4	部门级	设备部		
15	索道设备	主驱动变速箱	损坏	索道停运	按照维护手册	每天1次	现场培训	安全带、安全帽	紧急维修	3	4	12	3	部门级	设备部		
16	索道设备	主电机	损坏	索道停运	按照维护手册	每天1次	现场培训	安全带、安全帽	紧急维修	3	4	12	3	部门级	设备部		
17	索道设备	辅助电机	损坏	索道停运	按照维护手册	每天1次	现场培训	安全带、安全帽	紧急维修	3	3	9	3	部门级	设备部		

（续）

序号	风险点名称	作业活动/设备设施	危害因素	事故后果	技术措施	管理措施	教育措施	个体防护措施	应急措施	L值	S值	R值	风险等级	管控层级	责任单位	责任人	责任岗位
18	索道设备	风机	损坏	索道停运	按照维护手册	每天1次	现场培训	安全带、安全帽	紧急维修	2	2	4	4	部门级	设备部		
19	索道设备	控制柜开关位置	损坏	索道停运	按照维护手册	每天1次	现场培训	安全带、安全帽	紧急维修	2	2	4	4	部门级	设备部		
20	索道设备	触摸屏	损坏	索道停运	按照维护手册	每天1次	现场培训	安全带、安全帽	紧急维修	2	5	10	3	部门级	设备部		
21	索道设备	通信	损坏	索道停运	按照维护手册	每天1次	现场培训	安全带、安全帽	紧急维修	2	2	4	4	部门级	设备部		
22	索道设备	支架U型针	损坏	索道停运	按照维护手册	每天1次	现场培训	安全带、安全帽	紧急维修	2	5	10	3	部门级	设备部		
23	索道设备	安全线	损坏	索道停运	按照维护手册	每天1次	现场培训	安全带、安全帽	紧急维修	2	5	10	3	部门级	设备部		
24	索道设备	24 V电源	损坏	索道停运	按照维护手册	每天1次	现场培训	安全带、安全帽	紧急维修	2	2	4	4	部门级	设备部		
25	索道设备	传输皮带传输轮胎	损坏	索道停运	按照维护手册	每天1次	现场培训	安全带、安全帽	紧急维修	2	2	4	4	部门级	设备部		
26	索道设备	取力皮带取力轮	损坏	索道停运	按照维护手册	每天1次	现场培训	安全带、安全帽	紧急维修	2	2	4	4	部门级	设备部		
27	索道设备	张紧压力	损坏	索道停运	按照维护手册	每天1次	现场培训	安全带、安全帽	紧急维修	2	5	10	3	部门级	设备部		

（续）

序号	风险点名称	作业活动/设备设施	危害因素	事故后果	技术措施	管理措施	教育措施	个体防护措施	应急措施	L值	S值	R值	风险等级	管控层级	责任单位	责任人	责任岗位
28	索道设备	小车位置	损坏	索道停运	按照维护手册	每天1次	现场培训	安全带、安全帽、安全衣	紧急维修	2	5	10	3	部门级	设备部		

索道设备部/点检风险分级管控措施清单、责任清单

序号	风险点名称	作业活动/设备设施	危害因素	事故后果	技术措施	管理措施	教育措施	个体防护措施	应急措施	L值	S值	R值	风险等级	管控层级	责任单位	责任人	责任岗位
1	索道设备	运行速度/(m·s^{-1})	大风天气	索道停运	按照维护手册	运营期间2小时1次	现场培训	安全带、安全帽、安全衣	联系气象部门并密切监测线路情况	2	5	10	3	部门级	索道设备部		
2	索道设备	电源/V	损坏	索道停运	按照维护手册	运营期间2小时1次	现场培训	安全带、安全帽、安全衣	启动应急预案同时开始抢修	2	5	10	3	部门级	索道设备部		
3	索道设备	脱索显示	损坏	索道停运	按照维护手册	运营期间2小时1次	现场培训	安全带、安全帽、安全衣	切换安全线,停运后检查维修	3	5	15	2	部门级	索道设备部		
4	索道设备	电枢电流/A	损坏	索道停运	按照维护手册	运营期间2小时1次	现场培训	安全带、安全帽、安全衣	启动应急预案同时开始抢修	3	5	15	2	部门级	索道设备部		
5	索道设备	电枢电压/V	损坏	索道停运	按照维护手册	运营期间2小时1次	现场培训	安全带、安全帽、安全衣	启动应急预案同时开始抢修	3	5	15	2	部门级	索道设备部		
6	索道设备	励磁电流/A	损坏	索道停运	按照维护手册	运营期间2小时1次	现场培训	安全带、安全帽、安全衣	启动应急预案同时开始抢修	3	5	15	2	部门级	索道设备部		

（续）

序号	风险点名称	作业活动/设备设施	危害因素	事故后果	技术措施	管理措施	教育措施	个体防护措施	应急措施	L值	S值	R值	风险等级	管控层级	责任单位	责任人	责任岗位
7	索道设备	电网电压/V	损坏	索道停运	按照维护手册	运营期间2小时1次	现场培训	安全带、安全帽	启动应急预案同时开始抢修	3	5	15	2	部门级	索道设备部		
8	索道设备	输出力矩	损坏	索道停运	按照维护手册	运营期间2小时1次	现场培训	安全带、安全帽	启动应急预案同时开始抢修	3	5	15	2	部门级	索道设备部		
9	索道设备	制动压力/1bar	损坏	索道停运	按照维护手册	运营期间2小时1次	现场培训	安全带、安全帽	紧急维修	3	3	9	3	部门级	索道设备部		
10	索道设备	制动压力/2bar	损坏	索道停运	按照维护手册	运营期间2小时1次	现场培训	安全带、安全帽	紧急维修	3	3	9	3	部门级	索道设备部		
11	索道设备	张紧力/kg	损坏	索道停运	按照维护手册	运营期间2小时1次	现场培训	安全带、安全帽	启动应急预案同时开始抢修	3	4	12	3	部门级	索道设备部		
12	索道设备	张紧液压压力/bar	损坏	索道停运	按照维护手册	运营期间2小时1次	现场培训	安全带、安全帽	启动应急预案同时开始抢修	3	4	12	3	部门级	索道设备部		
13	索道设备	张紧小车行程/cm	损坏	索道停运	按照维护手册	运营期间2小时1次	现场培训	安全带、安全帽	启动应急预案同时开始抢修	3	4	12	3	部门级	索道设备部		
14	索道设备	张紧液压油温	损坏	索道停运	按照维护手册	运营期间2小时1次	现场培训	安全带、安全帽	启动应急预案同时开始抢修	2	3	6	4	部门级	索道设备部		
15	索道设备	驱动与迂回轮	损坏	索道停运	按照维护手册	运营期间2小时1次	现场培训	安全带、安全帽	启动应急预案同时开始抢修	3	5	15	2	部门级	索道设备部		
16	索道设备	站内索轮工况	损坏	索道停运	按照维护手册	运营期间2小时1次	现场培训	安全带、安全帽	启动应急预案同时开始抢修	3	4	12	3	部门级	索道设备部		

（续）

序号	风险点名称	作业活动/设备设施	危害因素	事故后果	技术措施	管理措施	教育措施	个体防护措施	应急措施	L值	S值	R值	风险等级	管控层级	责任单位	责任人	责任岗位
17	索道设备	吊厢在站内运行情况	损坏	索道停运	按照维护手册	运营期间2小时1次	现场培训	安全带、安全帽、安全会	收车或更换吊厢	3	3	9	3	部门级	索道设备部		
18	索道设备	站内传输系统工况	损坏	索道停运	按照维护手册	运营期间2小时1次	现场培训	安全带、安全帽、安全会	启动应急预案同时开始抢修	3	4	12	3	部门级	索道设备部		
19	索道设备	进出站工况	损坏	索道停运	按照维护手册	运营期间2小时1次	现场培训	安全带、安全帽、安全会	启动应急预案同时开始抢修	3	4	12	3	部门级	索道设备部		

索道设备部/线路巡检风险分级管控措施清单、责任清单

序号	风险点名称	作业活动/设备设施	危害因素	事故后果	技术措施	管理措施	教育措施	个体防护措施	应急措施	L值	S值	R值	风险等级	管控层级	责任单位	责任人	责任岗位
1	索道设备	钢丝绳是否在索轮中心	损坏	索道停运	按照维护手册	运营期间2小时1次	现场培训	安全带、安全帽、安全会	启动应急预案同时开始抢修	3	5	15	2	部门级	索道设备部		
2	索道设备	索轮组索轮是否异响	损坏	索道停运	按照维护手册	运营期间2小时1次	现场培训	安全带、安全帽、安全会	启动应急预案同时开始抢修	2	5	10	3	部门级	索道设备部		
3	索道设备	抱索器在索轮组上通过是否正常	损坏	索道停运	按照维护手册	运营期间2小时1次	现场培训	安全带、安全帽、安全会	启动应急预案同时开始抢修	2	5	10	3	部门级	索道设备部		
4	索道设备	支架有无异响	部件损坏	索道停运	按照维护手册	运营期间2小时1次	现场培训	安全带、安全帽、安全会	启动应急预案同时开始抢修	3	5	15	2	部门级	索道设备部		

（续）

序号	风险点名称	作业活动/设备设施	危害因素	事故后果	技术措施	管理措施	教育措施	个体防护措施	应急措施	L值	S值	R值	风险等级	管控层级	责任单位	责任人	责任岗位
5	索道设备	支架通讯电缆是否正常	老化	索道停运	按照维护手册	运营期间2小时1次	现场培训	安全带、安全帽、安全鞋	启动应急预案同时开始抢修	3	5	15	2	部门级	索道设备部		
6	索道设备	空吊厢摆动角度是否正常	遇大风	索道停运	按照维护手册	运营期间2小时1次	现场培训	安全带、安全帽、安全鞋	启动应急预案同时开始抢修	3	5	15	2	部门级	索道设备部		
7	索道设备	支架风速风向仪是否正常	损坏	监测运行	按照维护手册	运营期间2小时1次	现场培训	安全带、安全帽、安全鞋	停运后维修更换	2	2	4	4	部门级	索道设备部		
8	索道设备	走台上有无异物或有无人攀爬支架	破坏	现场制止	按照维护手册	运营期间2小时1次	现场培训	安全带、安全帽、安全鞋	报主管领导并立即制止	1	2	2	4	部门级	索道设备部		
9	索道设备	支架基础周边无滑坡等危害	损坏	索道停运	按照维护手册	运营期间2小时1次	现场培训	安全带、安全帽、安全鞋	启动应急预案同时开始抢修	3	5	15	2	部门级	索道设备部		
10	索道设备	吊厢通过路径有无障碍物	损坏	索道停运	按照维护手册	运营期间2小时1次	现场培训	安全带、安全帽、安全鞋	启动应急预案同时开始抢修	2	5	10	3	部门级	索道设备部		
11	索道设备	线路周边有无火情	损坏	保护停机	按照维护手册	运营期间2小时1次	现场培训	安全带、安全帽、安全鞋	启动应急预案	2	5	10	3	部门级	索道设备部		
12	索道设备	主电机温度/℃	高温	索道停运	按照维护手册	运营期间2小时1次	现场培训	安全带、安全帽、安全鞋	报主管领导并对主电机降温	2	3	6	4	部门级	索道设备部		
13	索道设备	主电机碳刷火花	损坏	索道停运	按照维护手册	运营期间2小时1次	现场培训	安全带、安全帽、安全鞋	启动应急预案同时开始抢修	2	4	8	4	部门级	索道设备部		

（续）

序号	风险点名称	作业活动/设备设施	危害因素	事故后果	技术措施	管理措施	教育措施	个体防护措施	应急措施	L值	S值	R值	风险等级	管控层级	责任单位	责任人	责任岗位
14	索道设备	主电机轴承声音	损坏	索道停运	按照维护手册	运营期间2小时1次	现场培训	安全带、安全帽、安全鞋	启动应急预案同时开始抢修	2	5	10	3	部门级	索道设备部		
15	索道设备	主电机有无异常震动	损坏	索道停运	按照维护手册	运营期间2小时1次	现场培训	安全带、安全帽、安全鞋	启动应急预案同时开始抢修	2	5	10	3	部门级	索道设备部		
16	索道设备	主电机风机电机温度/℃	高温	保护停机	按照维护手册	运营期间2小时1次	现场培训	安全带、安全帽、安全鞋	报主管领导并对风机降温	2	2	4	4	部门级	索道设备部		
17	索道设备	主电机风机无异常震动	损坏	索道停运	按照维护手册	运营期间2小时1次	现场培训	安全带、安全帽、安全鞋	启动应急预案同时开始抢修	2	2	4	4	部门级	索道设备部		
18	索道设备	主电机风机轴承声音	损坏	索道停运	按照维护手册	运营期间2小时1次	现场培训	安全带、安全帽、安全鞋	启动应急预案同时开始抢修	2	2	4	4	部门级	索道设备部		
19	索道设备	万向轴有无异常声音	损坏	索道停运	按照维护手册	运营期间2小时1次	现场培训	安全带、安全帽、安全鞋	启动应急预案同时开始抢修	3	5	15	2	部门级	索道设备部		
20	索道设备	万向轴有无异常振动	损坏	索道停运	按照维护手册	运营期间2小时1次	现场培训	安全带、安全帽、安全鞋	启动应急预案同时开始抢修	3	5	15	2	部门级	索道设备部		
21	索道设备	减速机机体温度/℃	高温	保护停机	按照维护手册	运营期间2小时1次	现场培训	安全带、安全帽、安全鞋	报主管领导并对风机降温	2	4	8	4	部门级	索道设备部		
22	索道设备	减速机有无异常振动	损坏	索道停运	按照维护手册	运营期间2小时1次	现场培训	安全带、安全帽、安全鞋	启动应急预案同时开始抢修	3	5	15	2	部门级	索道设备部		
23	索道设备	减速机管路是否渗漏	渗漏	低速运行	按照维护手册	运营期间2小时1次	现场培训	安全带、安全帽、安全鞋	启动应急预案同时开始抢修	2	2	4	4	部门级	索道设备部		

（续）

序号	风险点名称	作业活动/设备设施	危害因素	事故后果	技术措施	管理措施	教育措施	个体防护措施	应急措施	L值	S值	R值	风险等级	管控层级	责任单位	责任人	责任岗位
24	索道设备	减速机冷却器风扇工况	高温	保护停机	按照维护手册	运营期间2小时1次	现场培训	安全带、安全帽、安全会	报主管领导并降温	2	2	4	4	部门级	索道设备部		
25	索道设备	减速机润滑泵工况	损坏	索道停运	按照维护手册	运营期间2小时1次	现场培训	安全带、安全帽、安全会	启动应急预案同时开始抢修	3	4	12	3	部门级	索道设备部		
26	索道设备	减速机润滑油温度/℃	高温	保护停机	按照维护手册	运营期间2小时1次	现场培训	安全带、安全帽、安全会	报主管领导并降温	2	2	4	4	部门级	索道设备部		
27	索道设备	空调、排风扇	高温	监护运行	按照维护手册	运营期间2小时1次	现场培训	安全带、安全帽、安全会	启动应急预案同时开始抢修	2	2	4	4	部门级	索道设备部		
28	索道设备	高压柜出线柜是否正常	损坏	索道停运	按照维护手册	运营期间2小时1次	现场培训	安全带、安全帽、安全会	启动应急预案同时开始抢修	2	5	10	3	部门级	索道设备部		
29	索道设备	变压器温度/℃	损坏	索道停运	按照维护手册	运营期间2小时1次	现场培训	安全带、安全帽、安全会	启动应急预案同时开始抢修	2	5	10	3	部门级	索道设备部		
30	索道设备	变压器无异响及异味	损坏	索道停运	按照维护手册	运营期间2小时1次	现场培训	安全带、安全帽、安全会	启动应急预案同时开始抢修	2	5	10	3	部门级	索道设备部		
31	索道设备	变压器散热风机工况	损坏	索道停运	按照维护手册	运营期间2小时1次	现场培训	安全带、安全帽、安全会	启动应急预案同时开始抢修	2	5	10	3	部门级	索道设备部		
32	索道设备	电力配电柜三项电流/A	损坏	索道停运	按照维护手册	运营期间2小时1次	现场培训	安全带、安全帽、安全会	启动应急预案同时开始抢修	2	5	10	3	部门级	索道设备部		
33	索道设备	电力配电柜三项电压/V	损坏	索道停运	按照维护手册	运营期间2小时1次	现场培训	安全带、安全帽、安全会	启动应急预案同时开始抢修	2	5	10	3	部门级	索道设备部		

（续）

序号	风险点名称	作业活动/设备设施	危害因素	事故后果	技术措施	管理措施	教育措施	个体防护措施	应急措施	L值	S值	R值	风险等级	管控层级	责任单位	责任人	责任岗位
34	索道设备	无功补偿装置功率因数	损坏	索道停运	按照维护手册	运营期间2小时1次	现场培训	安全带、安全帽、安全会	启动应急预案同时开始抢修	2	5	10	3	部门级	索道设备部		
35	索道设备	整流室温度	损坏	索道停运	按照维护手册	运营期间2小时1次	现场培训	安全带、安全帽、安全会	启动应急预案同时开始抢修	2	5	10	3	部门级	索道设备部		
36	索道设备	整流室整流柜电压/V	损坏	索道停运	按照维护手册	运营期间2小时1次	现场培训	安全带、安全帽、安全会	启动应急预案同时开始抢修	2	5	10	3	部门级	索道设备部		
37	索道设备	整流室整流柜电流/A	损坏	索道停运	按照维护手册	运营期间2小时1次	现场培训	安全带、安全帽、安全会	启动应急预案同时开始抢修	2	5	10	3	部门级	索道设备部		

索道设备部/周检风险分级管控措施清单、责任清单

序号	风险点名称	作业活动/设备设施	危害因素	事故后果	技术措施	管理措施	教育措施	个体防护措施	应急措施	L值	S值	R值	风险等级	管控层级	责任单位	责任人	责任岗位
1	索道设备	驱动轮轮衬磨损	损坏	索道停运	按照维护手册	每周1次	现场培训	安全带、安全帽、安全会	紧急维修	4	5	20	2	部门级	索道设备部		
2	索道设备	迂回轮连接面、焊口	损坏	索道停运	按照维护手册	每周1次	现场培训	安全带、安全帽、安全会	紧急维修	4	5	20	2	部门级	索道设备部		
3	索道设备	进站导向螺栓紧固、弹性连接	损坏	索道停运	按照维护手册	每周1次	现场培训	安全带、安全帽、安全会	紧急维修	2	3	6	4	部门级	索道设备部		
4	索道设备	站内传输张力、磨损	损坏	索道停运	按照维护手册	每周1次	现场培训	安全带、安全帽、安全会	紧急维修	2	2	4	4	部门级	索道设备部		

（续）

序号	风险点名称	作业活动/设备设施	危害因素	事故后果	技术措施	管理措施	教育措施	个体防护措施	应急措施	L值	S值	R值	风险等级	管控层级	责任单位	责任人	责任岗位
5	索道设备	高速液压油管老化、油路渗漏	损坏	索道停运	按照维护手册	每周1次	现场培训	安全带、安全帽、安全鞋	紧急维修	2	2	4	4	部门级	索道设备部		
6	索道设备	低速液压油管老化、油路渗漏	损坏	索道停运	按照维护手册	每周1次	现场培训	安全带、安全帽、安全鞋	紧急维修	2	2	4	4	部门级	索道设备部		
7	索道设备	紧急驱动系统	损坏	无法启动	按照维护手册	每周1次	现场培训	安全带、安全帽、安全鞋	紧急维修	2	2	4	4	部门级	索道设备部		
8	索道设备	发电机组油位、冷却液位	损坏	无法启动	按照维护手册	每周1次	现场培训	安全带、安全帽、安全鞋	紧急维修	2	2	4	4	部门级	索道设备部		
9	索道设备	发电机组皮带、油位	损坏	无法启动	按照维护手册	每周1次	现场培训	安全带、安全帽、安全鞋	紧急维修	2	2	4	4	部门级	索道设备部		
10	索道设备	发电机组空滤指示、柴滤	损坏	无法启动	按照维护手册	每周1次	现场培训	安全带、安全帽、安全鞋	紧急维修	2	2	4	4	部门级	索道设备部		

索道设备部/月检风险分级管控措施清单、责任清单

序号	风险点名称	作业活动/设备设施	危害因素	事故后果	技术措施	管理措施	教育措施	个体防护措施	应急措施	L值	S值	R值	风险等级	管控层级	责任单位	责任人	责任岗位
1	索道设备	清洁轨道	滑车	索道暂停	按照维护手册	每月1次	现场培训	安全帽、安全鞋	紧急维修	2	3	6	4	部门级	索道设备部		
2	索道设备	进出站导向；是否灵活无卡阻	损坏	低速运行	按照维护手册	每月1次	现场培训	安全帽、安全鞋	紧急维修	2	3	6	4	部门级	索道设备部		

(续)

序号	风险点名称	作业活动/设备设施	危害因素	事故后果	技术措施	管理措施	教育措施	个体防护措施	应急措施	L值	S值	R值	风险等级	管控层级	责任单位	责任人	责任岗位
3	索道设备	传动皮带轮轮胎磨损、张力、气压是否正常	损坏	索道停运	按照维护手册	每月1次	现场培训	安全带、安全帽、安全会	紧急维修	3	4	12	3	部门级	索道设备部		
4	索道设备	道岔系统；是否润滑、动作是否灵活	损坏	索道停车	按照维护手册	每月1次	现场培训	安全带、安全帽、安全会	紧急维修	2	3	6	4	部门级	索道设备部		
5	索道设备	迂回轮；外观是否无裂纹变形	损坏	索道停运	按照维护手册	每月1次	现场培训	安全带、安全帽、安全会	紧急维修	4	5	20	2	部门级	索道设备部		
6	索道设备	迂回轮；轮衬磨损深度（槽）	损坏	索道停运	按照维护手册	每月1次	现场培训	安全带、安全帽、安全会	紧急维修	3	4	12	3	部门级	索道设备部		
7	索道设备	迂回轮；润滑油油位是否正常	损坏	索道停运	按照维护手册	每月1次	现场培训	安全带、安全帽、安全会	紧急维修	4	5	20	2	部门级	索道设备部		
8	索道设备	迂回轮；限位工作是否正常	损坏	索道停运	按照维护手册	每月1次	现场培训	安全带、安全帽、安全会	紧急维修	3	3	9	3	部门级	索道设备部		
9	索道设备	驱动轮；外观是否无裂纹变形	损坏	索道停运	按照维护手册	每月1次	现场培训	安全带、安全帽、安全会	紧急维修	4	5	20	2	部门级	索道设备部		
10	索道设备	驱动轮；轮衬磨损是否正常	损坏	索道停运	按照维护手册	每月1次	现场培训	安全带、安全帽、安全会	紧急维修	3	3	9	3	部门级	索道设备部		
11	索道设备	驱动轮；润滑油油位是否正常	损坏	索道停运	按照维护手册	每月1次	现场培训	安全带、安全帽、安全会	紧急维修	4	5	20	2	部门级	索道设备部		

（续）

序号	风险点名称	作业活动/设备设施	危害因素	事故后果	技术措施	管理措施	教育措施	个体防护措施	应急措施	L值	S值	R值	风险等级	管控层级	责任单位	责任人	责任岗位
12	索道设备	驱动轮；限位工作是否正常	损坏	索道停运	按照维护手册	每月1次	现场培训	安全带、安全帽、安全会	紧急维修	3	3	9	3	部门级	索道设备部		
13	索道设备	高速液压站；油位、油质	损坏	索道暂停	按照维护手册	每月1次	现场培训	安全带、安全帽、安全会	紧急维修	3	3	9	3	部门级	索道设备部		
14	索道设备	高速液压站；系统无渗漏，工作正常	损坏	索道暂停	按照维护手册	每月1次	现场培训	安全带、安全帽、安全会	紧急维修	3	3	9	3	部门级	索道设备部		
15	索道设备	高速液压站；闸片厚度	损坏	索道暂停	按照维护手册	每月1次	现场培训	安全带、安全帽、安全会	紧急维修	3	3	9	3	部门级	索道设备部		
16	索道设备	高速液压站；闸片间隙	损坏	索道暂停	按照维护手册	每月1次	现场培训	安全带、安全帽、安全会	紧急维修	3	3	9	3	部门级	索道设备部		
17	索道设备	高速液压站无移位；限位工作是否正常	损坏	索道暂停	按照维护手册	每月1次	现场培训	安全带、安全帽、安全会	紧急维修	3	3	9	3	部门级	索道设备部		
18	索道设备	低速液压站；油位、油质	损坏	索道暂停	按照维护手册	每月1次	现场培训	安全带、安全帽、安全会	紧急维修	3	3	9	3	部门级	索道设备部		
19	索道设备	低速液压站；系统无渗漏，工作正常	损坏	索道暂停	按照维护手册	每月1次	现场培训	安全带、安全帽、安全会	紧急维修	3	3	9	3	部门级	索道设备部		
20	索道设备	低速液压站；闸片厚度	损坏	索道暂停	按照维护手册	每月1次	现场培训	安全带、安全帽、安全会	紧急维修	3	3	9	3	部门级	索道设备部		
21	索道设备	低速液压站；闸片间隙	损坏	索道暂停	按照维护手册	每月1次	现场培训	安全带、安全帽、安全会	紧急维修	3	3	9	3	部门级	索道设备部		

（续）

序号	风险点名称	作业活动/设备设施	危害因素	事故后果	技术措施	管理措施	教育措施	个体防护措施	应急措施	L值	S值	R值	风险等级	管控层级	责任单位	责任人	责任岗位
22	索道设备	低速液压站；限位无移位，工作是否正常	损坏	索道暂停	按照维护手册	每月1次	现场培训	安全带、安全帽、安全会	紧急维修	3	3	9	3	部门级	索道设备部		
23	索道设备	液压张紧站；油质	损坏	索道暂停	按照维护手册	每月1次	现场培训	安全带、安全帽、安全会	紧急维修	3	3	9	3	部门级	索道设备部		
24	索道设备	液压张紧站；系统无渗漏	损坏	索道暂停	按照维护手册	每月1次	现场培训	安全带、安全帽、安全会	紧急维修	3	3	9	3	部门级	索道设备部		
25	索道设备	液压张紧站；限位无移位工作正常	损坏	索道暂停	按照维护手册	每月1次	现场培训	安全带、安全帽、安全会	紧急维修	3	3	9	3	部门级	索道设备部		
26	索道设备	传输区域传感器；距离是否正常	损坏	索道暂停	按照维护手册	每月1次	现场培训	安全带、安全帽、安全会	紧急维修	3	3	9	3	部门级	索道设备部		
27	索道设备	传输区域传感器；无移位、磨损，插头牢靠紧固	损坏	索道暂停	按照维护手册	每月1次	现场培训	安全带、安全帽、安全会	紧急维修	3	3	9	3	部门级	索道设备部		
28	索道设备	收发车系统；是否无磨损、润滑、灵活	损坏	无法启动	按照维护手册	每月1次	现场培训	安全带、安全帽、安全会	紧急维修	2	2	4	4	部门级	索道设备部		
29	索道设备	收发车系统；清洁轨道	损坏	卡车	按照维护手册	每月1次	现场培训	安全带、安全帽、安全会	紧急维修	2	2	4	4	部门级	索道设备部		
30	索道设备	收发车系统；检查各轴销无磨损、脱落	损坏	无法启动	按照维护手册	每月1次	现场培训	安全带、安全帽、安全会	紧急维修	2	2	4	4	部门级	索道设备部		

客运索道企业安全生产标准化管理应用指南

（续）

序号	风险点名称	作业活动/设备设施	危害因素	事故后果	技术措施	管理措施	教育措施	个体防护措施	应急措施	L值	S值	R值	风险等级	管控层级	责任单位	责任人	责任岗位
31	索道设备	导向轮装置；是否磨损	磨损过度	低速运行	按照维护手册	每月1次	现场培训	安全带、安全帽	紧急维修	2	3	6	4	部门级	索道设备部		
32	索道设备	导向轮装置；是否异响	损坏	低速运行	按照维护手册	每月1次	现场培训	安全带、安全帽	紧急维修	2	3	6	4	部门级	索道设备部		
33	索道设备	主电机；碳刷磨损剩余长度	损坏	索道暂停	按照维护手册	每月1次	现场培训	安全带、安全帽	紧急维修	2	3	6	4	部门级	索道设备部		
34	索道设备	主电机；碳刷是否活动自由	损坏	索道暂停	按照维护手册	每月1次	现场培训	安全带、安全帽	紧急维修	2	3	6	4	部门级	索道设备部		
35	索道设备	主电机；检查螺栓是否紧固	损坏	低速运行	按照维护手册	每月1次	现场培训	安全带、安全帽	紧急维修	2	4	8	4	部门级	索道设备部		
36	索道设备	主电机风机；是否清洁	污垢	低速运行	按照维护手册	每月1次	现场培训	安全会	紧急维修	2	4	8	4	部门级	索道设备部		
37	索道设备	主电机风机；防尘罩、清洁	损坏	频繁停车	按照维护手册	每月1次	现场培训	安全会	紧急维修	2	3	6	4	部门级	索道设备部		
38	索道设备	电池组电压测试电压/V	损坏	无法启动	按照维护手册	每月1次	现场培训	安全会	紧急维修	2	2	4	4	部门级	索道设备部		
39	索道设备	柴油油位检查燃油是否充足	可燃物	火灾、爆炸	按照维护手册	每月1次	现场培训	安全会	紧急维修	2	2	4	4	部门级	索道设备部		
40	索道设备	冷却水检查是否充足	高温	保护停机	按照维护手册	每月1次	现场培训	安全会	紧急维修	2	2	4	4	部门级	索道设备部		

(续)

序号	风险点名称	作业活动/设备设施	危害因素	事故后果	技术措施	管理措施	教育措施	个体防护措施	应急措施	L值	S值	R值	风险等级	管控层级	责任单位	责任人	责任岗位
41	索道设备	机油油位检查是否在标定范围	缺机油	易损坏发动机	按照维护手册	每月1次	现场培训	安全会	紧急维修	2	2	4	4	部门级	索道设备部		
42	索道设备	开关位置是否在正常位置	损坏	无法启动	按照维护手册	每月1次	现场培训	安全会	紧急维修	2	2	4	4	部门级	索道设备部		
43	索道设备	启动柴油机是否正常	缺机油	易损坏发动机	按照维护手册	每月1次	现场培训	安全会	紧急维修	2	2	4	4	部门级	索道设备部		
44	索道设备	开启柴油机输出电压/V	损坏	无法启动	按照维护手册	每月1次	现场培训	安全会	紧急维修	2	2	4	4	部门级	索道设备部		
45	索道设备	启动柴油机运行是否正常	损坏	无法启动	按照维护手册	每月1次	现场培训	安全会	紧急维修	2	2	4	4	部门级	索道设备部		
46	索道设备	加载运行索道30 min；输出电压/V	电压不正常	易烧坏部件	按照维护手册	每月1次	现场培训	安全会	紧急维修	2	2	4	4	部门级	索道设备部		
47	索道设备	加载运行索道30 min；输出电流/A	电流不正常	易烧坏部件	按照维护手册	每月1次	现场培训	安全会	紧急维修	2	2	4	4	部门级	索道设备部		
48	索道设备	加载运行索道30 min；柴油机温度/℃	高温	保护停机	按照维护手册	每月1次	现场培训	安全会	紧急维修	2	2	4	4	部门级	索道设备部		
49	索道设备	加载运行索道30 min；柴油机是否异响	损坏	无法启动	按照维护手册	每月1次	现场培训	安全会	紧急维修	2	2	4	4	部门级	索道设备部		

(续)

序号	风险点名称	作业活动/设备设施	危害因素	事故后果	技术措施	管理措施	教育措施	个体防护措施	应急措施	L值	S值	R值	风险等级	管控层级	责任单位	责任人	责任岗位
50	索道设备	索道运行；运行电压/V	电压不正常	易烧坏部件	按照维护手册	每月1次	现场培训	安全帽	紧急维修	2	2	4	4	部门级	索道设备部		
51	索道设备	索道运行；运行电流/A	电流不正常	易烧坏部件	按照维护手册	每月1次	现场培训	安全帽	紧急维修	2	2	4	4	部门级	索道设备部		
52	索道设备	索道运行是否正常	损坏	停止运行	按照维护手册	每月1次	现场培训	安全帽	紧急维修	2	2	4	4	部门级	索道设备部		
53	索道设备	营救器材；器材数量、质量合格	损坏	救援困难	按照维护手册	每月1次	现场培训	安全带、安全帽	紧急维修	2	2	4	4	部门级	索道设备部		
54	索道设备	操作控制功能	损坏	救援困难	按照维护手册	每月1次	现场培训	安全带、安全帽	紧急维修	2	2	4	4	部门级	运营服务部		
55	索道设备	钢丝绳；无锈蚀、断丝变形	损坏	无法救援	按照维护手册	每月1次	现场培训	安全带、安全帽	紧急维修	2	2	4	4	部门级	索道设备部		
56	索道设备	传动系统；润滑、无异响	损坏	无法救援	按照维护手册	每月1次	现场培训	安全带、安全帽	紧急维修	2	2	4	4	部门级	索道设备部		
57	索道设备	燃油油位；满足使用	可燃物	火灾、爆炸	按照维护手册	每月1次	现场培训	安全带、安全帽	紧急维修	2	2	4	4	部门级	索道设备部		
58	索道设备	润滑机油；满足使用	缺机油	易损坏发动机	按照维护手册	每月1次	现场培训	安全带、安全帽	紧急维修	2	2	4	4	部门级	索道设备部		
59	索道设备	油管、油路；无老化、破损无渗漏	老化	火灾、无法启动	按照维护手册	每月1次	现场培训	安全带、安全帽	紧急维修	2	2	4	4	部门级	索道设备部		

索道设备部/点检风险分级管控措施清单、责任清单

序号	风险点名称	作业活动/设备设施	危害因素	事故后果	技术措施	管理措施	教育措施	个体防护措施	应急措施	L值	S值	R值	风险等级	管控层级	责任单位	责任人	责任岗位
1	索道设备	登高作业	坠落	高处坠落	运营服务部安全监督	现场监督	安全会	安全带、安全帽	—	4	5	20	2	部门级	索道设备部		
2	索道设备	机械作业	机械伤害	机械伤害	运营服务部安全监督	现场监督	安全会	安全带、安全帽	—	4	5	20	2	部门级	索道设备部		
3	索道设备	电气作业	触电	电气伤害	运营服务部安全监督	现场监督	安全会	绝缘手套、鞋	—	4	5	20	2	部门级	索道设备部		

索道设备部（设备设施）风险分析分级管控措施清单

| 序号 | 风险点名称 | 作业活动/设备设施 | 标准要求 | 危害因素及事故后果 | 现有控制措施 ||||| L | S | R | 风险等级 | 备注 |
					工程技术措施	管理措施	培训措施	应急措施	个体防护					
1	线路支架	支架索轮组	按照维护手册	索道卡死无法正常运行、吊厢脱落	按照北起维护手册	每月检查一次	外派交流分享；定期培训	支架配备应急工具	安全带、安全帽、安全会	2	5	10	3	
2		塔身	按照维护手册	塔架倾斜、脱索	按照北起维护手册	一季度检查一次	现场培训	启动应急抢修预案	安全带、安全帽、安全会	2	5	10	3	
3		塔头	按照维护手册	共振异响	按照北起维护手册	每月检查一次	现场培训	支架配备应急工具	安全带、安全帽、安全会	1	1	1	4	

（续）

| 序号 | 风险点名称 | 作业活动/设备设施 | 标准要求 | 危害因素及事故后果 | 现有控制措施 ||||| L | S | R | 风险等级 | 备注 |
					工程技术措施	管理措施	培训措施	应急措施	个体防护				
4	线路支架	检修平台	按照维护手册	螺栓断裂、平台脱落	按照北起维护手册	每月检查一次	现场培训	支架配备应急工具	安全带、安全帽	2	5	10	3	
5		爬梯及护笼	按照维护手册	体型支架断裂	按照北起维护手册	每月检查一次	现场培训	配备备件	安全带、安全帽	1	1	1	4	
6		基础、地脚螺栓	按照维护手册	支架移位脱索、螺栓倾斜	按照北起维护手册	每半年检查一次	现场培训	启动应急抢修预案	安全带、安全帽	2	5	10	3	
7		托索报警装置	按照维护手册	钢丝绳脱索	按照北起维护手册	每月检查一次	现场培训	启动应急抢修预案	安全带、安全帽	2	5	10	3	
8		防雷避雷设施	按照维护手册	雷电击坏茶轮轴承、钢丝绳、控制系统	按照北起维护手册	每年检测一次	第三方培训	配备备件	绝缘护具	3	5	15	2	
9		索道通信系统	按照维护手册	通信电缆断裂、承载索断裂	按照北起维护手册	每月检查一次	北起专家现场指导	配备备件	安全带、安全帽	4	5	20	2	
10		连接螺栓	按照维护手册	螺栓断裂	按照北起维护手册	每月检查一次	现场培训	配备备件	安全带、安全帽	1	1	1	4	
11	运载索	运载索编结接头	按照维护手册	接头脱开	按照北起维护手册	每月检查一次	现场培训	启动应急抢修预案	安全带、安全帽	4	5	20	1	

（续）

序号	风险点名称	作业活动/设备设施		标准要求	危害因素及事故后果	现有控制措施					风险评级			备注
						工程技术措施	管理措施	培训措施	应急措施	个体防护	L	S	R	
12	站内驱动装备	主驱动	主电机	按照维护手册	设备损坏，无法启动	按照北起维护手册	运行期间每两小时检查一次	理论、实操培训	启动辅助应急驱动	安全帽	2	5	10	3
13			减速机	按照维护手册	设备损坏	按照北起维护手册	运行期间每两小时检查一次	理论、实操培训	启动大轮应急驱动	安全帽	2	5	10	3
14			驱动轴	按照维护手册	设备损坏	按照北起维护手册	每月检查一次	理论、实操培训	启动大轮应急驱动	安全帽	2	5	10	3
15			驱动轮及支撑	按照维护手册	大轮倾斜、设备损坏	按照北起维护手册	每月检查一次	理论、实操培训	启动应急救援预案	安全带、安全帽	4	5	20	1
16			监测装置	按照维护手册	检测装置损坏，无法检测设备运行状态，导致索道停车	按照北起维护手册	每月检查一次	理论、实操培训	配备备件	安全帽	2	5	10	3
17		辅机驱动	辅机电机	按照维护手册	设备损坏，无法启动辅机系统	按照北起维护手册	每月检查一次	理论、实操培训	紧急维修	安全帽	1	1	1	4
18			辅机减速箱	按照维护手册	设备损坏，无法启动辅机系统	按照北起维护手册	每月检查一次	理论、实操培训	紧急维修	安全帽	1	1	1	4
19			连轴器	按照维护手册	设备损坏，无法启动辅机系统	按照北起维护手册	每月检查一次	理论、实操培训	紧急维修	安全帽	1	1	1	4

（续）

序号	风险点名称	作业活动/设备设施	标准要求	危害因素及事故后果	现有控制措施					L	S	R	风险等级	备注
					工程技术措施	管理措施	培训措施	应急措施	个体防护					
20	站内驱动装备	备用发电机	按照发电机维护手册	设备损坏，无法启动辅助系统	按照发电机维护手册	每周检查一次	理论、实操培训	紧急维修	安全帽	1	1	1	4	
21	辅机驱动	驱动齿轮	按照维护手册	设备损坏，无法启动应急系统	按照北起维护手册	每月检查一次	理论、实操培训	紧急维修	安全帽	1	1	1	4	
22		齿圈	按照维护手册	设备损坏，无法启动应急系统	按照北起维护手册	每月检查一次	理论、实操培训	紧急维修	安全帽	1	1	1	4	
23	安全装置	工作制动器	制动闸	按照维护手册	紧急停车或飞车	按照北起维护手册	每月检查一次	理论、实操培训	紧急维修	安全帽	3	5	15	2
24			液压站	按照维护手册	无法开启制动闸，索道无法启动	按照北起维护手册	每月检查一次	理论、实操培训	紧急维修	安全帽	1	1	1	4
25		紧急制动器	制动闸	按照维护手册	紧急停车或飞车	按照北起维护手册	每月检查一次	理论、实操培训	紧急维修	安全帽	3	5	15	2
26			液压站	按照维护手册	无法开启制动闸，索道无法启动	按照北起维护手册	每月检查一次	理论、实操培训	紧急维修	安全帽	1	1	1	4

（续）

序号	风险点名称	作业活动/设备设施		标准要求	危害因素及事故后果	现有控制措施					L	S	R	风险等级	备注
						工程技术措施	管理措施	培训措施	应急措施	个体防护					
27	迂回及张紧装置	迂回轮	监测装置	按照维护手册	检测装置损坏，无法检测设备运行状态，导致索道停车	按照北起维护手册	每月检查一次	理论、实操培训	配备备件	安全会	1	1	1	4	
28			支撑装置	按照维护手册	大轮倾斜、设备损坏，设备无法运转	按照北起维护手册	每月检查一次	理论、实操培训	启动应急抢修预案	安全会	3	5	15	2	
29		张紧装置	张紧油缸	按照维护手册	设备损坏、设备无法运转	按照北起维护手册	每天检查一次	理论、实操培训	启动应急抢修预案	安全会	3	5	15	2	
30			张紧液压站	按照维护手册	设备损坏，设备无法运转	按照北起维护手册	每天检查一次	理论、实操培训	配备备件	安全会	2	5	10	3	
31			张紧小车	按照维护手册	设备损坏，设备无法运转	按照北起维护手册	每月检查一次	理论、实操培训	启动应急抢修预案	安全会	3	5	15	2	
32			张紧力测量	按照维护手册	检测装置损坏，无法检测设备运行状态，导致索道停车	按照北起维护手册	每月检查一次	理论、实操培训	启动应急抢修预案	安全会	3	5	15	2	
33			张紧位置监测	按照维护手册	检测装置损坏，无法检测设备运行状态，导致索道停车	按照北起维护手册	每月检查一次	理论、实操培训	配备备件	安全会	1	1	1	4	

(续)

序号	风险点名称	作业活动/设备设施	标准要求	危害因素及事故后果	现有控制措施 工程技术措施	现有控制措施 管理措施	现有控制措施 培训措施	现有控制措施 应急措施	现有控制措施 个体防护	L	S	R	风险等级	备注
34	吊厢	抱索器	按照维护手册	停车、吊厢坠落	按照北起维护手册	每月检查一次	理论、实操培训	配备备件	安全帽	3	5	15	2	
35		吊臂	按照维护手册	吊厢坠落	按照北起维护手册	每月检查一次	理论、实操培训	配备备件	安全帽	3	5	15	2	
36		吊厢	按照维护手册	停车、吊厢坠落	按照北起维护手册	每月检查一次	理论、实操培训	配备备件	安全帽	3	5	15	2	
37	站内挡架设备	抱索器脱挂装置	按照维护手册	抱索器无法开合、索道无法启动	按照北起维护手册	每月检查一次	理论、实操培训	紧急维修	安全帽	2	5	10	3	
38		垂直水平导向装置	按照维护手册	承载索移位、触碰检测装置停车	按照北起维护手册	每月检查一次	理论、实操培训	配备备件	安全帽	2	5	10	3	
39		行走轨	按照维护手册	抱索器移位、索道无法启动	按照北起维护手册	每月检查一次	理论、实操培训	配备备件	安全帽	2	5	10	3	
40		道岔装置	按照维护手册	触碰检测装置停车、无法收发车	按照北起维护手册	每月检查一次	理论、实操培训	配备备件	安全帽	2	5	10	3	
41		进出站导向装置	按照维护手册	吊厢进站摆动大、触碰检测装置停车	按照北起维护手册	每月检查一次	理论、实操培训	配备备件	安全帽	2	5	10	3	
42		开关门装置	按照维护手册	吊厢门无法开关、触碰检测装置停车	按照北起维护手册	每月检查一次	理论、实操培训	配备备件	安全帽	1	1	1	4	

（续）

序号	风险点名称	作业活动/设备设施	标准要求	危害因素及事故后果	现有控制措施					L	S	R	风险等级	备注
					工程技术措施	管理措施	培训措施	应急措施	个体防护					
43	站内搭架设备	传输取力装置	按照维护手册	吊厢在站内停止运动，触发检测装置停车	按照北起维护手册	每月检查一次	理论、实操培训	配备备件	安全会	1	1	1	4	
44		传输装置	按照维护手册	挤车、索道停车	按照北起维护手册	每月检查一次	理论、实操培训	配备备件	安全会	1	1	1	4	
45		吊厢间距调节装置	按照维护手册	吊厢间距错乱，索道无法运行	按照北起维护手册	每月检查一次	理论、实操培训	启动应急抢修预案	安全会	2	5	10	3	
46		P0传输系统	按照维护手册	挤车、索道停车	按照北起维护手册	每月检查一次	理论、实操培训	配备备件	安全会	1	1	1	4	
47		停车轨道	按照维护手册	吊厢无法停放，吊厢掉落	按照北起维护手册	每月检查一次	理论、实操培训	紧急维修	安全会	1	1	1	4	
48	车库	道岔	按照维护手册	吊厢挤格和无法收发车	按照北起维护手册	每月检查一次	理论、实操培训	配备备件	安全会	1	1	1	4	
49		检修平台	按照维护手册	无法检修抱索器，人员安全、设备安全	按照北起维护手册	每月检查一次	理论、实操培训	紧急维修	安全会	2	5	10	3	
50		走台	按照维护手册	无法检查抱索器，人员安全、设备安全	按照北起维护手册	每月检查一次	理论、实操培训	紧急维修	安全会	2	5	10	3	

（续）

序号	风险点名称	作业活动/设备设施	标准要求	危害因素及事故后果	现有控制措施					L	S	R	风险等级	备注
					工程技术措施	管理措施	培训措施	应急措施	个体防护					
51	控制系统	驱动站动力柜	按照维护手册	索谱失去动力无法运行	按照北起维护手册	日常定时检查	理论、实操培训	紧急维修	绝缘护具	3	4	12	3	
52		控制柜	按照维护手册	索道没安全防护无法发运行	按照北起维护手册	日常定时检查	理论、实操培训	配备备件	绝缘护具	3	4	12	3	
53		车库控制柜	按照维护手册	索道无法进行收发车工作	按照北起维护手册	日常定时检查	理论、实操培训	配备备件	绝缘护具	3	4	12	3	
54	变配电系统	10 kV系统（下站）	供电合格	索道断电、漏电会导致无法运行	隔离、自动保护	按照电气规程严格执行	理论、实操培训，持证上岗	启动大柴油发电机	检查、维修需佩戴绝缘护具	2	3	6	4	
55		400 V系统（下站）						启动应急救援		2	5	10	3	
56	备用发电机组	发电机组（900 kW）	启动正常，无毒害	不能正常启动，有毒害	维护规范、保持通风	监督维护	理论、实操培训	电源互备	绝缘护具、防噪耳机	1	5	5	4	
57		1000 L油箱（下站）	供油正常、放防火器材	无法正常供油、无防火	室内保温、监控检查	定期巡检	理论、实操培训	配备水基灭火器	防火器材	1	5	5	4	
58		发电机组（120 kW）	启动正常，无毒害	不能正常启动，有毒害	维护规范、保持通风	监督维护	理论、实操培训	电源互备	绝缘护具、防噪耳机	1	5	5	4	

（续）

序号	风险点名称	作业活动/设备设施	标准要求	危害因素及事故后果	工程技术措施	管理措施	培训措施	应急措施	个体防护	L	S	R	风险等级	备注
59	备用发电机	200 L 油箱	供油正常、放防火器材	无法正常供油、无防火	室内保温，监控检查	定期巡检	理论、实操培训	配备水基灭火器	防火器材	1	5	5	4	
60		发电机组（50 kW）	启动正常、无毒害	不能正常启动、有毒害	维护规范，保持通风	监督维护	理论、实操培训	电源互备	绝缘护具、防噪耳机	1	5	5	4	
61		25 L 油箱	供油正常、放防火器材	无法正常供油、无防火	室内保温，监控检查	定期巡检	理论、实操培训	配备水基灭火器	防火器材	1	5	5	4	
62	水平救援系统	50 kW 发电机	按照发电机维护手册	发电机损坏，不能长时间连续运转	按照北起维护手册	定期巡检，监督维护	理论、实操培训	抢修	安全帽	1	4	4	4	
63		T7、T4、T3 支架		设备损坏，救车损坏，救援失效	按照北起维护手册	定期巡检，监督维护	理论、实操培训	抢修	安全帽	1	5	5	4	
64		控制柜	按照维护手册	设备启动，无法启动	按照北起维护手册	定期巡检，监督维护	理论、实操培训	配备备件，抢修	安全帽	1	5	5	4	
65		卷扬机	按照卷扬机维护手册	锚固头断开，无法使用		定期巡检，监督维护	理论、实操培训	更换钢丝绳	安全帽、安全帽	2	5	10	3	

(续)

序号	风险点名称	作业活动/设备设施	标准要求	危害因素及事故后果	现有控制措施					L	S	R	风险等级	备注
					工程技术措施	管理措施	培训措施	应急措施	个体防护					
66	T8、T2	控制柜	按照维护手册	设备损坏，无法启动	按照北起维护手册	定期巡检，监管维护	理论、实操培训	配备备件，抢修	安全会	1	5	5	4	
67	水平救援系统	支架水平救援装置	按照卷扬机维护手册	设备损坏，无法使用，救援失效	按照北起维护手册	定期巡检，监管维护	理论、实操培训	更换钢丝绳	安全带、安全帽、安全会	2	5	10	3	

索道设备部/办公室风险分级管控措施清单、责任清单

序号	风险点名称	作业活动/设备设施	危害因素	事故后果	技术措施	管理措施	教育措施	个体防护措施	应急措施	L值	S值	R值	风险等级	管控层级	责任单位	责任人	责任岗位
1	办公区域	使用打印机	线路老化	触电、火灾	—	定期检查电源、线路	—	—	现场备灭火器、消防栓	2	1	2		部门级	索道设备部		
2	办公区域	使用电脑	线路老化	触电、火灾	—	定期检查电源、线路	—	—	现场备灭火器、消防栓	2	1	2		部门级	索道设备部		
3	办公区域	使用空调	线路漏电	触电、火灾	—	定期检查电源、线路	—	—	现场备灭火器、消防栓	2	1	2		部门级	索道设备部		
4	办公区域	使用电灯	灯管接触不良	断电	—	定期检查电源、线路	—	—	现场备灭火器、消防栓	2	1	2		部门级	索道设备部		

(续)

序号	风险点名称	作业活动/设备设施	危害因素	事故后果	技术措施	管理措施	教育措施	个体防护措施	应急措施	L值	S值	R值	风险等级	管控层级	责任单位	责任人	责任岗位
5	办公区域	使用饮水器	线路老化	触电、火灾	—	定期检查电源、线路	—	—	现场备灭火器、消防栓	2	1	2		部门级	索道设备部		
6	办公区域	使用插板；开关	热水溢出	灼烫	—	定期检查电源、线路	—	—	现场备灭火器、消防栓	2	1	2		部门级	索道设备部		
7	办公区域	使用办公桌椅	线路老化	触电、火灾	—	定期检查	—	—	现场备灭火器、消防栓	2	1	2		部门级	索道设备部		
8	办公区域	使用资料柜	桌椅零部件松动	其他伤害	—	定期检查电源、线路	—	—	现场备灭火器、消防栓	2	1	2		部门级	索道设备部		
9	办公区域	上墙标识标牌	玻璃破碎	其他伤害	—	定期检查膨胀螺栓及挂钩	—	—	现场备灭火器、消防栓	2	1	2		部门级	索道设备部		
10	办公区域	文件档案管理	门窗、文件柜锁损坏	防盗、丢失、损坏	—	定期检查门窗、柜锁	—	—	发现门窗、柜锁损坏，及时更换	1	1	1		部门级	索道设备部		
11	办公区域	地暖	线路老化、漏电	断电	—	定期检查电源、线路	—	—	现场备灭火器、消防栓	2	1	2		部门级	索道设备部		

索道安全风险汇总表（日常类）

部门：各部门办公区域

序号	作业场所	作业活动（危险源）	潜在危险状况描述（辨识）	潜在事故及后果（评价）	潜在事故类别	危险等级	辨识人的意见（控制措施）	措施完成人/部门及完成日期	措施的验证	职能部门审核评价意见	评价依据
1	办公室	使用电开关	电开关漏电	导致操作人员触电	触电、火灾	稍有危险	每季对电源线路进行一次检查发现问题及时进行维护更换	办公室后勤管理员（完成）	措施已落实到部门人员	按控制措施有效，危险源得到控制	《危险源辨识和风险评价及风险控制程序》及实际情况
2	办公室	使用电脑	长期使用，电脑的产生辐射导致眼疾	引发眼疾或职业病	其他伤害	一般危险	1. 装上电脑防护屏以降低电脑辐射 2. 提醒电脑操作人员，连续操作两小时电脑的应适度活动	系统维护员（完成）	措施已落实到部门人员	按控制措施有效，危险源得到控制	《危险源辨识和风险评价及风险控制程序》及实际情况
3	办公室	使用电脑	未关闭电源，对电脑进行清洁、维护或搬动，造成漏电	导致人员触电及引发火灾	触电、火灾	一般危险	进行电脑清洗、维护或搬动前应查电源，按照《计算机维护制度》和《计算机安全操作规程》进行维护	系统维护员（完成）	措施已落实到部门人员	按控制措施有效，危险源得到控制	《危险源辨识和风险评价及风险控制程序》及实际情况

(续)

序号	作业场所	作业活动（危险源）	潜在危险状况描述（辨识）	潜在事故及后果（评价）	潜在事故类别	危险等级	辨识人的意见（控制措施）	措施完成人/部门及完成日期	措施的验证	职能部门审核评价意见	评价依据
4	办公室	使用电脑	在电脑旁边堆放杂物，造成火灾	引发火灾	触电、火灾、高处坠落	一般危险	每日使用电脑前检查清理，确保使用安全	系统维护员（完成）	措施已落实到部门人员	按控制措施有效，危险源得到控制	《危险源辨识和风险评价及风险控制程序》及实际情况
5	办公室	使用电热水器	长期使用后松动、不牢固脱落	导致人员砸伤	物理伤害	一般危险	每月检查一次，使用前也要注意进行检查，确保牢固	办公室后勤管理员（完成）	措施已落实到部门人员	按控制措施有效，危险源得到控制	《危险源辨识和风险评价及风险控制程序》及实际情况
6	办公室	使用电热水器	线路破损造成漏电，导致使用人员触电	导致人员触电	触电	一般危险	每月特别是天气潮湿时对电热水器进行检查维护，使用时注意安全	办公室后勤管理员（完成）	措施已落实到部门人员	按控制措施有效，危险源得到控制	《危险源辨识和风险评价及风险控制程序》及实际情况
7	办公室	使用电热水器	干烧导致失火	导致火灾	火灾	一般危险	1. 每次开机与使用前先检查热水器水位高低 2. 晚上值班人员锁门前关闭热水器电源	办公室后勤管理员（完成）	措施已落实到部门人员	按控制措施有效，危险源得到控制	《危险源辨识和风险评价及风险控制程序》及实际情况
8	办公室	使用电热水器	打（接）开水造成烫伤	导致人员烫伤	灼烫	稍有危险	打（接）开水时注意安全，小心烫伤	办公室后勤管理员（完成）	措施已落实到部门人员	按控制措施有效，危险源得到控制	《危险源辨识和风险评价及风险控制程序》及实际情况

(续)

序号	作业场所	作业活动（危险源）	潜在危险状况描述（辨识）	潜在事故及后果（评价）	潜在事故类别	危险等级	辨识人的意见（控制措施）	措施完成人、部门及完成日期	措施的验证	职能部门审核评价意见	评价依据
9	办公室	使用座椅	长期使用后松动、不牢固，造成人员受伤	导致人员受伤	物理伤害	稍有危险	1. 每次开机与使用前先检查热水器水位高低 2. 晚上值班人员锁门前关闭热水器电源	办公室后勤管理员（完成）	措施已落实到部门人员	按控制措施有效，危险源得到控制	《危险源辨识和风险评价及风险控制程序》及实际情况
10	办公室	使用桌子	桌子不牢固、松动	导致人员受伤	物理伤害	稍有危险	使用时注意进行检查，确保牢固后才使用	办公室后勤管理员（完成）	措施已落实到部门人员	按控制措施有效，危险源得到控制	《危险源辨识和风险评价及风险控制程序》及实际情况
11	办公室	使用桌子抽屉	开关时不小心造成人员夹伤	导致人员夹伤	物理伤害	稍有危险	开关抽屉时注意安全	办公室后勤管理员（完成）	措施已落实到部门人员	按控制措施有效，危险源得到控制	《危险源辨识和风险评价及风险控制程序》及实际情况
12	办公室	玻璃	玻璃破裂，造成人员受伤	导致人员受伤	物理伤害	稍有危险	使用桌子时注意检查，发现破裂时及时处理	办公室后勤管理员（完成）	措施已落实到部门人员	按控制措施有效，危险源得到控制	《危险源辨识和风险评价及风险控制程序》及实际情况
13	办公室	柜子	柜子摆放不规范、柜子松动	导致人员砸伤	物理伤害	稍有危险	注意检查摆放柜子的情况，发现松动及时处理	办公室后勤管理员（完成）	措施已落实到部门人员	按控制措施有效，危险源得到控制	《危险源辨识和风险评价及风险控制程序》及实际情况

(续)

序号	作业场所	作业活动（危险源）	潜在危险状况描述（辨识）	潜在事故及后果（评价）	潜在事故类别	危险等级	辨识人的意见（控制措施）	措施完成人部门及完成日期	措施的验证	职能部门审核评价意见	评价依据
14	办公室	墙上的镜子	镜框安装不稳脱落	导致人员砸伤	物理伤害	稍有危险	每年进行一次牢固情况检查维护，使用前注意是否稳固，发现问题及时排除	办公室后勤管理员（完成）	措施已落实到部门人员	按控制措施有效，危险源得到控制	《危险源辨识和风险评价及风险控制程序》及实际情况
15	办公室	地板	地板积水、湿滑造成人员跌倒摔伤	导致人员受伤	物理伤害	稍有危险	洗地板时或地板湿注意及时拖干，并对进出场所人员进行提醒	办公室后勤管理员（完成）	措施已落实到部门人员	按控制措施有效，危险源得到控制	《危险源辨识和风险评价及风险控制程序》及实际情况
16	办公室	使用空调	氟立昂泄漏使人中毒	导致人员中毒	中毒	稍有危险	每年对空调密封性进行一次检查发现问题及时进行维修	办公室后勤管理员（完成）	措施已落实到部门人员	按控制措施有效，危险源得到控制	《危险源辨识和风险评价及风险控制程序》及实际情况
17	办公室	使用空调	漏电使人员触电	导致人员触电	触电	一般危险	每年对空调电线电路进行一次检查发现问题及时进行维修	办公室后勤管理员（完成）	措施已落实到部门人员	按控制措施有效，危险源得到控制	《危险源辨识和风险评价及风险控制程序》及实际情况
18	办公室	使用空调	空调主机脱落造成人员受伤	导致人员受伤	物理伤害	一般危险	每年进行一至两次牢固情况检查，确保稳固	办公室后勤管理员（完成）	措施已落实到部门人员	按控制措施有效，危险源得到控制	《危险源辨识和风险评价及风险控制程序》及实际情况

（续）

序号	作业场所	作业活动（危险源）	潜在危险状况描述（辨识）	潜在事故及后果（评价）	潜在事故类别	危险等级	辨识人的意见（控制措施）	措施完成人/部门及完成日期	措施的验证	职能部门审核评价意见	评价依据
19	办公室	使用空调	长期使用，送气管及管口未进行清洁，细菌繁衍导致人员生病	细菌感染，导致人员生病	其他伤害	稍有危险	每年进行一次清洗，每天工作时注意开窗换气	办公室后勤管理员（完成）	措施已落实到部门人员	控制措施有效，危险源得到控制	《危险源辨识和风险评价及风险控制程序》及实际情况
20	办公室	灯管	灯管脱落，造成人员砸伤	导致人员受伤	物理伤害	稍有危险	1. 每年对所有电灯进行一次检查、维护 2. 每天工作前观察一遍灯管的安全状况，发现问题及时排除	办公室后勤管理员（完成）	措施已落实到部门人员	按控制措施有效，危险源得到控制	《危险源辨识和风险评价及风险控制程序》及实际情况
21	办公室	灯管	灯管爆裂，导致人员受伤或引发火灾	导致人员被砸伤及引发火灾	物理伤害、火灾	稍有危险	1. 每年对所有电灯进行一次检查、维护 2. 每天工作前观察一遍灯管的安全状况，发现问题及时排除	办公室后勤管理员（完成）	措施已落实到部门人员	按控制措施有效，危险源得到控制	《危险源辨识和风险评价及风险控制程序》及实际情况
22	办公室	玻璃门	关门时不注意观察，造成人员碰伤或夹伤	导致人员受伤	物理伤害	稍有危险	1. 开关门时注意周围是否有人，小心操作 2. 做好标识	办公室后勤管理员（完成）	措施已落实到部门人员	按控制措施有效，危险源得到控制	《危险源辨识和风险评价及风险控制程序》及实际情况

（续）

序号	作业场所	作业活动（危险源）	潜在危险状况描述（辨识）	潜在事故及后果（评价）	潜在事故类别	危险等级	辨识人的意见（控制措施）	措施完成人部门及完成日期	措施的验证	职能部门审核评价意见	评价依据
23	办公室	电源	电源线路老化漏电导致触电	导致人员触电	触电	一般危险	每月对电源检查维护，使用时注意安全	办公室后勤管理员（完成）	措施已落实到部门人员	按控制措施有效，危险源得到控制	《危险源辨识和风险评价程序》及风险控制实际情况
24	办公室	电源	电源插座漏电导致人员触电	导致人员触电	触电	一般危险	每月对电源检查维护，使用时注意安全，下班时注意关闭电源开关	办公室后勤管理员（完成）	措施已落实到部门人员	按控制措施有效，危险源得到控制	《危险源辨识和风险评价程序》及风险控制实际情况
25	办公室	天花板	天花板盖脱落导致人员受伤	导致人员砸伤	物理伤害	稍有危险	每年对天花板进行一次检查、维护	办公室后勤管理员（完成）	措施已落实到部门人员	按控制措施有效，危险源得到控制	《危险源辨识和风险评价程序》及风险控制实际情况
26	办公室	玻璃窗	玻璃窗玻璃松动，在刮风雨天或特殊条件下脱落导致人员受伤	导致人员砸伤	物理伤害	稍有危险	1. 每天上班时检查玻璃是否牢固 2. 在刮风下雨天气或特殊条件下注意关闭窗户	办公室后勤管理员（完成）	措施已落实到部门人员	按控制措施有效，危险源得到控制	《危险源辨识和风险评价程序》及风险控制实际情况
27	办公室	玻璃窗	清洗玻璃窗作业，思想不集中，导致摔到	导致人员砸伤	物理伤害	一般危险	每月检查一次玻璃牢固情况，每次打开时注意安全	办公室后勤管理员（完成）	措施已落实到部门人员	按控制措施有效，危险源得到控制	《危险源辨识和风险评价程序》及风险控制实际情况

（续）

序号	作业场所	作业活动（危险源）	潜在危险状况描述（辨识）	潜在事故及后果（评价）	潜在事故类别	危险等级	辨识人的意见（控制措施）	措施完成人部门及完成日期	措施的验证	职能部门审核评价意见	评价依据
28	办公室	玻璃门	玻璃墙透明度过高，进出办公室时撞玻璃门	导致人员撞伤	物理伤害	稍有危险	做好玻璃墙的标识	办公室后勤管理员（完成）	措施已落实到部门人员	按控制措施有效，危险源得到控制	《危险源辨识和风险评价及风险控制程序》及实际情况
29	办公室	使用复印机	溢出碳粉等粉尘	导致人员身体不适	其它伤害	较大危险	保持室内通风	办公室后勤管理员（完成）	措施已落实到部门人员	按控制措施有效，危险源得到控制	《危险源辨识和风险评价及风险控制程序》及实际情况
30	办公室	使用激光打印机	漏电、操作不当	导致人员触电	触电	稍有危险	1. 每年对电源插座进行一次检查 2. 使用时注意安全操作	办公室后勤管理员（完成）	措施已落实到部门人员	按控制措施有效，危险源得到控制	《危险源辨识和风险评价及风险控制程序》及实际情况
31	办公室	使用激光打印机	溢出碳粉等粉尘	导致人员身体不适	其他伤害	稍有危险	保持室内通风	办公室后勤管理员（完成）	措施已落实到部门人员	按控制措施有效，危险源得到控制	《危险源辨识和风险评价及风险控制程序》及实际情况

（续）

序号	作业场所	作业活动（危险源）	潜在危险状况描述（辨识）	潜在事故及后果（评价）	潜在事故类别	危险等级	辨识人的意见（控制措施）	措施完成人/部门及完成日期	措施的验证	职能部门审核评价意见	评价依据
32	办公室	电脑维护	带电清洗，未按维护规定进行，导致漏电触电事故	带电维护，造成人员触电	触电	一般危险源	按照《计算机维护制度》和《计算机安全操作规程》进行维护	办公室后勤管理员（完成）	措施已落实到部门人员	按控制措施有效，危险源得到控制	《危险源辨识和风险评价及风险控制程序》及实际情况
33	办公楼	楼梯	楼梯湿滑，上下楼梯时不小心摔伤	导致人员摔伤	物理伤害	稍有危险	洗楼级时或楼级湿注意及时拖干，并对进出场所人员进行提醒	办公室后勤管理员（完成）	措施已落实到部门人员	按控制措施有效，危险源得到控制	《危险源辨识和风险评价及风险控制程序》及实际情况
34	办公楼	楼梯	照明设施失效，夜间或特殊情况下导致人员摔倒受伤	导致人员摔伤	物理伤害	稍有危险	1. 注意避免紧急疏散的情况发生 2. 如需紧急疏散，注意做好组织引导，避免混乱	办公室后勤管理员（完成）	措施已落实到部门人员	按控制措施有效，危险源得到控制	《危险源辨识和风险评价及风险控制程序》及实际情况

注：1. 事故类型按GB 6441—86（企业职工伤亡事故分类）中规定的16类进行分类：
①物体打击；②车辆伤害；③机械伤害；④起重伤害；⑤触电；⑥淹溺；⑦灼烫；⑧火灾；⑨高处坠落；⑩坍塌；⑪爆破；⑫火药爆炸；⑬化学性爆炸；⑭物理性爆炸；⑮中毒和窒息；⑯其他伤害。

2. 危险等级分类：
①重大危险源；②较大危险源；③一般危险源；④稍有危险源；⑤基本无危险。

编制/分析人：　　　　　　　　　批准人：　　　　　　　　　日期：

安全风险公告栏

索道设备部风险公告栏				
区域			风险等级	低风险
主要安全风险				事故后果
危石清理存在缺陷				坠落砸伤
连续雨天出现泥石流				山体滑落
管控措施				
1. 常态化与气象部门联系，对天气情况密切关注 2. 定期检查危险源 3. 山体做防护钢网，防止危石蹦落伤人				
警示标志				
当心坠落 Watch Out For Falling				
应急措施				
1. 山体发生落石，及时拉起警示线，并与落石区域保持安全距离 2. 发生人员被落石砸伤或心跳停止，应立即将伤员移至空旷地带，进行心肺复苏，同时拨打急救电话：120				
报告方式				
公司应急电话：		火警：119		急救：120
责任部门：索道设备部		责任人：		联系电话：

岗位安全风险告知卡

风险名称	油库	级别	
警示标志	当心爆炸	可能导致的事故	其他爆炸

(续)

风险名称	油库	级别	
责任部门		责任人	
应急联系方式		应急措施	发生紧急情况立即启动爆炸事故现场处置方案
主要危害因素	除尘系统内因金属、沙石摩擦、碰撞火花和静电火花等因素，容易引起粉尘爆炸；除尘系统各吸风口相互连通，存在伤亡扩大的危险		
管控措施	1. 火花探测器与消防系统联动 2. 加强日常检查，发现问题及时整改 3. 明确设备管理要求、标准，对作业人员进行培训 4. 现场人员配备防护口罩 5. 制定现场处置方案，必要时及时启动应急预案		

岗位安全风险告知卡

风险名称	高处坠落	级别	
警示标志	当心坠落 WARNING DROP DOWN	可能导致的事故	人员高空坠落
责任部门		责任人	
应急联系方式		应急措施	若伤员发生高处坠落伤害后心跳停止，应及时进行心肺复苏；发生外伤时，及时对伤口进行简单包扎处理，视伤情拨打120
主要危害因素	检维修高空作业中未挂好安全带、未抓稳、站稳等违规操作造成高处坠落		
管控措施	高空作业前：召开安全会，配备安全带、安全帽，安全技术部专人现场监督管理		

5.2 重大危险源辨识与管理（重大危险源管理制度）

1. 目的

为进一步加强重大危险源管理，有效预防重大危险的发生，保障公司财产、职工和乘客安全，特制订本制度。

2. 范围

本制度适用于公司经营范围内存在的重大危险源的辨识、评估、登记、监控和管理工作。

3. 职责

安全生产与职业卫生领导小组负责重大危险源的归口管理工作。

4. 要求

（1）设备部对公司经营范围内存在的大风、雷电、冻雨等重大危险源进行辨识、上报工作。

（2）保安部对公司经营范围内存在山体滑坡、泥石流、洪水、危岩等重大危险源进行辨识、上报工作。

（3）其他部门对本部门区域范围内存在的重大风险进行辨识、上报工作。

（4）辨识与评估。安全生产与职业卫生领导小组对各部门上报的重大危险源进行汇总登记，并组织相关专业人员进行评估，做好评估记录。

①监控措施包括技术措施（可包括设计、建设、运行、维护、检查、检验等）和管理措施（职责明确、人员培训、防护器具配置、作业要求等）。

②设备部对公司经营范围内存在的大风、雷电、冻雨等重大危险源实施监控，制定相应的控制措施。

③保安部对公司经营范围内存在山体滑坡、泥石流、洪水、危岩等重大危险源实施监控，制定相应的控制措施。

④其他部门对评估确定的其他重大危险源实施监控，制定相应的控制措施。

⑤重大危险源所在的部门应在重大危险源现场设置明显的安全警示标志和警示牌（内容包括名称、地点、责任人员、事故模式、控制措施）。

（5）跟踪与检查。安全生产与职业卫生领导小组定期对重大危险源进行专项监督检查，发现重大危险源存在事故隐患责令所在部门立即整改；对不能立即整改的，限期完整整改，并采取切实有效的监控措施。

（6）重大危险源安全管理和监控所需要的资金费用纳入公司安全生产费用计划。

5. 相关记录

（1）《重大危险源辨识登记表》。

（2）《重大风险评估表》。

（3）《重大风险安全检查记录表》。

（4）《重大风险安全控制措施》。

示例

重大危险源辨识登记表

名称	地点	性质	可能造成的危害
雷电			
大风			
洪水			
泥石流			
山体滑坡			
冻雨			

重大风险评估表

风险名称		责任人	
所处位置		评估日期	

可能造成的危害：
评估意见和建议：
评估人员签字   年   月   日

说明：1. 支撑文件：《重大风险管理制度》；2. 适用范围：重大风险的安全管理；3. 要求：安全生产领导小组负责组织对重大风险进行安全检查，根据具体检查情况填写此表；4. 保存三年。

重大风险安全检查记录表

风险名称		检查人员	
所处位置		检查日期	

经检查存在如下安全隐患：
安全控制措施
复查情况   复查人员：   年   月   日

说明：1. 支撑文件：《重大风险管理制度》；2. 适用范围：重大风险的安全管理；3. 要求：安全生产领导小组负责组织对重大风险进行安全检查，根据具体检查情况填写此表；4. 保存三年。

重大风险安全控制措施

名称	地点	可能造成的危害	安全控制措施
雷电		1. 损坏索道设备、安全设施 2. 停机 3. 乘客滞留 4. 造成人员伤亡 5. 其他危害	1. 提前获取雷电信息 2. 运用索道雷电预警分析仪、气象雷达等仪器装备 3. 定期对索道站房、支架和公共建筑物进行防雷接地检测，确保要求 4. 向公众发布停运信息 5. 停机、减速慢行 6. 组织相关人员培训、学习 7. 配备索道相适应的防雷设施、器具 8. 规范作业要求 9. 设备部负责雷电重大风险的管理控制 10. 其他安全控制措施
大风		1. 导致钢丝绳偏绳、脱索、停机 2. 乘客滞留 3. 人员伤亡 4. 其他危害	1. 提前获取大风的气象信息 2. 索道司机对大风风速实时监控 3. 定期检测风速仪等装置 4. 向公众发布停运信息 5. 停机、减速慢行 6. 组织相关人员培训、学习 7. 规范作业要求 8. 设备部负责大风重大风险的管理控制 9. 其他安全控制措施
洪水		1. 站房、支架倒塌 2. 停机 3. 乘客滞留 4. 人员伤亡 5. 其他危害	1. 提前获取暴雨气象信息 2. 向公众发布停运信息 3. 停机、关机 4. 若危及索道站房、支架造成重大危险时，组织相关人员及乘客迅速撤离 5. 及时、如实上报相关部门，请求支援 6. 组织相关人员培训、学习 7. 设置明显安全警示标志及警示牌 8. 保安部负责洪水重大风险的管理控制 9. 其他安全控制措施

（续）

名称	地点	可能造成的危害	安全控制措施
泥石流		1. 站房、支架倒塌 2. 设备损坏 3. 乘客滞留 4. 人员伤亡 5. 其他危害	1. 提前获取暴雨气象信息 2. 向公众发布停运信息 3. 停机、关机 4. 若危及索道站房、支架造成重大危险时，组织相关人员及乘客迅速撤离 5. 及时、如实上报相关部门，请求支援 6. 设置明显安全警示标志及警示牌 7. 组织相关人员培训、学习 8. 保安部负责泥石流重大风险的管理控制 9. 其他安全控制措施
山体滑坡		1. 站房、支架倒塌 2. 设备损坏 3. 乘客滞留 4. 人员伤亡 5. 其他危害	1. 提前获取暴雨气象信息 2. 向公众发布停运信息 3. 停机、关机 4. 若危及索道站房、支架造成重大危险时，组织相关人员及乘客迅速撤离 5. 及时、如实上报相关部门，请求支援 6. 设置明显安全警示标志及警示牌 7. 组织相关人员培训、学习 8. 定期进行检查 9. 保安部负责山体滑坡重大风险的管理控制 10. 其他安全控制措施
冰雨		1. 钢绳结冰致使抱索器抱索力下降，吊具滑移致使停机 2. 液压系统、安全设施性能下降致使停机 3. 供电、通讯线路中断 4. 其他危害	1. 提前获取降雨气象信息 2. 向公众发布停运信息 3. 停机处理 4. 除冰、加热处理 5. 组织相关人员培训、学习 6. 设置明显安全警示标志及警示牌 7. 设备部负责冰雨重大风险的管理控制 8. 其他安全控制措施

（续）

名称	地点	可能造成的危害	安全控制措施
危岩		1. 支架损坏 2. 设备损坏 3. 乘客滞留 4. 人员伤亡 5. 其他危害	1. 向公众发布停运信息 2. 若危及索道站房、支架造成重大危险时，组织相关人员及乘客迅速撤离 3. 组织相关人员培训、学习 4. 及时、如实上报相关部门，请求支援 5. 设置明显安全警示标志及警示牌 6. 定期进行检查 7. 保安部负责危岩重大风险的管理控制 8. 其他安全控制措施

5.3 隐患排查治理

5.3.1 隐患排查治理管理制度

1. 目的

为了建立企业事故隐患排查治理的长效机制，彻底消除或控制事故隐患，有效防止和减少各类事故的发生，根据相关法律法规，制定本制度。

2. 范围

本制度规定了隐患识别、申报、治理、效果验证等管理内容和要求，适用于公司经营范围。

3. 职责

安全生产与职业卫生领导小组是隐患管理部门，负责组织对各类隐患的排查、评价、整改措施制定，负责隐患项目治理计划的制定、上报、实施过程监督及验收。

办公室负责隐患治理项目所需物资的采购。

财务部负责各类隐患治理和控制的资金保证。

各部门负责其职责范围内各类隐患的排查识别、评价、初步治理方案提出、控制和应急措施在现场的具体实施。

4. 要求

（1）隐患管理的原则：

①隐患整改实行公司负责制，公司是识别、评估和整改事故隐患的责任主体，对发现的各类事故隐患都必须组织整改。

②事故隐患整改应遵循"谁管理、谁负责，谁设计、谁负责，谁施工、谁负责，谁验收、谁负责"的原则。

（2）隐患的分级管理：

①定义：隐患是指生产区域、工作场所中存在可能导致人身伤亡、财产损失、或造成重大社会影响的设备、装置、设施、生产系统等方面的缺陷和问题。生产经营单位违反安全生产法律、法规、规章、标准、规程和安全生产管理制度的规定，或者因其他因素在生产经营活动中存在可能导致事故发生的物的危险状态、人的不安全行为和管理上的缺陷。

②分级：公司对于隐患实施分级管理。事故隐患分为重大事故隐患、一般事故隐患。

③管理：重大隐患由安全生产领导与职业卫生小组管理，一般隐患由各部门管理。

（3）隐患的排查：

①各部门结合自身实际，组织技术人员和现场人员，采用定期和不定期两种方式排查和识别现场各类隐患。综合检查、专业检查、季节性检查、节假日检查、日常检查。

②不定期方式：在日常巡检、安全检查和现场操作以及生产管理过程中，对各类隐患要随时查找，随时整改。

③定期方式：公司或部门内部定期开展隐患排查，对隐患进行调查和识别。

④对于排查和治理的各类隐患必须及时录入隐患台账备案，实行动态管理。

（4）隐患评估：

①对需要立项投资整改的事故隐患由安全生产与职业卫生领导小组组织评估，并形成评估报告。评估报告应包括以下主要内容：事故隐患类别、事故隐患等级、影响范围及严重程度、隐患整改的目标及效果要求、事故隐患整改建议、整改资金估算。

②安全生产与职业卫生领导小组依据事故隐患评估结果召集相关相关单位人员研究制定整改投资方案。

（5）隐患报告：

①隐患实行逐级上报制度，上报隐患应说明以下内容：隐患存在的具体部位、隐患的具体内容、初步评价结果、隐患治理的初步整改方案、隐患治理所需的投资额等内容。

②各部门不能整改的，将评价结果和隐患内容向公司安全生产领导小组申报，同时在公司安全生产领导小组备案。

③公司不能整改的，将评价结果和隐患内容向上级部门申报并备案。

（6）隐患的治理与整改：

①隐患的治理整改坚持"能立即整改的必须立即整改，不能立即整改的必须采取有效控制措施，限期治理"的原则。

②隐患整改，由各级管理部门组织实施，安全生产与职业卫生领导小组监督检查。

③对于需要进行投资治理的隐患，由安全生产与职业卫生办公室提出立项申请，经公司领导批准后进行立项，确定隐患治理的具体方案，然后组织实施。

（7）隐患治理整改的验收和效果验证：

①隐患治理完成后，必须进行验收。对涉及到工程施工的验收，执行工程施工的验收程序；对涉及到设备购置的验收，执行设备购置的验收程序；对涉及到技术改造及技术攻关项目的验收，执行技术改造及技术攻关的验收程序。

②验收由安全生产与职业卫生领导小组组织相关的工艺、设备、安全、仪表电气等专

业人员进行，并留下验收记录。

③隐患治理整改项目完成后三个月至半年之内，由安全生产领导小组对其效果进行验证，并留下相应的验证结果。隐患项目验收和效果验证记录按管理级别备案。

（8）隐患的控制和应急：

①安全生产与职业卫生领导小组应建立《生产安全事故隐患登记台账》，对事故隐患实行立项、消项整改制度，对排查处的各类隐患实行分级动态管理。

②隐患在没有完成治理整改之前，为防止隐患失控导致事故的发生，所在部门必须制定实施切实可行的控制措施和应急措施，把各项措施落实到具体人员，并有相关人员认定的明确记录。同时，隐患所在单位要把隐患的应急措施作为应急计划的重要补充内容进行管理，演练到位，以防不测。

5. 相关记录

（1）《××索道公司安全隐患汇总表》。

（2）《生产安全事故隐患综合检查表》。

（3）《生产安全事故隐患登记台账》。

（4）《事故隐患整改通知单》。

示例

××索道公司安全隐患汇总表

序号	作业活动区域	危险因素 类别	危险因素 具体描述	可能导致的事故	涉及人员	初始隐患登记	控制措施及对策	隐患等级
1	停车场	车辆伤害	指挥游客疏导交通	人员撞伤	所有人员	一般隐患	规范指挥 定点乘车下车	一般隐患
2	延线支架	高空坠落	支架检修	人员伤亡	设备人员	一般隐患	规范作业 佩带保护措施	一般隐患
3	站房周边	高空坠落	擦玻璃	人员伤亡	工作人员	一般隐患	现场监督 佩戴安保措施	一般隐患
4	站房外围	高空坠落	捡垃圾	人员伤亡	工作人员	一般隐患	现场监督 佩戴安保措施	一般隐患
5	房顶	高空坠落	房顶除雪	人员伤亡	工作人员	一般隐患	现场监督 佩戴安保措施	一般隐患
6	房顶	高空坠落	清洁房顶枯叶	人员伤亡	工作人员	一般隐患	现场监督 佩戴安保措施	一般隐患

（续）

序号	作业活动区域	危险因素 类别	危险因素 具体描述	可能导致的事故	涉及人员	初始隐患登记	控制措施及对策	隐患等级
7	下站桥面	高空坠落	桥面	人员伤亡	所有人员	一般隐患	安保疏导 树立明显警示牌	一般隐患
8	游步道边缘	高空坠落	挡墙	人员伤亡	所有人员	一般隐患	安保疏导 树立明显警示牌	一般隐患
9	站台	物体打击	清扫站台行车区卫生	人员撞伤	工作人员	一般隐患	现场监督 化明显警戒线	一般隐患
10	站台	物体打击	检修巡查通过行车区	人员撞伤	工作人员	一般隐患	现场监督 化明显警戒线	一般隐患
11	设备活动部位	机械伤害	未停机进行检修	人员伤亡	工作人员	一般隐患	加强学习 停机后再操作	一般隐患
12	维修操作台	机械伤害	电动工具操作不当	人员受伤	工作人员	一般隐患	规范操作规程 加强监督管理	一般隐患
13	检修平台	机械伤害	安装检修操作不协调	人员受伤	工作人员	一般隐患	规范操作规程 加强监督管理	一般隐患
14	站房内设备	机械伤害	吊装，安装指挥不当	人员伤亡	工作人员	一般隐患	做预案 主管现场指挥	一般隐患
15	站台	机械伤害	指挥不当引起人员卡门	人员受伤停机	所有人员	一般隐患	规范操作 加强监督管理	无隐患
16	站台升降平台	机械伤害	升降平台时夹脚或跌落	人员受伤	工作人员	一般隐患	升降时做好指示 现场统一管理	无隐患
17	设备房	触电伤害	检修电器设备违章操作	人员受伤 次生火灾	工作人员	一般隐患	定期检查 制定有效消防预案	一般隐患
18	生活区域	触电伤害	宿舍内私拉乱接电线	人员伤亡 次生火灾	工作人员	一般隐患	定期检查 有证电工双人接线	无隐患

（续）

序号	作业活动区域	危险因素 类别	危险因素 具体描述	可能导致的事故	涉及人员	初始隐患登记	控制措施及对策	隐患等级
19	票务处	触电伤害	漏雨水引起的漏电	人员伤亡	工作人员	一般隐患	定期检查堵漏做好排水	无隐患
20	泵房	触电事故	水泵使用前的触电事故	人员伤亡	工作人员	一般隐患	使用前检查做好接地	一般隐患
21	所有用电线路	触电事故	漏电保护器失灵	人员伤亡	所有人员	一般隐患	定期检查并按动测试开关	一般隐患
22	所有导电体	触电事故	雷电伤害	人员伤亡电气损害	所有人员	重大隐患	做好接地工作加强雷电监测	重大隐患
23	焊接体	触电事故	漏电引起的触电	人员伤亡	工作人员	一般隐患	做好接地工作严禁雨天焊接	无隐患
24	上站户外	自燃灼伤	高海拔紫外线灼伤	皮肤灼伤	所有人员	一般隐患	做好自我防护	一般隐患
25	焊接地点	电焊灼伤	电焊焊接时保护不当	皮肤灼伤	工作人员	一般隐患	加强学习做好电焊防护	无隐患
26	厨房	火灾事故	电磁炉引起的局部过热	人员伤亡	工作人员	一般隐患	现场督导操作期间不远离	无隐患
27	租衣房	火灾事故	电暖线引起的过热	人员伤亡	工作人员	一般隐患	统一管理人走断电	无隐患
28	车库	火灾事故	充电短路引起的火灾	人员伤亡	工作人员	一般隐患	加强巡逻常检查供电系统	一般隐患
29	宿舍	火灾事故	取暖设施使用不当	人员伤亡	工作人员	一般隐患	统一管理人走断电	无隐患
30	焊接地点	火灾事故	电焊局部过热引起的	次生火灾	所有人员	一般隐患	加强实践学习做好电焊防护	无隐患
31	油库	火灾事故	明火介入	人员伤亡设备损坏	所有人员	显著隐患	规范管理分区储油加强通风	一般隐患

（续）

序号	作业活动区域	危险因素类别	危险因素具体描述	可能导致的事故	涉及人员	初始隐患登记	控制措施及对策	隐患等级
32	户外用火	火灾事故	游客取暖工队生活	人员伤亡森林毁坏	所有人员	显著隐患	加强监督拒绝明火	无隐患
33	厨房	爆炸事故	压力锅使用不当	人员受伤	工作人员	一般隐患	加强压力容器的常识学习并实践	无隐患
34	办公室票房	辐射危害	电脑、打印机	电磁辐射	工作人员	一般隐患	加强自我防护职工体检	一般隐患
35	站房外通道	其他伤害	冰雪路滑引起的摔倒	人员受伤	所有人员	一般隐患	及时排险树立警示标志	无隐患
36	房檐下	其他伤害	掉落得冰溜子	人员受伤	所有人员	一般隐患	及时排险树立警示标志	无隐患
37	厨房	其他伤害	卫生脏乱差	食物中毒	所有人员	一般隐患	加强监督管理	无隐患
38	设备动力房	噪音危害	设备运行的噪音	耳鸣影响信息传达	工作人员	一般隐患	职工体检加强自我防护	一般隐患
39	索道运行	设备损坏	大风引起的钢丝绳脱索	停运设备损坏	所有人员	显著隐患	严格按照临时停机措施执行	一般隐患
40	上站	其他伤害	低温下的冻伤	冻伤	工作人员	一般隐患	加强保暖防护措施轮流值班	一般隐患
41	上站出站操作箱	其他伤害	下车时撞伤	人员撞伤	所有人员	一般隐患	现场监督划明显警戒线	一般隐患
42	地质灾害	其他伤害	滑坡落石引起的灾害	设备损伤人员伤亡	所有人员	显著隐患	加强巡逻观察做好人员财产避险	一般隐患
43	站房进水	其他伤害	下雨天站房进水	人员摔伤此生触电	所有人员	一般隐患	树立明显标志疏通排水系统	无隐患
44	压力管道	物体打击	消防管道设备液压管	人员伤亡	所有人员	一般隐患	加强学习泄压后再操作	无隐患

(续)

序号	作业活动区域	危险因素 类别	危险因素 具体描述	可能导致的事故	涉及人员	初始隐患登记	控制措施及对策	隐患等级
45	变频室	触电事故	停电后电容放电	人员伤亡电气损害	工作人员	一般隐患	加强学习按章操作	无隐患
46	施工地点	其他伤害	残渣引起的扎伤	人员受伤	工作人员	一般隐患	及时清理残渣	无隐患

编制/分析人：　　　　　　批准：　　　　　　日期：

生产安全事故隐患综合检查表

检查日期：

目的	对生产过程及安全管理中可能存在的隐患、有害危险因素、缺陷等进行查证，查找不安全因素和不安全行为，以确保隐患或有害、危险因素或缺陷存在状态，以及它们转化为事故的条件，以制定整改措施，消除或控制隐患和有害与危险因素，确保生产安全，使企业符合《企业安全生产标准化基本规范》的要求
要求	按照《企业安全生产标准化基本规范》的要求认真检查，查出不合格项，对查出问题及时整改处理，暂时无法处理的应采取有效的预防措施，并立即向公司领导和市安监局领导汇报
内容	见检查项目
计划	每月不少于一次检查

序号	检查项目	检查标准	检查方式（或依据）	检查情况 符合	检查情况 不符合
1	安全生产目标	各部门、班组安全生产目标落实情况			
2	安全生产职责	检查本公司各部门、安全生产管理人员、作业人员及治安、服务人员等安全生产责任制的完成情况	依据公司安全生产责任制检查		
3	安全生产管理	1. 安全生产管理制度的落实情况 2. 作业人员是否按照相关规程进行作业 3. 检查"三违"现象的发生 4. 安全生产教育培训情况	《安全生产管理制度》《操作规程》		

(续)

序号	检查项目	检查标准	检查方式（或依据）	检查情况 符合	检查情况 不符合
4	设备管理	1. 认真执行设备维修保养管理制度，按《设备维护保养计划》进行设备维修、保养等工作，并落实到位 2. 备用柴油发电机状况良好，定期检查维护，达到随时启用 3. 控制室、平台、库房、柴油机房、机修间等场所卫生状况良好 4. 备品备件、工具、器具、量具等完好 5. 监控装置、播音系统、客厢收音机是否完好	查现场及记录		
5	治安、消防管理	1. 治安、秩序维持情况 2. 消防泵、消防枪、消防水带、灭火器等消防设施完好 3. 消防水管管径及消防栓的配备数量和地点应符合国家标准 4. 消防通道畅通无阻，消防水管保温良好	查现场及记录		
6	现场管理	1. 检查工作现场是否清洁、有序 2. 员工劳动防护用品穿戴是否符合要求 3. 各种通道是否畅通无阻，应急灯具是否齐全可靠，各种安全设施是否处于正常状态 4. 确保作业场所与生活区分开，作业场所不得住人 5. 可能发生急性职业损伤的有毒有害作业场所按规定设置警示标志	查现场及记录		
7	安全设施	1. 避雷设施完好，接地电阻阻值符合要求 2. 安全防护栏、防护网、防护罩完好，符合标准	查现场及记录		
8	环境及条件	1. 各建筑物、站房、支架有无倾斜、裂纹，基础有无塌陷，防火间距符合国家有关标准，采取防范措施 2. 防雷设施完好，防腐处理完好，通风、防汛设施完好 3. 隔离栏、地沟及地沟盖完好无损	查现场及记录		
检查意见及建议					
检查人员（签名）					

生产安全事故隐患登记台账

隐患概况	类别	级别	位置	整改情况	整改负责人	验收情况	验收日期	备注

注：本台账由公司各部门于每月 30 日前汇总后上报安全生产办公室。隐患类别：索道伤害、物体打击、车辆伤害、机械伤害、触电、火灾、爆炸、坍塌、中毒、其他。隐患级别：一般隐患、重大隐患。

隐 患 整 改 通 知 书

_____部：

你部_____处存在的_____隐患，请于____年____月____日前整改完毕。并于____年____月____日接受公司安全生产领导小组检查验收，望你部认真督促落实。

特此通知。

×××××××公司
____年____月____日

存根：

隐 患 整 改 通 知 书

_____部：

你部_____处存在的_____隐患，请于____年____月____日前整改完毕。并于____年____月____日接受公司安全生产领导小组检查验收，望你部认真督促落实。

特此通知。

×××××××公司
____年____月____日

5.3.2 事故隐患报告和举报奖励制度

1. 目的

为鼓励全体员工发现和排除事故隐患，根据公司《生产安全事故隐患排查治理方案》规定，制定本制度。

2. 范围

本制度适用于公司生产安全事故隐患报告和举报管理。

3. 职责

办公室为举报受理部门。

安委会（安全生产领导小组）负责审查举报事项，确定奖励等级。

财务部负责举报奖励基金发放工作。

4. 要求

（1）报告程序。员工发现事故隐患，要立即向班组长报告，班组长发现事故隐患，要立即向当班安全员报告，当班安全员要及时向安委会（安全生产领导小组）报告，安委会

（安全生产领导小组）要将事故隐患报公司，公司要将重大事故隐患报属地行业监管部门和安全监管部门。

（2）举报奖励要求。

①任何部门和个人（以下简称举报人）对事故隐患有举报权利和义务。

②事故隐患举报应当遵循属地管理、分级负责受理和首问负责制原则。

③公司应当建立生产安全事故隐患举报励制度，对举报有功人员按照本制度的规定予以奖励。

（3）举报与受理。

①在公司经营区域内，存在事故隐患的，举报人可直接或采用电话、书面和电子信箱等方式向公司领导、设备部、办公室或专职安全管理员举报。

②举报内容包括事故隐患的部门、地点、存在时间、性质、可能存在的危害程度等。举报人应对提供材料真实性负责，对借举报之名捏造、歪曲事实、诬告、陷害他人的，依法追究其责任。

③领导或部门接到举报后报告，须立即对举报的事故隐患要限期组织核查，对已查实的事故要依法处理；对已查实的事故隐患要迅速采取措施，并督促相关责任部门或个人限期消除；对未及时查处并造成事故的，依据有关规定，追究相关部门或人员责任。

④受理部门应当对举报人的姓名保密，对打击、报复举报人的行为，公司将进行查处；构成犯罪的，移送司法机构依法追究相关责任。

（4）奖励条件。

①有明确、具体的举报对象。

②举报人提供的线索事先未被公司或职能部门掌握，或者虽然掌握但未按有关规定依法处理。

③举报事项被确认属实。

（5）奖励办法。

①事故隐患举报奖励每季度评审一次，每季度最后一个月下旬颁发奖金。

②奖励标准分为两类：

（a）重大事故隐患举报奖励标准为500～4000元。

（b）一般隐患举报奖励分五个等级：举报奖励金依次分为50元、100元、200元、500元、1000元五个等级。

（6）奖励原则。

①同一生产安全事故隐患或安全生产违法行为，有两个以上单位或个人举报的，对第一时间举报的单位或个人给予物质奖励，对其他举报单位、举报人给予表扬。

②各项具体实施奖励的标准由安委（安全生产领导小组）依据下列情况研究决定：

（a）举报内容或线索真实、详尽程度。

（b）挽回经济损失。

（c）事故隐患整改的紧迫程度。

（d）违法行为涉及金额。
（e）造成或可能造成直接经济损失。
（f）造成或可能造成人员伤亡。
（g）社会影响的严重程度。

5.4 预测预警（客运索道预测预警基本要求）

企业应根据生产经营情况、安全风险管理及隐患排查治理、事故等情况，运用定量或定性的安全生产预测预警技术，建立体现企业安全生产状况及发展趋势的安全生产预测预警体系。

各企业结合标准和规范要求建立制度和措施。

6 应急管理

6.1 应急准备（应急预案管理制度）

1. 目的

为规范突发事件应急预案管理，增强应急预案的针对性、实用性和可操作性，特制订本制度。

2. 范围

凡可能影响索道生产安全的事故、自然灾害、突发事件都应编制预案。

3. 职责

本制度归口于公司安全生产领导小组。

4. 要求

（1）应急预案的编制。公司应按照《客运架空索道应急预案范本》要求组织有关部门和人员编制应急预案，明确事前、事发、事后"谁来做、怎么做、用什么资源做"；制定针对自然灾害、设备故障、操作管理失误等不同情况的应急处置方案或措施。

（2）应急预案的审批、评审、发布。应急救援预案编制完成后，报安全生产领导小组审核后，报公司主要负责人批准执行。办公室负责将应急预案报当地有关部门备案，并通报应急协作单位。

（3）应急演练。公司应至少每年组织一次开展应急演练，制定年度演练计划，编制演练方案，做好记录。每三年应与签订救援协议的社会力量至少进行一次联合实战演练，并进行评估，做好文字和视频记录。

（4）应急预案的评估和修订。为确保应急预案的科学性、合理性和可操作性，公司发生以下情况时，应立即由公司负责人组织相关部门和人员评审修订，由公司负责人批准发布，由办公室负责通报协作单位。若未发生以下情况，每三年至少修订一次。

①法律、法规、标准及其他要求发生较大变更时。

②企业管理机构或体制发生重大调整时。

③关键设备更换或应急资源发生重大变化。

④应急处理过程中和各类应急演练中发现问题和出现新情况时。

⑤年度风险评价（审），发现新的潜在紧急情况或重大隐患时。

（5）培训和宣传教育。公司可通过编发培训材料、举办培训班、开展工作研讨等方式定期对与应急预案实施密切相关的管理人员和专业救援人员等组织开展应急预案培训。学习应急救援预案或自救措施，使职工熟悉预案和自救措施，掌握具体的处置方法和自救方法。每季度不少于 16 小时并保持纪录，每三年应与签订救援协议的社会力量至少进行一次联合培训。

（6）组织保障。公司应建立由主要负责人担任领导的索道应急救援管理机构。建立与客运索道特点相适应的应急救援队伍。公司建立与其他运营使用单位或消防、医疗等相关应急救援力量的应急联动机制。

5. 相关文件

（1）《关于成立索道应急救援领导小组的通知》。

（2）《关于成立索道应急救援队伍的通知》。

（3）《关于印发×××索道应急救援预案的通知》。

（4）《应急预案报主管部门备案回执》。

（5）《应急预案演练方案》。

6. 相关记录

（1）《应急预案演练记录》。

（2）《岗位安全风险告知卡》。

示例

×××客运索道有限公司文件

×××索〔20××〕××号

关于成立索道应急救援领导小组的通知

公司各部门：

为提高应对客运索道突发事件的能力，保证客运索道突发事件应急工作协调、有序和高效进行，合理调配全山力量，及时有效处置客运索道突发事件，根据《客运架空索道应急预案》的要求，成立索道应急救援领导小组，具体如下：

总指挥长：×××　其职责是：全面领导应急救援工作，组织协调景区各界力量。

副总指挥长：×××　其职责是：组织制定和修改预案；负责根据情况决定启动救援；负责索道与其他单位的联络、索道内部协调；组织请求社会救援力量；根据实际情况及时向上级政府和有关部门汇报事故情况及应急救援的开展情况，组织配合上级相关部门事故处理工作。

应急救援指挥部（索道站）：×××　其主要职责是：迅速查明设备安全事件、事故的原因、类别、范围及可能造成的后果，确定合理的技术处理方案，现场组织实施应急方案，救援方案报副总指挥长审定，传达和实施审定后的救援方案，保证线路广播通讯设备正常工作，负责预案的演练考核工作，负责救援设备、器具的选型购置管理工作，负责组织事件、事故的调查、相关材料的收集、整理工作。

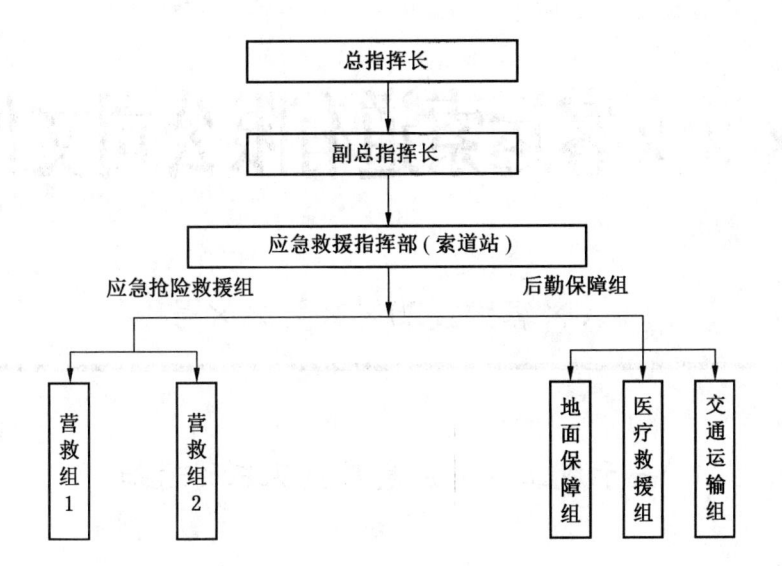

图 1 组织机构图

×××××客运索道有限公司办公室　　　　　　20××年××月××日印发

×××客运索道有限公司文件

××客索〔20××〕××号

关于成立索道应急救援队伍的通知

公司各部门：

  为及时有效处置客运索道突发事件，尽快恢复索道正常运行，预防和最大程度地减少客运索道突发事件（故障或事故）造成的人员伤亡、财产损失和对社会公众的影响，成立索道应急救援队伍，由×个小组组成，每个小组由若干人组成，分别为第一救援队×人、第二救援队×人、地面保障××人、地面医护××人，车队×人。

  附：索道公司应急救援队伍名单

×××××客运索道有限公司
20××年××月××日

附件：

索道公司应急救援队伍名单

第一救援队：
第二救援队：
地面保障：
地面医护：
车队：

×××××××客运索道有限公司办公室　　　　20××年××月××日印发

×××客运索道有限公司文件

××客索〔20××〕1××号

关于印发×××索道应急救援预案的通知

公司各部门：

　　为认真贯彻落实省、市安全生产会议精神，根据《安全生产法》，坚持"安全第一、预防为主"的方针，加强安全生产，强化安全责任和责任追究，最大限度地控制、减少各类安全事故的发生，并做好事故发生后采取有效救援工作，特制定《×××索道应急救援预案》印发给你们，请你们根据各自职责做好工作，认真组织落实。

　　附：×××索道应急救援预案

×××客运索道有限公司
20××年××月××日

抄送：×××安监局，×××旅游发展股份有限公司。

××××××客运索道有限公司办公室　　　　　　20××年××月××日印发

应急预案报主管部门备案回执

各部门：

　　公司制定的《事故应急预案》经本公司安全与职业卫生领导小组成员审定，符合本公司的实际需求，从制定之日起执行。

　　参加应急预案审定人员：

××索道公司
20××年××月××日

应急预案演练方案

一、演练的目的
应急救援预案的应急演练是为了检验、评价和保持公司生产安全事故应急救援预案的应急能力及有效性。

二、演练的作用
(1) 可在事故真正发生前暴露预案和程序的缺陷。
(2) 发现应急资源的不足（人力和设备等）。
(3) 改善各应急部门、机构、人员之间的沟通与协调。
(4) 增强职工应对突发事故救援的信心和救援意识。
(5) 提高应急救援人员的熟练程度和技术水平，进一步明确各自的岗位与职责。

三、演练时间和地点
20 年 月 日 时在   施工现场进行。

四、演练的类型
全面演练：针对公司生产安全事故应急救援预案的部分应急响应功能，检验、评价公司应急组织的应急能力。

五、演练的范围
(1) 对发生事故的应急响应和救援。
(2) 对事故现场伤员的初步处理。

六、演练的参与人员
(1) 参演人员：在应急组织中承担具体任务，并在演练过程中尽可能对演练情景或模拟事件作出真实情景下可能采取的响应行动的项目人员组成名单：
任　务：救助伤员
(2) 控制人员：根据演练情景，控制演练时间进程的人员。
人员组成名单：
(3) 模拟人员：在演练过程中扮演、代替某些应急组织和服务部的人员或模拟紧急事件、事态发展的人员。
人员组成名单：   （扮演受伤人员）
（扮演外部的救助部门的人员）。
(4) 评价人员：负责观察演练进程情况并予以记录的人员。
人员组成名单：
(5) 观摩人员：来自于公司各职能部门、项目部的有关人员以及观看演练过程的观众。
上述人员在演练过程中应佩带有能表明其身份的识别标志。

七、演练过程

1. 准备阶段

(1) 项目部按照《××××事故应急救援预案》规定要求配备应急救援器材。

(2) 各演练的参与人员明确、熟悉各自在演练过程中的任务、职责。

(3) 项目部负责提供演练参与人员表明其身份的识别标志。

2. 实施阶段

(1) 发生事故的应急响应和救援。

(2) 对事故现场伤员的初步处理。

八、演练结果的总结评价

应急演练结束后，根据演练的实际情况、演练记录进行总结，详细说明在演练过程中发现的问题，对不符合项提出纠正和预防措施，完善应急救援预案。

应 急 预 案 演 练 记 录

演练时间		演练地点	
演练名称		指挥	
参加人员：（签名）			
演练总结和效果评价：			
演练存在的问题及整改措施：			

保存部门：　　　　　　　　　　　　　　　　　　　　　　　保存期：长期

岗位安全风险告知卡

风险名称	油库	级别	
警示标志	当心爆炸	可能导致的事故	其他爆炸
责任部门		责任人	
应急联系方式		应急措施	发生紧急情况立即启动爆炸事故现场处置方案
主要危害因素	除尘系统内因金属、沙石摩擦、碰撞火花和静电火花等因素,容易引起粉尘爆炸;除尘系统各吸风口相互连通,存在伤亡扩大的危险		
管控措施	1. 火花探测器与消防系统联动 2. 加强日常检查,发现问题及时整改 3. 明确设备管理要求、标准,对作业人员进行培训 4. 现场人员配备防护口罩 5. 制定现场处置方案,必要时及时启动应急预案		

岗位安全风险告知卡

风险名称	高处坠落	级别	
警示标志	当心坠落 WARNING DROP DOWN	可能导致的事故	人员高空坠落
责任部门		责任人	
应急联系方式		应急措施	若伤员发生高处坠落伤害后心跳停止,应及时进行心肺复苏;发生外伤时,及时对伤口进行简单包扎处理,视伤情拨打120
主要危害因素	检维修高空作业中未挂好安全带、未抓稳、站稳等违规操作造成高处坠落		
管控措施	高空作业前:召开安全会,配备安全带、安全帽,安全技术部专人现场监督管理		

6.2 应急处置（客运索道应急处置基本要求）

在乘载工具或索道票面公布应急电话，便于乘客应急使用；应急电话要有专人值守，遇有突发事件值守人员应及时向主要负责人汇报；停电或主机故障，索道线路正常，应在 15 min 内启动辅助驱动装置或紧急驱动装置运送滞留线路上的乘客。

因突发事件停车时，应 5 min 内通过广播系统安抚滞留在线路上的乘客，简要介绍救援方案，内容应准确、清晰。

救援人员在实施救援前应向乘客简要说明救援步骤和救援安全要领，抚慰乘客，防止救援过程中发生次生事故。

发生事故后，企业应根据预案要求，立即启动应急响应程序，按照有关规定报告事故情况，并开展先期处置。

发出警报，在不危及人身安全时，现场人员采取阻断或隔离事故源、危险源等措施；严重危及人身安全时，迅速停止现场作业，现场人员采取必要的或可能的应急措施后撤离危险区域，立即按照有关规定和程序报告本企业有关负责人。

研判事故危害及发展趋势，将可能危及周边生命、财产、环境安全的危险性和防护措施等告知相关单位与人员；遇有重大紧急情况时，应立即封闭事故现场，通知本单位从业人员和周边人员疏散，采取转移重要物资、避免或减轻环境危害等措施。

请求周边应急救援队伍参加事故救援，维护事故现场秩序，保护事故现场证据。准备事故救援技术资料。

各企业结合标准和规范要求建立制度和措施。

6.3 应急评估（客运索道应急评估基本要求）

企业应对应急准备、应急处置工作进行评估。

完成险情或事故应急处置后，企业应主动配合有关组织开展应急处置评估。

各企业结合标准和规范要求建立制度和措施。

7 事故管理

7.1 报告

7.1.1 事故报告程序

事故发生后，事故现场有关人员应当立即向本单位负责人报告；单位负责人接到报告后，应当于1 h内向事故发生地县级以上人民政府安全生产监督管理部门和负有安全生产监督管理职责的有关部门报告。

情况紧急时，事故现场有关人员可以直接向事故发生地县级以上人民政府安全生产监督管理部门和负有安全生产监督管理职责的有关部门报告。

安全生产监督管理部门和负有安全生产监督管理职责的有关部门接到事故报告后，应当依照下列规定上报事故情况，并通知公安机关、劳动保障行政部门、工会和人民检察院：

（1）特别重大事故、重大事故逐级上报至国务院安全生产监督管理部门和负有安全生产监督管理职责的有关部门。

（2）较大事故逐级上报至省、自治区、直辖市人民政府安全生产监督管理部门和负有安全生产监督管理职责的有关部门。

（3）一般事故上报至设区的市级人民政府安全生产监督管理部门和负有安全生产监督管理职责的有关部门。

安全生产监督管理部门和负有安全生产监督管理职责的有关部门依照前款规定上报事故情况，应当同时报告本级人民政府。国务院安全生产监督管理部门和负有安全生产监督管理职责的有关部门以及省级人民政府接到发生特别重大事故、重大事故的报告后，应当立即报告国务院。

必要时，安全生产监督管理部门和负有安全生产监督管理职责的有关部门可以越级上报事故情况。

安全生产监督管理部门和负有安全生产监督管理职责的有关部门逐级上报事故情况，每级上报的时间不得超过2 h。

7.1.2 事故报告方式

安全生产监督管理部门和负有安全生产监督管理职责的有关部门应当建立值班制度，并向社会公布值班电话，受理事故报告和举报。

7.2 调查和处理（事故报告和调查处理制度）

1. 目的

为加强事故的报告和处理工作，总结吸取教训，采取有效措施，严格做到事故原因未查清不放过、责任人未受到处理不放过、责任单位领导和群众未受到教育不放过、没有制订切实可行的防范措施不放过，特制定本制度。

2. 范围

适应于公司所有部门。

3. 职责

安全生产领导小组是安全事故的管理部门，负责协助相关部门进行事故调查，并按本规定提出处理意见。

各有关事故责任部门负责立即采取措施，防止事故继续发展，保护好事故现场，立即如实向安全生产领导小组报告，在规定时间内提交事故报告。

4. 内容

（1）发生事故及时报告。

①发生伤亡事故后，负伤人员或最先发现事故的人应立即报告领导。对受伤人员歇工满一个工作日以上的事故，要填写伤亡事故登记表并应及时上报主管部门。

②发生重伤或死亡事故，由专职安全员立即将事故概况（包括伤亡人数、发生事故的时间、地点、以采取的措施等）快速报告公司主要领导、分管领导和相关的分管部门，必要时可直接向当地政府及其有关部门报告。发生死亡事故，各有关部门接到报告后应立即上报主管部门。

（2）发生事故后要迅速抢救伤员并保护好事故现场。事故发生后成立事故现场指挥部，组织抢险救援，现场人员不要惊慌失措，要有组织、有指挥地抢救伤员和排除险情，防止事故蔓延扩大。同时，保护好事故现场。因抢救伤员和排险而必须移动现场物件时，要做出标记。清理事故现场应在调查组确认取证完毕，并充分记录后方可进行，不得借口恢复生产，擅自清理现场。

（3）做好安抚与理赔工作。

①发生事故后，营运部、办公室、财务部等管理人员立即赶到一线协助安抚乘客，对受伤乘客要及时简易处理并送医院救治。

②根据事故情况进行合理赔偿。程序：由财务部向保险公司报告—乘客、保险公司、索道三方洽谈—理赔，整个过程由营运部与财务部协助。

③为快速处理理赔事宜，公司可在限额范围内代办理赔手续，并提供伤害部位照片、医院相关证明和赔付支出领条等能证明赔偿的相关证明作为赔付依据。

（4）组织调查组事故抢险救援结束后。

①单位负责人在接到事故报告后，应立即赶到现场指挥抢救，并迅速组织调查组开展调查工作。

②轻伤、重伤事故，由公司负责人或其委托人组织设备部、营运部、保安部、办公室、财务部等有关人员组成事故调查组。

③3人以下死亡事故，由公司会同所在地的市级劳动、安监、公安等部门组成事故调

查组，进行调查。（一般事故、较大事故、重大事故按有关规定进行，公司进行配合）

（5）现场勘察。事故发生后，调查组必须到现场进行勘察。现场勘察必须及时、全面、细致、客观。现场勘察的主要内容有：

①作笔录。发生事故的时间、地点、气象等。

②现场拍照。方位拍照；全面拍照；中心拍照；细目拍照；人体拍照。

③现场绘图。

（6）分析事故原因，确定事故性质。

①查明事故经过，弄清造成事故的各种因素，包括人、物、生产管理和技术管理等方面的问题，经过认真、客观、全面、细致、准确的分析，确定事故的性质和责任。

②事故分析步骤：首先整理和仔细阅读调查材料，按 GB 6441 标准，对受伤部位、受伤性质、起因物、致害物、伤害方法、不安全状态和不安全行为等七项内容进行分析，确定直接原因、间接原因和事故责任者。

③分析事故原因时，应根据调查所确认的事实，从直接原因入手，逐步深入到间接原因。通过对直接原因和间接原因的分析，确定事故中的直接责任者和领导责任者，再根据其在事故发生过程中的作用，确定重要责任者。

④事故性质通常分三类：责任事故、非责任事故、破坏性事故。

责任事故即由于人的过失造成的事故，设备，管理原因。对于事故的调查处理，必须坚持事故原因不清不放过，事故责任者和员工没有受到教育不放过，没有防范措施不放过，事故责任人得不到处理不放过的"四不放过"原则进行。

非责任事故即由于人们不能预见或不可抗拒的自然条件变化所造成的事故，或是在技术改造、发明创造、科学试验活动中，由于科学技术条件的限制而发生的无法预料的事故。但是，对于能够预见并可以采取措施加以避免的伤亡事故，或没有经过认真研究解决技术问题而造成的事故，不能包括在内。

破坏性事故即为达到既定目的而故意制造的事故。对已确定破坏性事故的应由公安机关和单位保卫部门认真追查破案，依法处理。

（7）编制调查报告。事故调查组应根据有关证据，资料分析事故原因和责任，提出整改措施和处理建议，编制调查报告。报告内容包括：事故发生事件、经过、原因、人员伤亡情况及直接经济损失等。

（8）分清责任，严肃处理。应按照事故调查报告意见，认真落实整改措施，严肃处理相关责任人。

（9）事故的审理和结案。

①事故调查处理结论报出后，须经有关机关审批后方能结案。

②事故调查组提出的事故处理意见和防范措施，建议报劳动、安监等部门审批，由发生事故的单位及公司负责处理。

（10）事故教训的吸取。

5. 相关记录

《事故报告和调查处理报告》。

示例

《事故报告和调查处理报告》

一、事故简要经过

（时间、地点、人、性别、部门、工种、事件经过、伤情结果）

二、事故原因分析

1. 直接原因（导致事故发生的直观原因）

2. 间接原因（剔除直观原因以外的因素）

3. 主要原因

三、整改防范措施（针对以上各个要因提出对策措施）

四、事故处理结果

7.3 管理（客运索道事故管理基本要求）

企业应建立事故档案和管理台账，将承包商、供应商等相关方在企业内部发生的事故纳入本企业事故管理。

各企业结合标准和规范要求建立制度和措施。

8 持续改进

8.1 绩效评定（安全生产标准化绩效评定管理制度）

1. 目的

为验证公司各项制度措施的适宜性、充分性和有效性，检查安全生产目标的完成情况，特制定本规定。

2. 范围

适用于本公司安全生产标准化绩效评定工作。

3. 职责

主要负责人对组织自评工作全面负责，安全领导小组办公室负责拟定评定报告，对报告中提出的纠正、预防和改进措施进行跟踪和验证。

4. 内容

（1）标准化绩效评定周期。每年至少进行一次安全生产标准化绩效评定，相邻两次绩效评定的间隔时间不超过 12 个月。企业发展生产安全责任死亡事故后应重新进行评定。

（2）绩效评定实施。

①公司主要负责人主持绩效评定会议。

②安全生产领导办公室负责验证公司各项制度措施的适宜性、充分性和有效性，检查安全生产目标的完成情况，提出整改意见，并提交安全生产领导小组讨论，形成评价报告。

③办公室负责将评价结果以文件形式通报给所有部门及员工，作为年底考评的重要依据，同时通向社会公示。

（3）绩效评定内容。目标职责、制度化管理、教育培训、现场管理、安全风险管控及隐患排查治理、应急管理、事故管理。

（4）绩效评定持续改进。

①安全生产领导小组办公室应根据安全生产标准化评定结果，对安全生产目标、规章制度等进行修改完善，制定完善安全生产标准化体系的工作计划措施。

②安全生产领导小组负责跟踪、验证改进措施。

5. 相关记录

（1）《20××年度安全生产标准化绩效考核评定报告》。

（2）《安全生产标准化绩效评定问题汇总表》。

（3）《纠正/预防措施报告》。

示例

20××年度安全生产标准化绩效考核评定报告

按照公司安全管理工作计划和对安全管理工作的指示和要求，根据《安全生产标准化绩效考核管理制度》的规定对公司××年度安全生产标准化的实施情况进行评定，验证各项安全生产制度措施的适宜性、充分性和有效性，检查安全生产工作目标、指标的完成情况。

公司安全标准化绩效考评小组根据公司日常及季度安全检查，考核情况，对各部门、班组年度安全生产管理目标完成情况进行了考评，现对考评情况作如下报告。

一、安全目标完成情况

公司领导重视，各部门和安全管理人员认真履行职责，全体员工共同努力，全面完成了安全生产目标任务。

二、安全管理系统运行、隐患排查治理情况

公司积极开展"四大行动"专项工作。并对本企业的各类隐患进行了集中排查与整治。在日常安全管理工作中，在强化规范管理的同时，公司坚持了每月由公司领导带队对各部门进行安全管理工作例行检查。检查中除了对企业安全日常管理与安全标准化的持续运行进行检查外，重点还针对部门安全生产的薄弱环节，排查各种安全隐患，今年共进行了安全检查_____余次，发现安全隐患或问题_____多项，针对这些安全隐患安全管理部门均下达了隐患整改通知书，并进行了督促整改和验收。

三、安全绩效考评情况

公司根据《安全目标考核管理办法》的规定，每月对各部门车间进行安全绩效考核评分。

四、存在的问题

通过评估与分析，发现安全管理过程中的责任履行、系统运行、检查监控、隐患整改、考评考核等方面存在的问题如下：

（1）在安全生产基层基础工作方面，各部门之间存在较大差距，安全管理制度还不完善，安全管理存在漏洞。

（2）生产现场管理还需进一步加强，员工的安全意识有待于进一步提高。

（3）安全绩效考核有的部门未落实，考核不认真，考核办法存在不足，安全绩效考核还没有对安全生产起到足够的促进作用。

（4）各部门在对上级安全文件的贯彻传达、组织学习方面存在不足，各班组安全生产规范管理没有完全实现。

（5）在检查、巡检、会议记录及台账方面存在不规范，安全报表有不及时填报现象。

（6）应急管理能力薄弱，救援器材配备不足。

五、纠正、预防的措施

（1）进一步加强安全生产基层基础工作，提升企业安全生产保障能力。

（2）加强隐患排查治理，认真落实"五到位"。

安全生产标准化绩效评定问题汇总表

参加人员	
系统运行效果	
出现的问题和缺陷	
采取的改进措施	
统计技术、信息技术等在系统中的使用情况和效果	
系统中各种资源的使用效果	
绩效监测系统的适宜性以及结果的准确性	
与相关方的关系	

评价人：　　　　　　　　　　　　评价日期：

纠正／预防措施报告

审核部门	
审核员	

不符合要求描述：
不符合分类：
受审核部门代表：
审核员：

　　　　　　　　　　　　　　　　　　　　　　　年　　月　　日

不符合原因分析	人员签字：　　　　　　　　　　年　月　日
纠正及预防措施	人员签字：　　　　　　　　　　年　月　日
纠正措施完成情况	人员签字：　　　　　　　　　　年　月　日
纠正措施验证	人员签字：　　　　　　　　　　年　月　日

8.2 持续改进（客运索道持续改进基本要求）

企业应根据安全生产标准化管理体系的自评结果和安全生产预测预警系统所反映的趋势，以及绩效评定情况，客观分析企业安全生产标准化管理体系的运行质量，及时调整完善相关制度文件和过程管控，持续改进，不断提高安全生产绩效。

各企业结合标准和规范要求建立制度和措施。

9 服务质量

9.1 服务质量目标

9.1.1 服务质量目标管理制度

1. 目的

为推动公司服务质量的规范化管理,使各部门的服务工作有目标、行为有规范、考核有标准、奖惩有依据,结合公司运营的实际,特制定本制度。

2. 范围

适用于本公司服务质量目标制定、分解、实施、考核的控制。

3. 职责

本制度归口办公室。

4. 要求

(1) 目标制定的原则。

①整合一致原则。服务质量目标是各部门分目标的依据,各部门的目标要服从公司总体目标。

②均衡协调原则。各部门目标之间,要注意协调均衡,正确处理好主次目标之间的主从关系和各分目标之间任务、范围、职责、权限关系以及各个目标实施进程上的同步关系,以保证总体目标的实现。

③分层负责原则。公司主要负责人是公司服务质量的负责任人,领导班子对公司目标负责,同时对各部门的目标提出要求,各部门负责人是部门服务质量的负责人,对本部门的服务质量目标负责。

(2) 目标的制定与分解。

①公司每年初根据上年度安全目标完成情况和上级布置的工作任务,结合公司实际情况,研究制定出公司本年度安全生产目标,形成文件下发各部门,确保各部门负责人明确年度服务质量目标。

②公司根据年度服务质量目标对各部门、各岗位进行层层分解,并确保服务质量目标落实。

(3) 目标的控制与落实。

①建立健全服务管理机构,各部门负责人必须管质量。

②落实各级管理人员岗位服务职责,各部门负责人是本部门服务目标管理第一责任人,必须对本部门服务管理工作负责。

③加大员工教育培训力度，内培与外培相结合，理论培训与实践训练相结合。

④建立、健全各项服务管理制度。

⑤服务实行标准化管理，促使企业进一步建立健全自我约束，规范服务流程。

⑥为员工提供良好工作环境，使员工能以较好服务精神状态投入工作，员工患传染病期间不得安排上岗工作，不允许疲劳作业。

（4）目标的考核。

①服务目标考核由办公室负责组织，每年由办公室对各部门目标完成情况进行考核，各部门对本部门员工进行考核。考核结果报公司负责人审批，考核资料应存档、备查。

②目标考核参见本公司《服务质量目标考核办法》。

5. 相关文件及记录

《20××年度服务质量目标分解表》。

示例

20××年度服务质量目标分解表

目标 \ 目标值 \ 部门	办公室	保安部	设备部	运营部	财务部
死亡及重伤事故	/	○	○	○	/
重大火灾事故	○	○	○	○	○
重大设备事故	/	○	○	○	/
重大责任事故	○	○	○	○	○
员工教育培训率	100	100	100	100	100
持证上岗率	/	100	100	100	100
事故隐患整改率	100	100	100	100	100
游客满意率	98	98	98	98	98

9.1.2 服务质量目标考核办法

1. 目的

为充分调动服务人员的工作积极性，建立高效的激励机制，提供服务质量，确保公司服务质量目标的达标，特制定本办法。

2. 范围

本办法适用于公司服务质量目标的考核。

3. 职责

本办法归口为办公室。

4. 要求

（1）安全目标考核由办公室负责组织，营运部负责具体实施。

（2）公司主要负责人负责落实公司年度服务质量目标任务。各部门根据相应的分解目标进行落实。

（3）服务质量目标考核的办法。

①服务质量目标考核为每年××月××日至××月××日。

②具体考核内容参见《年度服务质量目标考核表》。

③考核采取百分制，×为优，×为良，×为合格，×为不合格。

④各部门将考核结果提交办公室审核，并报公司主要负责人审批。

5. 相关记录

（1）《20××年度服务质量目标考核表》。

（2）《服务质量目标实施情况检查表》。

（3）《服务质量目标实施效果评估报告》。

示例

20××年度服务质量目标考核表

序号	考核目标	评价要点	分数（100）	标准要求和评价办法	备注
1	控制目标	1. 伤亡事故起数 2. 伤亡人数	40	不超过下达控制指标不扣分，轻伤事故每次发生一起扣5分，重伤事故每发生一起扣15分，发生死亡事故扣30分	以控制目标为准
2	安全生产责任制落实	1. 将安全生产工作列入重要议事日程，并由部门负责人亲自抓（听取汇报或回报），亲自部署 2. 每月召开一次安全生产例会，部署安全生产工作 3. 各班组签订安全生产责任状 4. 奖惩制度落实	5	负责人亲自召开安全生产年会，达不到的扣2~4分；按要求召开安全生产工作例会不扣分，每少一次扣2分；无会议记录，每少一次扣1分；未分解责任状的扣3分；奖惩制度未落实的扣2~4分	年终实地考核
3	安全生产教育培训	1. 安全生产宣传教育工作情况 2. "安全月"活动情况 3. 特种工持证情况	5	未展开社会性宣传教育活动的扣2~4分；未组织或组织不力的，扣2~4分；培训率低，组织工作差或培训结果检查有问题的扣2~4分；特种工持证率低扣2~4分	年终考核

（续）

序号	考核目标	评价要点	分数（100）	标准要求和评价办法	备注
4	重大事故隐患监控和安全专项治理	1. 未对重大事故隐患和风险进行全面登记、建档和监控，制定隐患整改方案并组织整改 2. 安全检查和专项整治情况	10	对重大事故隐患或风险未进行登记，建档的扣6分，不合格的扣4分；未制定整改方案的，发现一起扣5分；未及时更改的，发现一起扣5分；未按规定进行定期检查和专项整治的，每少一次扣2分	年终考核
5	安全标志警示	1. 安全标志牌 2. 安全警示牌	5	安全标志牌不全，扣3～4分；安全警示牌不全，扣3～4分；安全警示牌不清洁，扣2～3分	日常考核
6	安全生产资金投入情况	1. 安全生产的整改资金落实情况 2. 安全劳防资金落实情况 3. 安全教育培训专项资金落实情况	10	未按规定落实劳防资金，扣5～6分；未按规定落实安全教育培训资金，扣5～6分；未按规定落实安全生产资金的投入，扣7～10分	年终考核
7	安全检查整改情况	1. 安全检查制度执行情况 2. 对隐患整改、处置和复查要求的执行情况 3. 检查记录的填写情况	10	未定期展开日常，专项检查的扣2～4分；未按规定对隐患进行整改和复查的扣5～10分；无检查和隐患整改复查的记录或隐患整改未如期完成的扣4～8分	日常考核
8	生产安全事故报告处理情况	1. 事故应急预案修订情况 2. 指定专门救援人员情况 3. 重大安全生产事故应急救援按规定经过演练	5	事故应急预案可操作性差或不及时修订的扣2～4分；未对专门救援人员进行培训的扣2～4分；无演练发现一起扣2分	年终考核
9	报表和安全档案管理	1. 及时、准确统计报送各类安全生产情况调查表 2. 有关文件及材料及时报送、传达、办理情况 3. 各类安全管理档案及台账	5	统计信息未按时限上报或出现数值差错，每次扣1～3分，瞒报扣5分；未按规定传达办理的扣1～4分；相关档案，台账不健全的扣2～4分	日常考核
10	工作创新及评优情况	1. 安全生产工作经验及方法有借鉴意义 2. 某项安全生产工作获得表彰	5	有一项得5分	以相关文件材料为依据

服务质量目标实施情况检查表

检查时间	
检查部门（检查人）	
检查内容	
存在问题	
整改措施	
备注	

负责人签字：

注：1. 支撑文件：《安全生产/服务质量目标管理制度》。
  2. 要求：根据安全生产/服务质量目标与指标的真实执行情况填写此表，报安全生产领导小组办公室存档。
  3. 保存期限三年。

服务质量目标实施效果评估报告

编制人：

批准人：

单　位：

日　期：　　年　　月　　日

一、评估目的：评估安全生产/服务质量目标和指标完成情况，全面完成公司安全生产/服务质量目标。

二、评估范围：本企业生产经营活动

三、评估依据：公司安全生产/服务质量目标、管理制度、操作规程

四、评估方式

检查各单位有关记录、检查生产现场设备设施运行及人员的操作，对照是否符合法律法规要求、安全生产目标、管理制度、操作规程要求。

五、评审人员

评审组组长：

组员：

六、评估时间：　　年　　日（6月底，12月底分别评估一次）

七、评估结果：

1. 总体情况

各部门认真落实安全生产/服务质量目标和指标

2. 存在问题

八、评估结论

附件：_____目标和指标完成效果评估表。

_____目标和指标完成效果评估表

序号	目标和指标	完成效果	未完成原因	责任人	整改措施	调整目标和指标实施计划的建议

注：1. 文件支撑：《安全生产/服务质量目标管理制度》。

2. 要求：根据安全生产/服务质量目标和指标完成的具体情况填写。

3. 保存期限三年，安全生产领导小组办公室留档。

9.2 服务组织

9.2.1 服务岗位人员任职要求

1. 目的

依据索道管理及服务需求，制定索道服务岗位人员基本要求。

2. 范围

本制度适用于对票务、站台、保安等服务岗位人员的招聘管理。

3. 职责

本制度责任归口为办公室。

4. 要求

（1）票务人员任职要求。

①年满 18 周岁，身体健康。

②具备鉴别人民币真伪的相关知识。

③具备普通话和基础英语交流能力。

④具备与岗位职责相应的处置问题的能力。

（2）站台服务人员任职要求

①年满 18 周岁，身体健康。

②能满足搀扶行动不便的乘客上、下车的需求。

③具备普通话和基础英语交流能力。

④具备一定的文字表达能力。

⑤了解索道操作基本知识，掌握索道应急救援技能，无恐高症。

⑥具备与岗位职责相应的观察、处置问题的能力。

（3）乘务人员任职要求。

①年满 18 周岁，身体健康。

②具备普通话和基础英语交流能力。

③具备与岗位职责相应的处置问题的能力。

④掌握索道应急救援技能，身体适应高空作业，无恐高症。

（4）保安人员任职要求。

①年满 18 周岁，身体健康，双眼裸视 0.8 以上，无色盲、无残障缺陷、无纹身。

②具备基本法律知识，熟悉保安的政策和规定。

③接受过专门的保安培训、急救培训。

④具备普通话和简单英语交流能力。

⑤具备与岗位职责相应的观察、发现、处置问题能力。

⑥具备使用基本通讯器材、防范设施设备和相关防卫器械能力。

⑦掌握防卫和擒拿技能。

⑧掌握索道应急救援技能，身体适应高空救援作业，无恐高症。

9.2.2 服务人员岗位守则

1. 目的

为提升索道全体员工职业素养，提高索道运营服务水平，树立索道良好职业形象，打造索道服务品牌，特制定守则。

2. 范围

本守则适用于索道服务人员的服务管理。

3. 职责

本守则归口为办公室。

4. 要求

（1）着装要求。

①按规定统一着装上岗及佩戴工作牌。

②女职工着裙装时，应配过膝长袜。

③衬衣下摆束入裤腰和裙腰内，袖口扣好，内衣不外露。

④衣服整洁，做到上衣平整，裤线挺直，无污物和异味。

⑤鞋、袜保持干净、卫生，鞋面洁净。

⑥工作场所严禁裸露脚趾，禁止穿拖鞋及高跟鞋。

（2）仪容仪表。

①讲究个人卫生，勤洗头、洗澡、洗手，勤剪指甲，身上无怪味。

②上岗前不应饮酒，不食带异味的食品保持口腔清洁，没有怪味。

③工作期间，女职工不得浓妆艳抹，保持清雅淡妆，不涂有色指甲油，不戴夸张饰物，工作场所盘束长发。

④上岗前女员工发型梳理整齐，一律前面不挡眼、侧面不遮脸，不留怪发型，不染彩色头发；男员工不留长发，不蓄胡须，做到发长不盖耳、不遮领，不染彩色头发。

（3）服务态度。

①礼貌待客、微笑服务、亲切热情、真诚友好、耐心周到、服务主动。

②端庄大方，精神饱满，表情自然，姿态端正，举止文明，处事稳重，反应敏捷，动作规范。

③在行动中要非常有礼貌主动避让客人，保持客人优先的原则。

④使用文明礼貌用语，要求简明、通俗、清晰。

⑤执行首问原则，有问必答，迅速准确。对游客提出的问题要耐心解答，解释不了的要表示歉意。对于乘客提出要求暂不能解决的，应耐心解释。

⑥采用规范的索道服务用语。

⑦对国内乘客使用普通话服务。掌握简单的外语，满足外宾的基本服务需求，或选择能与乘客有效沟通的语言。

⑧游客离开索道时需向游客致谢道别。

（4）职业道德。

①遵守国家法律法规、爱岗敬业、诚实守信、忠于职守。

②维护乘客的合法权益，敢于同不良行为作斗争，确保游客人身和财物安全。

③尊重乘客的宗教信仰和风俗习惯，不损害民族尊严。

④在运营时间内，不因游客少而拒载。

⑤对老、幼、病、残、孕的游客要及时给予照顾和帮助。

⑥拾金不昧，捡到游客物品及时上交或归还。

（5）禁止行为。

①不得佩戴与服务工作无关的饰物和装饰。

②当班时间员工不得擅离工作岗位或做与工作无关的事情。

③当班时不可接听和玩耍手机、大声喧哗、追逐打闹、串岗闲谈、阅读小说杂志等刊物。

④不得对游客不理不睬，不得粗暴对待游客，不得顶撞游客，不得与游客争吵，不得以任何借口顶撞、讽刺、挖苦游客，不得对游客使用质问、怀疑、命令、顶撞、否定式语言。

⑤不得带有厌烦、僵硬、愤怒的表情上岗。

⑥不得利用工作之便，营私舞弊。

⑦不得向游客索要礼品、纪念品和小费等。

⑧不得在岗位上吸烟。

⑨不得在服务岗位上挖鼻孔、掏耳朵及化妆。

⑩不讨论、不描绘、不传播游客和同事的私事，更不得指责、讥讽游客和同事。

9.3 服务设施管理（服务设施维护管理制度）

1. 目的

为规范索道服务设施的设置、维护及管理，确保服务设施的完好，满足顾客的需求，特制定本制度。

2. 范围

本制度适用于对索道服务设施的设置、检查与维修管理。

3. 职责

各部门负责辖区内服务设施的设置、检查及维修管理工作。

办公室负责对索道站服务设施的监督检查工作。

4. 要求

（1）服务设施设置。

①服务设施包括索道辖区内站房、公用卫生间、残疾人专用卫生间、无障碍通道、分类垃圾箱（桶）、候车设施及座椅、游客通道、排队通道隔离栏、游览栈道、游客休息平台、导览系统、售票服务设施、公用电话等。

②服务设施的设置，应符合科学合理、安全便捷、及时疏散的原则，数量需满足索道游客接待服务的要求，同时均需保持清洁、完好、无破损、功能正常使用。

（2）服务设施检查与维修。

①办公室应对服务设施进行定期检查，及时维修，确保服务设施处于良好状态和正常使用。

②服务设施维修时，应根据需要设立警示标识，做好游客的解释工作。维修后及时清理现场，并做好验收工作。

5. 相关记录

《____设施台账》

《____设施检查记录表》

示例

_____设施台账

设施名称	型号	数量	存放位置	责任部门	责任人	备注

_____设施检查记录表
(_____年度)

检查日期:　　　　　　　　　　　　　　　　　　　　　　　　　　编号:

设施名称	数量	存放位置	检查结果

备注:(维修、更换、新增等情况)

检查人员签字:　　　　　　　　　　　　　　　　　　责任部门负责人验收签字:

9.4 乘坐形式（客运索道乘坐形式要求）

应选取乘坐舒适度高、便于搭乘的运载工具。
各企业应根据标准和规范内容执行相关管理制度或措施。

9.5 索道运行速度和运量（客运索道运行速度和运量要求）

为提高输送能力，减少乘客候车时间，应选取高速度、大运量的索道设备。
为便于乘客上下车，提高服务舒适度和安全性，站内应选取采用较低速度运行。
各企业应根据标准和规范内容执行相关管理制度或措施。

9.6 环保责任（环境保护制度）

1. 目的
消除和减少索道建设和营运对环境的影响，为乘客营造生态、优美、舒适的服务环境。
2. 范围
本制度适用于索道辖区环境保护的管理工作。
3. 职责
本制度适用公司各部门。
4. 要求
（1）合理配置索道辖区内的绿化植被，因设备安装占用或破坏的绿地及及时恢复。
（2）积极开展生态文化建设，确保索道经营辖区建筑与环境自然和谐，符合环境规划要求。
（3）噪声的防护措施。
①定期由具备相应资质的噪声检测机构进行噪音检测，发现超标，及时整改。
②客流量较少时，降低索道运行速度以减少设备高速转动产生的噪声。
③调整索道运行速度以寻找设备共振点，减少共振产生的噪声。
④增加设备润滑，减少机械设备摩擦。
⑤在索道站房墙壁上，增加吸音板。
（4）废弃零部件环保措施。
①更换下来的电气、机械零部件集中存放，不得随意丢弃。
②注油类的报废零部件，存放必须有相应的防污染措施。
③塑料、橡胶类报废零部件，不得采用焚烧方式销毁。
（5）油品处置环保措施。
①所有储存汽油、机油、润滑脂、柴油必须集中存放于油库，容器必须无渗漏，并且加盖。
②设备部废汽油、废润滑脂、废机油、废柴油集中存放在废油桶里，由签订协议的废

油处理机构统一处理。

③用过的带油布料、手套必须集中处理，不得随意丢弃，以免造成污染。

④垃圾处理环保措施

⑤设置相应数量与环境协调的垃圾桶，垃圾及时清理，保持垃圾桶体完好洁净。

⑥垃圾分类处理，垃圾处理符合国家和地方环保相关规定。

（6）节能减排教育。

①开展环境保护、能源节约的宣传教育和培训工作，提高员工的环保、节能意识。

②公司所有员工树立节能环保意识。

9.7 公共卫生（卫生保洁制度）

1. 目的

保障索道环境和服务设施的清洁卫生，为乘客创造清洁的乘车环境。

2. 范围

本制度适用于索道辖区卫生保洁的管理。

3. 职责

本制度归口部门为公司各部门。

4. 要求

（1）卫生服务设施设置。

①垃圾箱（桶）外观应与环境相协调，位置合理，数量与接待能力相适应。

②吸烟区域应有通风、防火、卫生等服务保障设施。

③公共卫生间应设置无障碍通道和残疾人专用卫生间，位置合理，设施齐全，并保证通风良好，消除异味。

（2）卫生保洁管理。

①保安部负责引导乘客在购票、候车和乘坐过程中，遵守公共道德，保持公共环境卫生。

②办公室明确划分各部门卫生责任区域，不留卫生死角，并做好每日监督检查工作。

③各部门应保持服务设施的干净和整洁，做到定期清洁。在流行性疾病多发季节，做好服务设施的消毒工作，防止交叉感染。

④垃圾进行分类处理，区域内的垃圾桶及时清理，并保持垃圾桶（箱）体完好洁净。

⑤公共卫生间及时清洁，做到墙壁、隔板、门窗清洁无刻画，地面无污物、污渍，便池无污垢，室内无明显异味。并设置安全提示牌，遇到雨雪天气卫生间内需铺设防滑垫，以防游客滑倒摔伤。

⑥生产和生活垃圾排放及处理符合国家环保相关规定。

5. 相关文件

《消毒杀菌记录》。

示例

消 毒 杀 菌 记 录

日期	范围	实施人	备注

9.8 服务信息指示（公共信息、安全标志管理制度）

1. 目的

为规范公共信息、安全标志管理，充分发挥公共信息、安全标志在安全生产中的作用，满足服务需求，避免事故的发生，依据 GB 2894、GB 13495、GB/T 10001.1 和 GB/T 1001.2 等相关标准，特制定本制度。

2. 范围

本制度适用于索道公共信息、安全标志与标牌的规范管理。

3. 职责

本制度责任归口部门为办公室。

4. 要求

（1）公共信息及安全标志范围：服务指示、安全提示、安全警示、通行方向指示、禁止标识、告知标识等。

（2）索道辖区公共信息及安全标志设置。

①安全警示标识设置。

(a) 安全警示标识包括消防安全警示标识和其他安全警示和提示标识。

(b) 在候车区域、站台需设置相应安全提示、服务内容及禁行标识。

(c) 在游览区域需设置安全警示、提示和禁行标识。

(d) 高压电器设备设施上需有"高压危险、带电危险"等警示。

(e) 在有较大危险因素的作业场所和设施设备上，设置明显的安全标志，进行危险提示、警示，告知危险的种类、后果及应急措施等。

(f) 线路支架需有"支架编号"和"禁止攀爬"等安全标识。

(g) 设立客运索道沿线道路交通标志、禁令标志、道路交通标线、航空障碍标志和客运索道安全服务的其他特殊提示。

②服务导识标识设置。

(a) 索道售票处周边、索道候车区域需设置索道线路和目的地简介和相关导游图标识。

(b) 售票点、索道下站检票口需悬挂"购票须知""退票须知""票价公示"。

(c) 索道上、下站候车区域需悬挂"索道乘坐安全须知""投诉电话""急救电话"。

（d）缆车内需公示"应急电话"。

（e）服务区内主要道口、交叉路口适当位置需设置导向标识牌。

（f）站房需有醒目的出、入口通行方向标识。

（g）站台需设置引导乘客上、下车区域标识。

（h）售票、公用电话、手机充电、失物招领、物品寄存、问询、公共卫生间服务等均须有醒目服务标识。

（3）索道辖区公共信息及安全标志管理要求。

①公共信息、安全标志是公司所有财产，每位员工都有义务加以爱护，有责任对损坏其行为加以制止。

②公共信息、安全标志的配置使用应列入各级安全检查的内容。

③安全警示标识图形、颜色及符号需严格按 GB 2894（安全标志及使用导则）、GB 13495（消防安全标志）等相关标准设置，不得擅自使用其他图形符号代替。

④公共信息、安全标志内容准确，文字清晰规范，外形完好、并有中外文对照，方便乘客阅读。

⑤公共信息、安全标志设立在固定、醒目位置，不得设置在可移动物体上，确保位置设置及数量合理、无破损、无变形，状态及使用功能完好、正常，能满足服务要求。

⑥公共信息、安全标志由公司责任部门统一制作，由索道站责任部门负责日常检查和维护，要确保其保持整洁，防止玷污和损伤。

5. 相关记录

《公共信息及安全标志清单》。

示例

公共信息及安全标志清单

序号	名称	悬挂位置	状态	检查人	检查日期

9.9 票务服务（票务服务管理制度）

1. 目的

为规范索道票务服务工作，完善索道票务服务工作的操作程序，制定本制度。

2. 范围

适用于索道票务服务的工作管理。

3. 职责

本制度责任归口部门为客运部。

4. 要求

（1）售票。

①售票员应服务热情，唱收唱付，做到票款两清，提醒乘客保管好钱、票，请乘客到候车区候车。

②采用多种宣传形式，让乘客购票前能方便了解到购票须知的内容。

③购票须知应内容完整，文字规范，字迹清晰，符号标准。应采用中、英文对照的统一文字，满足国内、外乘客阅读需求。至少应包括：购票注意事项、运营时间、物价部门批准的成人与儿童往返票价、单程票价、优惠票价等信息。公示救护与投诉电话以及有关保险的声明等。

（2）验票。

①验票员应用规范的服务语言，请乘客出示票据，检验票据和放行。

②采用电子验票系统服务时，服务人员应帮助和指导乘客完成验票程序。

③服务人员有义务提醒购买双程票的游客要保管好票据以备返程时使用。

（3）退票。

①退票范围：

（a）客运索道在突然遭遇不可抗拒的自然灾害（地震、大风、雷暴、山洪、泥石流等），无法继续安全运营。

（b）客运索道出现设备故障，且短时间无法排除并不能继续运行。

（c）客运索道因其他原因临时停运，无法将乘客运送达目的地。

（d）因索道运量或目的地容量限制等安全管理的原因，不宜将乘客运送达目的地。

（e）乘客因身体不适等其他原因要求退票。

②退票程序：

（a）游客退票时，售票员应主动招呼，笑脸相迎。

（b）售票员耐心接受游客询问，详细介绍退票相关规定。

（c）如双程票使用一半，游客要求退票，售票员报客运经理批准后，按票价的50%退付，并做好相关手续。

（d）团队票由导游统一负责退票，做好相关退票人员的解释工作。并由售票员报客运经理批准后做好相关手续。

（e）收票时，判明真伪，要求票面整洁、齐全，唱收。

（f）付款，唱付。

（g）非游客原因退票时，工作人员应向游客耐心解释停止运营服务和退票的原因，并表示歉意。

（h）非乘客原因退票时，服人员应向乘客耐心解释退票的原因，并表示歉意。

（4）停止售票。

①在营业时间内停止售票的，应向乘客公示原因。

②暂停运营时，应及时通知预定客户，服务人员应耐心解释停止运营服务的原因，并表示歉意。

9.10 候车与乘坐服务

9.10.1 候车与乘车服务管理制度

1. 目的

为给乘客提供相对舒适和安全卫生的候车和乘车环境，有效保障乘客候车、乘车的公共安全秩序，正确处理专用通道和普通通道之间、散客和团队乘客之间在候车和乘车过程中的矛盾和纠纷，特制定本制度。

2. 范围

本制度适用于游客候车与乘车管理服务的工作管理。

3. 职责

本制度归口为客运部。

4. 要求

（1）站台服务人员应组织引导乘客上、下车和进、出站，维持站台候车秩序。应主动热情迎、送乘客，搀扶老、幼、病、残、孕者。

（2）站台服务人员应协助乘客上、下车，适时调整索道运行速度，帮助行动不便的乘客乘车。

（3）在保证乘车秩序与乘车安全的前提下，应满足乘客选择旅伴的需求；在客流高峰时，做好乘客的劝说工作，提高车厢利用率，以便完成运输任务。

（4）利用广播或者视频系统，播放景观介绍、音乐、娱乐节目等，使乘客候车、乘车过程中心情愉悦。

（5）为乘客提供如物品寄存、失物招领、免费咨询等衍生服务。

（6）候车区应根据特殊乘客（老、幼、病、残、孕等）和贵宾接待等需求，提供相应的专用通道（绿色通道）和候车区。

（7）购票和候车区应设置遮阳避雨设施，候车区需提供一定数量的爱心座椅，以满足特殊乘客的需求。

（8）保证候车区和车厢内的卫生环境、空气质量，有效阻止乘客在候车区和车厢内吸烟。

（9）注意站房和车厢卫生情况，随时清理。

（10）发现乘客遗留物品及时归还或上交。

9.10.2 索道停运信息发布制度

1. 目的

为及时准确地提供索道停运信息，根据工作需要，特制定本制度。

2. 范围

索道维护保养、索道年度检查、临时性停车

3. 职责

本制度归口部门为办公室。

4. 要求

（1）索道维护保养及年度检查。

①对于影响运营的索道设备停机检修计划，应提前半个月告知所相关部门和单位。

②提前一星期进行发布公告，发布内容包括索道停运原因、时间。

③提前一星期在各售票处、入口以布告形式告知停运信息。

④如运营时间需延后，须提前三天再次在当地电视台或报刊发布公告。

（2）临时性停车。

①临时性停车包括临时性停机检修和雷雨大风天气影响的临时性停车。

②遇到临时性停车，需在第一时间内通过售票处、广播语音公布停运原因、时间，具体处置按《索道应急救援预案》临时停运处理程序执行。

9.11 服务人员基本要求

票务、站台服务人员、乘务人员和保安人员应培训合格后上岗，掌握索道安全服务相应的知识和技能，具有良好职业道德和综合素质，遵守服务守则。

1. 票务人员要求

（1）年满18周岁，身体健康。

（2）了解和掌握鉴别钱、票真伪的能力。

（3）具备与岗位职责相应的处置问题的能力。

2. 站台服务人员要求

（1）年满18周岁，身体健康。

（2）具备与岗位职责相应的观察、处置问题的能力。

（3）能满足搀扶行动不便的乘客上、下车的需求。

（4）具备一定语言和文字表达能力。

（5）掌握索道应急救援技能，参与高空应急救援的站台服务人员无恐高症。

3. 乘务人员要求

（1）年满18周岁，身体健康。

（2）具备与岗位职责相应的观察、发现、处置问题能力。

（3）掌握索道应急救援技能，身体适应高空作业，无恐高症。

4. 保安人员要求

（1）年满 18 周岁，双眼裸视 0.8 以上，无色盲，身体健康，无残障缺陷，无纹身。

（2）具备基本法律知识，熟悉保安的政策、规定。

（3）具备与岗位职责相应的观察、发现、处置问题能力。

（4）具备使用基本通讯器材、防范设施设备和相关防卫器械技能。

（5）掌握防卫和擒拿技能。

（6）掌握索道应急救援技能，身体适应高空救援作业，无恐高症。

各企业根据标准和规范内容建立相关制度或措施。

9.12 服务态度（客运索道服务态度基本要求）

（1）着装整洁，规范统一；去除与服务工作无关的饰物和装饰，佩带服务标牌。

（2）端庄大方，精神饱满，表情自然，姿态端正，举止文明，处事稳重，反应敏捷，动作规范。

（3）保持个人卫生，上岗前应修饰整齐，发型庄重，发色自然；女职工可淡妆修饰。

（4）上岗前不应饮酒，不食带异味的食品。

（5）礼貌待客、微笑服务、亲切热情、真诚友好、耐心周到、服务主动。

（6）有问必答，迅速准确。对于乘客提出要求暂不能解决的，应耐心解释。使用文明礼貌用语、简明、通俗、清晰。

（7）应采用规范的索道服务用语，对国内乘客用普通话服务。应掌握简单的外语，满足外宾的基本服务需求，或选择能与乘客有效沟通的语言。

（8）各企业应根据标准和规范内容执行相关管理制度或措施。

9.13 职业道德（客运索道职业道德基本要求）

（1）应爱岗敬业、诚实守信、忠于职守、维护乘客的合法权益。

（2）应尊重乘客的宗教信仰和风俗习惯，不损害民族尊严。

（3）各企业应根据标准和规范内容执行相关管理制度或措施。

9.14 服务监督与纠纷处理

9.14.1 服务质量监督管理制度

1. 目的

为进一步做好游客服务工作，切实提高服务质量，有效提升游客满意度，树立索道服务品牌，制定服务质量监督管理制度。

2. 范围

本制度适用于公司服务质量监督管理工作。

3. 职责

办公室为服务质量监督归口管理部门

4. 要求

（1）监督依据。依据《客运索道企业安全生产标准化评定标准》及公司《安全生产标准化管理体系》对索道现场管理、索道设施设备和索道服务设施、索道工作人员的服务质量进行监督管理。

（2）工作要求。

①办公室根据《客运索道企业安全生产标准化评定标准》及《客运索道安全服务质量》评定标准，对索道现场管理、索道设施备、员工服务行为等常年进行不定期督察，对不合格项进行整理并下发"督察整改通知书"，责令相关部门限期内整改。

②根据公司《安全生产标准化管理体系》及相关管理标准，对标准执行情况进行常年监督。

③配合上级部门及行业主管机构按要求完成对索道一线的服务监督工作。

④公司在站台放置游客意见簿（箱），定期进行收集整理分析，认真填写"游客意见箱意见收集记录表"，持续整改完善。

⑤每年不少于2次组织游客满意度调查、收集与分析，对不足方面进行整改和完善。

⑥设置服务监督电话并公示，并保证有人接听，接受游客及相关部门的服务质量监督。

（3）办公室根据服务质量检查结果，对各部门和员工服务质量考核及奖惩。

5. 相关记录

（1）《服务质量监督检查记录》。

（2）《游客满意度调查表》。

示例

服务质量监督检查记录

检查内容	检查项目				
	仪容仪表	服务态度	服务纪律	劳动纪律	环境卫生
服务岗位	着装、头发、装饰整洁，佩戴服务工号牌	主动受理、微笑服务、礼貌对答、文明用语	不准争吵、打架，不准饮酒、吸烟，不准接打电话，不准离岗、串岗	不准迟到、早退、旷工	保持地面干净、门窗明亮、车厢清洁无灰尘
上午班 上站 检票					
上车区					
下车区					
票房					

（续）

检查内容		检查项目				
		仪容仪表	服务态度	服务纪律	劳动纪律	环境卫生
上午班	下站	检票、补票				
		上车区				
		下车区				
		票房				
		通道				
下午班	上站	检票				
		上车区				
		下车区				
		票房				
	下站	检票、补票				
		上车区				
		下车区				
		票房				
		通道				

上午检查人：_____　　　检查时间：_____

下午检查人：_____　　　检查时间：_____

游客满意度调查表

The Customer Opinion Consult Card of ××× Passenger Cableway Co., Ltd.

尊敬的乘客：

欢迎您乘坐×××索道，占用您些许宝贵的时间，留下您的意见或建议，我们将非常感谢！

Respected customer：

Welcome to take ××× Cableway, Sparing your some time, We will be very grateful if you leave here your opinions or suggestions！

请您在下列认可选项中打√

序号	项　　目	满意 Good	基本满意 Fair	不满意 Poor
1	索道员工仪容仪表 Desk clerk appearance			

308

（续）

序号	项　　目	满意 Good	基本满意 Fair	不满意 Poor
2	接待人员服务态度 Desk clerk service			
3	购票、候车秩序 Tickets and waiting order			
4	乘客须知、安全知识介绍 Notice and safety introduction			
5	服务警示标志 Service and caution sign			
6	安全服务设施 Safety service establishment			
7	乘坐索道舒适感 Feeling on the ropeway			
8	索道与景区的协调 Harmony between ropeway and scene			
9	老、幼、病、残、孕等乘客的服务 Service for oldie, kid, sick, handicapped pregnant woman, etc.			
10	总体印象 Overall impression			

Please mark in the front of your agreeing option with √

日期 date：_____年___月___日

请留下您的建议 Please leave here your proposals：

_____

谢谢您的合作！Thank you for your cooperation！

你来自何方 Where are you from _____

性别 gender：男 male _____ 女 female _____

联系电话 Telephone _____

9.14.2　失物招领管理制度

1. 目的

为进一步提升旅游窗口形象，推进公司诚信建设，方便游客寻找失物、返还失物，保护失物所有人的合法权益。

2. 范围

适用于游客遗失的财物。

3. 职责

本制度归口营运部。

4. 要求

（1）工作人员在工作区域内拾到物品应立即上交营运部，不得占为己有。

（2）游客拾到的物品，也由工作人员上交营运部。

（3）营运部负责人将拾获的财物登记于失物处理登记簿，注明时间、拾物地点、时间及物品的名称并进行公开招领。

（4）领物者应说明失物特征、失物地点及时间，经核对属实方可领取，并签名确认。

（5）失物于登记陈列三个月后，若无人认领。由营运部上交公司处理。

5. 相关记录

《失物招领登记表》。

示例

失 物 招 领 登 记 表

物品名称	拾主情况	拾物地点	拾物时间	批准人	领取人	备注

9.14.3 索道临时行李寄存管理办法

1. 目的

为进一步提升旅游窗口形象，改善候车环境，方便游客上下乘车。

适用于对索道乘客服务提供活动的控制。

2. 范围

提供免费寄存服务，保管期限为一天（当天索道停运前），所有行李不得过夜寄存。

寄存的行李以件数为计算单位，每件行李不超过 10 kg。

凡危险品、违禁品、易碎品，易泄漏、贵重等物品不予保管。

3. 职责

营运部负责临时行李寄存管理工作。

4. 要求

（1）了解客人寄存物品的情况，若发现有不易管理、易碎或易燃的物品等，应向客人解释或建议客人同有关部门联系。

（2）寄存前向客人报行李件数，并做简单检查，发现有破损应及时向客人说明。

（3）在行李卡上填写日期、记录人、行李件数、编号及提取时间，记录下客人名字及联系电话，将行李卡下联交给客人保管，届时凭行李卡下联领取。

9.14.4　索道绿色通道管理使用规定

1. 目的

为更好地为公务人员、残疾人、贵宾等有特殊需要的乘客或其他安全应急需要提供便捷服务，确保乘客候车秩序和站台安全，特制定本规定。

2. 范围

本制度适用于特定游客服务。

3. 职责

本制度归口部门为索道站。

4. 要求

（1）进入路线：由公司办公楼一侧通过值班室门口进入，禁止直接从出口一侧进入，必要时要有工作人员引导陪同。

（2）通行程序：从绿色通道乘坐索道，必须要先征求值班站长的同意，在值班站长的授意下，由索道站相关服务人员检验票证，凭有效票证安排进入绿色通道候车。

（3）人员限额：每次只允许少量的人员从绿色通道进入专用候车通道，在人员较多的情况下，应分批分次进入。一般每次不多于 4 人。

（4）管理：绿色通道由索道站负责日常管理，节假日期间应安排专人看管。在绿色通道通行时上车时，相关工作人员应及时做好游客的解释、安抚工作。

9.14.5　游客满意度调查制度

1. 目的

通过对游客满意度的调查，掌握游客对索道服务的满意程度及需求，从而给游客提供给游客提供更全面、更优质的服务。

2. 范围

适用于客运索道游客满意度收集和整理的管理工作。

3. 职责

本制度归口为办公室。

4. 要求

（1）游客信息的收集。每年定期进行游客满意度抽样调查，不定期向游客（团队、散客）发放《游客满意度调查表》并在规定时间内收回。

（2）游客信息的分析。

①根据《游客满意度调查表》回收情况，对每个调查小项进行分类统计。

②根据分类统计结果测评游客对索道服务项目的满意度。

③对调查中游客提出的问题、建议反馈到相关部门进行分析。

④编制"游客满意度调查结果及分析报告"。

（3）游客信息的处理。

①对游客提出的问题进行汇总、分析、解决，并依据需求将解决方案以电话回访或书面等方式向游客反馈，并做反馈记录。

②索道站应将游客经常性提出的问题及建议进行分析总结，出台相关的整改措施。办公室对整改措施的落实情况和实施效果进行跟踪确认。

③对游客提出的意见和建议进行汇总、分析，对好的意见和建议予以采纳，出具"游客满意度调查结果及分析报告"，推进索道服务的不断完善和改进，有效提高游客满意度。

（4）游客满意度评价及计算。

满意度分为4个等级：很满意、满意、一般、不满意。游客综合满意度总分为100分。

①有效调查样本的认定。

（a）每次乘客调查回收有效样本数一般不得少于50份。

（b）调查样本必须同时符合以下两个条件才为有效，否则为无效样本。

（c）调查表必须填写真实完整的调查日期和乘客姓名。

（d）必须对调查项目全部进行评价，并且评价等次是唯一的，缺项、漏项或对同一项目进行重复评价的均视为无效样本。

②满意样本的认定。

（a）对调查表中的调查项目评价等次实行量化计分，"很满意"按100分计、"满意"按80分计，"一般"按60分计，"不满意的"按0分计，1调查项求和平均得出该份调查样本的得分。

（b）样本得分在80分（含）~100分的为满意样本，80分（不含）以下的为不满意样本。

③计算办法：乘客满意度＝有效调查满意样本数量/有效调查样本总数，满意度反映了乘客对服务的满意程度。

根据统计数据对调查项目的满意度做出客观、公正的分析、处理和评价，并在此基础上制定相应改进的原则和方法。

游客满意度调查考核指标：95%以上。

5. 相关文件

(1)《游客满意度调查表》。

(2)《游客满意度调查统计表》。

示例

游客满意度调查表

The Customer Opinion Consult Card of ×××Passenger Cableway Co., Ltd.

尊敬的乘客：

欢迎您乘坐×××索道，占用您些许宝贵的时间，留下您的意见或建议，我们将非常感谢！

Respected customer：

Welcome to take ×××Cableway, Sparing your some time, We will be very grateful if you leave here your opinions or suggestions！

请您在下列认可选项中打√

序号	项　　目	满意 Good	基本满意 Fair	不满意 Poor
1	索道员工仪容仪表 Desk clerk appearance			
2	接待人员服务态度 Desk clerk service			
3	购票、候车秩序 Tickets and waiting order			
4	乘客须知、安全知识介绍 Notice and safety introduction			
5	服务警示标志 Service and caution sign			
6	安全服务设施 Safety service establishment			
7	乘坐索道舒适感 Feeling on the ropeway			
8	索道与景区的协调 Harmony between ropeway and scene			
9	老、幼、病、残、孕等乘客的服务 Service for oldie, kid, sick, handicapped pregnant woman, etc.			
10	总体印象 Overall impression			

Please mark in the front of your agreeing option with √

日期 date：_____年___月___日

请留下您的建议 Please leave here your proposals：
_____

谢谢您的合作！Thank you for your cooperation！

你来自何方 Where are you from _____

性别 gender：男 male _____ 女 female _____

联系电话 Telephone _____

游客满意度调查统计表

资料时间：

回收状况：发出　件，回收　件，有效样本　件，满意样本　件，满意率单项分析：

序号	调差项目	质量评价统计个数			顾客意见
		满意	基本满意	不满意	
1	索道员工仪容仪表				
2	接待人员服务态度				
3	购票、候车秩序				
4	乘客须知、安全知识介绍				
5	服务警告标志				
6	安全服务设施				
7	乘坐索道舒适感				
8	索道与景区的协调				
9	老、幼、病、残、孕等乘客的服务				
10	总体印象				
结论　对策　确认						
重要意见反映与结论	填表人/日期：			
对策	实施部门负责人/日期：			
执行追踪与确认	确认人/日期：			

9.14.6　游客意见箱管理制度

1. 目的

为了更好地满足游客的需求，给游客提供更全面、更优质的服务。

2. 范围

本制度规定了游客意见箱管理的形式和流程。

3. 职责

本制度责任归口为办公室。

4. 要求

（1）定期收集顾客意见箱内的意见卡，并及时将顾客的意见、建议记录在《顾客意见征询表》。

（2）办公室将顾客意见、建议分析、分类，及时反馈给主要负责人。

（3）主要负责人将游客经常性提出的问题及建议进行分析总结，出台相关的整改措施。

5. 相关记录

《游客意见处理表》。

示例

游 客 意 见 处 理 表

资料时间：_____

	结论　对策　确认
重要意见反映与结论	 填表人／日期：
对策	 实施部门负责人／日期：
执行追踪与确认	 确认人／日期：

9.15 服务质量改进（服务质量自评及持续改进办法）

1. 目的

为规范索道服务质量管理工作，制定服务质量自评及改进办法，有效提升索道服务质量管理绩效。

2. 范围

本标准适用于索道公司服务质量的自评管理。

3. 职责

办公室为服务质量自评归口管理部门。

4. 要求

（1）自评目标。

①通过服务质量自评查找服务管理缺陷和管理漏洞，为服务质量持续改进提供依据。

②通过服务质量自评结果分析，确定持续改进措办法并整改完善，提高服务质量管理绩效。

（2）自评依据。《客运索道企业安全生产标准化评定标准》。

（3）自评工作要求。

①每年对本公司服务质量情况至少进行1次自主评定，验证各项服务制度措施的适宜性、充分性和有效性，检查安全生产目标的完成情况，提出改进意见，形成评价报告。

②公司办公室全面负责本公司的服务质量绩效考评组织工作。

③考评结果形成正式文件向公司所有部门、班组和作业人员通报，作为公司对各部门进行年度考核的重要依据。

④如果发生死亡或高空滞留人员3.5 h以上的责任事故，需重新进行评定，同时形成评定报告。

⑤根据服务质量评定结果，需对本公司服务质量目标、规章制度等进行修改和完善；同时需制定相应整改工作计划和措施，实施PDCA循环、不断提高服务质量管理绩效。

（4）自评考评内容。公司是否制定每年度的工作计划并将质量目标分解至各部门，各部门各班组是否有落实措施，是否按服务质量目标考核办法进行考核，现场公共卫生、导识系统、候车与乘车和衍生服务等服务设施、服务人员提供服务等是否符合公司管理要求，是否对游客投诉及处理情况进行记录，是否定期进行游客满意度调查和分析等。

（5）服务质量自评及持续改进办法。

①公司通过对服务质量提供情况进行年度考评、分析和整改，实现公司服务质量持续改进和提高的目的。

②公司各部门及全员需积极配合进行服务质量绩效考评工作。

③每年定期由考评人员逐一对照《客运索道企业安全生产标准化评定标准》中"服务质量"各项指标，严格进行自评打分，扣分项进行汇总，同时形成自评报告，自评报告中要求对扣分项进行分析，同时提出相应整改计划或措施，明确责任部门；自评报告下发至各责任部门并要求在规定期限内整改完成；办公室对整改完成情况进行检查和督促。

④考评结果作为公司对各部门进行年度服务质量目标任务书完成情况的重要考核依据。

10 客运索道安全运营管理相关范本

10.1 脱挂抱索器索道安全运营日常记录范本

1. 记录的填写

（1）记录填写要及时、真实、内容完整、字迹清晰，不得随意涂改。

（2）因某种原因不能填写的项目，应写明理由，并将该项目用单杠划去。

（3）各相关栏目负责人签名不允许空白。

（4）如因笔误或计算错误要修改原数据，应用单杠划去原数据，在其上方写上更改后的数据及日期，并签上修改者姓名。

2. 记录的保管与归档

（1）各部门负责收集、整理、保管本部门的记录，存放在通风、干燥的地方，每月末上交记录保存部门。

（2）记录保存部门负责编制及更新记录清单，并保存记录的原始表样。

（3）记录保存部门负责把所有记录分类整理好，一般记录保存期限为 3 年，技术档案按照实际需要规定保存期。

3. 记录的作废和销毁

记录如超过保存期或遇其他特殊情况需要销毁时，由相应部门报记录保存部门批准后，授权专人监督销毁。

4. 记录的监督与检查

记录保存部门可根据工作需要适时对各部门记录控制情况进行检查。

示例

上站设备早检表（运行日记）

月 日	星期：	天气：	记录人：	负责人：
开机时间：	关机时间：		挂车数：	
测试抱索力最小车号：			当日运行车次：	
抱索力测试 单位：N			测试速度： m/s	

车号	抱索力	车号	抱索力	车号	抱索力	车号	抱索力

（续）

	早检项目	检查情况	检查人
电工	控制室温度/湿度	℃/%	
	蓄电池电压	V	
	交流电源电压	V	
	触摸屏显示		
	有无异音异味		
	防撞系统功能测试		
	停车按钮功能测试		
	通讯设备		
电工	主变压器温度、声音	℃/%	
	电网电压是否正常		
	液压张紧电机、开关		
	配电室无异音、异味		
	控制柜无异常		
机械工	张紧车轨道及位置正常		
	张紧系统管路无渗漏		
	张紧系统油压、油位		
	脱挂轨无异物、松动		
	导向轨无异物、松动		
	行走轨无异物、松动		
	站内轮组绳位正常		
	升降平台功能		
	弯轨提升装置功能		
	抱索器及其脱挂装置功能		
	摩擦轮传动皮带		
	运载索目检		
	道岔运行情况		
备注			

上站机械设备巡检表

月　　日	星期：	天气：	站台温/湿度：		负责人：	
检查人						
检查项目　检查时间						
站内推车机构	异常声音					
	皮带无抖动、打滑					
	轮胎摆动					
	弯轨处车厢运行					
液压张紧系统	系统压力	Bar	Bar	Bar	Bar	Bar	Bar
	张紧车位置	m	m	m	m	m	m
	油箱油位						
	油温						
	电磁阀温度						
	噪声及振动						
	管路渗漏						
迂回轮	轴承声音						
	运行平稳						
脱挂系统	脱挂时车厢摆动						
	脱挂声音						
	轨道无松动						
车厢	进出站摆动						
	开、关门动作						
防撞脉冲	速度：　　m/s	进站区域1：　　2：　　3：　　4：　　5：　　6：　　7：					
		出站区域1：					
备注							

上站电气设备巡检表

月 日		星期：		天气：		负责人：		
		检查人						
检查项目		检查时间						
控制柜		交流电源电压	V	V	V	V	V	V
		蓄电池电压	V	V	V	V	V	V
		支架故障线路电流	mA	mA	mA	mA	mA	mA
		面板指示灯						
		有无异音、异味						
触摸屏		显示						
		运行速度	m/s	m/s	m/s	m/s	m/s	m/s
张紧系统		油泵电机运行声音						
		电机温度（<90℃）						
		电磁阀（<90℃）						
		压力开关动作情况						
配电房		温/湿度/(℃/%)						
		变压器输出电压 A	V	V	V	V	V	V
		变压器输出电压 B	V	V	V	V	V	V
		变压器输出电压 C	V	V	V	V	V	V
		变压器温度 A	℃	℃	℃	℃	℃	℃
		变压器温度 B	℃	℃	℃	℃	℃	℃
		变压器温度 C	℃	℃	℃	℃	℃	℃
		高压柜压力表显示						
		异音异味						
备注								

下站设备早检表（运行日记）

月　　日	星期：	天气：	记录人：	值班经理：	
开机时间：		关机时间：		挂车数：	
测试抱索力最小车号：				当日运行车次：	
抱索力测试　　单位：　N				测试速度：　　m/s	

车号	抱索力	车号	抱索力	车号	抱索力	车号	抱索力

	早检项目	检查情况	检查人
操作工	控制室温度/湿度	℃/ %	
	触摸屏显示	V	
	有无异音异味	V	
	主辅、间距开关位置		
	防撞系统功能测试		
	停车按钮功能测试		
	监控系统		
	通讯设备		
电工	主变压器温度、声音	℃/ %	
	电网电压是否正常		
	配电室无异音、异味		
	蓄电池电压	V	
	变频室是否正常		
机械工	制动闸油位、管路无渗漏		
	减速机油位		
	脱挂轨无异物、松动		
	导向轨无异物、松动		
	行走轨无异物、松动		
	站内轮组绳位正常		

(续)

	早检项目	检查情况	检查人
机械工	V形皮带张力		
	传输轮胎气压		
	升降平台功能		
	弯轨提升装置功能		
	抱索器及其脱挂装置功能		
	摩擦轮传动皮带		
	道岔运行情况		
机械工巡线	支架基础及周边地质情况		
	钢丝绳在轮衬中心线上		
	支架轮组运行情况		
	线路风速风向情况		
	运行线路无障碍		
	运载索（目检）		
备注			

下站电气设备巡检表

月　日	星期：		天气：		值班经理：	
	检查人					
检查项目	检查时间					
控制柜	控制电源电压	V	V	V	V	V	V
	蓄电池电压	V	V	V	V	V	V
	支架故障线路电流	mA	mA	mA	mA	mA	mA
	电机力矩1	%	%	%	%	%	%
	电机力矩2	%	%	%	%	%	%
	有无异音、异味						
触摸屏	显示情况						
	运行速度	m/s	m/s	m/s	m/s	m/s	m/s
制动系统	油泵电机运行						
	油泵电机温度						
	电磁阀温度（最高值）						

（续）

检查项目	检查人 检查时间						
一号电机	电枢电压	V	V	V	V	V	V
	电枢电流	A	A	A	A	A	A
	电机温度	℃	℃	℃	℃	℃	℃
	有无异音						
	冷却风机运行情况						
二号电机	电枢电压	V	V	V	V	V	V
	电枢电流	A	A	A	A	A	A
	电机温度	℃	℃	℃	℃	℃	℃
	有无异音						
	冷却风机运行情况						
驱动机房	室内温度	℃	℃	℃	℃	℃	℃
	通风机工作情况						
	空调工作情况						
油冷却	油冷却器运行情况						
变频室	温/湿度（℃/%）						
	1号变频器的温度	℃	℃	℃	℃	℃	℃
	2号变频器的温度	℃	℃	℃	℃	℃	℃
	3号变频器的温度	℃	℃	℃	℃	℃	℃
配电房	温/湿度（℃/%）						
	172线高压柜压力						
	173线高压柜压力						
	变压器温度A	℃	℃	℃	℃	℃	℃
	变压器温度B	℃	℃	℃	℃	℃	℃
	变压器温度C	℃	℃	℃	℃	℃	℃
	变压器输出电压A	V	V	V	V	V	V
	变压器输出电压B	V	V	V	V	V	V
	变压器输出电压C	V	V	V	V	V	V
	功率因素	%	%	%	%	%	%
	EPS充电状态						
	EPS电池电压（>480 V）	V	V	V	V	V	V
备注							

巡线记录表

检查日期：	年 月 日	星期：	温度：	值班经理：
时间	检查项目		检查结果	检查人
	索道沿线是否满足安全运行的净空要求			
	支架平台			
	钢丝绳在轮组上运行是否平稳			
	托/压索轮	轮衬状况		
		轴承是否有异音		
		运转是否有跳动摇摆		
	支架基础、沿线周边是否有地质灾害			
	索道沿线是否满足安全运行的净空要求			
	支架平台			
	钢丝绳在轮组上运行是否平稳			
	托/压索轮	轮衬状况		
		轴承是否有异音		
		运转是否有跳动摇摆		
	索道沿线是否满足安全运行的净空要求			
	支架平台			
	钢丝绳在轮组上运行是否平稳			
	托/压索轮	轮衬状况		
		轴承是否有异音		
		运转是否有跳动摇摆		

上站设备晚检表

检查日期：		月 日		值班经理：
项目		检查内容	检查情况	检查人
机械	皮带	张紧情况		
		磨损情况		
	轮胎	气压		
		磨损情况		
	张紧系统	油位		
		油管		

（续）

项目		检查内容	检查情况	检查人
机械	张紧系统	张紧位置		
		渗漏		
		滑道		
	站内索轮	轮衬		
		侧板		
	迂回轮	轮衬		
		渗油		
电气	控制系统	仪表显示		
		元件外观		
		开关位置		
		蓄电池电压		
	变配电系统	变压器运行		
		变压器温度		
		仪表显示		
		指示灯		
		开关位置		
备注				

填写说明：正常：√　异常：填写情况

下站设备晚检表

检查日期：		月　日		值班经理：
项目		检查内容	检查情况	检查人
机械	皮带	张紧情况		
		磨损情况		
	轮胎	气压		
		磨损情况		
	车厢	抱索器检查		
		吊厢连接螺栓		
		减振装置		
		车厢座椅		
		开关门状况		

（续）

项目		检查内容	检查情况	检查人
机械	减速机	油位		
		油色		
		螺栓标记		
	液压系统	油位		
		油色		
		油管		
	站内500型轮	轮衬		
		侧板		
	驱动轮	轮衬		
		渗油		
电气	控制系统	仪表显示		
		元件外观		
		蓄电池电压		
		接线端子		
	主电机 1+2	固定螺栓有无松动		
		检查冷却风机吸风口		
	变频器	元件外观		
		接线端子		
	变配电系统	变压器运行		
		变压器温度		
		仪表显示		
		指示灯		
		接线排端子		
备注				

填写说明：正常：√ 异常：填写情况

故障记录表

日期	
发生时间	
故障现象	
处理措施	
恢复时间	
故障处置人员	
恢复确认人	
备注	

车厢广播系统维护记录表

日期	车厢号	维护内容	维护人	备注

安全保护装置台账

序号	装置名称	位置	检查周期	备注

10.2 固定抱索器索道安全运营日常记录范本

1. 记录的填写

(1) 记录填写要及时、真实、内容完整、字迹清晰，不得随意涂改。

(2) 因某种原因不能填写的项目，应写明理由，并将该项目用单杠划去。

(3) 各相关栏目负责人签名不允许空白。

(4) 如因笔误或计算错误要修改原数据，应用单杠划去原数据，在其上方写上更改后的数据及日期，并签上修改者姓名。

2. 记录的保管与归档

(1) 各部门负责收集、整理、保管本部门的记录，存放在通风、干燥的地方，每月末上交记录保存部门。

(2) 记录保存部门负责编制及更新记录清单，并保存记录的原始表样。

(3) 记录保存部门负责把所有记录分类整理好，一般记录保存期限为 3 年，技术档案按照实际需要规定保存期。

3. 记录的作废和销毁

记录如超过保存期或遇其他特殊情况需要销毁时，由相应部门报记录保存部门批准后，授权专人监督销毁。

4. 记录的监督与检查

记录保存部门可根据工作需要适时对各部门记录控制情况进行检查。

示例

运 行 记 录

年　　月　　日

天气			风向、风力　m/s	
开机时间			关机时间	
当日运行时间		h	累计运行时间	h
张紧位置（空载时）：			吊具数量：	
运行时基本参数				
序号	记录时间	运行电压	运行电流	运行速度	记录人
1					
2					
3					
4					
停车记录（可另附页）					
序号	停车时间	停车原因	处理措施	恢复开车时间	记录人
负责人					

注：运行时基本参数，每天至少记录四次。

重点设备温度（外壳）日常监控记录

年　　月　　日

设备名称	内容与要求	测量时间	测量位置1 温度/℃	测量位置2 温度/℃	测量位置3 温度/℃
主驱动电机	外壳温度应符合使用维护说明书要求（≤℃）				
主减速机	外壳温度应符合使用维护说明书要求（≤℃）				

（续）

设备名称	内容与要求	测量时间	测量位置1 温度/℃	测量位置2 温度/℃	测量位置3 温度/℃
润滑油泵电机	外壳温度应符合使用维护说明书要求（≤ ℃）				
制动液压站	油箱外壳温度不大于60 ℃				
张紧液压站	油箱外壳温度不大于60 ℃				

注：1. 索道可根据实际情况增加需要温度监控的设备。
   2. 测量位置应具体说明。
   3. 测量时间每天至少2次。

线路及支架检查记录

年　　月　　日

检查内容		支架号									
		1号	2号	3号	4号	5号	6号	7号	8号	9号	10号
钢索绳位置是否正常	上行										
	下行										
轴承声音是否正常	上行										
	下行										
托压索轮运转是否正常	上行										
	下行										
轮衬磨损是否正常	上行										
	下行										
挡板、捕捉器是否正常	上行										
	下行										
脱索保护装置是否正常	上行										
	下行										
连接件是否紧固											
振动、摆动是否正常											

（续）

检查内容	支架号									
	1号	2号	3号	4号	5号	6号	7号	8号	9号	10号
支架地脚螺栓是否正常										
广播设备是否正常										
通讯（监控）设备是否正常										
其他情况说明： 巡检人员：										
负责人：										

注：1. 凡与索轮有关的异常现象一定要在空格内注明索轮位置编号，并在情况说明栏中详细记录。

2. 巡检采用看、听方法，记录时正常打√，异常打×；其他如有异常，要在情况说明栏中详细记录并说明。

交接班记录表

内容 日期	本班始终时间	中间停车时间		停车原因	机电设备状况	签字		部门经理意见签字	备注
		起始	终止			交班人	接班人		

配件清单及库存记录

序号	配件名称	规格型号	品牌	供应商	库存数量	备注

填表人：　　　　　　　　　　　　负责人：　　　　　　　　　　　　盘底日期：

辅助驱动运行维护检查记录

　　　　　　　　　　　　　　　　　　　　　　　　　　　　年　　月　　日

序号	检查内容		检查结果	备注
1	柴油发电机	水箱内的水是否充足，有无漏水现象		
		燃料油是否充足，管路是否畅通，有无渗漏		
		机油油位是否在指示范围之内，有无渗漏		
		充电系统是否良好，蓄电池电压是否正常，电解液液面高度是否正常	蓄电池电压：	
		发电机各部件有无松动现象		
		发电机整体卫生状况如何		
		发电机启动有无异常声音		
		发电机运行后电压有无异常		
		发电机运行后频率有无异常		
		发电机运行后送电状况是否正常		
		低速运行，观察各项仪表指示是否正常		
2	双路供电	双路供电切换是否正常		

（续）

序号		检查内容	检查结果	备注
3	辅电机	电机运转振动、噪声、温升是否正常		
		电机固定连接螺栓有无松动		
		传动机构是否正常		
		电机运转电压、电流是否正常		

试机运行情况：	
1. 开机时间：	
2. 停机时间：	
3. 整体运行状况：	操作人员：
	负责人：

注：辅助驱动每月至少启动一次。

紧急驱动运行维护检查记录

序号		检查内容	检查结果	备注
1	柴油机（组）	冷却系统是否正常		
		燃料油是否充足，管路是否畅通，有无渗漏		
		机油油位是否在指示范围之内，有无渗漏		
		充电系统是否良好，蓄电池电压是否正常，电解液液面高度是否正常	蓄电池电压：	
		柴油机各部件有无松动现象		
		柴油机整体卫生状况如何		
		柴油机启动是否正常		
		柴油机整体运行状况是否正常		
		运行时仪表指示是否正常		
2	液压马达	液压油油位是否在指示范围之内，有无渗漏		
		液压马达、液压泵及油路是否正常（无异响、无松动、无锈蚀、无渗漏）		
		各部位连接螺栓有无松动		

试机运行情况：	
1. 开机时间：	
2. 停机时间：	
3. 整体运行状况：	操作人员：
	负责人：

注：紧急驱动每月至少启动一次。

10.3 往复式索道安全运营日常记录范本

1. 记录的填写

(1) 记录填写要及时、真实、内容完整、字迹清晰,不得随意涂改。

(2) 因某种原因不能填写的项目,应写明理由,并将该项目用单杠划去。

(3) 各相关栏目负责人签名不允许空白。

(4) 如因笔误或计算错误要修改原数据,应用单杠划去原数据,在其上方写上更改后的数据及日期,并签上修改者姓名。

2. 记录的保管与归档

(1) 各部门负责收集、整理、保管本部门的记录,存放在通风、干燥的地方,每月末上交记录保存部门。

(2) 记录保存部门负责编制及更新记录清单,并保存记录的原始表样。

(3) 记录保存部门负责把所有记录分类整理好,一般记录保存期限为3年,技术档案按照实际需要规定保存期。

3. 记录的作废和销毁

记录如超过保存期或遇其他特殊情况需要销毁时,由相应部门报记录保存部门批准后,授权专人监督销毁。

4. 记录的监督与检查

记录保存部门可根据工作需要适时对各部门记录控制情况进行检查。

示例

上站电气设备早检表（往复式）

年　　月　　日

检查项目	检查内容	检查结果	备注
高压负荷开关	工作是否正常		
避雷器	外观检查		
变压器	工作是否正常		
低压配电屏	工作是否正常		
信号柜	柜内充电指示灯是否正常		
	信号柜面板各指示灯显示是否正常		
	电池电压		
	风速/(m·s^{-1})		
通讯设备	台式对讲机、电话与控制室联系是否正常		

（续）

检查项目	检查内容			检查结果	备注
停车按钮	信号室		站台		
平衡重锤限位	上限位		下限位		
鞍座充电装置					
检查人		值班负责人		部门负责人	

注：正常打"√"，异常打"×"。

下站电气设备早检表（往复式）

年　　月　　日

检查内容及结果									备注
主电源电压	开机前			V	开机后			V	
电池电压	1号		V	2号		V	3号	V	
显示灯指示及各开关位置									
监测器F1键显示内容									
风速			m/s		风向				
安全压力值			bar		工作压力值			bar	
载波电话台式对讲机	与信号室通话			与1号车通话			与2号车通话		
备用驱动工作闸脚踏泵，管接头有无渗漏，油箱是否有油									
车厢到站限位开关及越位开关									
鞍座充电装置									
接地装置									
停车按钮	下站	控制室		站台		整流室		机房	
	上站	信号室		站台		车厢	1号车	2号车	
限位开关	承载索重锤	上限位		下限位		平衡重锤	上限位	下限位	
早检人		值班负责人			部门负责人				

上站机械设备早检表（往复式）

年　月　日

部位	检查项目	检查内容	检查方式	检查结果	备注
承载索锚固装置		夹钳的固定，螺栓的松动，安全间隙有无变化	观察		
		各部件变形及紧固松动	观察		
		基础框架的龟裂损伤	观察		
平衡重锤		停止时位置	记录		
		阻尼装置，链条润滑	观察		
		导轨及导向滚轮	观察		
		框架	观察		
		各导向轮润滑及轮衬磨损	观察		
站台鞍座		托索轮轮衬磨损	观察		
		车厢缓冲装置是否正常	观察		
		鞍座各连接螺栓有无脱落、锈蚀	观察		
载波装置		安装框架	观察		
		压索轮轮衬磨损	观察		
线路部分	托索轮铜衬支索器承载索	运行时托索轮是否振动、异音	观察		
		支索器运转状态是否正常	观察		
		线路上是否有异物，承载索清洁润滑状态	观察		
车厢（　）	锚头部分	牵引索上的标记距锚头端的距离是否异常变长	观察测量		
		定位销两侧挡板状况	观察		
	行走小车	液压油位、油温	观察		
		液压管道、管接头是否泄漏	观察		
		行走小轮运转是否正常，外部是否有异常损伤	观察		
	吊臂	裂缝、变形	观察		
早检人		值班负责人		部门负责人		时间	起至

下站机械设备早检表（往复式）

年　　月　　日

部位	检查项目	检查内容				检查方式	检查结果	备注
重锤		1号车停（　）站，承载索重锤停止位置		测量：　　m		测量时间：		
		2号车停（　）站，承载索重锤停止位置		测量：　　m		测量时间：		
		锚头有无异常变化				观察		
		导轨的润滑，箱体的锈蚀				观察		
驱动部分	减速机	油位是否正常，颜色是否变深				观察		
		油温　　℃	泵出口压力　　bar		润滑压力　　bar	观察		
	联轴器	拨叉状态，换向阀状态				观察		
	导向轮	轮衬磨损				观察		
	备用驱动	电瓶电压值：	电瓶电解液液位是否正常			观察		
		油位是否正常：	柴油		润滑油			
		液压油：	冷却液位：					
制动部分	液压站	各压力表指示是否正常				观察测量		
	液压油路	各管接头有无渗漏		油温　　℃		观察		
	制动闸	有无渗漏及其他异常状况				观察		
载波装置		载波管的安装				观察		
		压索轮安装及轮衬磨损				观察		
滚子链		卡环、油封是否脱落，轴承、导轨润滑状态				观察		
线路部分	托索轮铜衬支索器	运行时托索轮是否振动、异音				观察		
		支索器运转状态是否正常				观察		
	承载索	线路上是否有异物，承载索清洁润滑状态				观察		
车厢（　）	锚头部分	牵引索上的标记距锚头端的距离是否异常变长				观察测量		
		定位销两侧挡板状况				观察		
	行走小车	液压油压　　bar / 　　bar				观察		
		液压管道、管接头是否泄漏，油位是否正常				观察		
		行走小轮运转是否正常，外部是否有异常损伤				观察		
	吊臂	裂缝，变形				观察		
早检人		值班负责人		部门负责人		时间	起至	

注：正常打"√"，异常打"×"。

索道车厢早检表（往复式）

年　月　日

检查内容及结果					备注
早检内容	蓄电池电压			闸打开		
^	自动关开门系统是否正常			闸关闭		
^	各指示灯及照明灯是否正常			油位		
^	客车制动器	电动泵工作情况		面板指示灯状态	压力位	
^	^	手动泵工作情况		^	牵引索	
^	^	液压值	/	^	平衡索	
^	紧急救护设备状况（有无缺损）			风力警告		
^	线路情况（风、能见度以及其他异常情况）			开门		
^	车厢音响系统是否正常			关门		
^	车厢停车/紧急停车键是否正常		/	通讯	载波电话	
^	车厢加/减速键是否正常		/	^	对讲机	
早检乘务员			值班负责人		部门负责人	

注：正常打"√"，异常打"×"。

控制电气设备巡检表（往复式）

温度：　　　　　　　　湿度：　　　　　　　年　月　日

检查项目	检查内容	检查方式	检查结果					备注
^	^	^	早检	1	2	3	4	5	^
控制室	主电源电压	记录							
^	各仪表指示灯是否正常	观察							
^	柜内有无异音、异味	听							
^	各蓄电池电压是否正常	记录							
^	135U电源散热风机运转是否良好	观察							
^	牵引绳接地检测是否正常	观察							
^	各接触器、继电器、动作有无异音	观听							
^	运行数据显示是否正常	观察							
^	到站限位开关是否在正确位置	观察							
^	风速、风向指示是否正常	观察							

（续）

检查项目	检查内容	检查方式	检查结果 早检	1	2	3	4	5	备注
车厢	蓄电池电压检查	记录							
	速度表指示是否正常	观察							
	车厢开关门动作是否正常	观察							
	各指示灯是否正常	观察							
	继电器动作有无异音	观听							
	车厢内有无异味、异音	观听							

上/下午值班人：　　　　值班负责人：　　　　部门负责人：

注：正常打"√"，异常打"×"。

上站电气设备巡检表（往复式）

年　月　日

检查项目	检查内容	检查方式	检查结果 早检	1	2	3	4	5	备注
配电室	各仪表、指示灯是否正常	观察							
	柜内有无异声、异味、异物	观听							
	变压器运行有无异常	观察							
	负荷开关、避雷器是否正常	观察							
信号室	各指示灯是否正常	观察							
	风向、风速仪是否正常动作	观察							
	柜内有无异声、异味、异物	观听							
	蓄电池电压是否正常	记录							
	载波管与平衡绳有无触碰	观察							

上/下午值班人：　　　　值班负责人：　　　　部门负责人：

注：正常打"√"，异常打"×"。

下站电气设备巡检表（往复式）

年　月　日

检查项目	检查内容	检查方式	检查结果 早检	1	2	3	4	5	备注
配电室	各指示灯、仪表是否正常	观察							
	各变压器运行是否正常	观察							
	柜内有无异声、异味、异物	听嗅							
	1号变压器风机运转是否良好	观察							

（续）

检查项目	检查内容	检查方式	检查结果 早检	1	2	3	4	5	备注
整流室	接触器、继电器动作有无异音	观听							
	柜内有无异声、异味	听嗅							
	风机运转是否良好	观察							
	充电柜指示灯、温度是否正常	观摸							
机房	主电机有无异常振动、异音、异味	观听							
	风机运转情况是否良好、进风口是否有异物	观察							
	测速电机工作温度，有无异音	摸听							
	载波管与牵引绳有无碰触	观察							
	蓄电池电压检查、液面检查	观察							
	液压柜电机、减速箱润滑电机有无异常振动、异音、异味	观听							
	主电机外壳及前后轴承温度　1号电机	//	//	//					
	2号电机	//	//	//					

上/下午值班人：　　　　　值班负责人：　　　　　部门负责人：
注：正常打"√"，异常打"×"。

上站机械设备巡检表（往复式）

天气：　　　　　　　温度：　　　　　　　年　月　日

检查项目	检查内容	检查方式	检查结果 早检	1	2	3	4	5	备注
站台鞍座	鞍座托索轮运转情况	观察							
	车厢缓冲装置是否正常	观察							
	压索轮工作状况	观察							
载波装置	平衡索是否碰擦载波管	观察							
承载索锚固装置	夹钳的固定，螺栓的松动，安全间隙有无变化	观察							
	各部件变形及紧固松动	观察							
	基础框架的龟裂损伤	观察							
导向轮	A. 轮体有无变形、裂纹	观察							
	B. 轴、轴承润滑，震动，声音是否正常	观听							
	C. 温度：B（　/　）D（　/　）								

（续）

检查项目	检查内容		检查方式	检查结果						备注
				早检	1	2	3	4	5	
平衡重锤	阻尼装置	链条润滑	观察							
		工作压力：上行压力（　　）下行压力（　　）静止压力（　　）								
		进站前位置 m　停止时的位置 m　测量时间								
	运行时的行程		速度	车厢人数	最高 m	最低 m	行程	测量时间		
		1号车（　）行		1号（　）2号（　）						
		2号车（　）行		1号（　）2号（　）						

上午值班人：　　　　　值班时间：　　　　　值班负责人：　　　　　部门负责人：
下午值班人：　　　　　值班时间：　　　　　值班负责人：
注：正常打"√"，异常打"×"。

下站机械设备巡检表（往复式）

天气：　　　　　　　　室温：　　　　　　　　年　月　日

检查项目	检查内容	检查方式	检查结果						备注
			早检	1	2	3	4	5	
减速机	1. 油位是否正常，传动有无异常	观听摸							
	2. 油温（　）（　）（　）（　）（　），泵出口压力（　）（　）（　）（　）（　），润滑压力（　）（　）（　）（　）（　），时间（　）（　）（　）（　）（　）。								
	3. 外壳温度（输入端/输出端）（　/　）（　/　）（　/　）。								
	4. 润滑油泵电机温度（　）（　）（　）。								
主动轮及导向轮	A. 轮体有无变形、裂纹	观							
	B. 轴、轴承润滑，震动，声音是否正常	观听							
	C. 温度：B（　/　）C（　/　）D（　/　）								
联轴器	润滑状况、运转状况	观							
液压制动	A. 制动闸工作是否正常	观							
	B. 液压管接头是否泄漏，压力、油位是否正常，油温（　）℃	观							
载波装置	A. 牵引索是否碰擦载波管	观听							
	B. 压索轮的运转	观							
滚子链	各滚链回转、异音、轴承及导轨润滑状态	观							
站台设备	A. 鞍座托索轮运转状况	观听							
	B. 脉冲编码器齿轮及轴承运转状况	观							

341

（续）

检查项目	检查内容			检查方式	检查结果						备注
					早检	1	2	3	4	5	
承载索重锤	导轨润滑，锚头表面的有无变化			观							
	运行时的行程		人数	运行速度/(m·s^{-1})	最高位置/m		最低位置/m		行程/m	测定时间	
		1号车（ ）行									
		2号车（ ）行									

上午值班人：　　　　值班时间：　　　　值班负责人：　　　　部门负责人：
下午值班人：　　　　值班时间：
注：正常打"√"，异常打"×"。

控制室电气设备晚检表（往复式）

温度：　　　　　　湿度：　　　　　　　　年　月　日

检查项目	检查内容	检查方式	检查结果	备注
控制室	主电源电压	记录		
	各仪表指示灯是否正常	观察		
	柜内有无异音、异味	听		
	各蓄电池电压是否正常	记录		
	135U电源散热风机运转是否良好	观察		
	牵引绳接地检测是否正常	观察		
	各接触器、继电器、动作有无异音	观听		
	运行数据显示是否正常	观察		
	到站限位开关是否在正确位置	观察		
车厢	蓄电池电压检查	记录		
	车厢开关门动作是否正常	观察		
	各指示灯是否正常	观察		
	继电器动作有无异音	观听		
	车厢内有无异味、异音	观听		

检查人：　　　　　　值班负责人：　　　　　　部门负责人：
注：正常打"√"，异常打"×"。

上站电气设备晚检表（往复式）

年　　月　　日

检查项目	检　查　内　容	检查方式	检查结果	备注
配电室	各仪表、指示灯是否正常	观察		
	柜内有无异声、异味、异物	观听		
	变压器运行有无异常	观察		
	负荷开关、避雷器是否正常	观察		
信号室	各指示灯是否正常	观察		
	风向、风速仪是否正常动作	观察		
	柜内有无异声、异味、异物	观听		
	蓄电池电压是否正常	记录		
	载波管与平衡绳有无触碰	观察		

检查人：　　　　　　值班负责人：　　　　　　部门负责人：

注：正常打"√"，异常打"×"。

下站电气设备晚检表（往复式）

年　　月　　日

检查项目	检　查　内　容	检查方式	检查结果	备注
配电室	各指示灯、仪表是否正常	观察		
	各变压器运行是否正常	观察		
	柜内有无异声、异味、异物	听嗅		
整流室	接触器、继电器动作有无异音	观听		
	柜内有无异声、异味	听嗅		
	风机运转是否良好	观察		
	充电柜指示灯、温度是否正常	观摸		
机房	主电机有无异常振动、异音、异味	观听		
	风机运转情况是否良好、进风口是否有异物	观察		
	测速电机工作温度，有无异音	摸听		
	载波管与牵引绳有无碰触	观察		
	蓄电池电压检查、液面检查	观察		

（续）

检查项目	检查内容		检查方式	检查结果	备注
机房	液压柜电机、减速箱润滑电机有无异常振动、异音、异味		观听		
	主电机外壳及前后轴承温度	1#电机 ／ ／	测量		
		2#电机 ／ ／	测量		

检查人：　　　　　　　值班负责人：　　　　　　　部门负责人：

注：正常打"√"，异常打"×"。

上站机械设备晚检表（往复式）

天气：　　　　　　温度：　　　　　　　　年　月　日

检查项目	检查内容		检查方式	检查结果	备注
站台鞍座	鞍座托索轮运转情况		观察		
	车厢缓冲装置是否正常		观察		
	压索轮工作状况		观察		
载波装置	平衡索是否碰擦载波管		观察		
承载索锚固装置	夹钳的固定，螺栓的松动，安全间隙有无变化		观察		
	各部件变形及紧固松动		观察		
	基础框架的龟裂损伤		观察		
导向轮	A. 轮体有无变形、裂纹		观察		
	B. 轴、轴承润滑情况		观听		
平衡重锤	阻尼装置	链条润滑	观察		
		静止压力（　　　）			
	进站前位置　　　m 停止时的位置　　　m		测量时间		

检查人：　　　　　　　值班负责人：　　　　　　　部门负责人：

注：正常打"√"，异常打"×"。

下站机械设备晚检表（往复式）

天气：　　　　　　　　　室温：　　　　　　　　　年　　月　　日

检查项目	检查内容	检查方式	检查结果	备注
减速机	A. 油位是否正常，传动有无异常	观		
	B. 油温（　　）	观		
	C. 外壳温度（输入端/输出端）（　　/　　）	观		
主动轮及导向轮	A. 轮体有无变形、裂纹	观		
	B. 轴、轴承润滑	观		
联轴器	润滑状况	观		
液压制动	A. 制动闸工作是否正常	观		
	B. 液压管接头是否泄漏，压力、油位是否正常，油温（　　）℃	观		
载波装置	A. 牵引索是否碰擦载波管	观		
	B. 压索轮的运转	观		
滚子链	各滚链回转、异音、轴承及导轨润滑状态	观		
站台设备	A. 鞍座托索轮状况	观		
	B. 脉冲编码器齿轮及轴承运转状况	观		
承载索重锤	导轨润滑，锚头表面的有无变化	观		

检查人：　　　　　　　　值班负责人：　　　　　　　　部门负责人：

注：正常打"√"，异常打"×"。

索道运转日志（往复式）

早检：　　　　号车下行　　　　乘务员：1#　　2#　　　　风：　　级
温度：℃　　　　天气：　　　　　　　年　月　日　　　　星期：

车次	运转时间/s		运行方式	速度/(m·s^{-1})	SCR 交流侧电压/V	SCR 直流侧电压/V		电枢电流/A		温度		进站20 m速度	司机	事
	发	用				1号	2号	1号	2号	1号	2号			
早检														
1														
2														
3														

（续）

车次	运转时间/s		运行方式	速度/(m·s⁻¹)	SCR交流侧电压/V	SCR直流侧电压/V		电枢电流/A		温度		进站20 m速度	司机	事
	发	用				1号	2号	1号	2号	1号	2号			
4														
43														
44														
45														
上/下午值班人			/			值班负责人				部门负责人				

车厢广播系统维护记录表（往复式）

日期	车厢号	维护内容	维护人	备注

安全保护装置台账（往复式）

序号	装置名称	位置	检查周期	备注

10.4 地轨缆车安全运营日常记录范本

1. 记录的填写

（1）记录填写要及时、真实、内容完整、字迹清晰，不得随意涂改。

（2）因某种原因不能填写的项目，应写明理由，并将该项目用单杠划去。

（3）各相关栏目负责人签名不允许空白。

（4）如因笔误或计算错误要修改原数据，应用单杠划去原数据，在其上方写上更改后的数据及日期，并签上修改者姓名。

2. 记录的保管与归档

（1）各部门负责收集、整理、保管本部门的记录，存放在通风、干燥的地方，每月末上交记录保存部门。

（2）记录保存部门负责编制及更新记录清单，并保存记录的原始表样。

（3）记录保存部门负责把所有记录分类整理好，一般记录保存期限为 3 年，技术档案按照实际需要规定保存期。

3. 记录的作废和销毁

记录如超过保存期或遇其他特殊情况需要销毁时，由相应部门报记录保存部门批准后，授权专人监督销毁。

4. 记录的监督与检查

记录保存部门可根据工作需要适时对各部门记录控制情况进行检查。

示例

驱动站电气设备早检表

正常用"√"，异常需写明原因　　　　　　　　　　　　　　　　日期：　年　月　日

检查项目	检查内容		检查结果
控制室	主电源电压	L3L1	V
		L2L3	V
		L1L2	V
		L1N	V
		L2N	V
		L3N	V
	各指示灯测试是否正常		
	柜内是否无异音、异味、异常振动		
	蓄电池电压（大于 24 V）		___/___
	调速旋钮、PSS 风机运转时是否良好		

（续）

检查项目	检查内容	检查结果
控制室	各接触器、继电器、动作有无异音	
	驱动站/回转站风速	___/___ m/s
	1/2号固定点值差异	___/___
	计数器1/2	___/___
机房	___、___、___柜有无异响、异味、异常振动；变频柜出风有无异常	
	主电机及风机有无径向跳动、异响、异味、异常振动	
	液压电机有无异响、异味、异常振动；电磁阀温升、指示灯有无异常	
	齿轮箱润滑、冷却电机有无异响、异味、异常振动	
	制动器状态开关、制动器磨损开关有无异常，指示灯有无异常	
停车按钮	控制室□；机房□；驱动站台□；1号车□；2号车□；回转站台□；回转站信号室□	
通讯	载波电话和对讲机：控制室□；机房□；1号车厢□；2号车厢□；巡线□	
载波装置	钢索有无碰擦载波管，载波管有无异常振动，有无油污、积冰雪、杂物等	
其他	充电装置有无结冰、异响、异常振动	

	检查人			
各点检查结果汇报	点位	检查结果	汇报人	点位
	驱动站电气设备			驱动站
	驱动站机械设备			回转站
	驱动站-会车点线路			1号车
	会车点-回转站线路			2号车
开车前司机确认各点检查人撤至安全位置：	1号车底盘□；2号车底盘□；上站电气□；上站机械备□；上-中站线路□；中-下站线路□；下站□；中站□；1号车□；2号车□；			
技术部值班经理				

驱动站机械设备早检表

正常用"√"，异常需写明原因　机房室温：　℃　机房湿度：　%rh　日期：

检查项目	检查内容	检查结果
主电机	地脚螺栓是否紧固，转动是否正常，散热是否良好，是否无异常振动	
高低速轴联轴器	传动是否正常，是否无异常冲击现象或声音，螺栓是否无松动，橡胶外观是否完好	

（续）

检查项目	检查内容	检查结果
制动器	制动器有无异常振动，盘、衬片上有无油污；液压油有无泄漏；蝶簧有无断裂、锈蚀；两蹄游隙是否相同	
减速机	地脚和其他螺栓是否紧固，有无漏油，油位是否正常，传动、振动、声音（含耳朵紧贴减速机外壳检查）是否正常，轴转动时有无径向跳动；润滑电机温度（℃）	___/___
驱动轮及导向轮	轮体是否无变形、无裂纹；轮轴是否无变形、无裂纹；制动面是否洁净无脏污、锈蚀；转动时有无径向跳动	
	轴承转动是否正常，是否无异常振动或声响；轴承温度是否正常	
	脉冲编码器齿轮及其轴承运转是否无异常振动、声响，是否清洁	
	轮衬上是否无油污，外观是否无异常；槽清洁器有无杂物；钢绳是否在轮衬槽内；钢绳给进有无噪声	
紧急驱动	离合器润滑是否到位、无异常振动或声响，拨叉是否在正确档位，换向阀是否为闭锁状态；液压油管是否无泄漏，液压马达是否无异常；柴油、润滑油、液压油、冷却液位是否正常，是否无漏油	
___#液压系统	Security 表压力值（bar）/Service 表压力值（bar）	___/___
	液压油位是否正常，液压管接头是否无泄漏，液压站振动是否无异常，脏污指示是否正常；液压油温（℃）	___/___
轴承温度	减速机高速轴/低速轴温度	___/___
	主电机轴承温度/导向轮轴承温度（不能超过 60 ℃）	___/___
	驱动轮南侧轴承温度（不能超过 60 ℃）/驱动轮北侧轴承温度（不能超过 60 ℃）	___/___
___#车厢	钢绳绳卡是否无裂纹，螺栓是否无松动；锚固筒及筒轴是否无裂纹无松动，钢绳导向装置的白色高分子板是否完整且位置准确，有无裂纹、变形，是否清洁、U 形卡与钢绳间有无间隙；	
	绳卡安全间隙值（mm）或测量块能否插入或标记线有无位移	
	车厢门与底滑板间的结构及间隙有无异常，白色高分子块有无脱落	
	液压油位、液压管、管接头是否正常无泄漏，车轮温升是否正常、润滑是否良好；	
	轨道制动器总成、制动片、导向轮是否完好，制动片是否与轨道平行；固定螺栓有无松动；导承润滑情况	
	轨道制动器蝶形弹簧有无断裂、锈蚀；	
	轨道润滑油箱油位是否正常（≥1/4 油箱容量）	
防撞器	站台及车厢防撞器固定螺栓是否无松动外观是否完好；有无积冰雪；车厢鹿角棒外观是否完好	
技术部值班经理	检查人	

回转站电气设备早检表

正常用"√",异常需写明原因　　　　　　　　　　　　　　日期：

检查项目	检查内容	检查结果
信号柜	柜内有无异声、异味、异物	
	各指示灯测试是否正常	
	下站风向、风速仪是否正常工作	
	柜内有无异声、异味、异物	
	蓄电池电压值/V	
通讯设备	回转站载波电话和对讲机与驱动站、车厢联系是否正常	
停车按钮	信号室、站台各种停车按钮功能功能测试是否正常	
限位开关	平衡锤限位开关有无异常	
其他	充电装置有无异响、异常晃动	
记录人		
技术部值班经理		

回转站机械设备早检表

正常用"√",异常需写明原因　　　　　　　　　　　　　　日期：

检查项目	检查内容	检查结果
线路	轨道、钢丝绳线、托索轮有无异常	
___#车厢	钢绳绳卡是否无裂纹,螺栓是否无松动；锚固筒及筒轴是否无裂纹无松动,钢绳导向装置的白色高分子板是否正常、U形卡与钢绳间有无间隙；车厢及站台防撞器有无晃动,其固定螺栓是否无松动外观是否完好,是否无杂物	
	绳卡安全间隙值（mm）或测量块能否插入或标记线有无位移	
	车厢门与底滑板间的结构及间隙有无异常,白色高分子块有无脱落	
	液压油位、液压管、管接头是否正常无泄漏,车轮温升是否正常、润滑是否良好	
	轨道制动器总成、制动片、调整轴承是否完好,制动片是否与轨道平行；轨道制动器固定螺栓有无松动	___/___
	轨道制动器蝶形弹簧有无断裂、锈蚀；长度：上站侧/下站侧 mm	
	钢绳蹄是否完整且位置准确,有无裂纹、变形,是否清洁	
	车厢鹿角棒外观是否完好	
	轨道润滑油箱油位是否正常（≥1/4 油箱容量）	

（续）

检查项目	检查内容	检查结果
平衡重锤及轨道	外观是否正常，有无异音，润滑是否良好，是否清洁	
平衡重锤阻尼系统	液压管、管接头是否正常无泄漏，阻尼器温升是否正常，润滑是否良好	
导向轮	导向轮外观是否正常，有无异音，是否清洁	
缓冲器	缓冲器外观是否正常，有无晃动，固定螺栓是否无松动，伸出是否迅速	
	缓冲杆自然状态长度1#侧/2#侧（cm）	___/___
技术部值班经理		检查人	

_____#车厢电气设备早检表

正常用"√"，异常需写明原因　　　　天气：　　　　日期：

项目	检查内容	检查结果
车厢	蓄电池电压值（大于24 V）：左/右	___/___
	速度表指示是否正常	
	车厢开关门动作是否顺畅，车厢门是否无松动、无异音	
	车厢内有无异味、无异音，运行中有无异常振动、异音	
	车厢门是否在滑槽内，滑块是否完好（关门后对外轻推）	
	各指示灯是否正常	
	车厢照明、大灯、雨刮器是否正常、天窗	
	继电器动作有无异音	
	灭火器、♀形钥匙（1把）、内六角（1把）是否完备	
	轨道润滑是否已开启（填写设定值）	
	轨道制动器压力值（____ - ____ bar）	
	干燥剂情况检查	
停车按钮	紧急制动器停车、紧急停车、轨道制动器功能测试是否正常	
通讯	车厢载波电话和对讲机与上中下站、车厢及机房通讯情况、车厢广播	
上下车站台间隙	有无异常	
检查人		
技术部值班经理		

巡线记录表（早检）

正常用"√"，异常需写明原因　　　　　　　　　　　　日期：

检查项目	检查内容	检查结果
托索轮	托索轮有无积冰雪等障碍物；托索轮是否转动顺畅、无径向或轴向跳动、无异音；边铁有无擦碰痕迹；轮衬磨损情况	
轨道	轨道有无积冰雪等障碍物；轨道是否有损伤；轨道振动情况；轨道道岔是否异常；轨道附件是否无松动、位移、脱落	
桥架	桥架是否有损伤；桥架震动情况；桥架螺栓有无松动、异音	
支腿、基础	支腿基础是否无损伤；支腿螺栓有无松动、异音；基础及周围是否无异常情况	
钢绳	外观有无损伤、变形、结冰	
线路电缆、开关	外观有无损伤、变形、结冰	
线路环境	有无落石、塌方、危树或其他异常情况	
防倒树	树木距防倒树线安全距离（0.5 m）是否足够	
错车道	有无积冰雪等障碍物；车厢经过时的通畅性；车厢经过时有无异音	
疏散梯	螺栓有无松动、异音；有无积冰雪等障碍物	
安全护栏和安全绳	是否完好，螺栓有无松动、异音	
检查人		
技术部值班经理		

驱动站电气设备巡检表

正常用"√"，异常需写明原因　　　　　　　　　　　　日期：　年　月　日

检查项目	检查内容		检查结果		
			10：00	13：00	16：00
控制室	主电源电压	L3L1	√	√	√
		L2L3	√	√	√
		L1L2	√	√	√
		L1N	√	√	√
		L2N	√	√	√
		L3N	√	√	√
	各指示灯测试是否正常				
	柜内是否无异音、异味、异常振动				

（续）

检查项目	检查内容	检查结果		
^^^	^^^	10：00	13：00	16：00
控制室	蓄电池电压（大于24 V）	＿＿／＿＿	＿＿／＿＿	＿＿／＿＿
^^^	调速旋钮、PSS风机运转时是否良好			
^^^	各接触器、继电器、动作有无异音			
^^^	驱动站/回转站风速	＿＿／＿＿ m/s	＿＿／＿＿ m/s	＿＿／＿＿ m/s
^^^	1/2号固定点值差异	＿＿／＿＿	＿＿／＿＿	＿＿／＿＿
^^^	计数器1/2	＿＿／＿＿	＿＿／＿＿	＿＿／＿＿
机房	＿＿、＿＿、＿＿柜有无异响、异味、异常振动；变频柜出风有无异常			
^^^	主电机及风机有无径向跳动、异响、异味、异常振动			
^^^	液压电机有无异响、异味、异常振动；电磁阀温升、指示灯有无异常			
^^^	齿轮箱润滑、冷却电机有无异响、异味、异常振动			
^^^	制动器状态开关、制动器磨损开关有无异常，指示灯有无异常			
载波装置	钢索有无碰擦载波管，载波管有无异常振动，有无油污、积冰雪、杂物等			
其他	充电装置有无结冰、异响、异常振动			
检查人				
技术部值班经理				

驱动站机械设备巡检表

正常用"√"，异常需写明原因　　机房室温：　　℃　　机房湿度：　　％ rh　　日期：

检查项目	检查内容	检查结果		
^^^	^^^	10：00	13：00	16：00
主电机	地脚螺栓是否紧固，转动是否正常，散热是否良好，是否无异常振动			
高低速轴联轴器	传动是否正常，是否无异常冲击现象或声音，螺栓是否无松动，橡胶外观是否完好			
制动器	制动器有无异常振动，盘、衬片上有无油污；液压油有无泄漏；蝶簧有无断裂、锈蚀；两蹄游隙是否相同			

（续）

检查项目	检查内容	检查结果		
		10：00	13：00	16：00
减速机	地脚和其他螺栓是否紧固，有无漏油，油位是否正常，传动、振动、声音（含耳朵紧贴减速机外壳检查）是否正常，轴转动时有无径向跳动；润滑电机温度（℃）	＿＿／＿＿	＿＿／＿＿	＿＿／＿＿
驱动轮及导向轮	轮体是否无变形、无裂纹；轮轴是否无变形、无裂纹；制动面是否洁净无脏污、锈蚀；转动时有无径向跳动			
	轴承转动是否正常，是否无异常振动或声响；轴承温度是否正常			
	脉冲编码器齿轮及其轴承运转是否无异常振动、声响，是否清洁			
	轮衬上是否无油污，外观是否无异常；槽清洁器有无杂物；钢绳是否在轮衬槽内；钢绳给进有无噪声			
紧急驱动	离合器润滑是否到位、无异常振动或声响，拨叉是否在正确档位，换向阀是否为闭锁状态；液压油管是否无泄漏，液压马达是否无异常；柴油、润滑油、液压油、冷却液位是否正常，是否无漏油			
#液压系统	Security 表压力值（bar）/Service 表压力值（bar）	＿＿／＿＿	＿＿／＿＿	＿＿／＿＿
	液压油位是否正常，液压管接头是否无泄漏，液压站振动是否无异常，脏污指示是否正常；液压油温（℃）	＿＿／＿＿	＿＿／＿＿	＿＿／＿＿
轴承温度	减速机高速轴/低速轴温度	＿＿／＿＿	＿＿／＿＿	＿＿／＿＿
	主电机轴承温度/导向轮轴承温度（不能超过 60 ℃）	＿＿／＿＿	＿＿／＿＿	＿＿／＿＿
	驱动轮南侧轴承温度（不能超过 60 ℃）/驱动轮北侧轴承温度（不能超过 60 ℃）	＿＿／＿＿	＿＿／＿＿	＿＿／＿＿
车厢	钢绳绳卡是否无裂纹，螺栓是否无松动；锚固筒及筒轴是否无裂纹无松动，钢绳导向装置的白色高分子板是否完整且位置准确，有无裂纹、变形，是否清洁、U 形卡与钢绳间有无间隙	＿＿#车	＿＿#车	＿＿#车

（续）

检查项目	检查内容	检查结果		
		10：00	13：00	16：00
车厢	绳卡安全间隙值（mm）或测量块能否插入或标记线有无位移	___#车	___#车	___#车
	车厢门与底滑板间的结构及间隙有无异常，白色高分子块有无脱落	___#车	___#车	___#车
	液压油位、液压管、管接头是否正常无泄漏，车轮温升是否正常、润滑是否良好	___#车	___#车	___#车
	轨道制动器总成、制动片、导向轮是否完好，制动片是否与轨道平行；固定螺栓有无松动；导承润滑情况	___#车	___#车	___#车
	轨道制动器蝶形弹簧有无断裂、锈蚀	___#车	___#车	___#车
	轨道润滑油箱油位是否正常（≥1/4油箱容量）	___#车	___#车	___#车
防撞器	站台及车厢防撞器固定螺栓是否无松动外观是否完好；有无积冰雪；车厢鹿角棒外观是否完好	___#车	___#车	___#车
技术部值班经理		检查人		

回转站电气设备巡视表

正常用"√"，异常需写明原因　　　　　　　　　　　　　　日期：

检查项目	检查内容	检查结果		
		10：00	13：00	16：00
信号柜	柜内有无异声、异味、异物			
	各指示灯测试是否正常			
	下站风向、风速仪是否正常工作			
	柜内有无异声、异味、异物			
	蓄电池电压值/V			
其他	充电装置有无异响、异常晃动			
检查人			
技术部值班经理			

回转站机械设备巡检表

正常用"√",异常需写明原因　　　　　　　　　　　　　　日期:

检查项目	检查内容	检查结果		
		10:00	13:00	16:00
线路	轨道、钢丝绳线、托索轮有无异常			
车厢	钢绳绳卡是否无裂纹,螺栓是否无松动;锚固筒及筒轴是否无裂纹无松动,钢绳导向装置的白色高分子板是否正常、U形卡与钢绳间有无间隙;车厢及站台防撞器有无晃动,其固定螺栓是否无松动外观是否完好,是否无杂物	____#车	____#车	____#车
	车厢门与底滑板间的结构及间隙有无异常,白色高分子块有无脱落	____#车	____#车	____#车
	液压油位、液压管、管接头是否正常无泄漏,车轮温升是否正常、润滑是否良好	____#车	____#车	____#车
	轨道制动器总成、制动片、调整轴承是否完好,制动片是否与轨道平行;轨道制动器固定螺栓有无松动	____#车	____#车	____#车
	轨道制动器蝶形弹簧有无异常	____#车	____#车	____#车
	钢绳蹄是否完整且位置准确,有无裂纹、变形,是否清洁	____#车	____#车	____#车
	车厢鹿角棒外观是否完好	____#车	____#车	____#车
平衡重锤及轨道	外观是否正常,有无异音,润滑是否良好,是否清洁			
平衡重锤阻尼系统	液压管、管接头是否正常无泄漏,阻尼器温升是否正常,润滑是否良好			
导向轮	导向轮外观是否正常,有无异音,是否清洁			
缓冲器	缓冲器外观是否正常,有无晃动,固定螺栓是否无松动,伸出是否迅速			
技术部值班经理		检查人		

_____#车厢电气设备巡检表

正常用"√",异常需写明原因　　　　　　　天气：　　　　　　日期：

项目	检查内容	检查结果		
		10：00	13：00	16：00
车厢	蓄电池电压值（大于24 V）：<u>左</u>/<u>右</u>	___/___	___/___	___/___
	速度表指示是否正常			
	车厢开关门动作是否顺畅，车厢门是否无松动、无异音			
	车厢内有无异味、无异音，运行中有无异常振动、异音			
	车厢门是否在滑槽内、滑块是否完好（关门后对外轻推）			
	各指示灯是否正常			
	继电器动作有无异音			
	轨道润滑是否已开启（填写设定值）			
	轨道制动器压力值（____ - ____ bar）			
上下车站台间隙	有无异常			
检查人				
技术部值班经理				

巡线记录表（巡检）

正常用"√",异常需写明原因　　　　　　　　　　　　　　日期：

检查项目	检查内容	巡　检		
		10：00	13：00	16：00
托索轮	托索轮有无积冰雪等障碍物；托索轮是否转动顺畅、无径向或轴向跳动、无异音；边铁有无擦碰痕迹；轮衬磨损情况			
轨道	轨道有无积冰雪等障碍物；轨道是否有损伤；轨道振动情况；轨道道岔是否异常；轨道附件是否无松动、位移、脱落			
桥架	桥架是否有损伤；桥架震动情况；桥架螺栓有无松动、异音			

（续）

检查项目	检查内容	巡　　检		
		10：00	13：00	16：00
支腿、基础	支腿基础是否无损伤；支腿螺栓有无松动、异音；基础及周围是否无异常情况			
钢绳	外观有无损伤、变形、结冰			
线路电缆、开关	外观有无损伤、变形、结冰			
线路环境	有无落石、塌方、危树或其他异常情况			
防倒树	树木距防倒树线安全距离（0.5 m）是否足够			
错车道	有无积冰雪等障碍物；车厢经过时的通畅性；车厢经过时有无异音			
疏散梯	螺栓有无松动、异音；有无积冰雪等障碍物			
安全护栏、和安全绳	是否完好，螺栓有无松动、异音			
检查人			
技术部值班经理			

驱动站电气设备晚检表

正常用"√"，异常需写明原因　　　　　　　　日期：　年　月　日

检查项目	检查内容		检查结果	
控制室	主电源电压	L3L1	√	清洁控制室
		L2L3	√	
		L1L2	√	
		L1N	√	
		L2N	√	
		L3N	√	
	各指示灯测试是否正常			
	柜内是否无异音、异味、异常振动			
	蓄电池电压（大于24V）		＿＿／＿＿	
	调速旋钮、PSS风机运转时是否良好			
	各接触器、继电器、动作有无异音			
	驱动站/回转站风速		＿＿／＿＿ m/s	
	1/2号固定点值差异		＿＿／＿＿	
	计数器1/2		＿＿／＿＿	

（续）

检查项目	检查内容	检查结果	
机房	____、____、____柜有无异响、异味、异常振动；变频柜出风有无异常		清洁控制室
	主电机及风机有无径向跳动、异响、异味、异常振动		
	液压电机有无异响、异味、异常振动；电磁阀温升、指示灯有无异常		
	齿轮箱润滑、冷却电机有无异响、异味、异常振动		
	制动器状态开关、制动器磨损开关有无异常，指示灯有无异常		
载波装置	钢索有无碰擦载波管，载波管有无异常振动，有无油污、积冰雪、杂物等		
其他	充电装置有无结冰、异响、异常振动		
检查人			
技术部值班经理			

驱动站机械设备晚检表

正常用"√"，异常需写明原因　机房室温：　　℃；机房湿度：　　%rh　　　　日期：

检查项目	检查内容	检查结果	
主电机	地脚螺栓是否紧固，转动是否正常，散热是否良好，是否无异常振动		清洁机房及车槽
高低速轴联轴器	传动是否正常，是否无异常冲击现象或声音，螺栓是否无松动，橡胶外观是否完好		
制动器	制动器有无异常振动，盘、衬片上有无油污；液压油有无泄漏；蝶簧有无断裂、锈蚀；两蹄游隙是否相同		
减速机	地脚和其他螺栓是否紧固，有无漏油，油位是否正常，传动、振动、声音（含耳朵紧贴减速机外壳检查）是否正常，轴转动时有无径向跳动；润滑电机温度（℃）	___/___	
驱动轮及导向轮	轮体是否无变形、无裂纹；轮轴是否无变形、无裂纹；制动面是否洁净无脏污、锈蚀；转动时有无径向跳动		
	轴承转动是否正常，是否无异常振动或声响；轴承温度是否正常		
	脉冲编码器齿轮及其轴承运转是否无异常振动、声响，是否清洁		
	轮衬上是否无油污，外观是否无异常；槽清洁器有无杂物；钢绳是否在轮衬槽内；钢绳给进有无噪声		

（续）

检查项目	检查内容	检查结果	
紧急驱动	离合器润滑是否到位、无异常振动或声响，拨叉是否在正确档位，换向阀是否为闭锁状态；液压油管是否无泄漏，液压马达是否无异常；柴油、润滑油、液压油、冷却液位是否正常，是否无漏油		清洁机房及车槽
____#液压系统	Security 表压力值（bar）/Service 表压力值（bar）	____/____	
	液压油位是否正常，液压管接头是否无泄漏，液压站振动是否无异常，脏污指示是否正常；液压油温（℃）	____/____	
轴承温度	减速机高速轴/低速轴温度	____/____	
	主电机轴承温度/导向轮轴承温度（不能超过60℃）	____/____	
	驱动轮南侧轴承温度（不能超过60℃）/驱动轮北侧轴承温度（不能超过60℃）	____/____	
车厢	钢绳绳卡是否无裂纹，螺栓是否无松动；锚固筒及筒轴是否无裂纹无松动，钢绳导向装置的白色高分子板是否完整且位置准确，有无裂纹、变形，是否清洁、U形卡与钢绳间有无间隙	____#车	
	绳卡安全间隙值（mm）或测量块能否插入或标记线有无位移	____#车	
	车厢门与底滑板间的结构及间隙有无异常，白色高分子块有无脱落	____#车	
	液压油位、液压管、管接头是否正常无泄漏，车轮温升是否正常、润滑是否良好	____#车	
	轨道制动器总成、制动片、导向轮是否完好，制动片是否与轨道平行；固定螺栓有无松动；导承润滑情况	____#车	
	轨道制动器蝶形弹簧有无断裂、锈蚀	____#车	
	轨道润滑油箱油位是否正常（≥1/4油箱容量）	____#车	
防撞器	站台及车厢防撞器固定螺栓是否无松动外观是否完好；有无积冰雪；车厢鹿角棒外观是否完好	____#车	
技术部值班经理		检查人	

回转站电气设备晚检表

正常用"√",异常需写明原因　　　　　　　　　　　　　　　日期:

检查项目	检查内容	检查结果	
信号柜	柜内有无异声、异味、异物		清洁信号室
	各指示灯测试是否正常		
	下站风向、风速仪是否正常工作		
	柜内有无异声、异味、异物		
	蓄电池电压值/V		
其他	充电装置有无异响、异常晃动		
记录人			
技术部值班经理			

回转站机械设备晚检表

正常用"√",异常需写明原因　　　　　　　　　　　　　　　日期:

检查项目	检查内容	检查结果	停运
线路	轨道、钢丝绳线、托索轮有无异常		
车厢	钢绳绳卡是否无裂纹,螺栓是否无松动;锚固筒及筒轴是否无裂纹无松动,钢绳导向装置的白色高分子板是否正常、U形卡与钢绳间有无间隙;车厢及站台防撞器有无晃动,其固定螺栓是否无松动外观是否完好,是否无杂物	___#车	清洁车槽
	车厢门与底滑板间的结构及间隙有无异常,白色高分子块有无脱落	___#车	
	液压油位、液压管、管接头是否正常无泄漏,车轮温升是否正常、润滑是否良好	___#车	
	轨道制动器总成、制动片、调整轴承是否完好,制动片是否与轨道平行;轨道制动器固定螺栓有无松动	___#车	
	轨道制动器蝶形弹簧有无异常	___#车	
	钢绳蹄是否完整且位置准确,有无裂纹、变形,是否清洁	___#车	
	车厢鹿角棒外观是否完好	___#车	
平衡重锤及轨道	外观是否正常,有无异音,润滑是否良好,是否清洁		
平衡重锤阻尼系统	液压管、管接头是否正常无泄漏,阻尼器温升是否正常,润滑是否良好		
导向轮	导向轮外观是否正常,有无异音,是否清洁		
缓冲器	缓冲器外观是否正常,有无晃动,固定螺栓是否无松动,伸出是否迅速		
技术部值班经理		检查人	

361

_____#车厢电气设备晚检表

正常用"√",异常需写明原因　　　　　　天气：　　　　　　日期：

检查项目	检查内容	检查结果	
车厢	蓄电池电压值（大于24 V）：左/右	___/___	清洁车厢
	速度表指示是否正常		
	车厢开关门动作是否顺畅,车厢门是否无松动、无异音		
	车厢内有无异味、无异音,运行中有无异常振动、异音		
	车厢门是否在滑槽内、滑块是否完好（关门后对外轻推）		
	各指示灯是否正常		
	继电器动作有无异音		
	轨道润滑是否已开启（填写设定值）		
	轨道制动器压力值（___ - ___ bar）		
上下车站台间隙	有无异常		
检查人			
技术部值班经理			

缆车运转日志

天气：　风速：　m/s　控制室温度：　℃　湿度：　%rh　技术部值班经理：　　　　日期：

车次	主电压/V	发车时间	最大扭矩/%	绳速/(m·s^{-1})	工作制动器压力	紧急制动器压力	钢绳接地监测/%	车厢进站减速确认	电机Max℃	减速机Max℃	司机	记事
早检												
1												
2												
3												
4												
5												
6												
7												
8												
9												
10												
11												
12												
13												
14												
15												

故障记录表

日期	
发生时间	
缆车状态	
故障现象	
处理措施	
恢复时间	
故障处置人员	
恢复确认人	
备注	

技术部值班经理：

车厢广播系统维护记录表

日期	车厢号	维护内容	维护人	备注

安全保护装置台账

序号	装置名称	位置	检查周期	备注

10.5 脱挂抱索器索道检维修日常记录范本

1. 记录的填写

（1）记录填写要及时、真实、内容完整、字迹清晰，不得随意涂改。

（2）因某种原因不能填写的项目，应写明理由，并将该项目用单杠划去。

（3）各相关栏目负责人签名不允许空白。

（4）如因笔误或计算错误要修改原数据，应用单杠划去原数据，在其上方写上更改后的数据及日期，并签上修改者姓名。

2. 记录的保管与归档

（1）各部门负责收集、整理、保管本部门的记录，存放在通风、干燥的地方，每月末上交记录保存部门。

（2）记录保存部门负责编制及更新记录清单，并保存记录的原始表样。

（3）记录保存部门负责把所有记录分类整理好，一般记录保存期限为 3 年，技术档案按照实际需要规定保存期。

3. 记录的作废和销毁

记录如超过保存期或遇其他特殊情况需要销毁时，由相应部门报记录保存部门批准后，授权专人监督销毁。

4. 记录的监督与检查

记录保存部门可根据工作需要适时对各部门记录控制情况进行检查。

示例

自 检 计 划

自检类别	检查内容	计划检查时间
日常检查	电气巡检	
	机械巡检	
	线路巡检	
	早检	
	晚检	
月检	机械设备	
	电气设备	
季检	机械设备	
	电气设备	
年检	机械设备	
	电气设备	

安全保护装置检查记录

年度

设备名称	保护装置	位置	检查时间	检查人	备注
钢丝绳	限位开关	进出站直轨处			
防撞系统	接近开关	1. 进站侧区域 2. 出站侧区域 3. 弯轨处区域			
大轮水平检测	限位开关	驱动轮上			
开关门机构	限位开关	车厢关门处			
液压张紧	系统功能	液压张紧车上			
维修闭锁	闭锁开关	驱动间、上、下站内钢结构处			
支架	U 型针	1~12#支架			
	捕绳器	1~12#支架			

备用驱动维护保养记录表

年　月　季检

编号 04	主管技术负责人		检修人员	
	现场工作负责人			

<table>
<tr><th rowspan="11">工作计划</th><th>检查项目</th><th>检查内容</th><th>检查结果</th><th>检查人</th></tr>
<tr><td rowspan="10">柴油机及紧急救护驱动系统</td><td>1. 油过滤器检查</td><td></td><td rowspan="10"></td></tr>
<tr><td>2. 冷却系统检查、清尘</td><td></td></tr>
<tr><td>3. 空气过滤器检查，清洁</td><td></td></tr>
<tr><td>4. 机油油位检查</td><td></td></tr>
<tr><td>5. 柴油机皮带张力适中</td><td></td></tr>
<tr><td>6. 电气系统接线无松动，蓄电池电解液及充电情况检查</td><td></td></tr>
<tr><td>7. 液压驱动油路有无渗漏，液压油油位、油色正常</td><td></td></tr>
<tr><td>8. 各螺栓及接线端子紧固检查</td><td></td></tr>
<tr><td>9. 运行紧急驱动系统（通过减速箱和齿圈传动各 15 min），并加满燃油</td><td></td></tr>
<tr><td>10. 对紧急驱动装置清尘、润滑齿轮</td><td></td></tr>
</table>

安全要求	严禁酒后作业，身体或精神状态不好不得参与检修，穿防滑鞋，严禁烟火，严格按维护说明书要求作业，司机操作索道前必须与各工作点检修人员联系　　　　　　　　　　　　　　　　　　　　　　　　安全员：

工作完成情况	

验收记录	验收人：

工作开始时间	年　月　日　时　分	工作单签发人	
工作结束时间	年　月　日　时　分		

备用驱动运行记表

日期	开始时间	结束时间	负载情况	运转情况	操作人	检查人	备注

机械设备检查维护工作单

年　月　季检

编号 01	主管技术负责人		检修人员	
	现场工作负责人			

工作计划	检查项目	检查内容	检查结果	检查人

安全要求	安全员：		
工作完成情况			
验收记录	验收人：		
工作开始时间	年 月 日 时 分	工作单签发人	
工作结束时间	年 月 日 时 分		

电气设备检查维护工作单

年　月　季检

编号 09	主管技术负责人			检修人员	
	现场工作负责人				
工作计划	检查项目	检查内容		检查结果	检查人
安全要求	安全员：				
工作完成情况					
验收记录	验收人：				
工作开始时间		年　月　日　时　分		工作单签发人	
工作结束时间		年　月　日　时　分			

重大活动索道系统技术安全专项检查表

年　月　日

序号	检查项目	检查结果	说明	设备检查人
1	配电房设备			
2	变频器			
3	主电机及伺服系统			
4	控制系统			
5	安全保护系统			
6	载波系统			
7	操作系统			

（续）

序号	检查项目	检查结果	说明	设备检查人
8	通讯系统			
9	监控系统			
10	接地系统			
11	液压制动系统			
12	主驱动轮减速箱			
13	备用机系统			
14	钢丝绳			
15	张紧系统			
16	轮系装置			
17	救护装置			
18	车厢系统			
19	支架及基础			
20	防撞系统			

技术部值班经理：　　　　　　　　　　　　　　　分管副总经理：

注：①在重大活动前8 h前完成检查。
　　②当设备存在问题时要提出措施并另附说明。

设备维护保养计划表

设备名称	保养内容	计划检查时间
支架	按设备检查维护标准	
运载索	按设备检查维护标准	
张紧系统	按设备检查维护标准	
驱动轮、迂回轮	按设备检查维护标准	
脱挂系统	按设备检查维护标准	
推车系统	按设备检查维护标准	
制动系统	按设备检查维护标准	
抱索器	按设备检查维护标准	
车厢	按设备检查维护标准	
减速机	按设备检查维护标准	
柴油机	按设备检查维护标准	
主电机	清尘	
接近开关	间距、接线	
行程开关	功能、接线	
变频器	内部电气接线、元件外观、清尘	

日常维护记录表

时间	设备名称	原因	内容	维护人员

维修自检报告

序号	检验项目	检验内容	检验结果	检验结论	备注
1					
2					
3					
4					
5					

（续）

序号	检验项目	检验内容	检验结果	检验结论	备注
6					
7					
8					
9					
10					
11					
12					
13					
14					
15					
16					
17					
18					
19					
20					
21					
22					
23					
24					
25					
26					
27					

索道备品备件台账

存货编码	存货名称	规格	单位	期初		收入		发出		结存			实际盘存数	盘存差异
				数量	金额	数量	金额	数量	金额	数量	单价	金额		
合计														

盘存人： 制表人： 日期：

废油处理记录

日期	
废油油量	
甲方经办人	
乙方经办人	
备注	

10.6　固定抱索器索道检维修日常记录范本

1. 记录的填写

（1）记录填写要及时、真实、内容完整、字迹清晰，不得随意涂改。

（2）因某种原因不能填写的项目，应写明理由，并将该项目用单杠划去。

（3）各相关栏目负责人签名不允许空白。

（4）如因笔误或计算错误要修改原数据，应用单杠划去原数据，在其上方写上更改后的数据及日期，并签上修改者姓名。

2. 记录的保管与归档

（1）各部门负责收集、整理、保管本部门的记录，存放在通风、干燥的地方，每月末上交记录保存部门。

（2）记录保存部门负责编制及更新记录清单，并保存记录的原始表样。

（3）记录保存部门负责把所有记录分类整理好，一般记录保存期限为3年，技术档案按照实际需要规定保存期。

3. 记录的作废和销毁

记录如超过保存期或遇其他特殊情况需要销毁时，由相应部门报记录保存部门批准后，授权专人监督销毁。

4. 记录的监督与检查

记录保存部门可根据工作需要适时对各部门记录控制情况进行检查。

示例

日 检 记 录

年　月　日

序号	内容及要求	是/否	检查人员	备注
1	站内机械设备、电气设备及钢丝绳应有必要的防护、隔离，防止危急乘客和工作人员的安全			
2	钢丝绳状态目检，应无松股、断股、断丝现象			
3	支架焊接处应无裂缝，法兰连接处螺栓连接情况应无松动			
4	机电设备的防护罩、隔离栏杆等安全设施完好有效			
5	防护网及其他防护设备设施必须完好有效			
6	工作制动器是否工作正常			
7	紧急制动器是否工作正常			
8	制动液压站是否工作正常，无渗漏现象			
9	站台、机房、控制室应设置紧急停车按钮是否工作正常			
10	上、下站通讯电话是否保持畅通			
11	线路广播是否完好			
12	对讲机是否完好			
13	检查工作平台及攀登梯是否完好			
	连接螺栓应无松动			
14	每日正式运行之前空载试验是否			
15	主电机是否有异常噪声、振动			
16	各种仪表是否正常			
17	减速机工作是否正常			
18	万向联轴节转动是否正常			
19	驱动轮、迂回轮轮衬磨损是否正常			
20	工作制动器推杆工作温度应正常			
21	液压站工作是否正常			
22	抱索器是否正常			
23	吊杆与吊具的连接螺栓是否正常			
24	吊厢（篮）的门、锁工作是否正常			
25	吊厢的玻璃是否正常			
26	吊椅护栏开闭是否正常			

负责人：

注：1. 正常的项目，在是/否一栏内划"√"或"X"；无此项划"/"。
　　2. 有数据要求的填写实测数据。

月 检 记 录

年　　月　　日

序号	内容及要求	是/否	检查人员	备注
1	各种工作记录是否齐全			
2	救护设备是否完好			
3	钢丝绳状态目检，应无松股、断股、断丝现象			
4	钢丝绳接头形状低速下检查（0.5 m/s），特别注意钢丝绳接头情况，测量钢绳直径（10~20 个点）			
5	地脚螺栓连接应牢固			
6	支架破损油漆应进行修补			
7	轮组的垂直度及平行度是否符合标准要求			
8	每月须对轮组轴承加注润滑脂，并留有加注记录			
9	侧板和横梁应无变形、开裂			
10	托压索轮连接螺栓应无松动			
11	重锤或重锤箱上的导向块与导轨之间的间隙上下、左右应均匀，重锤或重锤箱在导轨中应能自由升降			
12	重锤井内不应有积水、杂物			
13	绞车是否能提起重锤			
14	制动器可靠，缠绕卷筒应固定可靠，不能松动，在重锤未落地时开动绞车提起重锤检查绞车运转和固定情况			
15	油缸伸缩时应运动自如，无泄漏和卡阻现象，限位开关动作是否灵敏			
16	观察在最不利的情况下（最大倾角、钢丝绳直径缩小时）单钳口抱索器是否正常			
17	张紧小车重锤油缸行程保护是否完好有效			
18	张紧小车、重锤或油缸达到极限之前，应能发出报警信号并自动停车			
19	风速风向仪状态是否完好			
20	防火措施是否完善，灭火设施必须是灭电器起火专用设施			
21	通讯设施是否完好：上、下站通讯电话是否保持畅通；线路广播是否完好；对讲机是否完好；通讯电缆情况			
22	电源及备用动力：应有两套独立的电源供电，可采用双回路电源、柴油机也可采用内燃机作备用动力。柴油机每周至少启动一次，运行不得少于 20 min			

(续)

序号	内容及要求	是/否	检查人员	备注
23	柴油发电机电瓶状态、发电机充电器、电机燃油数量、质量、冷却水量、机油量应正常。柴油发电机不得有异常噪声			
24	轮组的垂直度及平行度应符合标准要求			
25	连接螺栓应无松动			
26	站台、机房、控制室应设置紧急停车按钮,并使用蘑菇头带自锁装置的,功能应可靠。紧急停车按钮位置应方便操作员使用			
27	所有脱索保护开关必须安装牢固、接线准确,严禁将脱索保护开关短接。打断或触发开关索道应能自动停车			
28	主电机噪声应正常;无异常振动;温升应正常。测速电机噪音、温升正常,主电机对应仪表正常,电机碳刷表面应无异常,磨损不超过要求			
29	辅电机噪声应正常,无异常振动,碳刷和滑环无异常			
30	皮带式辅机的皮带和带轮应清洁,连接皮带应松紧适度			
31	插销式辅机插销存放良好,插销螺纹磨损适度			
32	液压马达齿圈式辅机泵站工作正常,液压马达与主机的离合应正常,连接油管无泄漏现象			
33	驱动轮、迂回轮轮衬磨损正常,导向胶条正常无缺损,轮缘位置适当			
34	工作制动器推杆工作温度、工作油位正常			
35	工作制动器及安全制动器闸皮间隙正常,闸皮磨损正常,安全制动器动作正常			
36	张紧油缸超限停车正常、限位开关正常(液压张紧);张紧液压站密封良好、无泄漏(液压张紧);重锤高度位置稳定、较日常记录数值无异常(重锤张紧);重锤限位开关工作正常			
37	张紧小车限位工作正常,张紧小车与阻车器距离适当			
38	开关门机构活动正常			
39	对抱索器进行拆卸目检(外抱卡、内抱卡、叠簧)无损坏,抱索器的钳口,无损伤,无棱角,目检吊杆无变形、锈蚀。(本条为抱索器移位时抽查)			

（续）

序号	内容及要求	是/否	检查人员	备注
40	对吊厢（篮）的转动、滑动部件进行润滑；对吊杆与抱索器连接处进行润滑			
41	各索道站每月必须对本索道从业人员进行相关职业教育，教育内容至少包括：安全知识教育、安全技能教育、事故教育及其他涉及安全的相关教育。并对教育及考核内容进行存档，存档时间不得少于三年			
完成时限				
使用单位安全管理人员（签字）		日　　期		

维 护 保 养 记 录

维保部位	
维保原因及维保方式	
维保效果	
备注	
作业人员		维保日期	
负责人		日期	

钢丝绳检查维护记录

钢丝绳型号				
制造厂家				
安装单位				
安装时间			使用时间/h	

检查项目	检查测量情况
磨损、锈蚀、清洁等情况 （低速目测一周）	
断丝、松股、磨损情况 （低速目测一周）	

	测量位置	方向 1/mm	方向 2/mm	方向 3/mm	平均值/mm
正常段钢丝绳直径 （非编接区）					

	测量位置	方向 1/mm	方向 2/mm	方向 3/mm	松丝断丝 松	松丝断丝 断	备注
接头处直径测量情况	1#接头						
	2#接头						
	3#接头						
	4#接头						
	5#接头						
	6#接头						

钢丝绳检查情况 是否符合要求	
测量人签字	日期
负责人签字	日期

注：1. 至少在每次抱索器移位时进行钢丝绳的检查。

2. 不符合要求的，应注明原因。

3. 直径测量值小数点后保留两位。

钢丝绳检查维护记录填表说明及要求

（1）填写内容要真实、准确、完整，必须用黑色钢笔或签字笔填写。

（2）填写时要字体端正，字迹清晰，不得随意涂抹，不得漏项，不得代签名。

（3）表中需量化的项目应填写实际数值；不需量化的项目，符合要求的用"√"，不符合要求的用"×"。

（4）如无内容填写，或不需要填写，或不适用的项目，应在该项中画一自左下向右上的斜线"/"。

（5）日期书写格式应为"年．月．日"，如：2014.6.6。

（6）如填写错误，应在错误内容上画一横线，并在旁边填写替换内容，在相应的空白处签名，标注原因和日期。

（7）带"△"项为可选项。

固定抱索器移位记录

本次移位日期：　　年　　月　　日

移位时间间隔/h		拧紧力矩设计值/(N·m)	
抗滑力设计值/kN		最小移位距离/mm	
本次移位索道运行累计时间/h			

吊具编号	抱索器状况	移位距离/mm	拧紧力矩/(N·m)	作业人员（签字）	抗滑力抽查5%	
					编号	抗滑力值/kN
负责人签字					日期	

注：1. 抱索器状况包括：导向翼无开裂、松动和变形现象。

2. 符合要求的用"√"，需要维护保养或零部件更换的，要填写《维护保养记录》或《零部件更换记录》。

零部件更换记录

　　　　　　　　　　　　　　　　　　　　　　　　　　　年　　月　　日

零部件名称	
原因及更换过程情况描述	记录人：
更换后试车效果	记录人：
作业人员	
负责人	
备　　注	

注：1. 更换零部件名称包括零部件名称、规格型号、数量。
　　2. 零部件更换情况描述包括零部件更换位置。
　　3. 重要部件更换后应进行空载试车。

救护演习记录

索道名称		日　　期	
天气情况		演习位置	
救护类型方式		救护工具	
演习开始时间		演习结束时间	
参加人员签字：（可另附页）			
演习过程记录：（包括主救、被救人员数量、地面接应、救护过程等） 记录人：			
演习效果评述： 负责人：			

注：救护演习应有影像记录。

运行故障和事故记录

发生时间	年　　月　　日　　时　　分		
发生位置			
现场当事人			
故障或事故情况说明：			
故障或事故原因分析：			
处置方法及结果：			
记录人		负责人	

注：需要维护保养的填写《维护保养记录》，需要更换零部件的填写《零部件更换记录》。

设备润滑及维护保养周期表

序号	部　位	保养周期	保养方式	油品规格	备注

注：1. 应按此表规定的周期对机电设备进行润滑或维护保养，并填写《维护保养记录》或《零部件更换记录》。

2. 润滑和维护保养的部位及周期应依据本索道《使用维护说明书》的要求进行。

重锤用张紧索窜位记录

钢丝绳型号				
公称直径/mm				
制造厂家				
	施工单位	安装（窜位）时间	截绳长度/m	张紧索状态及窜位过程描述
安装				
首次窜位				
二次窜位				
记录人			负责人	

注：1. 固定抱索器及拖牵索道的张紧索每使用 2 年应窜位 1 次。

2. 使用 6 年应予以更换。

3. 窜位情况描述应至少包括：张紧索末端固定情况、重锤重量、重锤运动及重锤井情况。

钢丝绳编接记录

钢丝绳结构			
公称直径/mm			
抗拉强度/MPa			
制造厂家			
	编接时间		安装单位
首次			
二次			
三次			
四次			

注：钢丝绳整形也应在此表中记录。

10.7 往复式索道检维修日常记录范本

1. 记录的填写

（1）记录填写要及时、真实、内容完整、字迹清晰，不得随意涂改。

（2）因某种原因不能填写的项目，应写明理由，并将该项目用单杠划去。

（3）各相关栏目负责人签名不允许空白。

（4）如因笔误或计算错误要修改原数据，应用单杠划去原数据，在其上方写上更改后的数据及日期，并签上修改者姓名。

2. 记录的保管与归档

（1）各部门负责收集、整理、保管本部门的记录，存放在通风、干燥的地方，每月末上交记录保存部门。

（2）记录保存部门负责编制及更新记录清单，并保存记录的原始表样。

（3）记录保存部门负责把所有记录分类整理好，一般记录保存期限为3年，技术档案按照实际需要规定保存期。

3. 记录的作废和销毁

记录如超过保存期或遇其他特殊情况需要销毁时，由相应部门报记录保存部门批准后，授权专人监督销毁。

4. 记录的监督与检查

记录保存部门可根据工作需要适时对各部门记录控制情况进行检查。

示例

自 检 计 划

项目	频次	计划检修日期	自检内容	责任部门
日检				
月检				
半年检				
年检				
安全保护装置检查				

制表人： 负责人： 日期：

安全保护装置检查记录表

序号	装置名称	位置	检查时间	检查人	备注

备用驱动运行维护保养记录表

年　　月　　日　　　　　　　星期：　　　　　　　　天气：

项目			
运行方式			
运行时间	起始：	停机：	运行：

	检查内容	检查结果	备注
备用驱动系统起动检查	1. 外观检查		
	2. 润滑油（机油）油位及油质		
	3. 冷却水的水质及水量		
	4. 燃料油的油位		
	5. 液压油的油位（液压柜、油箱、拨叉、脚踏泵）		
	6. 各外露管道与密封情况		
	7. 各连接螺栓（螺母）有无松动		
	8. 启动蓄电池的液面是否正常		
	9. 启动蓄电池的电压		
运行状况	1. 冷却液温度 2. 液压油油温_____ 3. 油压： 4. 转速		
备注			

操作人		值班负责人		部门负责人	

注：检查结果正常打"√"，不正常打"×"，并注明情况。

机械设备检查维护工作单

年　　月　　　　　　　　　　　××索道公司

编号 01	主管技术负责人		检修人员	
	现场工作负责人			

工作计划	检查项目	检查内容	检查结果	检查人
		1		
		2		
		3		
		4		
		5		
		6		
		7		
		8		
		9		

现场工作安全要求	安全员：

工作完成情况	

验收记录	验收人：

工作开始时间	年　月　日　时　分	工作单签发人	
工作结束时间	年　月　日　时　分		

电气设备检查维护工作单

年　　月　　　　　　　　　　　　　　　××索道公司

编号 01	主管技术负责人		检修人员	
	现场工作负责人			

<table>
<tr><td rowspan="11">工作计划</td><td colspan="2">检查项目</td><td>检查内容</td><td>检查结果</td><td>检查人</td></tr>
<tr><td colspan="2"></td><td>1</td><td></td><td></td></tr>
<tr><td colspan="2"></td><td>2</td><td></td><td></td></tr>
<tr><td colspan="2"></td><td>3</td><td></td><td></td></tr>
<tr><td colspan="2"></td><td>4</td><td></td><td></td></tr>
<tr><td colspan="2"></td><td>5</td><td></td><td></td></tr>
<tr><td colspan="2"></td><td>6</td><td></td><td></td></tr>
<tr><td colspan="2"></td><td>7</td><td></td><td></td></tr>
<tr><td colspan="2"></td><td>8</td><td></td><td></td></tr>
<tr><td colspan="2"></td><td>9</td><td></td><td></td></tr>
</table>

现场工作安全要求	安全员：
工作完成情况	
验收记录	验收人：
工作开始时间	年　月　日　时　分	工作单签发人
工作结束时间	年　月　日　时　分	

线路支索器　　年第　次移位

年　　月　　日

编号	移动方向	移位前的位置距下站	移位后的位置距下站	所移动的距离	各螺栓紧固	托索轮补油	钳口润滑及抱索状态	外部锈蚀	现场技术负责人	操作人	操作日期	备注
1-1#												
1-2#												
1-3#												
1-4#												移动方向：↑为向上站方向移动　↓为向下站方向移动
2-1#												
2-2#												
2-3#												
2-4#												

＿＿＿＿＿＿检　测　记　录

检测时间		检测工具	
检测速度		运行方向	
检测人员		检测地点	
钢绳结构			
检测内容			

数据距离/m	水平直径/mm	垂直直径/mm	捻距/mm	数据距离/m	水平直径/mm	垂直直径/mm	捻距/mm
0							
30							
60							

386

(续)

数据距离/m	水平直径/mm	垂直直径/mm	捻距/mm	数据距离/m	水平直径/mm	垂直直径/mm	捻距/mm
90							
120							
150							
				3420			
				3450			
				3480			
				3510			
				3540			
				3570			
				3600			
				3630			
				3660			
				3690			

重大活动设备检查记录表

年　月　日

序号	检查项目	检查结果	说　明	设备检查人
1	配电房设备			
2	可控硅主回路			
3	主电机及伺服系统			

（续）

序号	检查项目	检查结果	说明	设备检查人
4	控制系统			
5	监控系统			
6	保护系统			
7	信号系统			
8	操作系统			
9	通讯系统			
10	接地系统			
11	液压制动系统			
12	主驱动轮减速箱			
13	备用机系统			
14	钢丝绳系统			
15	张紧系统			
16	轮系装置			
17	救护装置			
18	车厢系统			
19	支架及基础			
20	防撞系统			

值班负责人：　　　　　部门负责人：　　　　　分管副总经理：

注：1. 在重大活动前 8 h 前完成检查。
　　2. 当设备存在问题时要提出措施并另附说明。

设备维护保养计划

设备名称	保养频次	计划保养时间	保养内容	责任人
支架铜衬	每月 2 次			
车厢检查	每月 1 次			
线路支架	每季度 1 次			
钢丝绳检查	每季度 1 次			
控制室检查	每月 1 次			
整流室检查	每月 1 次			
齿轮箱	每 18 个月换油 1 次			
备用驱动系统	每 18 个月换油 1 次			
液压制动系统	每 18 个月换油 1 次			
主动轮、导向轮	每 6 个月润滑 1 次			
联轴器	每 6 个月润滑 1 次			

审核人：　　　　　制表人：　　　　　制表时间：

日 常 维 护 记 录 表

_____年___月___日   星期_____   天气_____   温度_____℃   风速_____m/s

纪要：

作业人员：

作业时间：_____日_____时_____分至_____日_____时_____分止   记录人：_____

维 修 自 检 报 告

工程名称	
使用单位	
施工单位	
工程造价	

开工日期：	竣工日期：

施工单位交验自评意见：
公章：   经理：   技术负责人：   日期：   年   月   日

使用单位验收意见：
公章：   使用单位代表：   日期：   年   月   日

备注：

389

索道备品备件台账

存货编码	存货名称	规格	单位	期初		收入		发出		结存			实际盘存数	盘存差异
				数量	金额	数量	金额	数量	金额	数量	单价	金额		
合计														

盘存人：　　　　　　　　制表人：　　　　　　　　日期：

10.8 地轨缆车索道检维修日常记录范本

1. 记录的填写

（1）记录填写要及时、真实、内容完整、字迹清晰，不得随意涂改。

（2）因某种原因不能填写的项目，应写明理由，并将该项目用单杠划去。

（3）各相关栏目负责人签名不允许空白。

（4）如因笔误或计算错误要修改原数据，应用单杠划去原数据，在其上方写上更改后的数据及日期，并签上修改者姓名。

2. 记录的保管与归档

（1）各部门负责收集、整理、保管本部门的记录，存放在通风、干燥的地方，每月末上交记录保存部门。

（2）记录保存部门负责编制及更新记录清单，并保存记录的原始表样。

（3）记录保存部门负责把所有记录分类整理好，一般记录保存期限为3年，技术档案按照实际需要规定保存期。

3. 记录的作废和销毁

记录如超过保存期或遇其他特殊情况需要销毁时，由相应部门报记录保存部门批准后，授权专人监督销毁。

4. 记录的监督与检查

记录保存部门可根据工作需要适时对各部门记录控制情况进行检查。

示例

设备维护保养计划

类别	名称	保养频次	计划保养时间	保养内容	责任人
电气设备	控制室电气设备检查	每月1次			
	机房电气设备检查	每月1次			
	回转站信号室电气设备检查	每月1次			
	车厢电气设备	每月1次			
	维修开关	每月1次			
	停车开关	每月1次			
	配电设备	每月1次			
	监控系统	每月1次			
机械设备	机房机械设备	每月1次			
	回转站机械设备	每月1次			
	桥架、支架、轨道	每月1次			
	车厢检查	每月1次			
	钢丝绳、平衡绳	每季度1次			
	齿轮箱	每_____个月换油1次			
	备用驱动系统	每_____个月换油1次			
	液压制动系统	每18个月换油1次			
	主动轮、导向轮	每_____个月润滑1次			
	联轴器	每6个月润滑1次			

审核人：　　　　　　　　制表人：　　　　　　　　制表时间：

安全保护装置检查记录表

序号	装置名称	位置	检查时间	检查人	备注

备用驱动运行维护保养记录

正常用"√",不正常写明原因　　　　　　　　　　　　　　　　年　　月

	维护内容	___日	___日	___日	___日
启动柴油机前的检查项	柴油机、液压马达、液压油管外观检查				
	润滑油（机油）油位及油质				
	冷却水的水质及水量				
	燃料油的油位				
	液压油的油位				
	启动蓄电池电压（不低于24 V）				
	防噪耳罩是否完好				
柴油机启动后的检查项	柴油机空转（柴油机转速为____ r/min,空转时间限定为____ min）是否正常				
	带车厢运行： 1. 柴油机达到操作温度70 ℃后,将柴油机转速由1200 r/min提升到2200 r/min,带空车厢2 min的运行测试,有无异常噪声,排气系统是否正常。有无异常噪音或振动,有无泄漏 2. 检查可转换联轴节（主驱动器－紧急驱动器）和转换单元功能、状况、自由运动情况等是否正常				
	柴油压力/kPa				
	机油压力/kPa				
	柴油机累计运转时间/h				
	检查人				
	技术部值班经理				

机械设备检查维护工作单

年　　月　　　　　　　　　　　　　××缆车公司

编号 01	主管技术负责人		检修人员	
	现场工作负责人			

	检查项目	检查内容	检查结果	检查人
工作计划		1		
		2		
		3		
		4		
		5		
		6		
		7		
		8		
		9		
现场工作安全要求	安全员：			
工作完成情况				
验收记录			验收人：	

工作开始时间	年　月　日　时　分	工作单签发人
工作结束时间	年　月　日　时　分	

电气设备检查维护工作单

年　　月　　　　　　　　　　　　　　　　××缆车公司

编号01	主管技术负责人		检修人员	
	现场工作负责人			

	检查项目	检查内容	检查结果	检查人
工作计划		1		
		2		
		3		
		4		
		5		
		6		
		7		
		8		
		9		

现场工作安全要求	安全员：

工作完成情况	

验收记录	验收人：

工作开始时间	年　月　日　时　分	工作单签发人	
工作结束时间	年　月　日　时　分		

_____绳检测记录

检测时间			检测工具	
检测速度			运行方向	
检测人员			检测地点	
钢绳结构				
检测内容					

数据距离/m	水平直径/mm	垂直直径/mm	捻距/mm	数据距离/m	水平直径/mm	垂直直径/mm	捻距/mm

技术部值班经理：

重大活动索道系统技术安全专项检查表

年　月　日

序号	检查项目	检查结果	说　明	设备检查人
1	配电房设备			
2	变频器			
3	主电机及伺服系统			
4	控制系统			
5	安全保护系统			
6	载波系统			
7	操作系统			
8	通讯系统			
9	监控系统			
10	接地系统			
11	液压制动系统			
12	主驱动轮减速箱			
13	备用机系统			
14	钢丝绳			
15	张紧系统			
16	轮系装置			
17	救护装置			
18	车厢系统			
19	支架及基础			
20	防撞系统			

技术部值班经理：　　　　　　　　　　　　　　　分管副总经理：

注：1. 在重大活动前 8 h 前完成检查。

2. 当设备存在问题时要提出措施并另附说明。

日 常 维 护 记 录 表

_____年___月___日　　星期_____　　天气_____　　温度_____℃　　风速_____m/s

纪要：
作业人员：
作业时间：_____日_____时_____分至_____日_____时_____分止
记录人：　　　　　　　　　　　　　　　技术部值班经理：

自 检 计 划

项目	频次	计划检修日期	自检内容	责任部门
日检	每天5次	每天	详见日检记录表	技术部
月检	每月1次	根据天气情况每月进行	详见月检工作单	技术部
季检	每季1次	每季	详见季检工作单	技术部
年检	每年1次	每年12月	详见年检大修计划	技术部

制表人：　　　　　　　　　　　　　　　　　　　　负责人：

缆车备品备件台账

存货编码	存货名称	规格	单位	期初		收入		发出		结存			实际盘存数	盘存差异
				数量	金额	数量	金额	数量	金额	数量	单价	金额		
合计														

盘存人： 制表人： 日期：

废弃油品回收记录

日期	
废油油量	
废油名称及型号	
回收单位经办人	
缆车公司经办人	

维修自检报告

工程名称	
使用单位	
施工单位	
工程造价	
开工日期：	竣工日期：

（续）

施工单位交验自评意见：
公章：　　　　经理：　　　　技术负责人：　　　　日期：　　年　月　日
使用单位验收意见：
公章：　　　　使用单位代表：　　　　日期：　　年　月　日
备注：

10.9　5S 管理图文示例

何谓5S

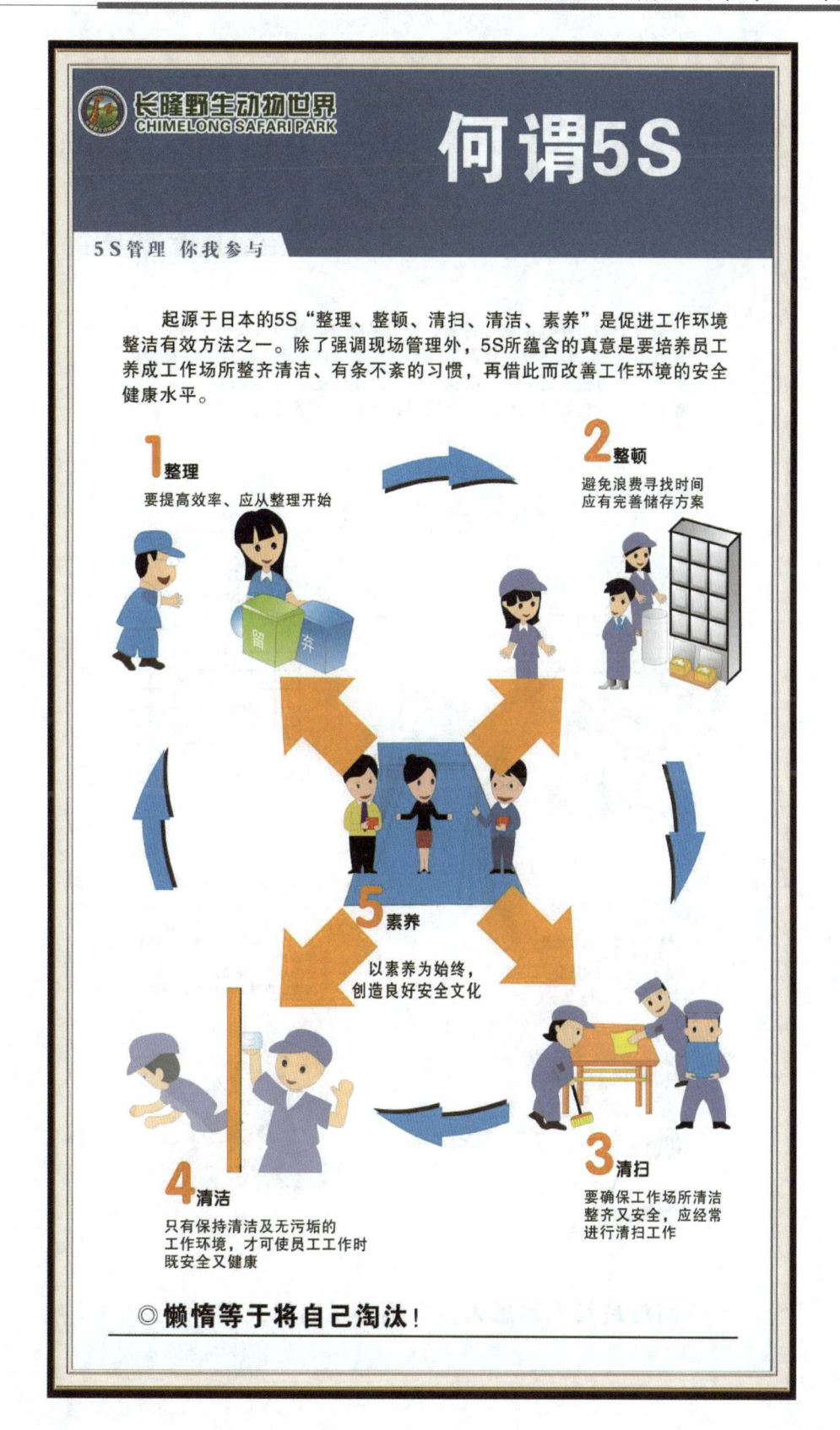

长隆野生动物世界 CHIMELONG SAFARI PARK

5S管理 你我参与

起源于日本的5S"整理、整顿、清扫、清洁、素养"是促进工作环境整洁有效方法之一。除了强调现场管理外，5S所蕴含的真意是要培养员工养成工作场所整齐清洁、有条不紊的习惯，再借此而改善工作环境的安全健康水平。

1 整理
要提高效率、应从整理开始

2 整顿
避免浪费寻找时间
应有完善储存方案

5 素养
以素养为始终，
创造良好安全文化

3 清扫
要确保工作场所清洁
整齐又安全，应经常
进行清扫工作

4 清洁
只有保持清洁及无污垢的
工作环境，才可使员工工作时
既安全又健康

◎ 懒惰等于将自己淘汰！

为何要推行5S

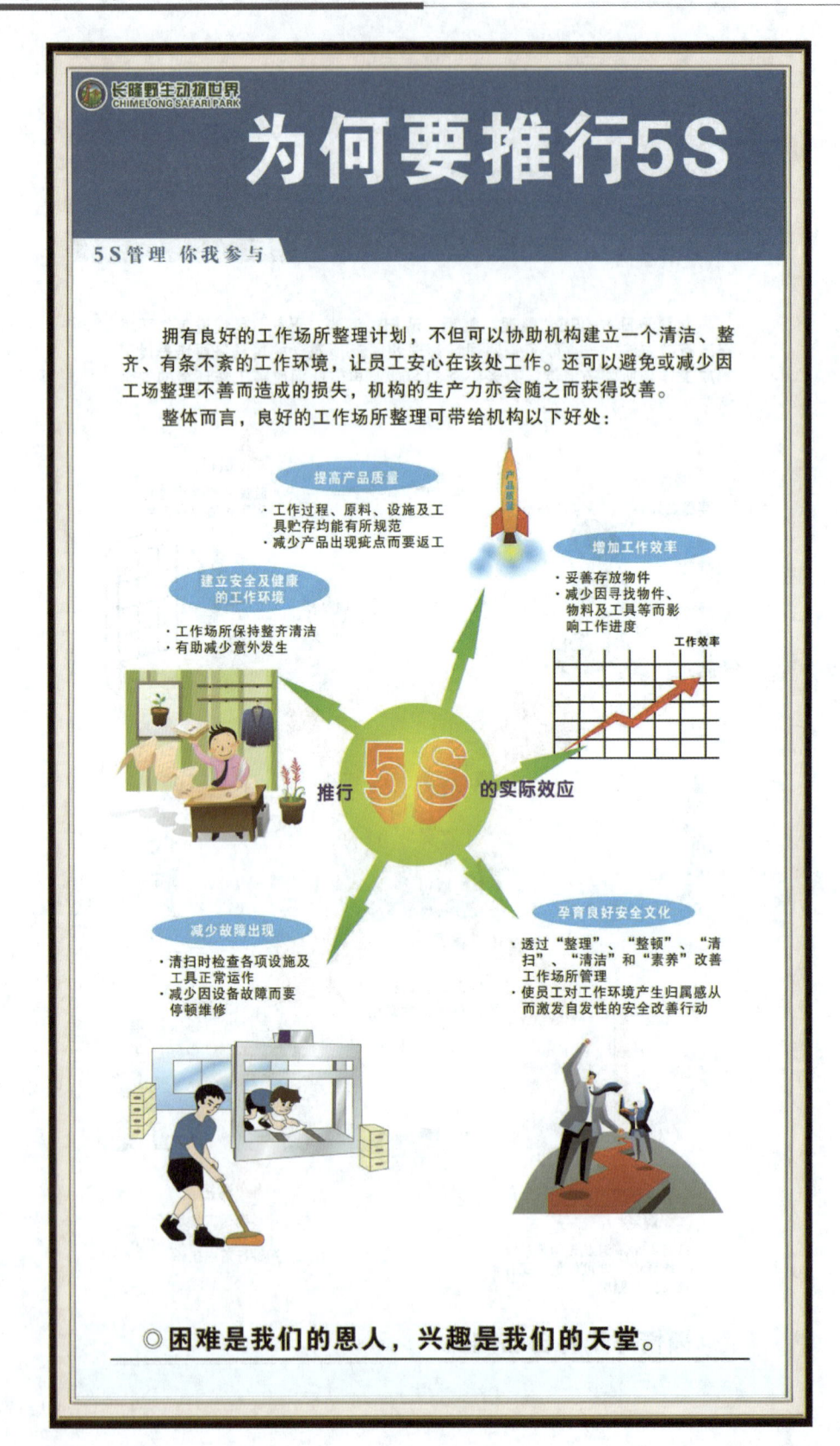

5S管理 你我参与

拥有良好的工作场所整理计划，不但可以协助机构建立一个清洁、整齐、有条不紊的工作环境，让员工安心在该处工作。还可以避免或减少因工场整理不善而造成的损失，机构的生产力亦会随之而获得改善。

整体而言，良好的工作场所整理可带给机构以下好处：

提高产品质量
- 工作过程、原料、设施及工具贮存均能有所规范
- 减少产品出现疵点而要返工

增加工作效率
- 妥善存放物件
- 减少因寻找物件、物料及工具等而影响工作进度

建立安全及健康的工作环境
- 工作场所保持整齐清洁
- 有助减少意外发生

减少故障出现
- 清扫时检查各项设施及工具正常运作
- 减少因设备故障而要停顿维修

孕育良好安全文化
- 透过"整理"、"整顿"、"清扫"、"清洁"和"素养"改善工作场所管理
- 使员工对工作环境产生归属感从而激发自发性的安全改善行动

推行5S的实际效应

◎ 困难是我们的恩人，兴趣是我们的天堂。

素 养
SHITSUKE

5S管理 你我参与

5S是以素养为始终，创造良好安全文化

要把每一项工作养成习惯去执行，员工是需要遵守一些准则，此处所强调的是创造一个具有良好安全习惯的工作场所，这包括：

- 让每位员工参与安全的工作程序及遵守每一项规则。
- 让每位员工亲身体会实践5S所带来的改善和好处，从而养成自发性的安全改善行动。

履行个人责任
员工每天下班前十五分钟自发性地清洁工作岗位，于每年盘点时参与大扫除运动。

遵守安全守则
经常把常用的物件放在容易拿取的地方，而妨碍员工如写字台下的文件会设法搬移，可避免影响员工正确的工作坐姿。

定时评估
主管透过巡查计划定期评估5S执行的成效，从而决定未来改善行动。

使用个人防护用具
当员工更换影印机炭粉时，自发性地穿戴合适的个人防护设备，例如手套等。

◎ 勤奋是最好的方法，兴趣是最佳的老师。

5S 管理

整理 整顿 清扫 清洁 素养

5S	含义	目的	要求
整理	将工作场所的任何物品区分为必要的和不必要的，除了有必要的留下来以外，其它的都清除或放置在其它地方。它往往是5S的第一步。	√腾出空间 √防止误用	将物品分为几类，如： 1、不再使用的； 2、使用频率较低的； 3、使用频率较高的； 4、经常使用的。 将第1类物品处理掉，第2、3类物品放置在储存处，第4类物品放置在工作场所。
整顿	把留下来的必要用的物品定点定位放置，并放置整齐，必要时加以标识。它是提高效率的基础。	√工作场所一目了然 √清除找寻物品的时间 √整整齐齐的工作环境	1、自己的工作场所（范围）全面检查，包括看得到和看不到的。 2、制定"要"和"不要"的判别基准。 3、将不要物品清除出工作场所。 4、对需要的物品调查使用频度，决定日常用量及放置位置。 5、制定废弃物处理方法 6、每日自我检查
清扫	将工作场所及工作用的设备清扫干净，保持工作场所干净、亮丽。	√保持良好工作情绪 √稳定产品质量	1、前一步骤整理的工作要落实 2、流程布置，确定放置场所 3、规定放置方法、明确数量 4、划线定位 5、场所、物品标识
清洁	维持上面3S的成果	√监督	检查表
素养	每位成员养成良好的习惯并遵守规则做事，培养主动积极的精神。	√培养好习惯遵守规则的员工 √营造良好的团队精神	1、服装、仪容、识别证标准 2、共同遵守的有关规则、规定 3、礼仪守则 4、训练（新进人员强化5S教育、实践） 5、各种精神提升活动（晨会、礼貌运动等）

清洁 SEIKTSU

5S管理 你我参与

只有保持清洁及无污垢的工作环境才可使员工工作时既安全又健康

"清洁"是指干净无污垢,也就是把霉菌及污垢除去的干净状态。要确保工作场所清洁,机构是需要持续保持整理、整顿及清扫等活动,这包括:
- 使用识别系统,张贴合适标识和使用透明盖子等目视工具以增加工作场所的透明度。
- 找出任何影响工作环境的安全及健康问题并加以改善,这包括处理油烟、粉尘、噪音及有害烟雾等问题。
- 把每一项整理工作场所的工作标准化。

通风系统
要适当保养空调系统以确保有清新空气提供,这可防止微生物滋生。

工作间
工场内所有工作地方及储存区域应有充足标记,以方便员工识别那地方的用途及应采取的安全措施。

焊接工序
在室内工场进行焊接工序,应使用局部抽气系统,以减低员工吸入有害烟雾的机会。

机械设备
使用透明盖子可增加机械设备的透明度,方便日常安全检查工作。

◎ 成功来自坚持,执著创造奇迹。

清 扫
SEISO

5S管理 你我参与

要确保工作场所清洁整齐又安全，应经常进行清扫用作

"清扫"是指扫除、清理污垢的动作，其着眼点不单要把工作场所打扫得整齐清洁，亦可在清扫时检查各项设施、工具、机器是否在正常状态。这包括：

· 规定每位员工应负责清扫的范围。
· 确保员工明白怎样清扫他们的工作区域。设施和工具。
· 训练员工在清扫时懂得怎样检查各项设施及工具是否在正常状态。

货架
应经常扫清和清理货架，以防尘埃和污垢积聚在存放的物品上，增加火警危险。

通道
通道不应有垃圾及废料，所有垃圾应存放在废物箱内，并定期清理，以减少因垃圾积聚引致细菌滋生及蔓延。

地面
地面上不应有油污和水渍，任何溅漏尽快清理，以防滑倒。

工作间
每日清洁工作间是保持工作环境卫生的最基本工作，确保清扫可看见及隐蔽性的尘垢，例如墙角、柱位及柜底等地方。

◎ 不为后退找借口，要为前进创条件。

整 顿
SEITON

5S管理 你我参与

避免浪费寻找时间，应有完善储存方案

为了让员工容易找寻和放回需要的物品，"整顿"就是把这些物品有条理地安放和处理。这包括：

- 建立一套识别物品的系统，把每项东西均列明名称，应存放的位置及数量。
- 有条理地安放需要的物品，以员工易于找到和取得为原则。

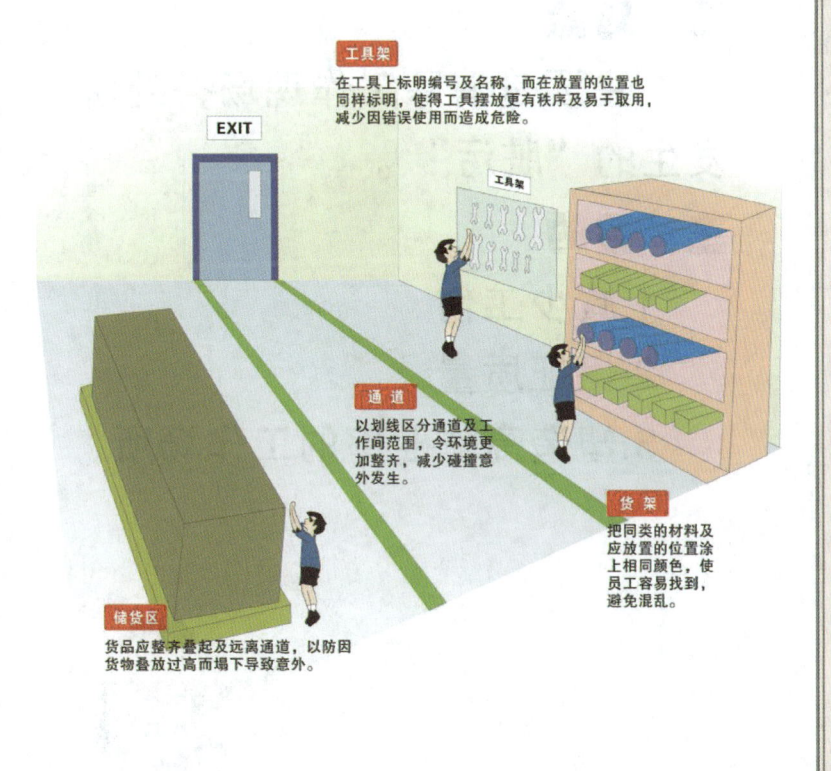

工具架
在工具上标明编号及名称，而在放置的位置也同样标明，使得工具摆放更有秩序及易于取用，减少因错误使用而造成危险。

通道
以划线区分通道及工作间范围，令环境更加整齐，减少碰撞意外发生。

货架
把同类的材料及应放置的位置涂上相同颜色，使员工容易找到，避免混乱。

储货区
货品应整齐叠起及远离通道，以防因货物叠放过高而塌下导致意外。

◎ 知识改变命运，奋斗成就未来。

清 扫
SEISO

5S管理 你我参与

一、定义

随时打扫和清理垃圾、灰尘和污物。

二、对象

主要是消除工作现场各处所发生的"脏污"。

三、目的

1. 减少工伤
2. 保证质量
3. 塑造高作业率的工作场所

◎ 付出才是收获的唯一前提

整 顿
SEITON

5S管理 你我参与

一、定义

有用物品须分门别类,在定位置放前要考虑到,拿取简单、使用方便、安全保险。

二、对象

主要减少工作现场所浪费的"时间"。

三、目的

缩短前置作业时间

压缩库存量

防止误送、误用

塑造目视管理的工作场所

◎ 默默奉献 无怨无悔

整理 SEIRI

5S管理 你我参与

一、定义
在工作现场分开有用物品和无用物品，及时处理无用物品。

二、对象
主要清理工作现场所占用的有效"空间"。

三、目的
腾出宝贵的空间
防止误送、误用
防止变质与积压资金
制造清爽的工作场所

◎ 正确做事 减少错误

5S起源与含义

5S管理 你我参与

5S起源：5S起源于日本，是指在生产现场中对人员、机器、材料、方法等生产要素进行有效的管理，这是日本企业独特的一种管理办法。

1955年，日本的5S的宣传口号为"安全始于整理，终于整理整顿"。当时只推行了前两个S，其目的仅为了确保作业空间和安全。后因生产和品质控制的需要而又逐步提出了3S，也就是清扫、清洁、素养，从而使应用空间及适用范围进一步拓展，到了1986年，日本的5S的著作逐渐问世，从而对整个现场管理模式起到了冲击的作用，并由此掀起了5S的热潮。

5S含义：5S是日文SEIRI(整理)、SEITON(整顿)、SEISO(清扫)、SEIKETSU(清洁)、SHITSUKE(修养)这五个单词，因为五个单词前面发音都是"S"，所以统称为"5S"。它的具体类型内容和典型的意思就是倒掉垃圾和仓库长期不要的东西。

◎ 付出才是收获的唯一前提

5S管理小故事

5S管理 你我参与

　　有一家企业接洽了一日本客户，日本客人来到企业后，没有进会议室，甚至连一口水都没有喝，直接到了生产现场，看完生产现场后，客户对企业的负责人说：请贵公司先做5S吧，连5S都做不好的企业，鄙公司不敢与之合作。

　　假如客人一进工厂大门看到车辆停放凌乱，四周杂乱不洁，安全通道阻塞不通，车辆凌乱不堪，垃圾满地，那么客人必定打心底怀疑这个工厂的管理能力，对其产品的品质更是没有信心，哪还有下订单的勇气啊！！！！！！

◎ 态度比能力更重要

清 洁
SEIKTSU

5S管理 你我参与

一、定义
经常保持服装整洁、车间干净。

二、对象
主要透过整洁美化的厂区与环境发现"异常"。

三、目的
1. 提高产品品位
2. 塑造洁净的工作场所
3. 提升公司形象

◎ 你有感恩的心吗？

素 养
SHITSUKE

5S管理 你我参与

一、定义

个人的卫生、品德行为、身体及规律性必须良好,并且遵守规定、规则,养成依照上司的方法做事,对待工作无条件服从。

二、对象

主要透过持续不断的4S活动,改造人性,提升道德,美化"人质"(人的质量、水准)。

三、目的

1. 养成良好习惯;
2. 塑造守纪律的工作场所。

◎ 付出才是收获的唯一前提

5S主要功能

5S管理 你我参与

1. 提升企业形象
2. 提升员工归属感
3. 减少浪费
4. 安全有保障
5. 效率提升
6. 质量有保障

让我们一起努力吧!

◎ 管理好你的情绪

第 5 篇　客运索道企业安全生产标准化评审工作手册
（2020 年版）

评审专家工作守则

（1）遵守职业道德规范，评审专家要按照"服务企业、公平自律、确保质量、力求实效"的原则开展评审工作，不得违反有关评审工作制度。

（2）坚持客观、公正、负责的工作态度，严格按照中国索道协会《客运索道企业安全生产标准化评定标准》进行评审，要对其作出的文件审查和现场评审结论负责。

（3）认真履行职责，熟悉客运索道企业安全运营技术管理法律、法规、规章、标准规范和相关行业安全生产标准化规范、评定标准等，掌握相应的评审方法。

（4）现场评审应认真查阅申请单位的安全生产标准化制度实施落实情况和文件资料内容结合本单位实际情况，查阅运行记录和设备设施保养记录，现场实地检查验证，确保现场评审工作质量。

（5）评审专家应具备独立开展对企业现场评审和文件审核能力水平，保证评审结果准确性。

中国索道协会

评 审 工 作 程 序

1. 现场评审前工作

（1）登录客运索道企业安全标准化信息管理系统，查看待评审企业资料及自评报告，自行下载打印评审所需相应资料。

（2）熟悉索道行业相关的安全法规、标准。

（3）熟悉评定标准，了解清楚被审核方的性质和容易发生事故的地方，了解事故隐患。

（4）佩带评审专家证件、纸笔、笔记本电脑等工具。

2. 现场评审工作流程

（1）首次会议。

（2）现场实地查看。

（3）分组评审。

（4）评审组内部会议形成评审组意见。

（5）评审组与企业领导沟通。

（6）末次会议。

3. 评审后收尾工作

（1）整改提示。提示企业针对评审中发现的不符合项，及时组织相关部门人员分析整改。要求企业自评审之日起三十天内完成整改并以电子邮件形式报索道协会。

邮箱地址 cra@chinaropeway.org

（2）上传资料：

①评审申请等8项文件寄到中国索道协会。

（邮寄地址：北京市东城区和平里北街21号）

②评审报告等4项电子版现场由组长负责上传。

（系统网址 www.chinaropeway.cn）

（3）答疑解惑。耐心解答企业在整改过程中的疑问，并对整改报告进行把关。

1 目标职责（100分）

序号	项目	评审方式	标准分	审核要点	实得分
1.1	目标	1. 查目标管理制度 2. 查目标文件 3. 查责任书或责任状（关联） 4. 查目标分解、考核记录	20	1. 是否结合自身实际，建立安全生产和职业卫生目标管理制度，并纳入总体经营目标 2. 制定的目标是否有缺项，是否分解到部门（班组）、从业人员，并进行实施、检查、考核和评估	

示例

（三）安全生产与职业卫生目标管理制度
1. 目的
为推动公司安全与职业卫生工作的规范化管理，认真贯彻《中华人民共和国职业病防治法》，保护职工的健康及其相关权益，改善生产作业环境，使各部门的安全生产与职业卫生工作有目标、行为有规范、考核有标准、奖惩有依据，结合公司安全运营的实际，特制定本制度。
2. 范围
适用于本公司安全生产与职业卫生目标制定、分解、实施、考核的控制。
3. 职责
本制度归口为公司主要负责人。
4. 要求
（1）目标制定的原则。
①整合一致原则。公司安全与职业卫生目标是各部门分目标的依据，各部门的目标要服从公司总体目标。
②均衡协调原则。各部门目标之间，要注意协调均衡，正确处理好主次目标之间的主从关系和各分目标之间任务、范围、职责、权限关系以及各个目标实施进程上的同步关系，以保证总体目标的实现。
③分层负责原则。公司主要负责人是公司安全生产与职业卫生的责任人，领导班子对公司目标负责，同时对各部门的分目标提出要求，各部门负责人是部门安全生产与职业卫生的责任人，对本部门的安全生产与职业卫生目标负责。

20××年度安全生产、职业卫生及服务质量目标
为了将公司制定的各项安全生产、职业卫生制度切实落实到位，更加有效地控制各类伤亡事故的发生，保证员工安全健康，现下达公司20××年度各项安全生产、职业卫生和服务质量管理目标与指标。
一、安全生产目标：
·企业生产安全责任死亡事故为"零"
·设备责任事故为"零"
·火灾事故为"零"
·员工培训持证上岗率100%
·安全隐患整改率100%
二、职业卫生目标：
·职业病发病率<1‰
·职业危害告知率100%
·职业卫生培训率100%
·职业健康体检率100%
三、服务质量目标：
·乘客满意度>95%
·乘客有效投诉率<0.02%
·投诉处置满意度>98%
四、工作要求
1. 层层分解
为了保证客运索道的安全运行，在安全工作上，首先确立安全生产与职业卫生目标，明确责任，制定和完善各项责任制，让责任到位，由上而下层层分解，最终落实到每一个岗位；其次是在实际工作中要坚持原则，按照目标做好各项职责和责任的落实。公司主要负责人是安全生产与职业卫生第一负责人，专职安全与职业卫生

×××××有限公司文件
××〔　　〕××号　　　　　　　　签发：

关于下发××公司年度安全生产、职业卫生及服务质量目标的通知
各部门：
为认真贯彻《中华人民共和国安全生产法》《中华人民共和国特种设备安全法》《中华人民共和国职业病防治法》《中华人民共和国旅游法》及《客运索道运营企业安全生产标准化评定标准》的相关规定，切实落实客运索道安全生产工作责任制，持续改进公司安全管理绩效，现将公司××年度安全生产、职业卫生及服务质量目标下发给你们，请认真贯彻落实。
此项工作将纳入部门年度考核指标和先进评比的重要依据之一，请各部门结合实际，按照目标规定要求，落实人员，明确责任，努力使各项工作控制在下达的目标中。

二〇××年××月××日

附件：××年度安全生产、职业卫生及服务质量目标
抄送：××

××公司　　　　　　　　　　20××年××月××日印发

_____目标和指标完成效果评估表

序号	目标和指标	完成效果	未完成原因	责任人	整改措施	调整目标和指标实施计划的建议

注：1. 文件支撑：《安全生产与职业卫生/服务质量目标管理制度》。
2. 要求：根据安全生产/与职业卫生服务质量目标和指标完成的具体情况填写。
3. 保存期限三年，安全生产与职业卫生领导小组办公室留档。

（续）

示例

20××年度设备部安全生产目标管理责任书

为认真贯彻落实上级政策和法律、法规，进一步加强安全管理，明确安全责任及职责，完善安全管理制度和措施，不断增强职工安全意识，确保公司安全生产形势持续稳定，结合设备部实际工作情况，签定××年安全生产目标管理责任书。

一、部门安全生产职责

1. 在公司安全生产领导小组的领导下，全面贯彻执行安全生产方针、政策、法律法规以及公司安全生产管理制度，协助安全生产领导小组开展安全工作。

2. 加强设备部安全生产管理，完善设备部安全生产责任制及安全生产管理相关制度。

3. 负责起草和修订索道设备的操作规程、制定检查和维护保养计划、安全技术措施及部门安全生产费用计划，做好索道设备设施运行、检查、维修、维护保养记录。

4. 组织对设备部员工（包括实习生、临时工）进行安全思想、安全知识和专业技术教育培训，提高员工的安全意识和安全素质。

5. 定期组织技术人员对索道设备、设施进行安全隐患排查，对查出一般隐患及时处理，重大隐患及时上报。

6. 发生安全事故及时采取有效控制措施，防止事故扩大，保护好现场，及时报告。

7. 建立索道安全技术档案。

8. 负责与政府质监部门及技术合作单位的协调及联系工作。配合有关部门对索通设备的检测工作及索通事故的调查处理工作。

9. 定期组织设备部相关人员对本部门安全服务质量及环境卫生情况进行自检自查，发现问题及时整改。

10. 完成公司安全生产领导小组安排的其他安全工作。

二、安全生产管理目标

1. 生产安全责任死亡事故为"零"
2. 设备责任事故为"零"
3. 火灾事故为"零"
4. 高空滞留人员3.5小时以上责任事故为"零"
5. 员工培训持证上岗率100%
6. 设备可利用率控制在92%~95%之间
7. 设备故障丰逐年递减，保持并可控制

三、奖惩办法

1. 年内公司将对以上目标进行考核，达到目标要求的，进行表彰奖励，达不到目标要求的，公司视情节给予处罚。

2. 自觉履行法定义务，完成年度目标，可评为安全生产工作先进个人。

3. 对于玩忽职守，工作不负责造成一定后果的人员，公司将根据情节轻重严肃处理，直至追究刑事责任。

4. 因管理不力致使区域内存在的重大安全隐患不能及时整改或造成重大安全事故的，对有关责任人员按照《安全生产责任追究制度》进行处理。

本责任书自　年　月　日起至　年　月　日，双方责任人签字后生效。

部门负责人：

索道操作司机：

　　　　年　月　日

20××年度索道操作司机安全生产目标管理责任书

为认真贯彻落实上级政策和法律、法规，进一步加强安全管理，明确安全责任及职责，完善安全管理制度和措施，不断增强安全意识，确保公司安全生产形势持续稳定，结合索道操作司机安全生产职责，特制定本责任书。

一、索道操作司机安全生产职责

1. 认真学习、严格遵守各项规章制度、操作规程，不违反劳动纪律，不违章作业，对本岗位的安全生产负直接责任。

2. 严守工作岗位，认真履行操作司机岗位职责，坚持"安全第一、预防为主、节能环保、综合治理"的方针，做好本职工作。

3. 运行前认真按要求履行检查任务，检查时做好严格、细致，认真填写检查记录，运行时随时观察设备工作状况，发现异常现状，及时记录上报，设备故障时快速上报，并及时广播，向车上的乘客做好解释，遇害情况，安慰途中乘客。

4. 保持作业场所的清洁卫生，索道设备进行维护、保养、检修后要将杂物及易燃物品清除干净。

5. 积极参加各项安全生产知识教育、培训工作，加强安全生产意识，努力提高安全生产业务水平。

二、安全生产管理目标

1. 企业生产安全责任死亡事故为"零"
2. 设备责任事故为"零"
3. 高空滞留人员3.5 h以上责任事故为"零"
4. 火灾事故为"零"
5. 员工培训持证上岗率100%

三、奖惩办法

1. 年内部门将对以上目标进行考核，达到目标要求的，进行表彰奖励，未达到目标要求的，视情节给予处罚。

2. 自觉履行安全生产职责，完成年度目标，可评为安全生产先进个人。

3. 对玩忽职守，工作不负责造成一定后果的人员，公司将根据情节轻重严肃处理，直至追究刑事责任。

4. 因工作不力致使区域内存在的重大安全隐患不能及时整改或造成重大安全事故的，对有关责任人员按照《安全生产责任追究制度》进行处理

(续)

序号	项目	评审方式	标准分	审核要点	实得分
1.2			机构与职责		
1.2.1	机构设置	查机构设置文件查会议记录	15	企业是否成立了领导机构，配备了专职管理人员	

示例

×××××有限公司文件

××〔2014〕××号　　　　　　　　　　签发：

关于成立安全生产与职业卫生领导小组的通知

　　为进一步加强对安全生产的监督管理，预防和减少各类伤亡事故，根据《中华人民共和国安全生产法》《中华人民共和国特种设备安全法》《中华人民共和国职业病防治法》等有关法律法规要求，经研究决定，成立安全生产与职业卫生领导组，由公司总经理任组长，为公司安全生产与职业卫生第一责任人。

　　组　长：总经理
　　副组长：副总经理
　　成　员：各部门负责人

　　下设安全生产与职业卫生领导组办公室，任命分管安全与职业卫生的××副总经理为主任、××同志为专职安全与职业卫生管理员。

　　特此通知。

　　　　　　　　　　　　　　20××年××月××日

抄送：××安全生产监督管理局

××有限公司　　　　20××年××月××日印发

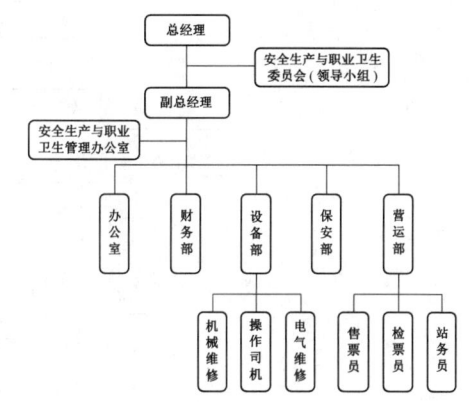

1.2.2 安全生产责任体系图

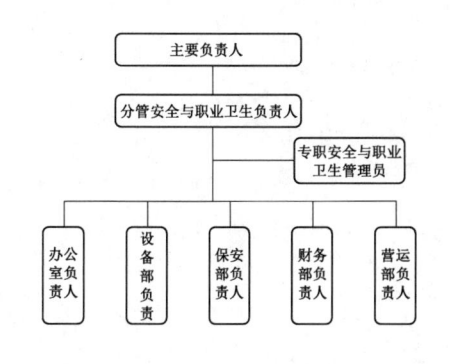

（组织结构图：主要负责人 → 分管安全与职业卫生负责人 → 专职安全与职业卫生管理员 → 办公室负责人、设备部负责人、保安部负责人、财务部负责人、营运部负责人）

1.2 机构与职责
1.2.1 公司组织架构

（组织结构图：总经理 → 副总经理；安全生产与职业卫生委员会（领导小组）、安全生产与职业卫生管理办公室；下设办公室、财务部、设备部、保安部、营运部；其下为机械维修、操作司机、电气维修、售票员、检票员、站务员）

会议记录

会议时间		会议地点	
主持人		记录人	
会议主题			
参加人员（签名）			
会议内容：			
确定事项及要求：			

（续）

序号	项目	评审方式	标准分	审核要点	实得分
1.2.2	主要负责人及管理层职责	查责任书或责任状与负责人沟通，看履职情况	20	评价企业主要负责人是否履行安全生产标准化责任义务，对部门分管负责人以及管人员履职情况做出审核	

示例

1.2.1 公司组织架构

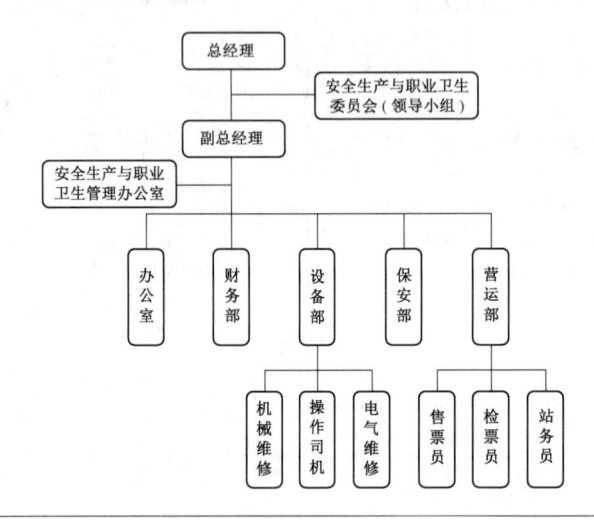

```
                    总经理
                      |────── 安全生产与职业卫生
                      |       委员会(领导小组)
                    副总经理
    安全生产与职业
    卫生管理办公室
         |
    ┌────┬────┬────┬────┬────┐
   办公室 财务部 设备部 保安部 营运部
              |                |
          ┌───┼───┐        ┌───┼───┐
         机械 操作 电气    售票 检票 站务
         维修 司机 维修    员   员   员
```

1.2.4 企业负责人、分管负责人及各级管理人员安全生产与职业卫生职责

1. 总经理安全生产与职业卫生职责

（1）认真贯彻"安全第一、预防为主、防治结合、综合治理"的方针，严格执行安全生产与职业卫生法律、法规，全面负责安全生产与职业卫生工作。

（2）建立、健全本单位安全生产与职业卫生责任制，组织制定安全生产与职业卫生规章制度和操作规程，明确各部门、各类人员的安全与职业卫生职责，并定期检查和考核。

（3）审定安全生产与职业卫生规划和年度计划，确定安全生产与职业卫生工作目标。保证本单位安全生产与职业卫生投入的有效实施。

（4）每月主持召开安全生产与职业卫生工作会议，研究解决安全生产方面的重大问题，并做出相关决策和实施。

（5）为职工提供安全、健康、卫生的工作条件和生活环境，保障职工职业健康，加强劳动保护，预防和减少职业病和其他疾病对职工的危害。

（6）督促、检查本单位的安全生产与职业卫生工作，组织并参加安全检查，及时消除生产安全事故隐患。

（7）对新、改、扩建工程项目，必须做到安全设施与主体工程同时设计、同时施工、同时投入使用。

（8）组织制定并实施本单位的生产安全事故应急救援预案。

（9）及时、如实报告生产安全事故，按照"四不放过"的原则进行查处。

(续)

序号	项目	评审方式	标准分	审核要点	实得分
1.3	全员参与	1. 查责任制 2. 查奖惩、考核记录	15	是否根据企业实际建立安全生产及职业卫生目标责任,按部门和岗位全员进行定期评估、监督考核,并及时调整目标实施计划	

示例

1.3.3 安全生产与职业卫生责任制管理制度

1. 目的

本制度确定了本公司适用于其生产活动和其他应遵守的安全责任和职业卫生责任要求,规定了安全生产与职业卫生责任制的制定、沟通、培训、评审修订与考核等方面,确保本公司各部门、各岗位在其各自职责范围内,对安全生产与职业卫生层层负责,确保安全生产与职业卫生目标的实现。

2. 范围

本程序适用于本公司安全生产与职业卫生责任制的制定、沟通、培训、评审修订与考核。

3. 职责

总经理负责组织制定、签发本单位各级责任制。副总经理负责对分管部门领导行使责任制的沟通与评估。

安全生产与职业卫生领导小组负责安全生产与职业卫生责任制的编制工作及安全生产与职业卫生责任制的考核工作。

各部门负责人负责本部门员工岗位责任制的编制、沟通与评估。

4. 要求

(1)安全生产与职业卫生责任制的制定。安全生产与职业卫生办公室负责制定安全生产与职业卫生责任制,并由专职安全与职业卫生管理员进行管理,所有岗位从业人员均需制定适用的安全生产与职业卫生责任制。

(2)安全生产与职业卫生责任制的沟通。安全生产与职业卫生管理办公室对安全生产与职业卫生责任制进行详细说明和交流,确保各岗位人员对本岗位的安全生产与职业卫生责任充分理解,特别是部门负责人和管理人员。

(3)培训。

①安全生产与职业卫生管理办公室负责对各部门负责人进行公司培训。

②各部门负责人应组织本部门员工的培训。

③每次培训应有记录。

(4)评审。

①安全生产与职业卫生领导小组由总经理担任组长,各部门负责人为成员。

②安全生产与职业卫生领导小组对已制定的安全生产与职业卫生责任制进行评审。

(5)修订。根据评审情况,安全生产与职业卫生领导小组对安全生产与职业卫生责任制是否符合法律法规的要求,是否具有可操作性进行修订,每年一次。

安全生产与职业卫生责任制落实情况考核记录

被考核部门及人员:_____ 考核部门及人员:_____

序号	考核内容	考核结果 (优、良、一般、不及格)
1	贯彻执行国家有关安全生产与职业卫生政策法规,加强对企业安全与职业卫生管理工作的调查研究,当好领导的助手和参谋	
2	负责制订各类安全生产与职业卫生管理制度、安全操作规程,并检查落实情况	
3	编制、审查安全技术措施计划,并检查执行情况。督促和检查新工人"三级"安全教育情况,工人生产工种调换时必须通知有关部门做好必要的安全技术教育。督促与检查个人防护用品的正确发放和合理使用	
4	定期或不定期进行安全工作检查,开展专业性、季节性与节假日的安全工作检查,对检查出的事故隐患督促及时整改。做好防尘、防毒、防暑、降温、防寒等工作。督促与检查危险物品的安全管理和使用。认真做好安全台账资料记录和归档	
5	负责事故的调查、分析、上报等工作,认真执行"四不放过"原则,会同有关部门对事故进行妥善处理	
6	编制本单位事故应急预案和组织演练,负责事故抢救工作	
7	组织员工安全生产培训和开展各类安全生产活动	
8	负责各类安全装置、防护器具和消防器材的管理	

注:1. 支撑文件:《安全生产与职业卫生责任制管理制度》。
    2. 要求:针对____岗位的考核情况填写此表,每年12月安全生产领导组对各级人员安全责任制执行情况予以考核。
    3. 保存期限:三年。

安全生产与职业卫生奖励记录

日期	受奖励人	奖励原因	奖励意见	批准部门人	备注

安全生产与职业卫生处罚记录

日期	受处罚人	处罚原因	处罚意见	批准部门人	备注

（续）

序号	项目	评审方式	标准分	审核要点	实得分
1.4	安全生产投入	1. 查安全投入制度 2. 查凭证、保单	10	是否建立安全投入制度，按计划使用，是否给游客和从业人员缴纳保险；审核企业投保财产保险和安全生产责任险情况	

示例

1.4.1 安全生产费用提取、使用管理制度

1. 目的

为加强公司安全生产费用管理，保障安全生产费用切实落实，确保生产经营正常有序地开展。根据《中华人民共和国安全生产法》、《客运索道企业安全生产标准化评定标准》等相关法律法规和标准，建立公司安全生产投入长效机制，特制定本制度。

2. 范围

本办法适用于公司的安全生产费用的提取和使用。

3. 职责

本制度归口由财务部负责落实，安全生产与职业卫生领导小组监督其规范使用。

4. 要求

（1）公司安全生产费用管理按照"公司提取、确保需要、规范使用"的原则进行。

（2）安全生产与职业卫生领导小组根据安全生产费用的规定使用范围、公司安全生产情况、各部门安全项目投资计划及年度安全生产费用提取预算额。

（3）年度安全生产费用投入计划报送公司负责人审批。

（4）公司财务部按照国家有关规定及公司计划提取安全生产资金，纳入年度财务预决算，实行专款专用。并建立健全安全生产费用台账。

（5）财务部建立"安全费用"科目，按时入账，并建立《安全生产费用使用台账》进行记录。

（6）安全生产费用的提取，按照本单位上年度实际营业收入为计提依据，采取超额实报方式，按照下表标准提取。

安全生产费用计提标准一览表

序号	全年实际营业收入	提取标准	备注
1	1000万元（含）以下		
2	1000万元至10000万元（含）部分		
3	10000万元至100000万元（含）部分		
4	100000万元以上部分		

（7）安全生产费用应按照以下规定范围使用：

①安全技术和劳动保护措施：安全标志、安全工器具、安全设备设施、安全防护装置、安全培训、职业病防护和劳动保护，以及重大安全生产课题研究和预防事故采取的安全技术措施工程建设等。

②事故预防措施：设备重大缺陷和隐患治理、针对事故教训采取的防范措施、落实技术标准及规范进行的设备和系统改造、提高设备安全稳定运行的技术改造等。

③应急管理：预案编制、应急物资、应急演练、应急救援等。

④其他：安全检测、安全评价、重大危险源监控整改、安全保卫、安全法律法规收集管理、安全生产标准化建设实施、安全检查、安全技术技能竞赛、安全文化建设与维护、客运索道安全生产责任险等。

（8）公司在本制度规定的使用范围内，将安全生产费用优先用于满足安全生产监督管理部门对企业安全生产提出的整改措施或达到安全生产标准要求的所需支出。

（9）年度结余转下年度使用，当年计提安全费用不足的，超出部分按正常成本渠道列支。

（10）安全生产费用形成的资产，应当纳入相关资产进行管理。

（11）公司为职工提供的工伤保险、医疗保险所需费用，不在安全生产费用中列支。

5. 相关记录

（1）《安全生产费用投入登记台账》。

（2）《××年度安全生产费用使用计划》。

安全生产费用投入登记台账

序号	费用数量（元）	投入时间	费用用途	经办人	备注

编制： 审核：

注：1. 支撑文件：《安全生产费用提取、使用及管理制度》。
2. 要求：安全员根据安全生产费用的实际使用情况填写。
3. 保存期限三年。

××年度安全生产费用使用计划

序号	项目	所需资金（万元）	使用部门	使用月份	备注
1	完善、改造和维护安全防护设备设施				
2	安全生产教育培训				
3	配备劳动防护用品				
4	安全评价、重大危险源监控、事故隐患评估和整改				
5	职业危害防治、检测、监测、健康检查				
6	设备设施安全性能检测检验				
7	应急救援器材、装备的配备及应急救援演练				
8	安全标志及标识				
9	其他与安全生产直接相关的物品或者活动				

编制： 审核： 批准：

注：1. 文件支撑：《安全生产费用提取、使用管理制度》。
2. 要求：填写年度各项目的安全生产费用使用计划。
3. 保存期3年，财务部门留档。

（续）

序号	项目	评审方式	标准分	审核要点	实得分
1.5	安全文化建设	查安全文化活动记录	5	是否按标准要求组织安全生产文化活动	
1.6	安全生产信息化建设	查信息管理系统建设	15	是否利用信息化手段加强和建立了安全运营管理工作；监测监控、重大危险源、安全风险管控和隐患治理、应急管理等信息系统建设情况	

示例

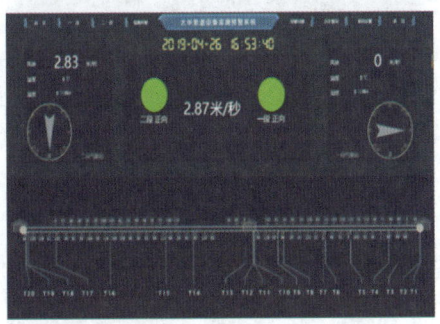

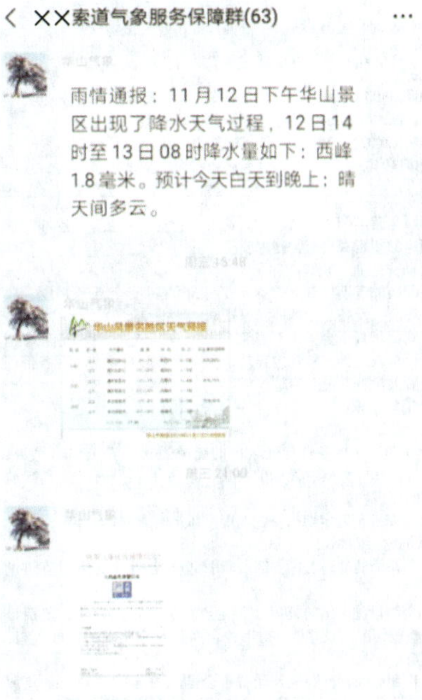

2 制度化管理（105分）

序号	项目	评审方式	标准分	审核要点	实得分
2.1	法律标准识别	1. 查法律法规制度 2. 查法律法规识别清单	20	查看法律法规、标准规范清单（至少有名称、生效日期、颁布部门、标准编号、适用条款等项目），是否满足标准要求；是否及时组织从业人员学习和贯彻实施，转化为本单位的制度和规程	

示例	
法律法规及标准支撑： ◆《中华人民共和国特种设备安全法》中华人民共和国主席令第4号 ◆《中华人民共和国安全生产法》中华人民共和国主席令第70号 ◆《中华人民共和国旅游法》中华人民共和国主席令第3号 ◆《中华人民共和国突发事件应对法》中华人民共和国主席令第69号 ◆《中华人民共和国职业病防治法》中华人民共和国主席令第81号 ◆《中华人民共和国消防法》中华人民共和国主席令第6号 ◆《工作场所职业卫生监督管理规定》国家安全生产监督管理总局令第47号 ◆《用人单位职业健康监护监督管理办法》国家安全生产监督管理总局令第49号 ◆《生产安全事故应急预案管理办法》国家安全生产监督管理总局令第88号 ◆《特种设备现场安全监督检查规则》国家质量监督检验检疫总局（2015）5号 ◆《客运索道安全监督管理规定》国家质量监督检验检疫总局（2016）179号 ◆《特种设备作业人员监督管理办法》国家质量监督检验检疫总局（2011）140号 ◆TSG 08-2017 《特种设备使用管理规则》 ◆TSG S7001-2013 《客运索道监督检验和定期检验规则》 ◆TSG Z6001-2013 《特种设备作业人员考核规则》 ◆TSG Z6001-2008 《客运索道安全管理人员和作业人员考核大纲》 ◆GB/T33000-2016 《企业安全生产标准化基本规范》 ◆GB/T 24728-2009 《客运索道服务质量》 ◆GB/T 34024-2017 《客运架空索道风险评价方法》 ◆GB/T19402-2012 《客运地面缆车技术规范》	4.2.1.5 消防安全管理制度 1. 目的 加强公司消防安全管理，确保游客的人身、财产和公司财产安全，制定本制度。 2. 范围 本制度适用于公司消防安全管理工作。 3. 职责 公司负责人是公司消防安全的第一责任人。 公司安全生产领导组全面负责消防安全工作的实施和对各部门相关工作的监督管理。 保卫部负责处理消防安全日常事务。 各部门按规定逐级做好本部门和相关方的消防安全工作。 4. 要求 （1）消防管理。 ①公司建立健全义务消防队伍的组织机构，适时更新、补充义务消防队员。对重点部位要加强防火监控。 ②保安负责公司的消防安全管理工作，组织消防操作知识的教育培训，做好各岗位火灾隐患的排查工作，根据实际制订相应的预案。 （2）用火用电。 ①不得随意拉设电线，严禁超负荷用电。各部门下班后做到人走灯灭，关闭所有电源。 ②设备安装应由持证的电工实施。 ③严格执行动火审批制度，确需动火作业时，作业部门应向相关主管部门申请，批准同意后方可作业。 ④基建工程、设备维修等项目的用电、用火由所在部门和保安部互相配合，做好安全消防管理工作。 （3）设备管理、工作场所。 ①各种设备和仪器不得超负荷和带病运行，并要做到正确使用，经常维护，定期检修，不符合安全要求的陈旧设备，应有计划地更新和改造，并保持记录。 ②登高、电焊、日常巡检等作业，应配备和正确使用相应的个人防护用品。不懂得防护用品用途和性能的，不准上岗操作。 ③雇请的外来施工人员在公司的场地进行施工作业时，各相关部门严格按照《相关方安全管理办法》进行监督管理。
④高峰运营期间，公司启动《高峰运营保障制度》，各部门积极落实相应的职责和措施，确保安全。 （4）防火巡查、检查。 ①各部门要定期检查、督促员工遵守消防安全管理制度，做好各岗位场所、设备、工具等隐患排查。 ②保安部每月至少一次对各部门的日常安全管理、安全措施等工作进行检查监督。除月检查外，逢重大节假日之前，对各部门进行一次防火检查并复查追踪改善。 （5）消防设施。 ①安全疏散设施管理。 （a）各部门保持各自责任区内的疏散通道、安全出口畅通，确保疏散标志和应急照明设施完好，严禁占用安全出口或者摆放影响疏散的障碍物。 （b）保安部负责定期检查，发现损坏及时维修。 ②消防设施维护管理。 （a）公司消防器材由保安部负责管理，定期检查检测消防设施器材。 （b）消防设施、消防器材实行定点存放、定点保养、定期检查，定期检查情况记录存档。对不符合消防安全要求的设施器材，要及时更新。 （c）按照相关标准和规范设置符合国家规定的消防安全疏散标志和应急照明等器材、设施，保持消防设施处于正常状态。 （6）培训及演练。	

（续）

序号	项目	评审方式	标准分	审核要点	实得分
2.2	规章制度	1. 查操作规程汇编 2. 抽查员工遵守制度情况	30	制定的规章制度是否健全（满足标准要求），是否与现行的法律法规标准规范相符合；查发放记录并现场抽查，每个部门至少配备1本管理手册（或电子版）；可抽查员工贯彻实施遵守制度情况	
	示例 1. 目标管理制度（与5.1.1关联） 2. 安全生产和职业卫生责任制管理制度（与5.1.2关联） 3. 安全生产投入管理制度（与5.1.4关联） 4. 安全生产信息化管理制度（与5.1.6关联） 5. 文件和记录管理制度 6. 技术档案管理制度 7. 日常安全检查制度（与5.4.1关联） 8. 维护保养制度（与5.4.1关联） 9. 定期报检制度（与5.4.1关联） 10. 安全风险管理、隐患排查治理制度（与5.5关联） 11. 教育培训管理制度（与5.3.1关联） 12. 特种作业和服务人员管理制度 13. 设备设施管理制度（与5.4.1关联） 14. 检维修安全管理制度（与5.4.1关联） 15. 危险作业安全管理制度（与5.4.2关联） 16. 安全警示标志管理制度（与5.4.4关联） 17. 作业和服务人员守则（与5.3关联） 18. 作业人员及相关服务人员安全培训考核制度 19. 意外事件和事故报告、分析和处置管理制度（与5.7.2关联） 20. 安全生产奖惩管理制度（与5.1.3关联） 21. 相关方安全管理制度（与5.4.2.4关联） 22. 变更管理制度 23. 安全防护用品管理制度 24. 应急管理制度（与5.6关联） 25. 安全生产报告管理制度（与5.7.1关联） 26. 绩效评定管理制度（与5.8.1关联） 27. 安全操作规程管理制度（与5.2.3关联）		**2.2.1 安全管理制度管理办法** 1. 目的 对本公司安全管理文件的起草、评估、修订、发布等相关程序的管理控制，保证文件的适用性、系统性、协调性、完整性和有效性。 2. 范围 本制度适用于对本公司安全生产管理制度、岗位安全技术规程的管理。 3. 职责 总经理负责本公司安全生产方针、安全生产目标和安全管理制度文件的批准和发布。 办公室负责组织编写安全管理制度文件，负责公司级文件的备案、登记、发放。 各相关部门负责组织本部门归口的安全生产管理制度、岗位安全操作规程的编写与审核。 4. 要求 （1）文件的制定。 ①办公室结合本公司安全生产管理目标，组织制定公司的安全生产方针和安全生产目标及安全标准化文件，经公司总经理批准后发布、实施。 ②各相关部门根据本部门职责，制定符合相关法律法规的安全生产管理制度，经部门负责人审核，公司总经理审批后发布、实施。 ③各相关部门组织对本部门归口的各岗位进行危害分析，制定岗位安全操作规程，公司总经理审批后发布、实施。 （2）发放管理。 ①办公室负责文件的发放管理。 ②办公室按确定的发放范围进行发放，填写《安全生产管理制度发放记录》，领用人签字。 （3）文件审核。公司应每年组织相关人员对相关制度的适用性进行审核，并形成相应的记录。 （4）文件的修改与修订。	
	文件发放记录 | 序号 | 文件名称 | 领取部门 | 领取人签字 | 领取时间 | |---|---|---|---|---| | | | | | | | | | | | | | | | | | |		**评审记录表** 单位： 评审日期： 编号： | 序号 | 检查评估文件 | 颁布日期 | 生效日期 | 适用性评估 | 符合情况 | |---|---|---|---|---|---| | | | | | | | | | | | | | |	

(续)

序号	项目	评审方式	标准分	审核要点	实得分
2.3	操作规程	1. 查操作规程汇编查作业现场 2. 抽查员工遵守规程情况	30	编制的操作规程是否齐全、适用；查操作规程发放记录并现场抽查是否发放到岗位（要求张贴上墙），并抽查1~2位员工岗位规程知晓情况	

示例

2.3.1 设备检修维修操作规程

1. 索道维修保养吊装安全操作规程

（1）吊装工作要由具有实践经验、掌握相关知识和安全操作方法、能熟练使用吊装工具的作业人员，在专人统一指挥下进行。

（2）吊装现场要由足够的照明和吊运通道。起吊机具严禁超负荷使用，严禁使用有缺陷和安全装置失灵的机具。

（3）在进行吊装工作前，必须检查周围环境、吊梁、绳套、滑轮、千斤顶等吊装设施和用具，应符合安全要求。

（4）正式起吊前应将吊绳逐渐张紧，使物体微离地面，必须进行试吊，检查物体平衡，捆绑应无松动。吊运工具应无异响。被吊物上严禁站人，严禁用人体重量来平衡吊运的重物。进行起吊作业时不能站在重物的下面，只能在重物侧面作业。

（5）吊装用钢丝绳缠绕和放绳方法要正确，避免打结、散花。根据用途正确选择钢丝绳的安全系数。

（6）吊钩表面不应有裂纹、接缝、刻痕、剥裂等现象，不要使用铸造吊钩。挂钩方式要正确，防止吊钩脱钩。

（7）焊接链条不准用于有振动、冲击的工作，链条只宜垂直起吊，不宜双夹角起吊重物。

（8）使用手提葫芦起吊重物时，首先检查悬梁（架）的强度和稳定性，利用三角架起吊重物时，需有专人绑腿和看顺，拉手链时应双手均匀用力，不得过猛和过快；起吊重物需悬空停留时，要将手链栓在大链上。

（9）在线路支架上使用手提葫芦作业时，要使大链尽量保持垂直，起吊受力面尽量大，防止钢丝绳损坏；两处起吊时受力要均匀，保持受力均衡。

（10）使用千斤顶时，将底座垫平或找正，底座及顶部必须用木板或枕木垫好，在重物下随起随垫。重物升起高度不准超过千斤顶的额定高度，无高度标准的千斤顶，螺杆或活塞的伸出长度不得超过全长的2/3（401轮吊装用千斤顶的最大行程为可以看到2个4mm的检查孔）。同时使用两台及以上千斤顶吊装同一重物时，必须负荷均衡，保持起同落。

（11）在线路支架使用千斤顶起吊钢丝绳时，应防止钢丝绳滚向一侧，并应保证千斤顶与千斤顶之间在一条直线上。千斤顶螺杆在两端伸出的长度应一致，起吊高度至能拆卸轮子即可，并应在最短的时间内完成，防止千斤顶因受力时间长而使安全性能降低。

（12）使用吊装绞磨和卷扬机吊装时，应将其安设在平整的地方，固定要坚实牢靠。绞磨应装有防磨芯棒动销和棘轮停止器，防止绞磨推杆反伤人。必须经常检查卷扬机的刹车装置、电气开关线路和接地情况。运转时动作平稳，严禁猛拉猛拽或突然启动。

2. 高低压电源停送操作规程

（1）在电气线路、电气设备未经验明确实无电前，一律视为有电，在未做好安全措施前，不准用手触摸带电体。

（2）操作高压电气设备时，必须戴合格的绝缘手套，并穿电工绝缘靴或站在绝缘台上，由一人操作，一人监护，并必须按下列规程进行停送电操作。

①停电拉闸操作必须按照"断开变压器高压负荷开关柜（按红色按钮，断开负荷开关），顺时针旋转操作手柄闭合接地开关，并查看确认在接地状态"的顺序进行。

②送电合闸操作必须按照"逆时针旋转手柄断开高压负荷开关柜接地开关，并查看状态指示，确认在接地断开状态。然后，顺时针旋转操作手柄使送电开关蓄能，然后按绿色"on"按钮"的顺序进行。

（3）在停电后的开关上挂上"停电作业，禁止合闸"的停电警示牌。

（4）低压停送电时，严禁使用单、双投刀开关带负荷操作，停电时应先停空气开关，再拉刀开关；送电时应先合上刀开关，再将空气开关合上。

3. 供用电系统维护安全操作规程

（1）操作维护人员必须经过专业培训并取得资格证书方可上岗。

（2）各种电气安供用电系统维修安全操作规程全保护装置应按规定定期维修保养、试验和整定。

（3）对所维修的电气设备应按规定进行巡检，并注意各部位温度和有无异响、异味和异常震动。

（4）注意各种仪表（如电压表、电流表、功率表、电度表等）应指示准确，发现问题及时处理。

（5）定时检查变压器声音和温度，变压器温度不得超过规定值。

（6）供电系统发生故障后，必须查明原因，找出故障点，排除故障后方可送电，禁止强行送电或用强送电的方法查找故障。

（7）检修或移动电气设备时，必须切断电源，并用相同电压等级的验电器检验。

（8）线路检修时，断开该线路上一级控制开关，用相同电压等级的验电器检验，确认该线路与电源完全脱离后，在断开控制开关上悬挂警示牌，方可进行检修工作。

（9）按时对所规定的日、半月、月、季、半年、年检内容进行检查维护，不得漏检、漏项，严禁虚假、瞒报。做好供电设施的维护、保养、保持变配电房的清洁卫生，做好运行纪录。

（10）作好防火、防盗工作。配电室严禁非工作人员入内；做到文明生产，安全供电。

5. 售票员服务程序与规范

（1）服务程序：

①营业前工作：

（a）班组会议，仪表仪容查检。

（b）检查票房及周围卫生并及时清理。

（c）准备零钱，票子盖章。

②营业中工作：

（a）主动招呼，笑脸相迎。

（b）耐心接受顾客询问，仔细聆听，详细介绍，并说明双程票、单程票的区别。

（c）收款，判用真伪，唱收。

（d）出票，找零，唱付。

（e）遇临时离开，摆放提示牌，返回后主动向游客解释招呼。

（f）遇各种原因索道停运，摆放提示牌。

(续)

序号	项目	评审方式	标准分	审核要点	实得分
2.4	文档管理	记录管理 1. 查文件记录管理制度 2. 查技术档案	25	技术档案是否完整，记录的填写是否完整，是否符合制度要求	
		评估 查看评估记录		是否按时进行评估，有无评估结论，评估结果是否与企业实际相符	
		修订 查看修订记录		制度及规程是否存在应修订未组织修订情况，修订是否进行审批	

示例

2.4.1 文件和档案管理制度

1. 目的
为确保公司文件和档案管理的完整性、合理性、科学性，使其为今后工作开展提供参考资料和文献，特制定本管理制度。
2. 范围
本制度适用于公司文件和档案的管理。
3. 职责
文件和档案的管理归口办公室。
4. 要求
(1) 公文管理。
①收文程序：
(a) 办公室签收公文后，应及时逐件拆封核查，分类登记。
(b) 公司外出人员开会带回的文件及资料应及时送交办公室保存。
(c) 上级机关和业务单位的公文一律由办公室负责签收，任何部门或个人不得私自截留。
(d) 各部门向公司递交的请示报告等文件，一般由办公室签收后按程序办理。
②发文办理：公司对外行文由主办部门拟稿，经办公室核稿后，送呈公司负责人签发后对外发文。公司领导签发后，办公室再次校对无误后按规定纸张打印文件，加盖印章后将文件发出。
③立卷与归档：对于办理完毕的文件，应按照内容、名称、时间顺序，分门别类地进行整理归档。立卷时，要求把文件的批复、正本、底稿、主件、附件收集齐全，保持文件、材料的完整性主要。坚持平时立卷与年终立卷归档相结合的原则。重要工作、重要会议形成的文件材料，要及时立卷归档。
(2) 档案管理。
①档案保管：各部门将需保管的资料移交给办公室，由其归入相应卷并统一编号。保管时应注意档案安全，做好防火、防盗、防虫、防霉、防鼠、防失，以确保档案的安全性和完整性。
②借阅、调阅和复印。
③权限：总经理可调阅公司所有档案；副总经理可以调阅分管工作档案；部门负责人可调阅本部门档案；其他情况调阅档案一律凭审批手续调阅相关档案。

技术档案管理资料清单

单位： 部门：

编号	档案类型	文件名称、内容	存放位置	归档日期	备注

档案管理资料调阅/复印登记表

档案名称					
审批		调阅人			备注
档案号及件数	号码	共件	归还卷宗日期	年 月 日 经手人签章	

申请人： 制表日期： 年 月 日

评审记录表

单位： 评审日期： 编号：

序号	检查评估文件	颁布日期	生效日期	适用性评估	符合情况

文件会签、审核记录

文件会签审核					
编制日期		会签		批准生效日期	
文件修订审核					
版本	修订次数	修订页次	变更内容	修订 审核 批准	日期

3 教育培训（60分）

序号	项目	评审方式	标准分	审核要点	实得分
3.1	教育培训管理	1. 查培训制度 2. 查培训记录和档案	20	1. 查看培训制度是否与标准相符；查看年度培训计划是否与培训制度相符，是否明确主管部门及参加人员，是否按计划进行。 2. 查看培训记录（内容至少包括人员签到、培训内容、评估及改进措施），是否缺项，有无效果评估，是否根据评价结论进行改进	

示例

3.1.1 安全教育与职业卫生培训考核制度

1. 目的

为贯彻"安全第一、预防为主、防治结合、综合治理"的方针，加强索道员工安全与职业卫生培训教育工作，增强员工的安全与职业病防护意识和能力，防止在生产经营活动过程中发生各类安全生产事故和职业危害事件，特制定本制度。

2. 范围

本制度适用于公司安全生产与职业卫生教育培训的实施。

3. 职责

本制度归口为办公室。

4. 要求

（1）全体员工必须定期接受安全与职业卫生教育与培训，坚持"先培训、后上岗"的原则。

（2）各部门必须深入开展安全与职业卫生教育，扎实推进安全与职业卫生培训工作，积极参与全国"安全生产月""119"消防宣传日、职业卫生宣传周等系列活动，并有针对性地开展员工喜闻乐见的安全与职业卫生活动，普及安全与职业卫生知识，倡导安全与职业卫生文化，使工作制度化、经常化、科学化。

（3）新进员工，必须接受公司、部门、岗位的三级安全教育与培训，经公司考核合格后方能上岗。

①公司安全与职业卫生教育与培训的主要内容包括：国家、省级有关部门制订的安全生产的方针、政策、法规、标准、规范、规程，公司的安全规章制度等。教育与培训的时间不得少于8学时。

②部门安全教育与培训的主要内容是：安全知识、消防知识、职业健康知识、岗位作业规程、操作规程、特种设备使用维护等基本知识等。教育与培训的时间不得少于8学时。

③岗位安全教育与培训的主要内容是：本岗位的安全与职业卫生操作规程、事故案例剖析、劳动纪律、岗位职责和作业特点、可能存在的不安全因素和防护对策、正确使用劳动防护用品等。教育与培训的时间不得少于8学时。

××索道公司20××年度员工培训计划

为努力打造一支综合能力强、业务娴熟的高素质员工队伍，为企业全面完成各项目标奠定坚实的基础，拟于全年开展新聘用员工培训、淡季员工培训、专业对口培训，对员工进行集中系统的培训，计划如下：

一、新员工三级安全教育

参训对象：新聘用员工

培训日期：根据报到日期

培训内容：在员工试用期内开展：一是岗位技能培训，掌握本岗位工作内容及流程；二是综合知识培训，安排学习公司规章制度、安全生产、消防知识及演练。

培训目的：让员工熟知岗位内容、公司概况，并增进对公司认同感，试用期满后能胜任本岗工作。

考核方式：日常岗位技能考核与综合知识测试（日常考核由新员工所在部门负责，在试用期即将结束时提交书面考核结果送达人事行政部，人事行政部对其进行综合知识测试，最后汇总提交公司）。

二、淡季员工培训

参训对象：一线及二线员工（除参加索道设备年检技工及后勤服务人员）。

培训日期：索道设备年检期间

培训内容：依据全年公司员工工作状况，对在实际工作中突显的问题，通过此培训，加以纠正。主要：一是加强员工的思想政治教育和安全服务意识教育；二是加强岗位技能知识培训；三是综合素质培训；四是强化安全知识及消防演练技能。

培训目的：认真总结一年的工作成绩，查找不足，不断改进，端正工作作风，提高工作效率。

考核方式：书面测试

三、专业对口培训

员工安全与职业卫生培训教育档案

姓名		性别		出生年月	
地址				联系电话	
文化程度				进厂时间	
身份证号				工种	
所属部门				职务	
有何技能和特长（相关证书）					
工作简历：					
培训时间	培训内容		课时	考核结果	签名

培训记录

培训时间		培训地点		培训教师	
培训项目				培训方式	
参加培训人员范围（共　　人见签到表）					
培训内容：					
培训效果评价及总结					
评价人：			日期：	年 月 日	
下次改进措施：					
记录人：			日期：	年 月 日	

（续）

序号	项目		评审方式	标准分	审核要点	实得分
3.2	人员教育培训	3.2.1 主要负责人和管理人员	查资格证书	40	查看主要负责人及管理人员资质与能力。	
		3.2.2 从业人员	查相关证书 查阅从业人员教育培训		1. 索要企业人员花名册，对照岗位逐一查看证书（安全管理证、机械维修证、电工证、司机证、高低压电工证等）。 2. 查看培训记录，变化工种的转岗人员是否有培训记录；新技术、新装备投入使用前是否有培训记录；新员工上岗前培训是否不少于24小时。	
		3.2.3 外来人员	查阅外来人员教育培训		对外来承包商、供应商和学校实习生安全教育培训安全告知记录	

示例

培训记录

培训时间		培训地点		培训教师	
培训项目				培训方式	
参加培训人员范围（共　　人见签到表）					
培训内容：					
培训效果评价及总结：					
评价人：　　　　　　　日期：　　年　月　日					
下次改进措施：					
记录人：　　　　　　　日期：　　年　月　日					

安全教育告知卡

亲爱的来宾：
　　您好！欢迎各位莅临索道参观指导！
　　一、公司为一级防火园区，全国禁止吸烟。请勿在园内及乘坐索道过程中吸烟。
　　二、请听从服务人员指挥。顺序进站。站台候车时，请听从站台服务人员提示上、下车途中禁止下车。
　　三、乘坐索道过程中，请勿嬉戏打闹、乱丢杂物。
　　四、如遇临时停车情况，请耐心等待，听从广播提示不要私自跳车。
　　五、请勿进入有禁止入内标示的区域。

4 现场管理（445 分）

序号	项目	评审方式	标准分	审核要点	实得分
4.1			设备设施管理		
4.1.1	设备设施建设	1. 查索道建设相关文件 2. 查现场	25	1. 审核索道建设项目对设计、审查、施工、试运行、验收等有无按规定程序管理。查阅索道建设相关档案文件，有无注册登记卡，查看消防部门监督管理意见 2. 现场查看控制室、售票室、候车区等部位，硬件（监控、隔离栏杆、安全须知牌示、应急疏散标志、应急照明）设置是否满足标准要求，是否完好。现场试播对讲机、电话，查看是否完好	

示例
4.1.1 设备设施建设管理制度
4.1.1.1 广播与通讯系统管理制度
1. 目的
规范广播与通讯系统的使用、维护和管理工作。
2. 范围
本制度适用于广播与通讯系统。
3. 职责
人事行政部负责内外线电话的管理。
营销部负责上下站广播系统的使用和管理。
技术部负责广播与通信系统维护。
4. 要求
（1）广播：
①索道应配置满足需求的广播设备，注重播放效果及与周围环境的协调。
②广播设备及用品要登记造册，专人专管。管理人员熟练掌握设备操作方法，每日运营前对广播系统进行检查，定期对广播设备进行维护保养。
③制定日常运营、故障停车、应急救援及不同天气状况下使用的规范广播词。
④正常营业时播放乘客须知、线路景点介绍及背景音乐。背景音乐应采用舒缓、优美、内容健康的乐曲。
⑤因故停车时，立即打开站内广播，根据不同情况播放相应广播词。未经批准，任何人不得播放其他内容。

广播与通讯系统检查记录表
日期：　　年　　月　　日　值班经理：

检查项目		检查结果	检查人
广播系统			
通讯系统	对讲机		
	电话		
备注			

4.1.1.2 监控系统管理制度
1. 目的
规范监控系统的使用、维护管理。
2. 范围
本制度适用于监控系统的管理工作。
3. 职责
技术部负责监控系统的使用和管理。
4. 要求
（1）控制室、机房、上、下站房、支架等重点区域应设置视频监控设施，并运行正常。
（2）技术部按照《监控系统使用手册》做好监控系统使用、检查、维护管理工作。
（3）监控系统操作人员必须按规定操作步骤进行操作，密切注意监控设备运行情况，保证监控设备完好；不得无故中断监控、删除监控资料，不得向其他无关人员提供查看监控录像或调阅有关资料。
（4）加强值班管理工作，并做好记录，发现异常情况及时上报。监控用计算机不得做与监控无关的事情。

4.1.1.3 设备更新制度
1. 目的
为保障索道设备及附属设施安全可靠运行，使设备更新具有科学性、合理性、计划性、经济性，制定本制度。
2. 范围
本制度适用于索道设备及附属设施的更新管理。
3. 职责
本制度归口部门为技术部、财务部。
4. 要求
（1）设备更新是指用于恢复、维持已有生产能力或功能，确保索道安全运行为目的的，对不能满足目前安全使用要求的主要设备进行的更新。
（2）设备更新必须符合相关的报、审、批等手续，严格执行计划管理。
（3）设备更新费用必须专款专用，不准挪做他用和随意变更项目。
（4）设备更新原则：

（续）

序号	项目	评审方式	标准分	审核要点	实得分
4.1.2	设备设施验收	1. 查采购、到货验收制度 2. 查检验报告（最近一次）	20	1. 采购、验收制度是否明确职责及流程，记录是否完整 2. 依据《检验报告》扣分	

示例

4.1.2 设备设施验收管理制度

1. 目的

为进一步规范索道设备设施的采购、验收，保障索道安全运营，提高利用效率，避免浪费，做到计划采购、合理储备、规范领用、及时报账，特制定本制度。

2. 范围

本制度适用于设备设施的采购、验收。

3. 职责

本制度归口部门为财务部、技术部。

4. 要求

（1）技术部根据现有库存量、年度使用量、设备运行需要及最低库存要求等，上报设备设施的申购计划。

（2）总经理部负责设备设施订购计划的审核，并按相关采购审批程序进行审批。

（3）申购计划获批后，技术部、财务部组织进行采购，履行单位相关采购程序，签订采购合同。

（4）设备设施到货后，技术部和财务部组织进行验收，验收合格后，填写《验收单》，并存档备案。如在验收过程中发现所购设备设施损坏、质量不合格或与所购不符，验收人员应暂停验收，并督促供货商返修或更换，返修或更换后再进行验收。

（5）财务部按合同约定方式，履行相关手续，及时结算货款。

（6）设备设施验收合格后，及时办理入库手续，录入设备设施清单，分类存放。财务部建立存货明细账进行核算管理。

（7）仓库保管员按照要求建立库存台账，定期对设备设施进行盘存，做好检查维护。财务部对库存设备设施按月实地盘点，做到账实相符。

（8）设备设施出库要按照物品领用程序办理手续，并填写《领料单》，及时报财务部进行账务处理。

（9）本着节约、必需的原则使用，对更换的设备设施检修人员要做好更换记录，作为技术分析的重要依据。

5. 相关记录

（1）《采购计划单》。

（2）《验收单》。

（3）《领用单》。

采购计划单

部门：　　　　　　　　　　　　　　　　年　月　日

品名	单位	数量	单价	金额	备注
			总价		

审批：　　　　　审核：　　　　　制单：

验收单

发票号码：　　　　　　　　　　　NO：
验收单位：　　　　　填单：　年　月　日
记账：　　年　月　日附发票　　张

编号	品名	发票				验收		
		单位	数量	单价	金额	单位	数量	单价
	合计							

复核：　　　　　验收：　　　　　采购：

领用单

领用部门：　　　　　　年　月　日　　　　编号：

物资名称	规格型号	计量单位	数量	用途

分管领导审批：　　部门审核：　　仓管员：　　领用人：

注：本表一式三份，分别由仓管员、会计、领用人保存

（续）

序号	项目	评审方式	标准分	审核要点	实得分
4.1.3	设备设施运行	1. 查现场（索道辖区） 2. 查设备实施制度及台账	50	1. 重点巡视控制室、站房、车库、驱动机房、机架、库房等部位，查看设备设施的总体运行情况，抽查司机、维修人员遵守运营工作程序和规程的情况。 2. 查看设备台账与实物是否对应，安全保护装置台账、运行记录及检查维护记录是否完整（参考制度模板查，有无缺项）。	

示例
4.1.3 设备设施运行管理制度
4.1.3.1 设备设施运行管理制度
1. 目的
为规范设备运行管理，防止人身、设备事故的发生，确保设备正常运行，特制定本制度。
2. 范围
本制度适用于索道设备的运行管理。
3. 职责
本制度归口部门为技术部。
4. 运行程序及要求
（1）运行前：
①在每日索道正式营业前半小时，各岗位人员准时到岗。
②各岗位人员按照《设备检修管理制度》中早检要求进行早检，详细程序如下：
（a）机械工、电工、巡线员（缆车）完成《设备早检表》要求的早检项目后，配合索道司机发车，并密切关注站台机电设备运行状况。

③早检结束后，各技术岗位人员向技术部值班经理报告早检情况，并及时填写各项记录表。
④技术部值班经理检查各项早检工作，依据早检情况确认是否可以运营，并签字确认，报告值班总经理早检结束。如果发现异常，应及时上报值班总经理。⑤值班总经理通知各部门开始营运，由各部门值班经理负责通知本部门各营业岗位。
（2）运行中：
①技术部根据乘客人数、乘客需求，适时调整索道运行速度，帮助行动不便的乘客乘车。
②在索道运行中，机电工根据《设备巡检表》、《巡线记录表》要求按时对设备进行巡视，并填写记录；操作工要密切关注运行情况，并做好运行记录。
③运行中发现的异常情况或故障停车时，索道技术人员必须及时向索道运行值班经理报告，值班经理必须及时向值班总经理报告，并在值班总经理的指挥下组织处理，处理要求如下：
（a）迅速查明原因、排除故障，并经值班总经理同意，经过试运行无异常后方可恢复运营。

×××× 索道公路有限公司

运行记录（中站）　　　　月　　日

负责人						
累计运行时间		运营时间				
运行模式		分/联	G3发车	总		
机电值班						
检查项目		9:00	11:00	13:00	15:00	17:00
	运行速度 M/S					
	电源 V					
G3站	安全线路1 显示					
	安全线路2 显示					
主电机	电枢电压/V					
	励磁电流/A					
	电网电压/V					
	输出力矩					
闸1	制动压力/bar					
	工作是否正常					
闸2	制动压力/bar					
	工作是否正常					
G2站	涨紧力/kg					
	张紧液压压力/bar					
	张紧小车行程/cm					
	驱动与迂回轮有无异响					
	站内索轮工况是否正常					
	吊厢在站内运行情况					
	站传输系统工况是否正常					
	进出站工况是否正常					
	记录人					

表单号：THSD：0201-02

（续）

序号	项目	评审方式	标准分	审核要点	实得分
4.1.4	设备设施维修	1. 查维修现场 2. 查检维修制度及记录	80	1. 查看检维修制度是否符合标准要求，应包括自检、维护保养、维修、重大维修内容，明确标准与要求。重点巡视控制室、维修间、配电房、库房、油库等部位，查看是否符合标准要求，是否与制度相符 2. 现场查看维修现场是否及时清理，维修工具是否完好，分类存放，定期检查。查看维修记录是否完整（应包括维修时间、部位、效果、维修人、验收人签字确认） 3. 参照维修作业指导书要求，审核维护保养计划制定是否合理；维护保养记录是否完整，是否按计划保养 4. 参照制度模板，审核自检计划（日检、月检、年检）是否合理，记录是否完整 5. 若索道发生过重大维修，查看维修前是否按"五定"原则有检维修计划，是否制定合理的检维修方案，是否进行告知；维修中涉及危险作业的是否进行审批，是否由特种设备检验机构进行监督检验；维修后是否将自检报告、监检报告和无损检测报告存档	

示例
4.1.4　设备设施检维修管理制度
4.1.4.1　设备设施检维修管理制度
1. 目的
为保证索道设备的正常运转，根据《设备维护手册》及设备运行的实际情况，特制定本制度。
2. 范围
本制度适用于索道设备的定期自检和设备的维修、重大维修。
3. 职责
本制度归口部门为技术部。
4. 要求
（1）索道日常检查：日检、月检、季检、年检、专项检查。
①日检。
(a) 早检。每日营运前半小时，技术人员根据各类检查表格内容对索道机电设备进行营运前的全面检查；技术运行部值班经理对本班次早检记录进行检查，并签字确认，方可运营。

②月检。每月中、下旬按照《设备维护手册》对索道机电设备进行检查维护，并填写《机械设备检查维护工作单》和《电气设备检查维护工作单》。检查维护主要内容见附则。
③季检。每季度末月在月检的基础上，按照《设备维护手册》对机电设备进行检查维护。
④年检。每年末对索道机电设备进行全面检查维护，主要检查维护项目附则。
⑤专项检查。根据《设备维护手册》对备用驱动进行检查试车，并填写试车记录。根据设备运行情况，对相关部件进行针对性和预防性的检查。黄金周、小长假、重大活动前，按照相关要求进行检查。
（2）设备日常维护。
①技术部负责制定并实施维护保养计划，同时做好记录。
②各部位的润滑按要求定期、定量进行，润滑结束及时清理溢油，防止污染乘客衣物。
③索道主要设备按照供货商提供的《设备维护手册》要求进行维护保养。
④检修工具、计量装置、救护工具、照明装置等由专人负责检查，要确保正常完好。
⑤设备维护结束，要对设备内外清洁，保证无黑污、锈蚀；
⑥设备维护结束，由专人负责验收，确保维护质量，并做好维护记录。
⑦维护时更换的废弃油品应按规定由有资质的相关单位回收。

早检要求：
机械工按照《设备早检表》内机械检查项目进行检查并填写记录。
电工按照《设备早检表》内电气检查项目进行检查并填写记录；对索道广播与通讯系统进行检查并填写《广播与通讯系统检查记录表》。
巡线员按照《设备早检表》内检查项目进行巡线检查并填写记录。
操作工按照《设备早检表》内操作员的检查项目进行检查并填写记录；按照《运转日志》项目要求观察并填写记录；对索道监控系统进行检查并填写《监控系统检查记录表》。
(b) 巡检。营运时，机电技术人员按照《设备巡检表》和《巡线记录表》对索道设备进行巡视检查，并填写记录；发现问题及时报告技术部值班处理。
(c) 晚检。停运后，机电技术人员按照《设备晚检表》对索道设备进行全面检查。

(续)

序号	项目	评审方式	标准分	审核要点	实得分
4.1.5	检验检测	查看年度监测检验报告	20	查设备检测报告及防雷检测报告（初审查1年，复审查3年）	
	示例 **4.1.5 设备设施定期报检制度** 1. 目的 规范客运索道设备设施报检工作程序和工作要求。 2. 范围 本制度适用于客运索道的设备设施报检工作。 3. 职责 设备设施报检工作归口部门为技术部。 4. 要求 （1）每三年进行一次索道全面检验，在客运索道安全检验标志上注明的"以下检验日期"前自检合格并至少提前一个月向国家客运架空索道安全监督检验中心提出申请，并报当地质量技术监督局备案。 （2）在全面检查中间的2个年度每年进行一次年度检验，在"下次检验日期"前自检合格，并提前一个月申报国家客运空索道安全监督检验中心或当地安全监督检验机构。 （3）钢丝绳、抱索器、驱动轮、迂回轮、高压配电等关键部件，按照相关要求向有资质的单位提出探伤申请。 （4）接地电阻每年检测一次，在检测有效期满前一个月进行自检或按当地规定向当地检测部门申请。					××省防雷防静电装置 检 测 报 告 陕防雷 华阴 检字〔2019〕HY037 受检单位：×××索道公路有限公司 检测单位：×××防雷技术有限公司华阴分公司 ×××省气象局印制	
4.1.6	设备设施拆除、报废	1. 查库房 2. 查报废制度及记录	5	现场查看报废设备设施是否有明显的标识记录或单独存放，是否履行审批手续	
	示例 **4.1.6 设备报废管理制度** 1. 目的 为加强对索道设备报废的监督管理，促进安全生产，特制定本制度。 2. 范围 本制度适用于索道设备报废管理工作。 3. 职责 本制度归口部门为技术部。 4. 要求 （1）设备设施的报废应办理审批手续，在报废设备设施拆除前应制定方案，并在现场设置明显的报废设备设施标志。 （2）凡列入固定资产的设备，符合下列条件之一的，可按规定申请报废： ①超过使用年限、主要结构陈旧、精度低劣、生产效率低，且不能改装利用或大修虽能恢复精度，但经济上不如更新合算。 ②使用年限未到，但不能迁移的设备，因建筑物改造或工艺布局必须拆毁的。 ③设备损耗严重，大修后性能精度仍不能满足工艺要求的。 ④腐蚀过甚，绝缘老化，磁性失效，性能低劣且无修复价值者或易发生危险的。 ⑤因事故或其他灾害，使设备遭受严重损耗无修复价值的。 ⑥国家规定的淘汰产品。 （3）设备报废的审批：凡符合报废条件的设备，由使用部门提出申请并填写《设备报废申请单》，经公司领导及上级主管部门批准后，方可报废设备。设备未经批准报废前，任何部门不得拆卸、挪用其零部件和自行报废处理。 （4）报废、拆除涉及许可作业的，应按照《作业安全管理制度》执行，并在作业前对相关工作人员进行培训和安全技术交底；报废、拆除按方案和可内容组织落实。 （5）设备经报废后，进行账务处理，应注明报废日期、报废批准人、报废执行人等。	|||| 设备报废申请单 申请部门： 日期 | 序号	设备名称	使用年限	资产原价	已提折旧	净残值	是否已提足折旧
---	---	---	---	---	---	---
1						
2						
3						
4						
5							 申请原因： 维修部门意见： 申请人： 日期： 签名： 日期： 部门经理意见： 财务审核： 签名： 日期： 签名： 日期： 总经理审批： 签名： 日期：	

(续)

序号	项目	评审方式	标准分	审核要点	实得分
4.2		作业安全			
4.2.1	作业环境和作业条件	作业环境及危险作业	45	重点巡视站房、变电站、驱动机房、驱动（迂回）小车、支架等区域作业环境是否整洁，满足标准要求。危险作业应实施许可审批，核查持证上岗，现场专人管理情况，操作规程、防护应急措施是否到位。两支队伍交叉施工是否签订安全协议，分清责任	
		治安	10	巡视售票区域、候车区域、工作区域以及宿舍区。现场观察游客购票、候车秩序，工作生活与服务区域是否设置禁止标志。结合公安部门的检查记录评价治安管理工作，查看高峰运营保障机制是否可操作，有无应急措施	
		交通	10	检查车辆档案，是否根据所处区域制定特殊天气应对措施	
		消防	20	查消防重点部位（油库、车库、配电室、发电机房、控制室、库房、食堂等）的消防设施是否完好，消防通道是否畅通，有无杂物及易燃物，有无控制可诱发危险源的措施。参照消防部门的相关检查情况评价消防安全工作	

（续）

示例

危险作业审批表

编号		申请部门	索道设备部
作业地点	索道三站	作业许可时间	11月17日至12月14日
危险作业内容			临时动火作业

危险性分析：1. 火星窜入其他设备或易燃物侵入动火设备
2. 气瓶间距不足或放置不当

安全措施：
1. 加强安全教育培训，上岗前必须召开安全会议
2. 作业中防止火星乱溅，注意火星飞溅方向，发现异常立即停止工作
3. 氧气瓶、溶解乙炔气瓶间距小于5 m，二者与动火地点不小于10 m
4. 加强安全操作管理

作业人员身体、持证、安全培训情况：
作业人员身体状况良好，都持有特种设备安全操作证，均接受岗前安全培训教育。
作业人员签字：

现场安全监护		现场安全监护	
安全监护职责	加强现场操作人员安全管理，做好现场监查工作。

部门负责人审批签字：

安全技术部审批签字：

危险作业审批表

编号		申请部门	索道设备部
作业地点	索道线路	作业许可时间	11月17日至12月14日
危险作业内容			索道线路临时登高作业

危险性分析：1. 作业人员注意力不集中，操作失误
2. 高空作业不戴安全带、安全帽

安全措施：
1. 加强安全教育培训，上岗前必须召开安全会议
2. 完善各种防护措施，挂设安全标志牌
3. 安全带使用符合安全操作规定，高挂低用
4. 加强安全操作管理

作业人员身体、持证、安全培训情况：
作业人员身体状况良好，都持有特种设备安全操作证，均接受岗前安全培训教育。
作业人员签字：

现场安全监护		现场安全监护	
安全监护职责	加强现场操作人员安全管理，做好现场督查工作。

部门负责人审批签字：

安全技术部审批签字：

危险作业审批表

编号		申请部门	索道设备部
作业地点	索道三站	作业许可时间	11月17日至12月14日
危险作业内容			索道站内临时登高作业

危险性分析：1. 高空作业不戴安全带、安全帽
2. 梯子没有人扶，脚下踏空，滑落

安全措施：
1. 加强安全教育培训，上岗前必须召开安全会议
2. 上岗前穿戴，安全带，安全帽，防滑鞋等安全防护用品
3. 梯子、绳子、安全带使用符合安全操作规定
4. 加强安全操作管理

作业人员身体、持证、安全培训情况：
作业人员身体状况良好，都持有特种设备安全操作证，均接受岗前安全培训教育。
作业人员签字：

现场安全监护		现场安全监护	
安全监护职责	加强现场操作人员安全管理，做好安全督查工作。

部门负责人审批签字：

安全技术部审批签字：

危险作业审批表

编号		申请部门	索道设备部
作业地点	索道三站	作业许可时间	11月16日至12月14日
危险作业内容			临时用电作业

危险性分析：1. 违章作业
2. 用电设施损坏、漏电

安全措施：
1. 作业人员必须持有电气安全作业证，严格按照安全作业规程操作
2. 必须安装配电箱，并由防雨措施，禁止私拉、私接电线
3. 停用的设备必须拉闸断电，锁好开关箱
4. 临时用电设施应有漏电保护器，并符合线路容量负荷要求

作业人员身体、持证、安全培训情况：
作业人员身体状况良好，都持有高压电工操作证，均接受岗前安全培训教育。
作业人员签字：

现场安全监护		现场安全监护	
安全监护职责	加强现场操作人员安全管理，做好监督工作。

部门负责人审批签字：

安全技术部审批签字：

(续)

消防设施台账

地点	区域	设施类型	数量	备注
上站				
下站				

灭火器检查卡

年	月	日	检查情况	检查人

4.2.1.4 车辆管理制度

1. 目的

为规范公司车辆的使用、维护，保障员工用车安全。特制定本制度。

2. 范围

本制度适用于公司所有车辆的使用管理。

3. 职责

人事行政部设定专人负责车辆及驾驶员的管理。

财务部负责车辆费用核算。

驾驶员负责车辆的日常管理，凭《派车通知单》出车，保证车况良好和行车安全。

专职安全员负责对车辆状况进行督查，加强对驾驶员的安全教育。

4. 要求

（1）管理原则：公司用车本着"安全、必须、节约"的原则，实行定人定车管理。

（2）派车程序。

①申请。各部门因工作需要用车，由所在部门负责人向人事行政部车辆管理负责人提出申请，履行车辆调度审批手续。

②审批。

(续)

示例

③出车。

(a) 驾驶员出车时一律凭《派车通知单》出车，公司领导在紧急情况下用车，由驾驶员负责向人事行政部报告，临时性派车来不及开具《派车通知单》的，归队后及时补办《派车通知单》。

(b) 车辆原则上由专任驾驶员出车，公司临时安排代班驾驶员时，专任驾驶员应向代班人说明车辆技术状况，清点车辆证件、随车工具等，代班驾驶员认真应履行职责，确保行车安全。

(3) 车辆维修。

①维修程序。

车辆维修实行《车辆维修申报单》制度。由驾驶员填写《车辆维修申报单》，经人事行政部、公司分管领导审核，报请总经理审批后实施。如因公出车在外地发现故障或抛锚的，驾驶员应电话汇报，由人事行政部请示有关领导后处理，事后补办手序。

②计划维修。驾驶员根据公司各车辆技术状况和交警部门年度车辆审验要求，提出申报车辆维修计划（包括轮胎消耗），按程序做好车辆计划维修工作。

③故障维修。凡车辆发生故障驾驶员不能自行修复、需到修理厂家修复的，按程序履行审批手续后，到指定的修理厂修理，分管车辆负责人同时前往，由其人办理修理费用的结算，并附上《车辆维修申报单》，经财务部审核后，方可报销。

(4) 安全管理。

①人事行政部每月召开一次安全例会，加强对驾驶员的安全教育，做到警钟长鸣，确保车辆行驶安全。

②驾驶员应具备相应资质，每年参加体检，凡不符合身体要求的应及时调换工种，驾驶员应注意休息，保持精力充沛，保障车辆行驶安全。

③坚持车辆入库制度，驾驶员在收车后必须将车停放在公司车库内或指定的地点，及时锁上车门。

④驾驶员应加强交通法规的学习，并认真对照落实到具体行动中去，杜绝责任事故的发生，确保车辆行驶安全。

⑤车辆（遇山区滑坡、泥石流、冰雪等）突发事件发生后，有关领导及人员应迅速赶往现场，成立临时指挥小组，制定处置方案。

⑥出现雨、雪、雾等恶劣天气造成道路通行困难时，要第一时间保证人身安全，尽量不要行驶；若继续行驶，必须采取安全防范措施（如：安装防滑链等）。同时，要遵守交通管制措施，严格按照交警部门现场交通通行秩序行驶。

⑦因重大自然灾害造成路桥阻断，第一时间向有关部门汇报，在确保安全的情况下方可通行。短时间内不能恢复通行时，要按照公安交警部门发布的绕行通告行驶。

⑧车辆（遇山区滑坡、泥石流等）突发事件前，驾驶员要时刻关注路况信息，提前采取相应安全防范措施。同时，第一时间向有关部门汇报，在确保安全的情况下方可通行。短时间内不能恢复通行时，要按照公安交警部门发布的绕行通告行驶。

突发事件发生时，迅速撤离到安全的避灾场地。发现前方道路边坡有异动迹象，如滚石、溜土、路面泥沉漫流、树木歪斜或倾倒等，应立即减速或停车观察。确认山体滑坡时判断可能威胁自身安全时，要尽快退让。来不及或无条件退让时应果断弃车逃避。

突发事件发生后，在道路被滑坡、泥石流等毁坏比较严重的地段，机动车无法通过，应原路返回找到能够提供补给的地方，再考虑改走其他路线。

5. 相关记录

(1)《派车通知单》。

(2)《车辆维修申报单》。

(3)《培训记录》。

车辆维修申报单

接修单位		送修时间	
车型及车号			
修理项目			
(一)		(三)	
(二)		...	
申报人：			
部门意见： 批准人：		审批人：	
材料及维修费（以下由修理厂填写）			
人民币（大写）			¥
车主验收经手人： 年 月 日		维修人员签字： 出厂日期： 年 月 日	

4.2.1.5 消防安全管理制度

1. 目的

加强公司消防安全管理，确保游客的人身、财产和公司财产安全，制定本制度。

2. 范围

本制度适用于公司消防安全管理工作。

3. 职责

公司负责人是公司消防安全的第一责任人。

公司安全生产领导组全面负责消防安全工作的实施和对各部门相关工作的监督管理。

保安部负责处理消防安全日常事务。

各部门按规定逐级做好本部门和相关方的消防安全工作。

4. 要求

(1) 消防管理。

①公司建立健全义务消防队伍的组织机构，适时更新、补充义务消防队员。对重点部位要多加强防火监控。

②保安部负责公司的消防安全管理工作，组织消防操作知识的教育培训，做好各岗位火灾隐患的排查工作，根据实际制订相应的预案。

(2) 用火用电。

①不得随意拉设电线，严禁超负荷用电。各部门下班后做到人走灯灭，关闭所有电源。

②设备安装应由持证的电工实施。

③严格执行动火审批制度，确需动火作业时，作业部门应向相关主管部门申请，批准同意后方可作业。

④基建工程、设备维修等项目的用电、用火由所在部门和保安部互相配合，做好安全消防管理工作。

(3) 设备管理、工作场所。

①各种设备和仪器不得超负荷和带病运行，并要做到正确使用，经常维护，定期检修，不符合安全要求的陈旧设备，应有计划地更新和改造，并保持记录。

②登高、电焊、日常巡检等作业，应配备和正确使用相应的个人防护用品。不懂得防护用品用途和性能的，不准上岗操作。

③雇请的外来施工人员在公司的场所内进行施工作业时，各相关部门严格按照《相关方安全管理办法》进行监督管理。

④高峰运营期间，公司启动《高峰运营保障制度》，各部门积极落实相应的职责和措施，确保安全。

(4) 防火巡查、检查。

①各部门要定期自查，督促员工遵守消防安全管理制度，做好各岗位场所、设备、工具等隐患排查。

②保安部每月至少一次对各部门的日常安全管理、安全措施等工作进行检查监督。除月检查外，逢重大节假日之前，对各部门进行一次防火检查并复查追踪改善。

(5) 消防设施。

①安全疏散设施管理。

(a) 各部门保持各自责任区内的疏散通道、安全出口畅通，确保疏散标志和应急照明设施完好，严禁占用安全出口或者摆放影响疏散的障碍物。

(b) 保安部负责定期检查，发现损坏及时维修。

（续）

序号	项目	评审方式	标准分	审核要点	实得分
4.2.2	作业行为	1. 查安全防护用具 2. 查相关记录	45	1. 查看绝缘保护装备、安全带、安全帽存放情况，是否按期检定，是否标准发放 2. 查看各岗位的作业行为隐患、设备设施使用隐患及控制措施（也可抽查作业人员是否知晓），现场作业行为是否符合标准要求	

示例

4.2.2.1 作业行为安全管理制度

1. 目的

为加强生产作业行为的安全管理，对作业行为隐患、设备设施使用隐患等进行分析，采取控制措施，特制定本制度。

2. 范围

本制度适用于公司作业行为安全管理。

3. 职责

本制度归口部门为各部门。

4. 要求

（1）应加强对从业人员作业行为的安全管理，对设备设施、工艺技术以及从业人员作业行为等进行安全风险辨识，采取相应的措施，控制作业行为安全风险。

（2）应监督、指导从业人员遵守安全生产和职业卫生规章制度、操作规程，杜绝违章指挥、违规作业和违反劳动纪律的"三违"行为。

（3）应为从业人员配备与岗位安全风险相适应的、符合 GB/T 11651 规定的个体防护装备与用品，并监督、指导从业人员按照有关规定正确佩戴、使用、维护、保养和检查个体防护装备用品。

（4）现场作业行为要求如下：

①索道司机、站台服务人员应听从现管理人员调度指挥。

②现场作业应分工明确，作业人员应精神状态良好，能承担相应的劳动负荷。

③客运索道机械维修人员高空作业时应使用合格的安全带、安全帽，立体交叉作业时要防止落物伤人。吊装作业时，应安排专人进行现场安全管理，确保安全规程遵守和安全措施落实。

④索道电气维修人员作业时，应配备绝缘保护装备。

⑤客运索道日常检查人员巡线时，应穿戴安全防护装备，配备对讲机。

⑥不应带电作业。特殊情况下，不能停电作业时，应按有关带电作业的安全规定执行。

5. 相关记录

（1）《作业行为隐患评价表》。

（2）《设备设施隐患评价表》。

（续）

序号	项目	评审方式	标准分	审核要点	实得分
4.2.3	岗位达标	现场抽查	25	场所抽查1~2人知晓本岗位安全职责、规范、风险情况，是否会使用安全防护用品	
4.2.4	相关方管理	1. 查附属经营项目 2. 查相关方档案	30	查看相关方（承包商、供应商、旅行社、施工方）名录、档案（执照、合同等）是否齐全；日常检查是否覆盖相关方；附属经营是否合规	
4.3	职业健康	1. 基本要求 2. 职业病危害告知 3. 职业病危害项目申报 4. 职业病危害监测与评价	1. 查健康档案 2. 查防护器具、急救药品 3. 查劳动合同 4. 查警示标识	30	1. 查阅员工体检档案，是否按期体检；是否进行职业健康教育 2. 在职业危害较大区域（驱动机房（架）、上站等）是否配备完好的职业健康防护器具；现场抽查急救药品有效期	

示例

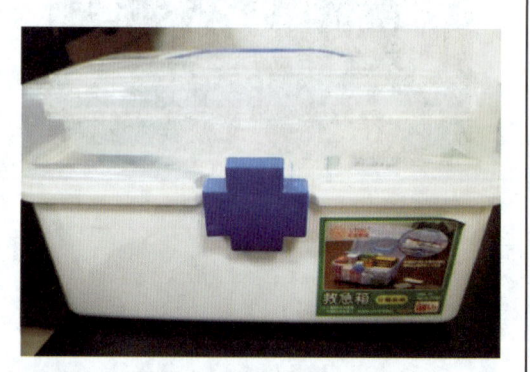

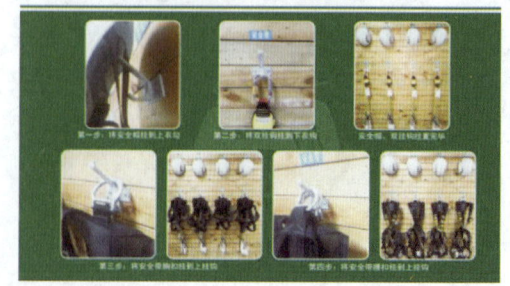

（续）

示例

救援装备表

（图示：1-主救援包、3-GH3安全带、4-GH4安全带、5-安全腰带、6-安全带包、7-防冲垫挂钩、8-双挂钩、9-软梯（配有ø60挂钩和锁环））

救援包清单

1、下站至T4支架

自行小车救援：
上行侧与下行侧依次救援。

参见"自行小车救援"
参见"垂直救援"

A组

	包1	包2
1- 背包	1	1
4- GH4 安全带	1	
6- 安全带包	1	
7- 防冲垫挂钩	1	
8- 双挂钩	1	
9- 软梯	1	
⑩+ 缓降器，配备静力绳（m）	70	
⑪ 单挂钩	1	
⑫ 三角救援衣	2	
⑬ 单向绳卡	1	
⑭ 锁环	2	
11- 自行小车	1	
15a-扁带 0.80m	2	
15b-扁带 1.20m	2	
15c-扁带 1.60m		1
16- 调节器		1
17- 静力绳 …..m		70
19- 尼龙绳		70
20- 锁环	3	3

示例

4.2.2.2　劳动防护用品管理制度

1. 目的

为加强对公司劳动防护用品的管理，保护员工安全，制定本制度。

2. 范围

本制度适用于公司劳保用品的管理工作。

3. 职责

人事行政部根据国家有关规定制订工作服和劳动保护用品的发放标准，报总经理批准后实施。

人事行政部负责统一采购，经财务部仓库验收进库。

财务部负责管理和发放工作服，并将发放情况记录存档。

各使用部门统一领用劳保用品；部门、班组要对员工日常使用劳动保护用品的情况随时进行监督检查。

4. 要求

（1）采购。

①人事行政部根据发放标准和部门需求计划进行采购。

②安全帽、安全带、绝缘鞋手套等应购买符合国家或行业标准的产品。

③采购一般劳动保护用品应有相应的产品合格证，特种劳动保护用品有三证一标志：产品生产许可证、产品合格证、安全鉴定和安全标志。

（2）验收。

①入库前由仓库保管员或使用部门进行验收。

②使用部门根据国家或行业标准要求对所购的特种防护用品进行验收，验收合格方可入库。

（3）保管。

①仓库保管员对用品进行分类储存保管。

②安全帽、安全带等工种岗位劳保用品由专人定点保管。

（4）发放。

①工作常服及其他劳保用品按照相关文件，根据不同岗位、不同工种进行发放。

安全帽、安全带：安全帽、安全带采购后由人事行政部按实际需求统一发放到相关部门，相关部门实行专人定点保管的方式，统一存放。

绝缘鞋、绝缘手套、电焊手套、焊接眼面防护具：采取专人定点保管方式，不再发放到个人。

手套：帆布手套、纱布手套、浸胶手套按月领用。

防尘口罩、防毒面具：开展刷漆、除锈、喷漆工作时，由人事行政部按实际作业人数统一发放。

②凡在岗位的工作人员均享受相应岗位的劳保用品待遇。

③员工因事、病、产假等原因离岗的停发各类劳保用品，恢复工作即可享受相应岗位的劳保用品。

④超出标准的劳保用品由使用部门提出申请，经人事行政部审核报批总经理后核发。

⑤对新入职的员工及工种变动的员工，由部门申请，经人事行政部审核后调整采购计划，配发相应岗位、相应工种的工作服。

（5）使用。

①各部门有责任教育和监督所辖员工正确使用劳保用品。

②相关部门使用的特种劳动保护用品应建立相应的发放、使用、保养记录，定时核对安全帽、带等工种劳保用品的使用期限。

（续）

序号	项目	评审方式	标准分	审核要点	实得分
4.4	警示标志	查现场	30	警示标志的设置是否齐全，样式是否符合相关标准要求	

示例

4.4.1 安全警示标志管理制度

1. 目的

为规范安全警示标志管理，充分发挥安全警示标志在安全生产工作中的作用，避免事故发生，特制定本制度。

2. 适用范围

本制度适用于安全警示标志的管理。

3. 职责

专职安全员协助相关职能部门负责确定安全警示标志的设置和维护管理工作。

4. 内容

（1）设置要求：

①应按照有关规定和工作场所的安全风险特点，在有重大危险源、较大危险因素和严重职业病危害因素的工作场所，设置明显的、符合有关规定要求的安全警示标志和职业病危害警示标识，使进入现场人员易于识别，引起警惕，达到预防事故发生的目的。

②对于有夜班作业的场所设置安全警示标识应有足够的照明，保证操作人员在夜间能够清晰可辨。

③安全标志不应设置在门窗等可移动的物体上，或已被遮挡的地方。

④警示标志的安全色和安全标志应分别符合 GB 2893 和 GB 2894 的规定，道路交通标志和标线应符合 GB 5768（所有部分）的规定，工业管道安全标识应符合 GB 7231 的规定，消防安全标志应符合 GB 13495.1 的规定，工作场所职业病危害警示标识应符合 GBZ 158 的规定。

（2）设置计划及其他要求：

①职能部门根据现场需要和相关标准规定提出安全标志设置需求，由人事行政部统一制作。

②在日常工作、检查中发现需要设置警示标志，应及时提出申请，报人事行政部制作。

③警示标志的配置使用应列入各级安全检查的内容，各职能部门负责安装（或张贴）和日常维护，保持整洁，防止沾污和损伤。

④警示标志的使用、发放、回收由职能部门负责，并做好发放记录，作废回收的安全标识，尽可能再利用，不能利用的再作废品处理。

⑤必须建立警示标志台账。

5. 相关记录

（1）《警示标志台账》。

（2）《警示标志检查记录表》。

警示标志台账

禁止标志	警告标志	指令标志	提示标志
禁止吸烟	当心中毒	必须戴安全帽	安全出口
禁止攀爬	当心触电	必须系安全带	紧急避险区
禁止入内	当心坠落	必须戴防护手套	乘坐安全须知
禁止抛物	当心坑洞	必须穿防护鞋	绿色通道
禁止触摸	当心塌方	必须戴防毒面具	出入口提示
禁止堆放	当心机械伤人		
禁止合闸	注意安全		
禁止启动	注意落石		
	当心滑跌		

警示标志检查记录表

日期：

序号	警示标志名称	位置	状态	检查人	备注

5 安全风险管控及隐患排查治理（120分）

序号	项目		评审方式	标准分	审核要点	实得分
5.1	安全风险管理	1. 安全风险辨识 2. 安全风险评估 3. 安全风险控制 4. 变更管理	1. 查安全风险管理制度 2. 查风险辨识、评估记录 3. 查控制措施和变更管理	35	1. 查阅员工体检档案，是否按期体检；是否进行职业健康教育 2. 在职业危害较大区域（驱动机房（架）、上站等）是否配备好的职业健康防护器具；现场抽查急救药品有效期 3. 涉及职业危害岗位设置的警示标识是否符合标准要求，合同是否有声明	

示例

5.1.1 安全风险辨识、评估和控制措施管理制度

1. 目的
为准确识别安全风险，评价其危险程度，进行分级，实施有效控制，特制定本办法。

2. 范围
本办法适用于本公司范围内风险的辨识、评价和控制。

3. 职责
公司负责人负责风险辨识、评价和控制措施的组织领导工作。
办公室负责组织风险辨识、评价和控制策划指导工作。
保安部具体负责风险辨识、评价和控制措施的实施和监督。
各部门负责实施本部门风险辨识、评价和措施控制工作，报保安部审核后，由公司负责人审批，并将其结果上报办公室备案。

4. 要求
（1）程序描述。要控制风险，首先要辨识风险，评价其带来危害的严重程度和可能性，判定其风险级别，据此考核。
（2）风险的辨识。考虑风险控制的措施及降低安全风险的优先顺序。辨识风险是一个不断发展和完善的过程。
①由主要负责人组织各部门负责人制定计划，成立初始评审组（由各部门的人员参加）。
②风险辨识应从以下类型的危害因素进行考虑：

（a）物理性危害危险因素：如设备设施缺陷、防护缺陷、电危害等；
（b）化学性危害危险因素：如易燃易爆物质、有毒物质等；
（c）生物性危害危险因素：如致病微生物、传染病媒介物等；
（d）生理及心理性危害危险因素：如健康状况异常、从事禁忌活动等；
（e）行为性危害危险因素：如指挥失误、操作失误等；
（f）其他危害因素：如管理缺陷、制度不健全等。
③在辨识隐患时可以按以下单元或业务活动，辨识隐患。
（a）公司房内（外）的地理位置；
（b）生产过程或所提供服务的阶段；
（c）计划的和被动性的工作；
（d）确定的任务；
（e）不经常发生的任务。
④安全风险辨识方法可采用询问与交流、现场观察、查阅有关记录、获取外部信息、工作任务分析、安全检查表、作业条件的危险性评价、事件树、故障树等方法。
（3）风险评估。
①风险评估的方法。风险评估在风险辨识的基础上按定性评价的方式进行，定性评估可用经验判断法。直接判断法的依据主要包括：法律法规的符合性、相关方的合理要求、类似事故的经验教训、直接察觉到的危险。

风险级别及其控制措施

风险级别	措施
重大风险	只有当风险等级已降低时，才能开始或者继续工作。如果无限的资源投入也不能降低风险时，就必须禁止工作（停止工作）
显著风险	应立即采取有效措施降低风险，并应考虑应急措施。（立即整改）
一般风险	应努力降低风险，但应仔细测定并限定预防成本，并应在规定时间期限内实施降低风险措施（限期整改）

③剩余风险评估。根据风险控制措施的确定和建立，再次评价通过控制措施后的风险等级。初始风险评价和剩余风险评价的方法是一样的。
（5）评估结果。各部门分别就本部门的评估结果，编制《客运索道企业安全风险辨识、分析、评估汇总表》，保存评估记录。各部门的《安全风险评估总表》由保安部审核，管理者代表批准，并将《客运索道企业安全风险辨识、分析、评估汇总表》分别留办公室备案和本部门保存。对存在风险的岗位、区域应设置《安全风险公告栏》和《岗位安全风险告知卡》。
（6）安全风险的更新。当发生下列情况时，各部门应组织有关人员重新进行风险辨识与评价：
①相关法律、法规和其他要求发生变化。
②公司的安全生产方针和安全生产目标发生重大变化。
③公司的产品、活动和服务发生较大变化。
④相关方有合理抱怨和要求。

安全风险评估汇总表

产生部门：

序号	活动部位	安全风险	可能的后果	初始风险等级	检测措施对策	剩余风险等级
1	索道运行	索道噪音	造成职业病	一般风险	一、职工体检 二、采用降噪措施	一般风险
2	索道运行	雷电、大风天气运行	停车、设备损坏	一般风险	严格按照临时运行措施执行	一般风险
3	站台服务	人员坠落	伤亡	重大风险	一、佩戴安保措施 二、现场相互监督 三、登高培训	显著风险
4	站台服务	上、下车服务	游客摔伤	显著风险	一、按照服务规程操作 二、加强监督管理	显著风险
5	站台服务	游客卡门	停车	一般风险	一、按照服务规程操作 二、加强监督管理	一般风险
6	站台服务	车厢超载	设备损坏	显著风险	一、提高服务人员安全意识 二、加强监督管理	显著风险
7	卫生清扫	减、减速段打扫	车厢撞人	显著风险	打扫卫生期间尽量降低车速	一般风险
8	卫生清扫	高处擦窗户	摔伤	显著风险	一、加强安全意识 佩戴安全设施	一般风险

(续)

示例

安全风险评估汇总表

产生部门：

序号	活动部位	安全风险	可能的后果	初始风险等级	检测措施对策	剩余风险等级
11	设备巡检	离旋转设备过近	人员受伤	显著风险	严格执行巡检制度	一般风险
12	设备巡检	试运行车速过快	检修车厢内人员受伤	显著风险	制定试运行程序，严格按照程序	一般风险
13	支架沿线	马蜂窝	人员受伤	显著风险	定期清除马蜂窝	一般风险
14	支架沿线	夏季蛇多	巡线人员受伤	显著风险	一、巡线线路除草 二、人员避开草丛 三、备蛇药	一般风险
15	支架沿线	人为失火	火灾	重大风险	一、每个支架配备灭火器 二、防火隔离带 三、不定期巡线	显著风险
16	设备维护	作业平台上作业	人员受伤	显著风险	一、佩戴防护用品 二、平台坚固检查	一般风险
17	设备维护	超重葫芦使用失效	人员受伤、设备坠落	一般风险	一、按使用说明操作 二、定期检查	一般风险

编制分析人：　　　批准人：　　　日期：

安全风险评估汇总表

产生部门：

序号	活动部位	安全风险	可能的后果	初始风险等级	检测措施对策	剩余风险等级
18	设备维护	废汽油处置不当	火灾隐患	重大风险	一、倒入废油桶统一处理 二、保证废油桶周边环境安全	显著风险
19	柴油罐	易燃易爆	爆炸起火	显著风险	一、加强油罐周边环境、配备灭火装置	一般风险
20	工具使用	电动工具操作不当	受伤	一般风险	严格执行操作制度	一般风险
21	游客通道	指示牌风大坠落	人员受伤	显著风险	一、加强检查 二、及时保养维护	一般风险
22	配电室	带电操作	触电	一般风险	一、严格执行电工操作制度 二、两人同时在场	一般风险
23	控制室电气设备	起火	设备损坏	显著风险	一、配备灭火器 二、定期检测	一般风险

编制分析人：　　　批准人：　　　日期：

建议大风天气处置办法（暂行）

为保证索道在遭遇大风天气时安全运营，按照索道行业规范、设备制造方设计要求，以及索道实际情况，现对索道设备大风天气应急处置规定如下：

1. 在索道纵向和横向5至10公里高处或大风来源处安装远程气象站，做到早预警，早防范。

2. 当索道线路风速在5 m/s以下时，设备运行速度可设置为全速运行；

3. 当索道线路风速在5 m/s至8 m/s时，设备运行速度应减至4.9 m/s以下运行，并严密监控风速曲线图，同时报本站站长。

4. 当索道线路风速在8 m/s至12 m/s时，设备运行速度应减至3.6 m/s以下运行，并严密监控风速曲线图，同时由索道中站站长报值班经理。

5. 当索道线路风速在12 m/s至15 m/s时，设备运行速度应减至2.6 m/s以下运行，同时由值班经理报部门领导，并安排值班人员吊厢内增加配重，根据配重重量通知上下站站务控制吊厢内乘坐人数。

6. 当设备报风速预警，索道线路风速在15 m/s以上，风速有持续增大趋势时，则部门理部报公司综合办公室及公司领导，索道停止游客乘坐，同时在严密监控下，以1 m/s的运行速度清空线路游客，并对游客做好解释工作和索道停运准备。

7. 当索道风速达到10 m/s以上时，索道值班站长应及时安排专人，进行线路巡检及利用监控监视大风点吊厢线路摆动情况，并把吊厢摆动情况及时反馈给索道值班经理，由索道值班经理报部门领导。项目经理及时联系气象部门，预判风速情况并持续跟踪，直至大风解除。

448

（续）

序号	项目	评审方式	标准分	审核要点	实得分
5.2	重大危险源辨识与管理	1. 查重大危险源管理制度 2. 查档案及警示标志 3. 查监控系统及控制措施	30	1. 是否根据自身实际辨识重大危险源，并制定管控措施或应急预案 2. 实施监控中是否既有技术措施又有管理措施 3. 重大危险源档案是否齐全，危险点是否设置警示标志 4. 应与气象、国土等专业部门建立联系，实施日常监控	

示例

5.2.1 重大危险源管理制度

1. 目的

为进一步加强重大危险源管理，有效预防重大危险的发生，保障公司财产、职工和乘客安全，特制订本制度。

2. 范围

本制度适用于公司经营范围内存在的重大危险源的辨识、评估、登记、监控和管理工作。

3. 职责

安全生产与职业卫生领导小组负责重大危险源的归口管理工作。

4. 要求

（1）设备部对公司经营范围内存在的大风、雷电、冻雨等重大危险源进行辨识、上报工作。

（2）保安部对公司经营范围内存在山体滑坡、泥石流、洪水、危岩等重大危险源进行辨识、上报工作。

（3）其他部门对本部门区域范围内存在的重大风险进行辨识、上报工作。

（4）辨识与评估。安全生产与职业卫生领导小组对各部门上报的重大危险源进行汇总登记，并组织相关专业人员进行评估，做好评估记录。

①监控措施包括技术措施（可包括设计、建设、运行、维护、检查、检验等）和管理措施（职责明确、人员培训、防护器具配置、作业要求等）。

②设备部对公司经营范围内存在的大风、雷电、冻雨等重大危险源实施监控，制定相应的控制措施。

③保安部对公司经营范围内存在山体滑坡、泥石流、洪水、危岩等重大危险源实施监控，制定相应的控制措施。

④其他部门对评估确定的其他重大危险源实施监控，制定相应的控制措施。

⑤重大危险源所在的部门应在重大危险源现场设置明显的安全警示标志和警示牌（内容包括名称、地点、责任人员、事故模式、控制措施）。

（5）跟踪与检查。安全生产与职业卫生领导小组定期对重大危险源进行专项监督检查，发现重大危险源存在事故隐患责令所在部门立即整改；对不能立即整改的，限期完整整改，并采取切实有效的监控措施。

（6）重大危险源安全管理和监控所需要的资金费用纳入公司安全生产费用计划。

5. 相关记录

（1）《重大危险源辨识登记表》。

重大危险源辨识登记表

名称	地点	性质	可能造成的危害
雷电			
大风			
洪水			
泥石流			
山体滑坡			
冻雨			

重大风险评估表

风险名称		责任人	
所处位置		评估日期	
可能造成的危害：			
评估意见和建议：			
评估人员签字			年 月 日

说明：1. 支撑文件：《重大风险管理制度》；2. 适用范围：重大风险的安全管理；3. 要求：安全生产领导小组负责组织对重大风险进行安全检查，根据具体检查情况填此表；4. 保存三年。

（续）

序号	项目		评审方式	标准分	审核要点	实得分
5.3	隐患排查治理	1. 隐患排查 2. 隐患治理 3. 验收和评估 4. 信息记录、通报和报送	1. 查隐患排查制度及档案 2. 查隐患排查治理方案 3. 查隐患排查记录、 4. 隐患治理验收记录	50	1. 评价隐患排查制度是否完善，日常的隐患排查工作是否到位（排查的内容、范围、频次是否与制度要求相一致） 2. 查看隐患登记台账，现场巡视中发现的未被消除的隐患是否已在隐患档案台账中 3. 排查治理方案是否完善，有无未治理或无整改措施的，是否进行治理效果的评估验收 4. 定期通过信息系统对隐患台账进行统计分析	

示例

5.3.1 隐患排查治理管理制度

1. 目的

为了建立企业事故隐患排查治理的长效机制，彻底消除或控制事故隐患，有效防止和减少各类事故的发生，根据相关法律法规，制定本制度。

2. 范围

本制度规定了隐患识别、申报、治理、效果验证等管理内容和要求，适用于公司经营范围。

3. 职责

①隐患整改实行公司负责制，公司是识别、评估和整改事故隐患的责任主体，对发现的各类事故隐患都必须组织整改。

②事故隐患整改应遵循"谁管理、谁负责，谁设计、谁负责，谁施工、谁负责，谁验收、谁负责"的原则。

(2) 隐患的分级管理：

①定义：隐患是指生产区域、工作场所中存在可能导致人身伤亡、财产损失，或造成重大社会影响的设备、装置、设施、生产系统等方面的缺陷和问题。生产经营单位违反安全生产法律、法规、规章、标准、规程和安全生产管理制度的规定，或者因其他因素在生产经营活动中存在可能导致事故发生的物的危险状态、人的不安全行为和管理上的缺陷。

②分级：公司对于隐患实施分级管理。事故隐患分为重大事故隐患、一般事故隐患。

③管理：重大隐患由安全生产领导与职业卫生小组管理，一般隐患由各部门管理。

(3) 隐患的排查：

①各部门结合自身实际，组织技术人员和现场人员，采用定期和不定期两种方式排查和识别现场各类隐患。综合检查、专业检查、季节性检查、节假日检查、日常检查。

②不定期方式：在日常巡检、安全检查和现场操作以及生产管理过程中，对各类隐患要随时查找，随时改。

③定期方式：公司或部门内部定期（每季度?）开展隐患排查，对隐患进行调查和识别。

④对于排查和治理的各类隐患必须及时录入隐患台账备案，实行动态管理。

(4) 隐患评估：

①对需立项投资整改的事故隐患由安全生产与职业卫生领导小组组织评估，并形成评估报告。评估报告应包括以下主要内容：事故隐患类别、事故隐患等级、影响范围及严重程度、隐患整改的目标和效果要求、事故隐患整改建议、整改资金估算。

安全生产与职业卫生领导小组是隐患管理部门，负责组织对各类隐患的排查、评价、整改措施制定，负责隐患项目治理计划的制定、上报、实施过程监督及验收。

办公室负责隐患治理项目所需物资的采购。

财务部负责各类隐患治理和控制的资金保证。

各部门负责其职责范围内各类隐患的排查识别、评价、初步治理方案提出、控制和应急措施在现场的具体实施。

4. 要求

(1) 隐患管理的原则：

生产安全事故隐患综合检查表

检查日期：

目的	对生产过程及安全管理中可能存在的隐患、有害危险因素、缺陷等进行查找，查找不安全因素和不安全行为，以确保隐患和有害、危险因素或缺陷存在状态，以及它们转化为事故的条件，以制定整改措施，消除或控制隐患和有害与危险因素，确保安全生产，使企业符合《企业安全生产标准化基本规范》的要求。
要求	按照《企业安全生产标准化基本规范》的要求认真检查，查出不符合格项。对查出问题及时整改处理，暂时无法处理的应采取有效的预防措施，并立即向公司领导和市安监局领导汇报。
内容	见检查表
计划	每月不少于一次检查

序号	检查项目	检查标准	检查方式（或依据）	检查情况	
				符合	不符合
1	安全生产目标	各部门、班组安全生产目标落实情况			
2	安全生产职责	检查本公司各部门、安全生产管理人员、作业人员及治安、服务人员等安全生产责任制的完成情况	依据公司安全生产责任制检查		
3	安全生产管理	1. 安全生产管理制度的落实情况 2. 作业人员是否按照相关规程进行作业 3. 检查"三违"现象的发生 4. 安全生产教育培训情况	《安全生产管理制度》、《操作规程》		

450

（续）

序号	项目	评审方式	标准分	审核要点	实得分
5.4	预测预警	查现场	5	是否建立预测预警系统等	

示例

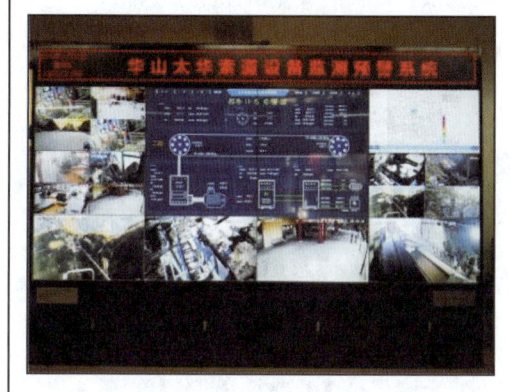

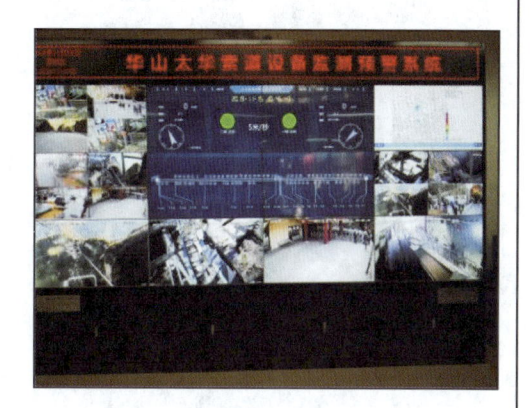

6　应急管理（100 分）

序号	项目	评审方式	标准分	审核要点	实得分
6.1	应急准备					
6.1.1	应急救援组织	1. 查阅应急预案管理制度 2. 查阅关于成立应急救援领导小组的通知、关于成立应急救援队伍的通知、联合救援协议 3. 查阅培训记录	30	1. 查阅文件，是否建立应急救援管理组织机构或指定专人负责应急管理工作通知；是否建立应急救援队伍或明确专职或兼职救援人员通知 2. 查阅联合救援协议，是否与临近救援队伍签订救援协议 3. 查阅培训记录，是否定期开展应急救援培训，培训学时是否满足 16 小时每季度 4. 复审企业，应查询该企业社会联动救援培训相关记录	

示例

×××客运索道有限公司文件

×××索〔20××〕××号

关于成立索道应急救援领导小组的通知

公司各部门：

为提高应对客运索道突发事件的能力，保证客运索道突发事件应急工作协调、有序和高效进行，合理调配全山力量，及时有效处置客运索道突发事件，根据《客运架空索道应急预案》的要求，成立索道应急救援领导小组，具体如下：

总指挥长：×××　其职责是：全面领导应急救援工作，组织协调景区各界力量。

副总指挥长：×××　其职责是：组织制定和修改预案；负责根据情况决定启动救援；负责索道与其他单位的联络、索道内部协调；组织请求社会救援力量；根据实际情况及时向上级政府和有关部门汇报事故情况及应急救援的开展情况，组织配合上级相关部门事故处理工作。

×××客运索道有限公司文件

××客索〔20××〕××号

关于成立索道应急救援队伍的通知

公司各部门：

为及时有效处置客运索道突发事件，尽快恢复索道正常运行，预防和最大程度地减少客运索道突发事件（故障或事故）造成的人员伤亡、财产损失和对社会公众的影响，成立索道应急救援队伍，由×个小组成，每个小组由若干人组成，分别为第一救援队×人、第二救援队×人、地面保障××人、地面医护××人、车队×人。

附：索道公司应急救援队伍名单

××××客运索道有限公司

××××年××月××日

应急预案演练记录

演练时间		演练地点	
演练名称		指挥	
参加人员：（签名）			
演练总结和效果评价：			
演练存在的问题及整改措施：			
保存部门：		保存期：长期	

（续）

序号	项目	评审方式	标准分	审核要点	实得分
6.1.2	应急预案	1. 查阅企业应急救援预案体系文件、应急预案备案回执、应急预案向协作单位通报文件 2. 查阅应急预案评估与修订记录	10	1. 查阅文件，是否建立适合本企业的安全生产事故应急预案体系 2. 查阅备案回执，是否将本企业的安全生产事故应急预案向当地主管部门备案 3. 查阅通报或回执，是否将本企业的安全生产事故应急预案向协作单位通报 4. 查阅其企业标准化管理制度关于对应急预案评估及修订的相关规定，按照其制度规定查阅其预案评估和修订记录，并查阅其通报或回执	

示例

×××客运索道有限公司文件

××客索〔20××〕1××号

关于印发×××索道应急救援预案的通知

公司各部门：

为认真贯彻落实省、市安全生产会议精神，根据《安全生产法》，坚持"安全第一、预防为主"的方针，加强安全生产，强化安全责任和责任追究，最大限度的控制、减少各类安全事故的发生，并做好事故发生后采取有效救援工作，特制定《×××索道应急救援预案》印发给你们，请你们根据各自职责做好工作，认真组织落实。

附：×××索道应急救援预案

×××客运索道有限公司
201×年××月××日

应急预案报主管部门备案回执

各部门：

公司制定的《事故应急预案》经我公司安全与职业卫生领导小组成员审定，符合我公司的实际需求，从制定之日起执行。

参加应急预案审定人员：

×××索道公司
20××年××月××日

应急预案演练方案

一、演练的目的

应急救援预案的应急演练是为了检验、评价和保持公司生产安全事故应急救援预案的应急能力及有效性。

二、演练的作用

(1) 可在事故真正发生前暴露预案和程序的缺陷。

(2) 发现应急资源的不足（人力和设备等）。

(3) 改善各应急部门、机构、人员之间的沟通与协调。

(4) 增强职工应对突发事故救援的信心和救援意识。

(5) 提高应急救援人员的熟练程度和技术水平，进一步明确各自的岗位与职责。

三、演练时间和地点

20 年 月 日 时在 施工现场进行。

四、演练的类型

全面演练：针对公司生产安全事故应急救援预案的部分应急响应功能，检验、评价公司应急组织的应急能力。

应急预案演练记录

演练时间		演练地点	
演练名称		指挥	
参加人员：（签名）			
演练总结和效果评价：			
演练存在的问题及整改措施：			

保存部门：　　　　　　　保存期：长期

(续)

序号	项目	评审方式	标准分	审核要点	实得分
6.1.3	应急设施、装备、物资	1. 查应急管理制度 2. 查管理台账及管理记录 3. 查应急管理人员文件	10	1. 查阅现场及文件，是否建立应急设施、装备、物资管理台账。物资至少包括查看支架线路救援装备、急救药品管理台账 2. 查阅应急设施、装备、物资管理制度，根据其制度规定，查阅其应急设施、装备、物资检查、维护、保养记录表，是否按照制度落实检查、维护、保养情况 3. 查阅文件，是否明确应急设备物资管理人员（责任人）	

示例

×××索道有限公司文件

×××字（2019）10号

关于×××等任命的通知

各部门：为保证客运索道发生突发事件时，应急救援装备能正常使用，按照有关规定设置应急设施，配备应急装备，储备应急物资，建立管理台账，安排专人管理并定期检查、维护、保养，确保其完好、可靠；经公司研究决定任命：

韩清泉为救援装备总负责人，负责监督乾坤湾索道救援装备检查情况及完好性。

王乐、冯乐为救援装备责任人，负责对乾坤湾索道应急设施、装备和物资进行定期检查，维护、保养。

×××索道有限公司迂回站救援物品清单

名称	规临型号	数量	备胜
救护小车		1	
缓降器	70M	1	
救援桶		1	
安全帽		6	
1M双构			
腰带安全带		2	
救援背包		1	
防坠器		1	
1M白绳		2	带4个钩子
救援绳	150M	1	
	70M	1	

迂回站药品明细

作用类型	药品名称	规格	数量	有效日期
跌打损伤药	云南白药气雾剂	115克	1	2022.3.1
跌打损伤药	云南白药粉末	4克	1	2022.10.1
心脏病类	速效救心丸	12克		2021.5.1
止泻药	诺佛沙呈胶囊	0.1g*12粒2板	2	2021.04.22
普通感冒药	感康	6片*2板		2021.10.1
消炎类	阿莫西林胶囊	10杜/板*3板		2021.7.1
儿童感冒类	小儿氨粉黄那敏	2g/袋*13装	1	2021.2.1
高血压类	坎地沙坦脂片	8mg*7片	1	2021.4.1
肠胃类	奥美拉唑肠溶胶囊	14粒/盘	2	2021.10.1
发烧类	对乙醇氢芬粉片	10片/板	1	2021.6.14
卫生材料反数料	创可贴	72m.*19mm50片	50	2022.3.1
卫生材料及数料	药用纱布片	7.5cm*7.5cm*5p	2	2021.1.25
卫生材料及数料	透气胶卷	1.25cm*9.1m	1	2021.1.2
卫生材料及数料	弹性绷带	7.5cm*4.5m	1	2022.12.19
体温计类	体温计	1支/袋	1	
卫生材料及数料	医用棉签	10cm*50支/袋	1	2022.3.26
消毒防护类	医用酒精75%	100ml	1	2021.7.1
消毒防护类	医用碘伏	100ml	1	2021.1.1

（续）

序号	项目	评审方式	标准分	审核要点	实得分
6.1.4	应急演练	1. 查应急预案管理制度 2. 查演练计划及演练记录	25	1. 查阅文件，查阅企业应急救援管理制度中关于对应急救援演练的规定，根据制度查阅应急救援演练记录，是否与其制度相符合。同时，查阅其应急救援演练是否有选择难度最大的位置开展救援演练 2. 复审企业应查询该企业社会联动救援演练相关记录（包含社会联动救援演练方案、记录、签字、影像资料等） 3. 查阅文件，是否制定年度救援演练计划，是否按照年度救援演练计划开展救援演练，是否对每次救援演练进行总结和评估。对于在评估和演练中发现的问题，是否及时修订完善应急预案	
6.1.5	应急救援信息系统建设	1. 查看应急救援信息 2. 联动文件	10	查阅文件，是否根据实际情况，在文件（应急救援预案、相关安全文件）或系统（应急救援信息系统）与相关主管部门（市场监督管理局、安监局以及消防、公安、景区等部门）建立信息沟通体系或系统	

示例

6.1 应急预案管理制度

1. 目的
为规范突发事件应急预案管理，增强应急预案的针对性、实用性和可操作性，特制订本制度。
2. 范围
凡可能影响索道生产安全的事故、自然灾害、突发事件都应编制预案。
3. 职责
本制度归口于公司安全生产领导小组。
4. 要求
（1）应急预案的编制。公司应按照《客运架空索道应急预案范本》要求组织有关部门和人员编制应急预案，明确事前、事发、事后"谁来做、怎么做、用什么资源做"；制定针对自然灾害、设备故障、操作管理失误等不同情况的应急处置方案或措施。

×××索道有限公司
2019年度社会联动救护演练程序及规范
（方案）

制订：×××
审核：× ×
批准：× ×

×××索道
2019年度应急救援演练计划

起草：×××
审核：× ×
批准：× ×

（续）

序号	项目	评审方式	标准分	审核要点	实得分
6.2	应急处置	1. 查制度 2. 查现场吊厢及票面 3. 查看广播管理	10	1. 查阅现场，是否在吊厢、索道票面公布应急电话；现场拨打应急电话，是否有专人值守，应急电话是否随时畅通 2. 查阅制度，查阅企业关于索道辅驱或紧驱是否制定相关管理制度，根据制度查阅相关记录是否按照制度落实 3. 查阅制度，查阅企业关于索道救援广播及广播词的规定	
6.3	应急评估	查看应急救援管理制度	5	查看应急管理制度是否体现应急处置和评估内容	

示例

6.2 客运索道应急处置基本要求

在乘载工具或索道票面公布应急电话，便于乘客应急使用；应急电话要有专人值守，遇有突发事件值守人员应及时向主要负责人汇报；停电或主机故障，索道线路正常，应在 15 min 内启动辅助驱动装置或紧急驱动装置运送滞留线路上的乘客。

因突发事件停车时，应 5 min 内通过广播系统安抚滞留在线路上的乘客，简要介绍救援方案，内容应准确、清晰。

救援人员在实施救援前应向乘客简要说明救援步骤和救援安全要领，抚慰乘客，防止救援过程中发生次生事故。

发生事故后，企业应根据预案要求，立即启动应急响应程序，按照有关规定报告事故情况，并开展先期处置。

发出警报，在不危及人身安全时，现场人员采取阻断或隔离事故源、危险源等措施；严重危及人身安全时，迅速停止现场作业，现场人员采取必要的或可能的应急措施后撤离危险区域，立即按照有关规定和程序报告本企业有关负责人。

研判事故危害及发展趋势，将可能危及周边生命、财产、环境安全的危险性和防护措施等告知相关单位与人员；遇有重大紧急情况时，应立即封闭事故现场，通知本单位从业人员和周边人员疏散，采取转移重要物资、避免或减轻环境危害等措施。

请求周边应急救援队伍参加事故救援，维护事故现场秩序，保护事故现场证据。准备事故救援技术资料。

各企业结合标准和规范要求建立制度和措施。

6.3 客运索道应急评估基本要求

企业应对应急准备、应急处置工作进行评估。

完成险情或事故应急处置后，企业应主动配合有关组织开展应急处置评估。

各企业结合标准和规范要求建立制度和措施。

7 事故管理（30分）

序号	项目	评审方式	标准分	审核要点	实得分
7.1	报告	1. 查事故报告程序制度 2. 查培训记录	10	查有无建立事故报告制度，事故报告程序是否满足标准要求（应包括责任人，时限、内容等），是否对从业人员进行事故报告程序培训	

示例

7.1.1 事故报告程序

事故发生后，事故现场有关人员应当立即向本单位负责人报告；单位负责人接到报告后，应当于1小时内向事故发生地县级以上人民政府安全生产监督管理部门和负有安全生产监督管理职责的有关部门报告。

情况紧急时，事故现场有关人员可以直接向事故发生地县级以上人民政府安全生产监督管理部门和负有安全生产监督管理职责的有关部门报告。

安全生产监督管理部门和负有安全生产监督管理职责的有关部门接到事故报告后，应当依照下列规定上报事故情况，并通知公安机关、劳动保障行政部门、工会和人民检察院：

（1）特别重大事故、重大事故逐级上报至国务院安全生产监督管理部门和负有安全生产监督管理职责的有关部门。

（2）较大事故逐级上报至省、自治区、直辖市人民政府安全生产监督管理部门和负有安全生产监督管理职责的有关部门。

（3）一般事故上报至设区的市级人民政府安全生产监督管理部门和负有安全生产监督管理职责的有关部门。

安全生产监督管理部门和负有安全生产监督管理职责的有关部门依照前款规定上报事故情况，应当同时报告本级人民政府。国务院安全生产监督管理部门和负有安全生产监督管理职责的有关部门以及省人民政府接到发生特别重大事故、重大事故的报告后，应当立即报告国务院。

必要时，安全生产监督管理部门和负有安全生产监督管理职责的有关部门可以越级上报事故情况。

安全生产监督管理部门和负有安全生产监督管理职责的有关部门逐级上报事故情况，每级上报的时间不得超过2 h。

7.1.2 事故报告方式

安全生产监督管理部门和负有安全生产监督管理职责的有关部门应当建立值班制度，并向社会公布值班电话，受理事故报告和举报。

培训记录

培训时间		培训地点		培训教师	
培训项目				培训方式	
参加培训人员范围（共　人见签到表）					
培训内容：					
培训效果评价及总结：					
评价人：　　　　　日期：　　　年　月　日					
下次改进措施：					
记录人：　　　　　日期：　　　年　月　日					

(续)

序号	项目	评审方式	标准分	审核要点	实得分
7.2	调查和处理	1. 查内部事故调查和处理制度 2. 查培训教育记录	10	1. 查看内部事故调查和处理制度是否符合标准要求 2. 查看培训记录是否涵盖事故案例警示教育内容，是否覆盖一线人员	
7.3	管理	查看事故档案管理台账	10	查看事故和管理台账是否完整，应纳入相关方	

示例

7.2.1 事故报告和调查处理制度

1. 目的

为加强事故的报告和处理工作，总结吸取教训，采取有效措施，严格做到事故原因未查清不放过、责任人未受到处理不放过、责任单位领导和群众未受到教育不放过、没有制订切实可行的防范措施不放过，特制定本制度。

2. 范围

适应于公司所有部门。

3. 职责

安全生产领导小组是安全事故的管理部门，负责协助相关部门进行事故调查，并按本规定提出处理意见。

各有关事故责任部门负责立即采取措施，防止事故继续发展，保护好事故现场，立即如实向安全生产领导小组报告，在规定时间内提交事故报告。

4. 内容

（1）发生事故及时报告。

①发生伤亡事故后，负伤人员或最先发现事故的人应立即报告领导。对受伤人员歇工满一个工作日以上的事故，要填写伤亡事故登记表并应及时上报主管部门。

②发生重伤或死亡事故，由专职安全员立即将事故概况（包括伤亡人数、发生事故的时间、地点、已采取的措施等）快速报告公司主要领导、分管领导和相关的分管部门，必要时可直接向当地政府及其有关部门报告。发生死亡事故，各有关部门接到报告后应立即上报主管部门。

（2）发生事故后要迅速抢救伤员并保护好事故现场。事故发生后成立事故现场指挥部，组织抢险救援，现场人员不要惊慌失措，要有组织、有指挥地抢救伤员和排除险情，防止事故蔓延扩大。同时，保护好事故现场。因抢救伤员和排险而必须移动现场物件时，要做好标记。清理事故现场应在调查组确认取证完毕，并充分记录后方可进行，不得借口恢复生产，擅自清理现场。

（3）做好安抚与理赔工作。

①发生事故后，营运部、办公室、财务部等管理人员立即赶到一线协助安抚乘客，对受伤乘客要及时简易处理并送医院救治。

②根据事故情况进行合理赔偿。程序：由财务部向保险公司报告—乘客、保险公司、索道三方洽谈—理赔，整个过程由营运部与财务部协助。

③为快速处理赔偿事宜，公司可在限额范围内代办赔手续，并提供伤害部位照片、医院相关证明和赔付支出领条等能证明赔偿的相关证明作为赔付依据。

《事故报告和调查处理报告》

一、事故简要经过

（时间、地点、人、性别、部门、工种、事件经过、伤情结果）

二、事故原因分析

1. 直接原因（导致事故发生的直观原因）

2. 间接原因（剔除直观原因以外的因素）

3. 主要原因

三、整改防范措施（针对以上各个要因提出对策措施）

四、事故处理结果

8 持续改进（40分）

序号	项目	评审方式	标准分	审核要点	实得分
8.1	绩效评定	1. 查绩效评定管理制度 2. 查自评报告	20	1. 查看自评报告是否满足标准要求，绩效评定工作是否与管理制度相一致，自评报告是否针对5.1至5.7的7个方面逐一进行评价，企业主要负责人牵头组织 2. 查看文件发放记录及员工考核记录，自评报告是否以文件形式下发，是否各部门、各岗位知晓，是否作为考评依据	
8.2	持续改进	分析安全标准化管理体系运行实施效果	20	对照自评报告中存在不足及整改措施逐一核对，要有文字记录做支撑	

示例

8.1.1 安全生产标准化绩效评定管理制度
1. 目的
为验证公司各项制度措施的适宜性、充分性和有效性，检查安全生产目标的完成情况，特制定本规定。
2. 范围
适用于本公司安全生产标准化绩效评定工作。
3. 职责
主要负责人对组织自评工作全面负责，安全领导小组办公室负责拟定评定报告，对报告中提出的纠正、预防和改进措施进行跟踪和验证。
4. 内容
（1）标准化绩效评定周期。每年至少进行一次安全生产标准化绩效评定，相邻两次绩效评定的间隔时间不超过12个月。企业发展生产安全责任死亡事故后应重新进行评定。
（2）绩效评定实施。
①公司主要负责人主持绩效评定会议。
②安全生产领导办公室负责验证公司各项制度措施的适宜性、充分性和有效性，检查安全生产目标的完成情况，提出整改意见，并提交安全生产领导小组讨论，形成评估报告。
③办公室负责将评价结果以文件形式通报给所有部门及员工，作为年底考评的重要依据，同时通向社会公示。

20××年度安全生产标准化绩效考核评定报告

按照公司安全管理工作计划和对安全管理工作的指示和要求，根据《安全生产标准化绩效考核管理制度》的规定对公司××年度安全生产标准化的实施情况进行评定，验证各项安全生产制度措施的适宜性、充分性和有效性，检查安全生产工作目标、指标的完成情况。
公司安全标准化绩效考评小组根据公司日常及季度安全检查、考核情况，对各部门、班组年度安全生产管理目标完成情况进行了考评，现对考评情况作如下报告。
一、安全目标完成情况
公司领导重视，各部门和安全管理人员认真履行职责，全体员工共同努力，全面完成了安全生产目标任务。
二、安全管理系统运行、隐患排查治理情况
公司积极开展"四大行动"专项工作。并对本企业的各类隐患进行了集中排查与整治。在日常安全管理工作中，在强化规范管理的同时，公司坚持了每月由公司领导带队对各部门进行安全管理工作例行检查。检查中除了企业安全日常管理与安全标准化的持续运行进行检查外，重点还针对部门安全生产的薄弱环节，排查各种安全隐患，今年共进行了安全检查_____余次，发现安全隐患或问题_____多项，针对这些安全隐患安全管理部门均下达了隐患整改通知书，并进行了督促整改和验收。

安全生产标准化绩效评定问题汇总表

参加人员	
系统运行效果	
出现的问题和缺陷	
采取的改进措施	
统计技术、信息技术等在系统中的使用情况和效果	
系统中各种资源的使用效果	
绩效监测系统的适宜性以及结果的准确性	
与相关方的关系	

评价人：　　　　　　　　评价日期：

《纠正/预防措施报告》

审核部门	
审核员	

不符合要求描述：
不符合分类：
受审核部门代表：
审核员：
　　　　　　　　　　　　　　年　月　日

不符合原因分析	
	人员签字：　　　　　年 月 日
纠正及预防措施	
	人员签字：　　　　　年 月 日
纠正措施完成情况	
	人员签字：　　　　　年 月 日
纠正措施验证	
	人员签字：　　　　　年 月 日

9 服务质量（400分）

序号	项目	评审方式	标准分	审核要点	实得分
9.1	服务质量目标	1. 查目标管理制度 2. 查目标文件 3. 查目标分解、考核记录	10	1. 是否结合自身实际，建立服务目标管理制度 2. 查看文件是否制定年度服务质量目标，制定的目标是否有缺项，是否分解到部门（班组）、从业人员，并进行实施、检查、考核和评估 3. 是否按照服务质量目标制度要求进行考核	
9.2	服务组织	查服务岗位责任制、服务守则和服务规范	15	1. 查阅文件是否建立服务岗位责任制和服务守则、服务规范 2. 服务守则和服务规范是否符合服务行业要求，现场查看服务人员遵守服务规范和服务守则情况	

示例

×××××有限公司文件

××〔 〕××号　　　　签发：

关于下发××公司年度安全生产、职业卫生及服务质量目标的通知

各部门：

为认真贯彻《中华人民共和国安全生产法》《中华人民共和国特种设备安全法》《中华人民共和国职业病防治法》《中华人民共和国旅游法》及《客运索道运营企业安全生产标准化评定标准》的相关规定，切实落实客运索道安全生产工作责任制，持续改进公司安全管理绩效，现将公司××年度安全生产、职业卫生及服务质量目标下发给你们，请认真贯彻落实。

此项工作将纳入部门年度考核指标和先进评比的重要依据之一，请各部门结合实际，按照目标规定要求，落实人员，明确

20××年度安全生产、职业卫生及服务质量目标

为了将公司制定的各项安全生产、职业卫生制度切实落实到位，为了更加有效地控制各类伤亡事故的发生，保证员工安全健康，现下达公司20××年度各项安全生产、职业卫生和服务质量管理目标与指标。

一、安全生产目标
- 企业生产安全责任死亡事故为"零"
- 设备责任事故为"零"
- 火灾事故为"零"
- 员工培训持证上岗率100%
- 安全隐患整改率100%

二、职业卫生目标
- 职业病发病率<1‰
- 职业危害告知率100%
- 职业卫生培训率100%
- 职业健康体检率100%

副经理安全生产、职业卫生及服务质量目标责任书

为认真贯彻落实上级政策和法律、法规，进一步加强安全管理，明确安全责任及职责，完善安全管理制度和措施，不断增强安全意识，确保公司安全生产形势持续稳定，结合副总经理安全生产职责，特制定本责任书。

一、副总经理安全生产、职业卫生及服务质量职责

1. 贯彻执行安全生产的方针、政策和法律法规，协助总经理完成公司安全生产及职业卫生相关的工作，对分管部分的安全生产工作负责。

2. 参与公司的安全生产及职业卫生管理工作，参与制定公司安全生产及职业卫生管理制度，完善公司各级安全生产及职业卫生责任制。

2019年度安全生产、职业卫生及服务质量目标分解表

×××索道有限公司

(续)

序号	项目	评审方式	标准分	审核要点	实得分
9.3	服务设施管理	1. 查服务设施维修制度 2. 查服务设施台账	5	1. 查阅是否建立服务设施管理制度。现场巡视服务设施完好、整洁情况 2. 查看服务设施台账及检查记录，是否按照服务设施维修制度规定的频次实施检查维护	

示例

9.3.1 服务设施维护管理制度

1. 目的

为规范索道服务设施的设置、维护及管理，确保服务设施的完好，满足顾客的需求，特制定本制度。

2. 范围

本制度适用于对索道服务设施的的设置、检查与维修管理。

3. 职责

各部门负责辖区内服务设施的设置、检查及维修管理工作。

办公室负责对索道站服务设施的监督检查工作。

4. 要求

（1）服务设施设置。

①服务设施包括索道辖区内站房、公用卫生间、残疾人专用卫生间、无障碍通道、分类垃圾箱（桶）、候车设施及座椅、游客通道、排队通道隔离栏、游览栈道、游客休息平台、导览系统、售票服务设施、公用电话等。

②服务设施的设置，应符合科学合理、安全便捷、及时疏散的原则，数量需满足索道游客接待服务的要求，同时均需保持清洁、完好、无破损、功能正常使用。

（2）服务设施检查与维修。

①办公室应对服务设施进行定期检查，及时维修，确保服务设施处于良好状态和正常使用。

②服务设施维修时，应根据需要设立警示标识，做好游客的解释工作。维修后及时清理现场，并做好验收工作。

5. 相关记录

《＿＿＿设施台账》

《＿＿＿设施检查记录表》

_____设施台账

设施名称	型号	数量	存放位置	责任部门	责任人	备注

_____设施检查记录表

（_____年度）

检查日期：　　　　　　　　　　　　　　　　编号：

设施名称	数量	存放位置	检查结果

备注：（维修、更换、新增等情况）

检查人员签字：　　　　　　　　　　责任部门负责人验收签字：

(续)

序号	项目	评审方式	标准分	审核要点	实得分
9.4	乘坐形式	1. 查设计文件 2. 现场查看	50	根据实际情况扣分	
9.5	索道运行速度和运量				
9.6	环保责任	1. 查辖区环境 2. 查节能降耗	25	1. 巡视索道辖区的环境，有无严重的破坏环保行为；节水、节电等节能工作是否到位，是否进行节能降耗培训，废水、废油是否随意倒弃 2. 查看节能环保培训记录	

示例

9.6.1 环境保护制度

1. 目的

消除和减少索道建设和营运对环境的影响，为乘客营造生态、优美、舒适的服务环境。

2. 范围

本制度适用于索道辖区环境保护的管理工作。

3. 职责

本制度适用公司各部门。

4. 要求

（1）合理配置索道辖区内的绿化植被，因设备安装占用或破坏的绿地及时恢复。

（2）积极开展生态文化建设，确保索道经营辖区建筑与环境自然和谐，符合环境规划要求。

（3）噪声的防护措施。

①定期由具备相应资质的噪声检测机构进行噪音检测，发现超标，及时整改。

②客流量较少时，降低索道运行速度以减少设备高速转动产生的噪声。

③调整索道运行速度以寻找设备共振点，减少共振产生的噪声。

④增加设备润滑，减少机械设备摩擦。

⑤在索道站房墙壁上，增加吸音板。

（4）废弃零部件环保措施。

①更换下来的电气、机械零部件集中存放，不得随意丢弃。

②注油类的报废零部件，存放必须有相应的防污染措施。

③塑料、橡胶类报废零部件，不得采用焚烧方式销毁。

（5）油品处置环保措施。

①所有储存汽油、机油、润滑脂、柴油必须集中存放于油库，容器必须无渗漏，并且加盖。

②设备部废汽油、废润滑脂、废机油、废柴油集中存放在废油桶里，由签订协议的废油处理机构统一处理。

③用过的带油布料、手套必须集中处理，不得随意丢弃，以免造成污染。

培训记录

培训时间		培训地点		培训教师	
培训项目				培训方式	
参加培训人员范围（共　　人见签到表）					
培训内容：					
培训效果评价及总结：					
			评价人：	日期：　年　月　日	
下次改进措施：					
			记录人：	日期：　年　月　日	

（续）

序号	项目	评审方式	标准分	审核要点	实得分
9.7	公共卫生	1. 查辖区现场卫生 2. 查消毒记录 3. 查现场设施是否符合要求	40	1. 巡视辖区的卫生环境是否干净整洁，是否按制度执行 2. 垃圾桶、卫生间设施设置是否符合标准要求 3. 服务设施是否定期消毒杀毒	

示例

交接班记录表

内容 日期	本班始 终时间	中间停车时间 起始 终止	停车 原因	机电设备 状况	签字 交班人 接班人	部门经理 意见签字	备注

配件清单及库存记录

序号	配件名称	规格型号	品牌	供应商	库存数量	备注

填表人：　　　　　负责人：　　　　　盘底日期：

（续）

序号	项目	评审方式	标准分	审核要点	实得分
9.8	服务信息指示	查现场	35	标志标牌（导游图、引导牌示、警示牌示、上下车区域等）是否满足标准要求、图形是否规范	

示例

（续）

序号	项目	评审方式	标准分	审核要点	实得分
9.9	票务服务	1. 查售票处现场 2. 差票务管理制度	50	1. 票务（售票、验票、退票、停票）管理制度是否满足标准要求，现场查看服务人员是否按制度执行；退票制度应公示，停票要提前告知预定客户 2. 查看《购票须知》是否满足标准要求，有无电子售、验系统，是否可采取多种方式购票	

示例

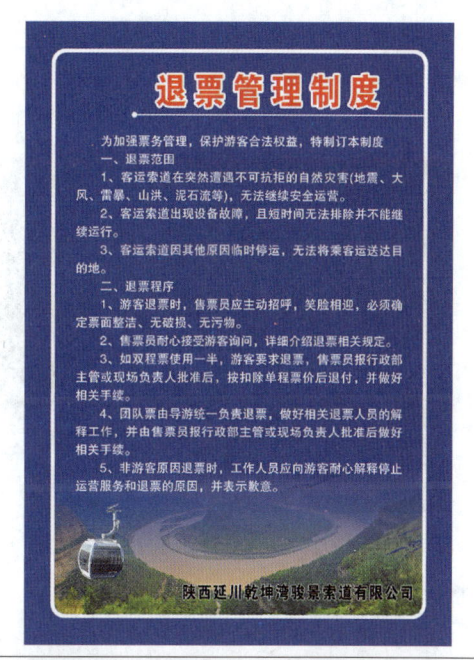

(续)

序号	项目	评审方式	标准分	审核要点	实得分
9.10	候车与乘坐服务	1. 查候车区 2. 查服务人员规范和守则	30	1. 巡视候车区是否满足标准要求（特殊乘客座位、遮阳避雨、专用通道、广播或视频） 2. 查看高峰运营保障机制中有无对候车时间过长采取的措施 3. 查看站台服务人员职责是否满足标准要求	

示例

（续）

序号	项目	评审方式	标准分	审核要点	实得分
9.11	服务人员基本要求	查招聘书和服务守则	25	1. 查看招聘条件和服务守则中对服务人员的任职要求是否满足标准要求 2. 现场查看服务人员是否达标	
9.12	服务态度	查现场	30	1. 查看招聘条件和服务守则中对服务人员的任职要求是否满足标准要求 2. 现场查看服务人员是否达标	
9.13	职业道德	查现场	20	现场巡视中观察服务人员的职业道德，是否满足标准要求	
9.14	服务监督与纠纷处理	1. 查投诉记录游客调查表 2. 查游客意见	35	1. 服务监督（投诉处理、游客意见收集、满意度调查）是否按制度落实到位 2. 查看意见调查表、满意度调查有无记录，有无分析，有无整改措施	
9.15	服务质量改进	1. 查服务质量自评报告 2. 做游客调查	30	1. 查看自评报告是否满足标准要求，服务质量评定工作是否与管理制度相一致，是否针对9.1至9.14共14个方面逐一进行评价 2. 是否有整改措施，如何落实 3. 现场发放50份调查表，计算游客满意度，调查结果通报企业负责人	

(续)

示例

游客满意度调查表

The Customer Opinion Consult Card of ××××Passenger Cableway Co., Ltd.

尊敬的乘客：

欢迎您乘坐×××索道，占用您些许宝贵的时间，留下您的意见或建议，我们将非常感谢！

Respected customer：

Welcome to take ××× Cableway, Sparing your some time, We will be very grateful if you leave here your opinions or suggestions！

请您在下列认可选项中打√

序号	项目	满意 Good	基本满意 Fair	不满意 Poor
1	索道员工仪容仪表 Desk clerk appearance			
2	接待人员服务态度 Desk clerk service			
3	购票、候车秩序 Tickets and waiting order			
4	乘客须知、安全知识介绍 Notice and safety introduction			
5	服务警示标志 Service and caution sign			
6	安全服务设施 Safety service establishment			
7	乘坐索道舒适感 Feeling on the ropeway			
8	索道与景区的协调 Harmony between ropeway and scene			
9	老、幼、病、残、孕等乘客的服务 Service for oldie, kid, sick, handicapped pregnant woman, etc.			
10	总体印象 Overall impression			

游客意见处理表

资料时间：_____

	结论 对策 确认
重要意见反映与结论	填表人/日期：
对策	实施部门负责人/日期：
执行追踪与确认	确认人/日期：

游客投诉受理单

编号：　　　　年　月　日

时　分

投诉游客姓名	地址：	电话：

投诉理由：

投诉要求：

受理部门：

处理意见：

游客意见：

分管副总经理意见：

总经理意见：

附录 客运索道企业安全生产标准化管理相关文件

附录一

中国索道协会文件

中索协〔2018〕18号

关于印发《客运索道企业安全生产标准化
评审实施办法（试行）》的通知

各索道运营企业：

为贯彻落实《安全生产法》关于"企业必须推进安全生产标准化建设"的规定精神，规范客运索道运营企业安全生产标准化创建达标评审工作，根据中国索道协会组织制定的行业标准《客运索道企业安全生产标准化基本规范》《客运索道企业安全生产标准化评定标准》，现将《客运索道企业安全生产标准化评审实施办法（试行）》印发给你们，请认真遵照执行。

中国索道协会
2018年9月5日

客运索道企业安全生产标准化评审实施办法(试行)

第一条 根据《中华人民共和国安全生产法》关于"推进企业安全生产标准化建设"规定要求,为有效实施国家标准委《企业安全生产标准化基本规范》(GB/T 33000—2016),制定《客运索道企业安全生产标准化基本规范》《客运索道企业安全生产标准化评定标准》(2019年新版),规范和加强客运索道企业安全生产标准化创建达标评审工作,指导和推动企业落实安全生产主体责任,特制定本办法。

第二条 本办法适用于中华人民共和国境内客运架空索道和客运地面缆车的运营单位。客运索道运营范围包括:索道设备主体、配套服务、附属经营和出租经营等与索道运营相关设施及服务。

第三条 客运索道运营企业通过落实安全生产主体责任,全员、全过程参与,建立并保持安全生产管理体系,全面管控生产经营活动各环节的安全生产和职业健康工作,实现安全健康管理标准化系统化、岗位操作行为规范化、设备设施本质安全化、作业环境器具定置化,并持续改进。

第四条 中国索道协会负责组织、指导、审核、协调、服务、管理、推动全国客运索道企业安全生产标准化建设和客运索道安全服务质量达标评审等级的评定工作,实施组织委派协会安全生产标准化评审专家到现场评审,以及由协会向会员企业公示、公布,并负责制作颁发证书牌匾等工作。

第五条 客运索道安全生产标准化评审工作坚持客观、公平、公正原则,严格按照《客运索道企业安全生产标准化基本规范》《客运索道企业安全生产标准化评定标准》组织评审专家到现场进行评审、服务企业,公正自律、确保质量、力求实效、求真务实地开展标准化工作。

评审专家按照《客运索道企业安全生产标准化评定标准》进行企业现场评审工作,并对其现场评审和文件审查结论负责。

第六条 客运索道企业安全生产标准化达标等级按照评审得分和安全绩效等要求,分为一级、二级、三级。

评审工作内容包括:

(一)安全生产标准化评审包括《客运索道企业安全生产标准化评定标准(试行)》中的前八项:目标职责、制度化管理、教育培训、现场管理、安全风险管控及隐患排查治理、应急管理、事故管理、持续改进项目，共计1000分。一级达标企业评审分数不低于900分；二级达标企业不得低于750分；三级达标企业的评审分数不低于600分。

（二）客运索道企业安全服务质量评审包括《客运索道企业安全生产标准化评定标准》中的全部九项评审项目，共1400分。其中服务质量评审满分为400分，服务质量等级分为5S、4S、3S三个等级。其中5S为最高级，总评审得分不低于1288分，4S得分不低于1176分，3S得分不低于1064分。其中5S为最高等级，3S为符合客运索道安全服务质量要求的最低等级。客运索道企业安全生产标准化达标评审和安全服务质量等级评定可"同时评审、分别授牌"。

第七条 安全生产标准化建设，主要是以企业自主创建为主，程序包括：自评、申请、评审、公告、颁发证书和牌匾。企业在完成自评后，实行自愿申请提交评审。

（一）企业自评：企业应自主开展安全生产标准化创建工作，成立由主要负责人任组长的自评工作组；对照相应评定标准开展自评，形成自评报告并网上注册提交，企业自评可自行打分，不提出相应等级；

（二）申请评审：索道运营企业根据自评结果，登录中国索道协会网站上的"客运索道企业安全生产标准化信息管理系统"（www.chinaropeway.cn）进行网上申报。初审和复审应具备以下条件：

1. 申请评审前必须通过法定的客运索道年度安全监督检验，同时要提供法人营业执照、企业安全生产标准化创建情况、自评报告；

2. 申请评审前一年以上未发生企业负有安全生产责任的死亡事故，半年内未发生企业负有安全生产责任的高空滞留人员超过3.5小时以上的责任事故，未发生重大服务质量投诉。

3. 复评企业应建立有效运行企业风险管控和隐患排查治理体系。实行自查、自改、自报，达到相应等级水平。

（三）申请受理：中国索道协会收到企业评审申请所附材料后，应在10个工作日内完成申请材料审查工作，经审查符合条件的，通知企业准备接受评审；不符合申请要求的，通知退回企业并说明理由，指导企业按要求重新提交申请材料。

（四）评审：对符合申请条件的企业，协会通知企业和协调指派评审专家对企业安全生产标准化达标工作进行现场评审。

1. 评审工作将依据《客运索道企业安全生产标准化评定标准》对索道辖区内的相关安全生产管理工作，采用现场检查验证、对相关业务人员询问交谈，查看文件和记录，以及对乘客问卷调查等形式检查。

2. 在评审过程中发现有重大隐患和发现单位隐瞒事实、弄虚作假时，评审专家组有权终止评审。

3. 经评审发现存在制度文件、现场、设备设施和服务质量问题的，要限期整改。并将整改结果一个月内报协会审核确认。

（五）公示：对通过等级评审的企业，协会将在每年年会前一个月将获得企业名称和等级予以公示。

（六）期满复评：申请复评企业应是安全生产标准化创建等级、安全服务质量等级证书和牌匾有效期为三年，三年有效期满后，可自愿申请复评、换发证书牌匾。可重新申请等级评定。满足以下条件的，期满三年后可直接换发证书牌匾：

1. 按照规定每年提交自评报告并在本企业内部公示；建立并运行安全风险管控和隐患排查治理体系达到相应等级的；

2. 实施自查、自报、自改、未发生死亡事故和投诉的；

3. 未改、扩建索道主体设备、运营作业场所的；

4. 企业提升到高等级安全标准化管理水平的，可自愿向协会提出申请重新评审。

（七）颁发证书和牌匾：经公示的客运索道运营企业，由协会负责颁发安全生产标准化等级、安全服务质量等级证书和牌匾。

第八条　中国索道协会客运索道运营企业安全生产标准化创建和评审工作，要主动接受主管业务部门指导监督。

第九条　客运索道安全生产标准化评审工作协会不收取评审管理费用。

第十条　本办法自印发之日起施行。原办法（中索协〔2013〕3号）文件废止。

附件：客运索道企业安全生产标准化评审申请

客运索道企业安全生产标准化证书样式

客运索道企业安全生产标准化牌匾式样

客运索道企业安全生产标准化
评 审 申 请

申请企业：_____

申请日期：_____

申请材料填报说明

1. "申请企业"填写申请企业名称并加盖申请企业章。
2. "申请性质"为"初次评审"或"复审"。
3. "企业性质"按照营业执照登记的内容填写。
4. "企业概况"包括经营范围、企业规模(包括职工人数、年产值、伤亡人数等)、发展过程、组织机构、安全生产工作特点等。
5. 没有上级主管单位的,"上级主管单位意见"不填。

一、基本情况表

申请企业					
地　　址					
企业性质					
工商注册号					
员工总数		专职安全管理人员		特种作业人员	
固定资产		主营业务收入			
法定代表人		电话		传真	
联系人		电话		传真	
		手机		电子信箱	
本次申请	□初次评审　□复审				
所处地域	在下列所属的位置划(√):(可多选项) 风景区(　)　旅游度假区(　)　森林公园(　)主题公园(　)　游乐园(　) 自然保护区(　)　地质地园(　)　动植物园(　)　其他:				
客运索道类型	□连续循环　□脱挂抱索器　□脉动循环　□往复式　□客运地面缆车				
景区评定等级	□AAAAA　□AAAA　□AAA　□AA　□A				
做过何种认证	□ISO 9000　□ISO 14000　□OHSAS 18000　□其他				
本企业安全生产标准化自评小组主要成员	组长	姓名	所在部门职务/职称	电话	备注
	成员				

二、企业重要信息表

1. 企业概况：
2. 近三年本企业重伤、死亡或其他重大生产安全事故和职业病的发生情况：
3. 安全管理状况（主要管理措施及主要绩效）：
4. 有无特殊危险区域或限制的情况：

三、其他事项表

1. 企业是否同意遵守评审要求，并能提供评审所必需的真实信息？ □是　□否
2. 企业在提交申请书时，应附以下文件资料： ◇客运索道监督检验意见书复印件 ◇工商营业执照复印件 ◇已取得有关认证证书复印件

477

（续）

3. 企业自评评分：
4. 企业自评结论：   法定代表人（签名）：　　　　　　　　　　　　　　　　（申请企业盖章） 　　　　　　　　　　　　　　　　　　　　　　　　　　　年　月　日
5. 上级主管单位意见：   负责人（签名）：　　　　　　　　　　　　　　　　　　（主管单位盖章） 　　　　　　　　　　　　　　　　　　　　　　　　　　　年　月　日

山东成泰索道发展有限公司
嵩山少林索道分公司
安全生产标准化
一级企业（客运索道）
中国索道协会颁发
二〇一八年十一月
编号：CRA-00××
有效期至2021年11月

附录　客运索道企业安全生产标准化管理相关文件

附录二

中国索道协会文件

中索协〔2017〕12号

关于开展客运索道企业安全生产标准化和
安全服务质量三年期满复评工作的通知

各有关单位：

为深入推进客运索道企业安全生产标准化和安全服务质量复评工作，现对客运索道企业安全生产标准化和安全服务质量三年期满复评工作通知如下：

一、申请复评范围和原则

按照《国家安全生产监督管理总局关于印发企业安全生产标准化评审工作管理办法（试行）的通知》（安监总办〔2014〕49号）文件要求，三级以上安全生产标准化和安全服务质量达标证书三年期满的客运索道企业，可自愿申请复评。

二、复评依据和标准

（一）客运索道企业申请安全生产标准化自评和复评均按照《国家安监总局、国家质检总局关于开展客运索道运营企业安全生产标准化建设的通知》（安监总管二〔2013〕74号）文件规定要求和客运索道企业安全生产标准化评定标准进行复评。

（二）按照安监总办〔2014〕49号文件要求，满足以下条件，期满后可直接换发安全生产标准化证书、牌匾：

1. 按照规定每年提交自评报告并在企业内部公示；

2. 建立并运行安全生产隐患排查治理体系，一级企业应达到一类水平，二级企业应达到二类以上水平，三级企业应达到三类以上水平，实施自查、自改、自报；

3. 未发生安全生产死亡事故；

4. 安监部门在周期性安全生产标准化检查工作中，未发现企业安全管理存在突出问题或者重大隐患；

5. 未改建、扩建或者迁移生产经营、储存场所，未扩大生产经营许可范围。

（三）申请免予复评符合换证条件的企业，按安监总局评审工作要求，均按正常工作流程程序申请复评。

（四）客运索道企业安全服务质量申请复审依据。按《客运索道企业安全生产标准化评定标准》5.14 项（服务质量）标准复评。

三、复评的工作程序

基本流程：三年期满到期申请复评的企业按初次申请的程序进行重新复审。企业自评，企业申请复评，评审组织单位审核，评审单位评审，评审组织单位复审，公告及颁发证书。

安全生产标准化达标企业提升达到高等级标准化企业要求的，可以自愿向评审组织单位提出申请复评。

申请评审企业登录中国索道协会网站上的"客运索道企业安全生产标准化信息管理系统"进行网上申报。

四、工作要求

中国索道协会作为组织单位，积极负责地做好为企业服务的工作。各申请复评单位要严格按照国家有关法律法规规定执行，依法依规依标做好复审准备工作，评审单位、评审人员都要严格按照"服务企业、公正自律、确保质量、力求实效"的宗旨，做好客运索道企业安全生产标准化和安全服务质量各项复审工作。

联 系 人：李书清

电话及传真：010 - 64464283

手 机 号：15201213279

中国索道协会
2017 年 4 月 6 日

附录三

国家安全生产监督管理总局文件

安监总办〔2014〕49号

国家安全监管总局关于印发企业安全生产标准化评审
工作管理办法（试行）的通知

各省、自治区、直辖市及新疆生产建设兵团安全生产监督管理局，各中央企业：

《企业安全生产标准化评审工作管理办法（试行）》已经国家安全监管总局2014年第4次局长办公会议审定通过。现印发给你们，请结合实际情况，认真抓好落实。

国家安全监管总局
2014年6月3日

企业安全生产标准化评审工作管理办法

（试　行）

一、总则

（一）根据《安全生产法》、《国务院关于进一步加强企业安全生产工作的通知》（国发〔2010〕23号），为有效实施《企业安全生产标准化基本规范》（AQ/T 9006—2010），规范和加强企业安全生产标准化评审工作，推动和指导企业落实安全生产主体责任，制定本办法。

（二）企业应通过安全生产标准化建设，建立以安全生产标准化为基础的企业安全生产管理体系，保持有效运行，及时发现和解决安全生产问题，持续改进，不断提高安全生产水平。

（三）本办法适用于非煤矿山、危险化学品、化工、医药、烟花爆竹、冶金、有色、建材、机械、轻工、纺织、烟草、商贸企业（以下统称企业）安全生产标准化评审管理工作。

（四）企业安全生产标准化评定标准由国家安全监管总局按照行业制定，企业依照相关行业评定标准进行创建。

（五）企业安全生产标准化达标等级分为一级企业、二级企业、三级企业，其中一级为最高。

达标等级具体要求由国家安全监管总局按照行业分别确定。

（六）安全生产标准化一级企业由国家安全监管总局公告，证书、牌匾由其确定的评审组织单位发放；二级企业的公告和证书、牌匾的发放，由省级安全监管部门确定；三级企业由地市级安全监管部门确定，经省级安全监管部门同意，也可以授权县级安全监管部门确定。

海洋石油天然气安全生产标准化达标企业由国家安全监管总局公告，证书、牌匾由其确定的评审组织单位发放。

（七）工贸行业小微企业可按照《冶金等工贸行业小微企业安全生产标准化评定标准》（安监总管四〔2014〕17号）开展创建，其公告和证书、牌匾的发放（证书样式见附件5，牌匾式样见附件6），也可由省级安全监管部门制定办法，开展创建。鼓励地方根据实际，制定小微企业创建的相关标准。

（八）企业安全生产标准化建设以企业自主创建为主，程序包括自评、申请、评审、公告、颁发证书和牌匾。企业在完成自评后，实行自愿申请评审。

（九）企业应通过国家安全监管总局企业安全生产标准化信息管理系统（http://aqbzh.chinasafety.gov.cn）完成网上注册、提交自评报告（样式见附件1）等工作。

二、企业自评

（一）企业应自主开展安全生产标准化建设工作，成立由其主要负责人任组长的自评工作组，对照相应评定标准开展自评，形成自评报告并网上提交。

（二）企业应每年进行1次自评，形成自评报告并网上提交。

（三）每年自评报告应在企业内部进行公示。

三、评审程序

（一）申请。

1. 企业自愿申请的原则。申请取得安全生产标准化等级证书的企业，在上报自评报告的同时，提出评审申请。

2. 申请安全生产标准化评审的企业应具备以下条件：

（1）设立有安全生产行政许可的，已依法取得国家规定的相应安全生产行政许可。

（2）申请评审之日的前1年内，无生产安全死亡事故。

行业评定标准要求高于本条款的,按照行业评定标准执行;低于本条款要求的,按照本条款执行。

3. 申请安全生产标准化一级企业还应符合以下条件:

(1) 在本行业内处于领先位置,原则上控制在本行业企业总数的1%以内;

(2) 建立并有效运行安全生产隐患排查治理体系,实施自查自改自报,达到一类水平;

(3) 建立并有效运行安全生产预测预控体系;

(4) 建立并有效运行国际通行的生产安全事故和职业健康事故调查统计分析方法;

(5) 相关行业规定的其他要求;

(6) 省级安全监管部门推荐意见。

(二) 评审。

1. 评审组织单位收到企业评审申请后,应在10个工作日内完成申请材料审查工作。经审查符合条件的,通知相应的评审单位进行评审;不符合申请要求的,书面通知申请企业,并说明理由。

2. 评审单位收到评审通知后,应按照有关评定标准的要求进行评审。评审完成后,将符合要求的评审报告(样式见附件2),报评审组织单位审核。

3. 评审结果未达到企业申请等级的,申请企业可在进一步整改完善后重新申请评审,或根据评审实际达到的等级重新提出申请。

4. 评审工作应在收到评审通知之日起3个月内完成(不含企业整改时间)。

(三) 公告。

1. 评审组织单位接到评审单位提交的评审报告后应当及时进行审查,并形成书面报告,报相应的安全监管部门;不符合要求的评审报告,评审组织单位应退回评审单位并说明理由。

2. 相应安全监管部门同意后,对符合要求的企业予以公告,同时抄送同级工业和信息化主管部门、人力资源社会保障部门、国资委、工商行政管理部门、质量技术监督部门、银监局;不符合要求的企业,书面通知评审组织单位,并说明理由。

(四) 证书和牌匾。

1. 经公告的企业,由相应的评审组织单位颁发相应等级的安全生产标准化证书和牌匾,有效期为3年。

2. 证书和牌匾由国家安全监管总局统一监制,统一编号(证书样式见附件3,牌匾式样见附件4)。

(五) 撤销。

1. 取得安全生产标准化证书的企业,在证书有效期内发生下列行为之一的,由原公告单位公告撤销其安全生产标准化企业等级:

(1) 在评审过程中弄虚作假、申请材料不真实的;

(2) 迟报、漏报、谎报、瞒报生产安全事故的;

（3）企业发生生产安全死亡事故的。

2. 被撤销安全生产标准化等级的企业，自撤销之日起满1年后，方可重新申请评审。

3. 被撤销安全生产标准化等级的企业，应向原发证单位交回证书、牌匾。

（六）期满复评。

1. 取得安全生产标准化证书的企业，3年有效期届满后，可自愿申请复评，换发证书、牌匾。

2. 满足以下条件，期满后可直接换发安全生产标准化证书、牌匾：

（1）按照规定每年提交自评报告并在企业内部公示；

（2）建立并运行安全生产隐患排查治理体系。一级企业应达到一类水平，二级企业应达到二类及以上水平，三级企业应达到三类及以上水平，实施自查自改自报；

（3）未发生生产安全死亡事故；

（4）安全监管部门在周期性安全生产标准化检查工作中，未发现企业安全管理存在突出问题或者重大隐患；

（5）未改建、扩建或者迁移生产经营、储存场所，未扩大生产经营许可范围。

3. 一、二级企业申请期满复评时，如果安全生产标准化评定标准已经修订，应重新申请评审。

4. 安全生产标准化达标企业提升达到高等级标准化企业要求的，可以自愿向相应等级评审组织单位提出申请评审。

四、监督管理

（一）评审机构和人员。

1. 安全生产标准化工作机构一般应包括评审组织单位和评审单位，由一定数量的评审人员参与日常工作。

2. 评审组织单位应具有固定工作场所和办公设施，设有专职工作人员。负责对评审单位的日常管理工作和对评审单位的现场评审工作进行抽查；承担评审人员培训、考核与管理等工作。应定期开展对评审人员的继续教育培训，不断提高评审能力和水平。

评审组织单位不得向企业收取任何费用；应参照当地物价部门制定的类似业务收费标准规范评审单位评审收费。

3. 评审单位是指由安全监管部门考核确定、具体承担企业安全生产标准化评审工作的第三方机构。应配备满足各评定标准评审工作需要的评审人员，保证评审结果的科学性、先进性和准确性。

4. 评审人员包括评审单位的评审员和聘请的评审专家，按评定标准参加相关专业领域的评审工作，对其作出的文件审查和现场评审结论负责。

5. 评审组织单位、评审单位、评审人员要按照"服务企业、公正自律、确保质量、力求实效"的原则开展工作。

6. 一级企业的评审组织单位、评审单位和评审人员基本条件由国家安全监管总局按照行业分别确定；二级企业的评审组织单位、评审单位和评审人员基本条件由省级安全监管部门负责确定；三级企业的评审组织单位、评审单位和评审人员基本条件由市级安全监管部门负责确定。

海洋石油天然气企业安全生产标准化的评审组织单位、评审单位和评审人员基本条件由国家安全监管总局确定。

（二）监督管理部门。

1. 各级安全监管部门要指导监督企业将着力点放在建立企业安全生产管理体系，运用安全生产标准化规范企业安全管理和提高安全管理能力上，注重实效，严防走过场、走形式。

2. 各级安全监管部门要将企业安全生产标准化建设和隐患排查治理体系建设的效果，作为实施分级分类监管的重要依据，实施差异化的管理，将未达到安全生产标准化等级要求的企业作为安全监管重点，加大执法检查力度，督促企业提高安全管理水平。

3. 各级安全监管部门在企业安全生产标准化建设工作中不得收取任何费用。

4. 各级安全监管部门要规范对评审组织单位、评审单位的管理，强化监督检查，督促其做好安全生产标准化评审相关工作；对于在评审工作中弄虚作假、牟取不正当利益等行为的评审单位，一律取消评审单位资格；对于出现违法违规行为的评审单位法人和评审人员，依法依规严肃查处，并追究责任。

五、附则

本办法自印发之日起施行。国家安全监管总局印发的《非煤矿山安全生产标准化评审工作管理办法》（安监总管一〔2011〕190号）、《危险化学品从业单位安全生产标准化评审工作管理办法》（安监总管三〔2011〕145号）、《国家安全监管总局关于全面开展烟花爆竹企业安全生产标准化工作的通知》（安监总管三〔2011〕151号）和《全国冶金等工贸企业安全生产标准化考评办法》（安监总管四〔2011〕84号）同时废止。

附件：1. 企业安全生产标准化自评报告
　　　2. 企业安全生产标准化评审报告
　　　3. 企业安全生产标准化证书样式
　　　4. 企业安全生产标准化牌匾式样
　　　5. 小微企业安全生产标准化证书样式
　　　6. 小微企业安全生产标准化牌匾式样

附件 1

企业安全生产标准化
自 评 报 告

企业名称：_____

所属行业：_____ 专业：_____

自评得分：_____ 自评等级：_____

自评日期：_____ 年　月　日

是否在企业内部公示： □是　　　□否

是否申请评审：　　　□是　　　□否

国家安全生产监督管理总局制

一、基本情况表

企业名称						
地　　址						
企业性质	□国有　□集体　□民营　□私营　□合资　□独资　□其他					
安全管理机构						
员工总数	人	专职安全管理人员		人	特种作业人员	人
固定资产			万元	主营业务收入		万元
倒班情况	□有　□没有			倒班人数及方式		
法定代表人		电话			传真	
联系人		电话			传真	
		手机			电子信箱	
自评等级	□一级　□二级　□三级　□小微企业					
本次自评前本专业曾经取得的标准化级别：□一级□二级□三级□小微企业□无						
如果企业是某企业集团的成员单位，请注明企业集团名称：						
如果已取得职业健康安全管理体系认证证书，请注明证书名称和发证机构：						

		姓名	所在部门职务/职称	电话	备注
本企业安全生产标准化自评小组主要成员	组长				
	成员				

二、企业自评总结

1. 企业概况。
2. 近三年企业安全生产事故和职业病的发生情况。
3. 企业安全生产标准化创建过程及取得成效。

三、评审申请表

1. 企业是否同意遵守评审要求，并能提供评审所必需的真实信息？ □是　□否	
2. 企业在提交申请书时，应附以下文件资料： ◇安全生产许可证复印件（未实施安全生产行政许可的行业不需提供） ◇自评扣分项目汇总表	
3. 企业自评得分：	
4. 企业自评结论： 法定代表人（签名）：	（申请企业盖章） 　　年　月　日
5. 上级主管单位意见： 负责人（签名）：	（主管单位盖章） 　　年　月　日
6. 安全生产监督管理部门意见： 负责人（签名）：	（安监部门盖章） 　　年　月　日

自评报告填报说明

1."企业名称"填写企业名称并加盖申请企业章。

2."所属行业"主要类别有非煤矿山、危险化学品、化工、医药、烟花爆竹、冶金、有色、建材、机械、轻工、纺织、烟草、商贸等行业。"专业"按行业所属专业填写，有专业安全生产标准化标准的，按标准确定的专业填写，如"非煤矿山"行业中的"地下矿山"、"露天矿山"、"小型露天采石场"、"尾矿库"、"石油天然气企业"、"选矿厂"、"采掘施工单位"、"地质勘查单位"专业，"冶金"行业中的"炼钢"、"轧钢"专业，

"建材"行业中的"水泥"专业,"有色"行业中的"电解铝"、"氧化铝"专业等。

3. "本次自评的专业外,已经取得的企业安全生产标准化专业级别和时间"按"专业"、"级别"和证书颁发时间填写已经取得的所有专业的最高级别,如"冶金,一级,2010年3月5日"。

4. "企业概况"包括主营业务所属行业,经营范围,企业规模(包括职工人数、年产值、伤亡人数等),发展过程,组织机构,主营业务产业概况、本企业规模(产量和业务收入),在行业中所处地位,安全生产工作特点等。

5. "重大危险源资料"附经过备案的重大危险源登记表复印件。

6. 自评总结企业应对照评定标准归纳出存在的主要问题,对发现隐患的制定整改方案,提出企业安全生产管理持续改进的措施;自评扣分项目汇总表一并提交。

7. 企业自愿申请评审时,应填写"评审申请表",表格中"上级主管单位意见"栏内,如无上级主管单位,应填写"无"。

8. "评审申请表"中"安全生产监督管理部门意见",主要是安全监管部门对申请企业的生产安全事故情况进行核实。申请一级企业的应由省级安全监管部门出具意见;申请二、三级企业的按照省级安全监管部门要求由相应的安全监管部门出具意见。

申请海洋石油天然气安全生产标准化企业的应由相应的海洋石油作业安全办公室分部出具意见。

附件 2

企业安全生产标准化
评 审 报 告

申请企业：_____
评审单位：_____
评审行业：_____ 专业：_____
评审性质：_____ 级别：_____
评审日期：_____年 月 日至_____年 月 日

国家安全生产监督管理总局制

评 审 报 告 表

评审单位情况					
评审单位					
单位地址					
主要负责人		电话		手机	
联系人		电话		传真	
		手机		电子信箱	
评审小组成员	组长	姓名	单位/职务/职称	电话	备注（证书编号）
	成员				
申请企业情况					
申请企业					
法定代表人		电话		手机	
联系人		电话		传真	
		手机		电子信箱	
评审结果					
评审等级：□一级 □二级 □三级 □小微企业				评审得分：	
评审组长签字： 评审单位负责人签字：　　　　　　　　　　　　　（评审单位盖章） 　　　　　　　　　　　　　　　　　　　　　　　年　月　日					
评审组织单位意见： 　　　　　　　　　　　　　　　　　　　　　　　（评审组织单位盖章） 　　　　　　　　　　　　　　　　　　　　　　　年　月　日					

（续）

制度文件评审综述：
现场评审综述：
评审扣分项及整改要求（另附表提供）：
建议：
评审组长：　　　　　　　　　　　　　　　　　审批人/日期： 　　年　　月　　日　　　　　　　　　　　　　评审单位盖章

评审报告首页评审单位填写名称并盖章。

附件 3

企业安全生产标准化证书样式

安全生产标准化
Work Safety Standardization

证 书
CERTIFICATE

证书编号：AQB XXX (X) XXXXXXXXX

企业名称
安全生产标准化 X 级企业
(XXXXX)

有效期至：XXXX年XX月

证书颁发单位（章）
XXXX年XX月XX日

国家安全生产监督管理总局监制
State Administration of Work Safety

证书印制：中国安全生产协会，印制编号：XXXXXXXXX

证书编号规则为：地区简称+字母"AQB"+行业代号+级别+发证年度+顺序号。一级企业及海洋石油天然气二级、三级企业无地区简称，二、三级企业的地区简称为省、自治区、直辖市简称；级别代号一、二、三级分别为罗马字"Ⅰ"、"Ⅱ"、"Ⅲ"；顺序号为5位数字，从00001开始顺序编号；行业代号如下表：

序号	行业	代号
1	金属非金属矿山	KS
2	石油天然气	SY
3	选矿厂	XK
4	采掘施工单位	CJ
5	地质勘查单位	DZ
6	危险化学品	WH
7	化工	HG
8	医药	YY
9	烟花爆竹	YH
10	冶金	YJ
11	有色	YS
12	建材	JC
13	机械	JX
14	轻工	QG
15	纺织	FZ
16	烟草	YC
17	商贸	SM

例：1. 2014年机械制造安全生产标准化一级企业：AQBJXⅠ 201400001

2. 2014年北京市机械制造安全生产标准化二级企业：京 AQBJX Ⅱ 201400001

3. 2014年北京市机械制造安全生产标准化三级企业：京 AQBJX Ⅲ 201400001

证书印制编号为9位数字编号和1位数字检验码。

附件 4

企业安全生产标准化牌匾式样

> 安全生产标准化
> ×级企业（　　）
>
> 编号：
>
> 发证单位名称
> 年　月（有效期三年）
> 国家安全生产监督管理总局监制

（×为级别，大写数字"一"、"二"、"三"；括号中为行业。）

附件 5

小微企业安全生产标准化证书样式

证书编号规则为：地区简称+字母"AQB"+"XW"+发证年度+顺序号。顺序号为 6 位数字，从 000001 开始顺序编号。

例：2014 年的北京市小微企业安全生产标准化达标企业：京 AQB XW 2014000001。

附件 6

小微企业安全生产标准化牌匾式样

安全生产标准化
小微企业

编号：

发证单位名称

年　月（有效期三年）

国家安全生产监督管理总局监制

附录四

国家安全生产监督管理总局
国家质量监督检验检疫总局 文件

安监总管二〔2013〕74号

国家安全监管总局　国家质检总局关于开展
客运索道运营企业安全生产标准化建设的通知

各省、自治区、直辖市及新疆生产建设兵团安全生产监督管理局、质量技术监督局，各有关单位：

为贯彻落实《国务院关于进一步加强企业安全生产工作的通知》（国发〔2010〕23号）、《国务院安委会关于深入开展企业安全生产标准化建设的指导意见》（安委〔2011〕4号）精神，国家安全监管总局、国家质检总局决定在客运索道运营企业开展安全生产标准化建设。现将有关事项通知如下：

一、总体要求

以科学发展观为统领，坚持"安全第一、预防为主、综合治理"的方针，牢固树立以人为本、安全发展的理念，以落实客运索道运营企业安全生产主体责任为主线，建立健全索道运营企业安全生产标准化评定标准和考评体系，全面推进客运索道运营企业安全生产标准化建设，力争到2015年底实现所有客运索道运营企业标准化达标，进一步加强安全管理，夯实安全基础，提高防范和处置客运索道安全事故的能力，提升客运索道运营企业整体安全水平。

二、工作重点

（一）积极推进客运索道运营企业安全生产标准化建设。客运索道运营企业要按照《安全生产法》《特种设备安全监察条例》（国务院令第549号）等法律法规和《企业安全生产标准化基本规范》（AQ/T 9006—2010）等相关特种设备安全技术规范、国家标准及《客运索道企业安全生产标准化评定标准（试行）》（见附件）等相关评定标准的要求，结合本单位实际，完善安全管理制度，开展以安全生产目标、组织机构和职责、安全生产投入、法律法规和安全管理制度、教育培训、设备设施、作业安全、隐患排查和治理、重大风险监控、职业健康、应急救援、信息报送、事故调查处理、绩效评定和持续改进等为主要内容的安全生产标准化建设工作。

（二）认真开展客运索道运营企业安全生产标准化自查自评。客运索道运营企业要对照有关特种设备安全技术规范、国家标准和相关评定标准的规定，逐条开展客运索道安全生产标准化自查工作，按照边查边改的原则，整治自查发现的缺陷和隐患，并结合自查结果完成本单位的安全生产标准化自评。自评结果符合达标评级条件的，可以向中国索道协会提出安全生产标准化达标评级申请。

（三）切实做好客运索道运营企业安全生产标准化现场评审和审核颁证工作。国家安全监管总局、国家质检总局委托中国索道协会负责此项工作。中国索道协会要按照安全生产标准化达标评级管理办法和实施细则规定，建立评审工作组织体系，制定评审工作方案，完善评审工作机制，组织评审专家队伍，客观、公正、独立地开展现场评审工作。现场评审应认真查阅申请单位的安全生产文件和资料、运行记录和维护保养记录等，并经实地检查验证，确保现场评审工作质量。国家安全监管总局、国家质检总局对审核符合要求并经公示无异议的客运索道运营企业进行联合公告，中国索道协会颁发安全生产标准化创建等级证书；对不符合条件或申请单位在评审和审核中隐瞒事实、弄虚作假的，不予认定申请级别，并按规定通报企业所在地的安全监管部门和质监部门。

三、工作要求

（一）加强宣贯培训，发挥企业主体作用。中国索道协会要加强对索道运营企业安全生产标准化工作的宣传贯彻，对索道运营企业管理人员开展客运索道安全生产标准化规范及达标评级标准、达标评级管理规定等培训，积极帮助企业完善安全管理体系、开展达标创建工作。要培育典型，示范引导，提高客运索道运营企业的积极性、主动性和创造性，持续推进安全生产标准化工作。

（二）加强监督指导，保障工作质量。各级质监、安全监管部门要加强对客运索道运营企业安全生产标准化建设活动的监督指导，督促客运索道运营企业加强安全生产标准化建设，将达标评级与评优评先、事故处理等相结合，并将达标评级结果通报银行业、证券业、保险业、担保业等主管部门。中国索道协会要积极向安全监管、质监部门报送客运索道运营企业安全生产标准化开展情况，及时反映问题、提出建议。地方各级安全监管、质监部门要加强对中国索道协会评审等工作的监督指导，对中国索道协会反映的问题要及时协调解决，对发现违反规定的要予以制止并分别向国家安全监管总局、国家质检总局报告。

（三）强化日常监管，促进安全生产水平持续提高。各级安全监管部门和质监部门要把客运索道运营企业安全生产标准化达标创建活动与日常安全监管工作相结合，根据企业达标水平实施分类监管。对于达不到最低评级要求的企业，要将其作为重点监管单位，强化监督检查；对于被评为三级标准化的，要督促其重点抓改进；对于被评为二级标准化的，要督促其重点抓提升；对于被评为一级标准化的，要督促其重点抓巩固，不断提升客运索道安全生产标准化达标水平。

附件：客运索道企业安全生产标准化评定标准（试行）（略）

国家安全监管总局　　国家质检总局
2013年6月19日